법학자가 바라보는
통일교육과 민주시민교육

소성규 · 최용전 · 최성환

초판 머리말

오늘날 우리 사회는 다양한 배경의 이주민들이 정착하면서 단일의 민족과 문화의 사회에서 다민족, 다문화의 사회로 급속히 재편되고 있다. 또한 미래의 통일 주역인 청소년이 통일교육에 있어 주요 수요자로 강조되면서 기존 시각의 재평가가 요청되고 있다. 이러한 변화로 인해 통일교육의 영역에서 이전에는 진지하게 고민하지 못했던 각종의 새로운 논의들이 등장하고 있다. 분단과 통일의 문제를 기존의 관념으로만 이해하는 것에서 벗어나, 사회구성원으로서 청소년의 통일주체성 인정, 통일교육의 근본이념으로서 다문화주의의 반영 등과 같은 다양한 주제들이 활발히 논의되고 있다.

민주시민교육의 영역에서도 변화의 물결이 감지된다. 양극화로 인한 갈등 심화, 뉴미디어의 확산 및 제4차 산업혁명시대의 도래 등은 민주시민교육의 다양한 수요를 발생시키고 있다. 특히 우리의 미래세대는 비판성, 개방성, 소통, 관용, 자율성과 같은 민주적 가치를 내면화해야 할 필요성이 절실하다고 할 것이다. 이를 위해 민주시민교육이 가지는 헌법적 의미를 다시 한번 살펴보고, 국내의 민주시민교육의 활성화를 위해 오늘날 선거연수원과 시·도교육청에 비해 그리 주목받지 못할 뿐만 아니라 상대적으로 활성화되지도 못하고 있는 지방자치단체 민주시민교육의 의의 등을 재검토해 볼 필요가 있다고 하겠다.

이와 같은 통일교육과 민주시민교육 분야에서 대두되는 여러 문제들에 대해 이미 다양한 학문적 시각에서 접근하고 있는데, 본서는 이에 더하여 법학적 시각에서 나름의 해법을 제시하고자 한 것이다. 이러한 작업에 두 명의 동료 연구자가 동참해주었다. 사법(私法)을 전공한 본인과 함께 공법(公法)을 연구하는 최용전 교수님과 최성환 교수님의 헌신적인 노력을 통해 통일교육과 민주시민교육 분야에서 논의될 수 있는 문제들을 종합적인 시각에서 함께 고민할 수 있게 되어 다행으로 생각한다.

학문적 연구와 그 기반이 부족함에도 불구하고, 2020년 3월에 통일부 공모사업인 "통일교육선도대학" 사업에 대진대학교가 지정된 것도 통일교육, 나아가 민주시민교육에 대한 연구를 가속화하는 계기가 되었다. 현재 대진대학교 공공정책대학원 공공인재법학과 석사과정에는 "민주시민교육과 통일법제"라는 교과목이, 대학원 박사과정에는 "민주시민교육과 통일교육지원법 연구"라는 교과목이 개설되어 있다. 또한, 대진대학교 내에는 통일대학원, DMZ연구원, 대진평화통일교육연구원, 북방연구소, 중국학연구소 등 다양한 연구기관이 존재한다. 이러한 통일교육 및 민주시민교육 관련 연구와 교육 자원을 바탕으로, 한반도의 중심이자 접경지역에 위치한 대진대학교를 통일교육 및 통일 관련 연구 중심 대학으로 특성화하려는 시도가 바로 "통일교육선도대학" 사업 도전이었다.

그뿐만 아니라, 대진대학교는 과거 통일부(국립통일교육원)가 지정하는 경기도 지역통일교육센터 및 경기북부 지역통일교육센터를 실제로 운영(2012년~2020년)한 경험이 있다. 또한, 본인은 지난 8년 동안 지역통일교육센터 사무처장으로서 통일부 사업을 기반으로 경기도와 경기북부지역 지방자치단체와의 협업 사업 등 통일교육 현장에서 연구자로서 많은 것을 배우고 체험할 수 있는 소중한 경험들을 축적해 왔다. 이런 실무경험들 역시도 통일교육과 민주시민교육을 바라보고 그 해법을 제시해보고 싶은 저자의 욕심에 큰 부분을 차지했음을 부인할 수 없다.

본서는 우선 논의가 필요한 주요 주제들을 제1부 통일교육과 제2부 민주시민교육으로 대별한 다음, 세부적인 서술 체계는 총 5개의 장을 병렬식으로 구성하였는데, 제1장 청소년 통일체험교육기관의 설립 및 지원에 관한 법률의 제정방향, 제2장 통일교육의 기본구조 및 통일교육 활성화를 위한 법제도 개선방안, 제3장 다문화시대와 통일교육지원법, 제4장 민주시민교육과 헌법, 제5장 지방자치단체와 민주시민교육이 그것이다. 법학을 전공한 저자 3인이 각각의 주제를 독자적으로 집필하였는데, 통일법제에 관한 주제를 각자의 시각에서 설명하는 방식을 취하였다. 통일교육과 민주시민교육에 관한 각 저자들의 기본 시각을 통일시켜 놓지 않은 관계로 보기에 따라서는 본서에서 논의되는 주제와 그 내용들이 원칙이 없다거나 일관적이지 않다고 여길 수도 있을 것이다. 하지만, 3인 3색의 다른 시각과 각자 나름의 논리를 인정한다면 큰 무리가 없을 수도 있다고 본다. 초판은 이런 시각에서 접근한 점을 혜량하여 주셨으면 한다. 부족한 내용은 후일 개정판을 통해 보완할 것을 기약한다.

끝으로, 현실적으로 어려운 출판 여건 속에서도 통일교육과 민주시민교육에 관한 연구내용을 출간하기로 한 본인의 오랜 결심을 실행시켜 주신 동방문화사 조형근 사장님께 고마운 마음을 전한다. 아무쪼록 본서가 통일교육과 민주시민교육을 보다 다채롭게 이해함에 있어 뜻깊게 활용될 수 있기를 기대해 본다.

2021. 12.

저자 대표 소성규

목 차

제1부 통일교육

제1장 청소년 통일체험교육기관의 설립 및 지원에 관한 법률의 제정방향 ·············· 3
제2장 통일교육의 기본구조 및 통일교육 활성화를 위한 법제도 개선방안 ············ 29
제3장 다문화시대와 통일교육 지원법 ··· 103

제2부 민주시민교육

제4장 민주시민교육과 헌법 ·· 131
제5장 지방자치단체와 민주시민교육 ·· 244

부록 ·· 271

제1부
통일교육

제 1 장
청소년 통일체험교육기관의 설립 및 지원에 관한 법률의 제정방향*

– 민주시민교육에 바탕을 둔 통일교육을 중심으로 –

Ⅰ. 현행 통일체험 교육기관 현황

현행 통일 관련 교육기관은 총괄기능과 이론중심의 교육기관으로서의 역할을 담당하고 있는 통일부 국립통일교육원과 체험중심의 성인, 청소년 교육기관으로서 통일부 한반도통일미래센터가 있다.[1]

통일부는 지역사회의 평화통일문제에 대한 관심과 이해를 제고하기 위해 전국 12개 통일관을 운영하고 있다.

<전국통일관>

통일관명	위치 및 운영주체
서울통일관	서울특별시 구로구/서서울생활과학고등학교
인천통일관	인천광역시 미추홀구/자유총연맹 인천지회
오두산 통일전망대	경기도 파주시/통일부
고성통일관	강원도 고성군/(주)고성 통일전망대
양구통일관	강원도 양구군/양구군
대전통일관	대전광역시 유성구/대전 마케팅 공사
충남통일관	충청남도 공주시/자유총연맹 충남지회
청주통일관	충청북도 청주시/청주시(청주랜드 관리사업소)
부산통일관	부산광역시 부산진구/자유총연맹 부산지회
경남통일관	경상남도 창원시/자유총연맹 경남지회
광주통일관	광주광역시 서구/(사)우리민족
제주통일관	제주특별자치도 제주시/자유총연맹 제주지회

출처: 통일부, 「2021 통일백서」, 220면.

---

* 본 장의 내용은 소성규/장욱/모춘흥, "한반도통일미래센터 일반성인 대상 통일체험 프로그램 강화 방안 연구" 통일부 한반도통일미래센터 최종보고서(2021.09.)에서 아이디어를 얻어 새롭게 작성된 글임.
1) 주요 현황과 내용은 통일부 「2021 통일백서」, 국립통일교육원, 한반도통일미래센터 등의 공개자료를 중심으로 정리하였다.

<오두산 통일전망대와 경남 통일관>

또한 2020년 통일부는 기존의 지역사회 평화통일 사업의 내실화를 위해 기존 중앙 1개와 17개 지역통일교육센터를 전국 7개 권역에서 각 1개씩 운영하는 방식으로 재편했으며, 통일교육협의회 회원단체 관리 강화와 효율적인 단체 활동을 유도하고 있다.

2020년 통일부는 지역통일교육센터 사업을 개편하였다. 이는 기존의 지역사회 통일교육의 중요성이 증대함에도 기존 광역 시·도 기반 지역통일교육센터 운영에 여러 가지 어려움 발생하였다고 판단하였다. 즉 소규모 예산으로 17개 센터를 운영함에 따라 사업비가 부족하여 다양한 사업추진이 어렵고, 지역사회 역량 있는 기관들의 참여도 제한적이라 판단하였다. 이에 지역통일교육센터가 지역 통일교육 허브로서의 역할을 할 수 있도록 권역별 지역통일교육센터로 운영체계를 개편하였다. 7개 권역 센터 체계로 개편함에 따라 센터당 충분한 사업비를 확보하여 다양하고, 내실 있게 사업 추진 가능하도록 하였다고 한다. 즉, 사업 주체를 기존의 대학 중심에서 대학·NGO 등이 함께하는 컨소시엄 형태로 다양화하고, 전담인력 확충 등 지역 통일교육 활성화 기반을 마련하였다. 권역센터를 중심으로 평화·통일 지역거점, 유관기관과 협력 네트워크를 강화하고, 권역별 특성에 맞는 통일교육 모델 개발 및 사업을 시행하고 있다. 통일부가 추진하고 있는 권역 기반의 7개 지역통일교육센터 체계는 △서울, △경인(경기·인천), △영남(대구·울산·경북·경남·부산), △호남(광주·전북·전남), △충청(세종·대전·충북·충남), △강원, △제주이다. 통일부는 향후 센터 운영과정에서 권역별 센터 추가 필요성이 제기된다면, 관련 예산을 확보하여 권역 센터를 추가하는 방향으로 추진하겠다고 한다. 그러나 「통일교육지원법」상 지역별 통일교육센터 지정기간은 2년인 점(2020. 4.~2022. 2. 28)을 감안할 필요성이 있다. 기존 17개 센터 운영 보다 7개 권역별 운영이 보다 더 효과적이고, 실효적이었는지? 는 보다 엄중하게 평가할 필요가 있다.

아울러 통일부는 지역사회 평화통일교육 기반을 구축하기 위해 통일교육위원 역량 강화 프로그램을 운영하고 있으며, 지자체가 중심이 되어 '학교·시민 대상 평화·통일교육 사업', '시민 역량 강화를 위한 민간 평화·통일교육 사업', '세대별·지역 특색을 반영한 역량 강화 사업'을 추진하는 것을 지원하고 있다.

한편 중앙정부와 더불어 개별 지자체 중심으로 연령 및 대상별 특성을 반영한 포럼 및 강연회 등을 개최하여 지역사회 평화통일교육이 진행되고 있음. 대표적인 사례는 광주광역시 이동 통일관 운영·통일이야기가 있는 코리안 드림 토크콘서트, 대구광역시 보드게임을 활용한 청소년 통일교육, 경상북도 통일화랑아카데미, 충청북도 청년자문위원 통일역량 강화 교육, 부산광역시 제2기 통일열차 리더십 아카데미, 서울특별시 민간단체 스포츠를 통한 피스메이커·서울 청년 평화 아카데미, 강원도 DMZ 지역 주민 대상 남북 평화 지역 간 경제공동체 실현을 위한 평화교육·지역자원을 활용한 문화콘텐츠 발굴 및 공연 등이 있다.

통일부는 한반도 통일 미래를 위한 남북청소년교류 지원과 통일체험연수를 목적으로 2014년 11월 한반도통일미래센터(이하 센터)를 개관하였다. 현재 센터에는 통일관, 통일미래 체험관, 어울림관, 생활관, 축구장, 농구장 및 야영장, 한반도 투어링장 등의 체험 편의시설들이 있다.

<한반도통일미래센터 주요시설>

출처: 한반도통일미래센터 홈페이지

센터는 정부가 직접 운영하는 국내 유일의 통일체험연구 전문기관으로 남북 간 인적교류 관련 행사 지원은 물론 국내외 통일 공감대 확산과 통일미래 세대 양성을 위한 통일체험연수 프로그램을 운영하고 있다.

청소년단체, 대학, 지자체 등 25개 유관기관 및 단체와 업무협약(MOU)을 맺고 다양한 맞춤형 통일체험 프로그램을 개발하여 운영하고 있다.

<통일체험연수 프로그램 현황>

연번	프로그램명	대상	주요내용
1	여는 마당	초·중·고	입소식, 생활 프로그램 시설 안내, 안전사고(화재, 지진, 유해곤충 등)예방교육, (성)폭력예방 교육 등
2	통일로 가는 길	초·중	분단의 역사적 배경, 통일문제, 남북교류 등을 이해하고 이를 통해 통일을 위한 미래비전을 생각하고 이를 구체화하는 결과물 도출
3	통일 ON	고	빙고게임 등의 방식을 활용하여 분단의 역사적 배경, 통일문제, 남북교류 등 통일 필요성 이해를 위한 기본 지식을 학습
4	톡톡톡! 통일세대	고	북한이탈주민과의 직접 대화를 통해 북한의 정치·경제·사회·문화·교육 등 다양한 분야의 북한을 이해함으로써 통일을 위한 소통의 장 마련
5	통일 미래 체험	초·중·고	KTX 통일호를 타고, 통일 7년 후 통일한국의 문화·관광·물류·자원 등 다양한 영역을 가상기기를 통하여 실감나게 체험할 수 있는 기회 제공
6	퍼펙트 트림팀	초	팀빌딩, 아이스브레이킹, 관계형성 등을 위한 신체 체육활동을 통해 협력과 의사소통 능력 향상
7	그곳을 가다	고	북한의 모습을 보고 분단 상황을 인식함으로써 통일의 필요성을 확인하기 위해 오두산통일전망대 등 통일안보현장을 방문
8	유니빌리지	초·중	남북한의 분단 이전과 이후의 건축 문화를 이해하고, 통일시대의 건축물과 마을을 카프라(Kapla)를 활용하여 제작하고 이를 통해 통일미래를 이해
9	나는 캐릭터 디자이너	초	통일의 의미를 나타내는 상징물(캐릭터)을 펄러비즈(Perlerbeads)를 활용하여 직접 제작하고 이를 통해 통일 미래를 생각해보는 기회 제공
10	내손으로 만드는 통일 DMZ	초	남북한 접경지역인 DMZ를 생태, 문화, 관광 등 다양한 분야에서의 접근을 통해 통일시대를 준비하고 생각해보는 기회 제공
11	뭉쳐야 뜬다! 통일탐사단	초·중·고	남북한 도시의 지리적 특징과 문화적 배경 등의 다양한 지식을 학습하고 이를 주제로 통일을 대비한 여행계획을 수립
12	㈜통엔터테인먼트	중·고	통일시대 정치·경제·사회·문화 등의 변화를 상상해보고, 다양한 방송기법을 활용하여 제작하고 이를 통해 통일시대를 준비하는 기회 제공
13	더공감	고	남북한을 소재로 한 영화를 감상하고 그 의미를 생각해보는 기회를 통해 긍정적인 통일 감수성을 향상시킬 수 있는 기회 제공
14	한마음 콘서트	초·중·고	참가 청소년들의 끼와 감각적 표현을 발산할 수 있는 기회 제공(학교 자체 진행)
15	도전! 통일골든벨	중·고	분단의 역사적 배경과 북한의 정치·경제·사회·문화 교육과 남북한 교류 등 다양한 사실을 학습하고 이를 토대로 통일미래를 상상하는 기회 제공
16	맺는 마당	초·중·고	통일을 준비하는 우리의 태도를 통일체험연수 전 과정을 통해 종합적으로 설명하고 설문조사를 통해 이를 평가

출처: 한반도통일미래센터 국가 청소년인증수련활동 보유현황 자료(2019.9.17)

<국가 청소년 인증 수련 활동 보유현황>

분류	순번	구분 대상	구분 인원	인증수련활동명
유지	1	초등	200	통일로 가는 평화의 꿈(초등학교 1박2일)
	2	중등	220	통일로 가는 평화의 꿈(중학교 1박2일)
	3	초등	200	통일을 향한 하나의 꿈(초등학교 2박3일)
	4	중등	200	통일을 향한 하나의 꿈(중학교 2박3일)
	5	고등	200	통일을 향한 하나의 꿈(고등학교 2박3일)
	6	중고	240	청소년통일합창축제
	7	초등	220	통일로 가는 우리의 꿈(초등학교 1박2일)
종료	8	고등	472	함께 만드는 통일미래
	9	초등	472	우리 함께 통일 미래로
	10	중등	420	불어라 통일바람(중학생)
	11	고등	420	분단에서 통일까지(고등학생)
	12	중등	420	분단에서 통일까지(중학생)
	13	초등	420	분단에서 통일까지(초등학생)
	14	초등	230	통일미래! 너와 나의 연결고리(초등학생)
	15	중등	230	통일미래! 너와 나의 연결고리(중학생)
	16	고등	230	통일미래! 너와 나의 연결고리(고등학생)
	17	초등	450	모으자! 평화통일의 바람(초등학생)
	18	중등	450	모으자! 평화통일의 바람(중학생)
	19	고등	450	모으자! 평화통일의 바람(고등학생)
	20	초등	420	불어라 통일바람(초등학생)
	21	초등	230	One Dream One Korea(초등학생)
	22	중등	230	One Dream One Korea(중학생)
	23	고등	230	One Dream One Korea(고등학생)
	24	고등	230	통일합창축제
	25	고등	350	One Dream One Korea Ⅱ(고등-A형-350명)
	26	중등	300	One Dream One Korea Ⅱ(중등-A형-300명)
	27	초등	230	One Dream One Korea Ⅱ(초등-A형-230명)
	28	고등	350	통일미래! 너와 나의 연결고리 Ⅱ(고등-B형-350명)
	29	중등	300	통일미래! 너와 나의 연결고리 Ⅱ(중등-B형-300명)
	30	초등	230	통일미래! 너와 나의 연결고리 Ⅱ(초등-B형-230명)
	31	고등	230	One Dream One Korea Ⅱ(고등-A형-230명)
	32	중등	230	One Dream One Korea Ⅱ(중등-A형-230명)
	33	고등	230	통일미래! 너와 나의 연결고리 Ⅱ(고등-B형-230명)
	34	중등	230	통일미래! 너와 나의 연결고리 Ⅱ(중등-B형-230명)

	35	고등	220	청소년 통일합창축제(고등-B형-220명)
	36	중등	240	하나된 꿈, 하나 되는 우리(중등-A형-240명)
	37	고등	350	다 함께 만들어가는 통일 이야기(고등학교)
	38	중등	300	다 함께 만들어가는 통일 이야기(중학교)
	39	초등	300	다 함께 만들어가는 통일 이야기(초등학교)

출처: 한반도통일미래센터 국가 청소년인증수련활동 보유현황 자료(2019/9/17)

<개별단위 인증 프로그램 보유현황>

분류	순번	구분		개별단위프로그램명
		대상	인원	
유지	1	고등	350	건축학개론
	2	고등	350	가자! 분단현장 속으로~(오두산통일전망대-고등학교)
	3	중등	300	가자! 분단현장 속으로~(오두산통일전망대-중학교)
	4	초등	300	가자! 분단현장 속으로~(오두산통일전망대-초등학교)

출처: 한반도통일미래센터 국가 청소년인증수련활동 보유현황 자료(2019/9/17)

　현재 센터는 통일체험연수 단위프로그램 이외에도 통일 공감대를 국내외로 확산시키고 민족공동체를 회복시키기 위해 다양한 세대·계층을 초청하여 맞춤형 특화 프로그램을 진행하고 있다. 또한 현재 센터는 청소년들에게 다양한 통일체험 기회를 제공하여 통일공감대를 확산하고, 청소년들이 통일 미래에 대한 긍정적인 인식을 가질 수 있도록 찾아가는 통일체험행사도 진행하고 있다. 아울러 센터는 통일체험 연수를 개선하고 고객 만족도를 높이고자 프로그램 자문위원회 및 청소년운영위원회를 운영하고 있으며, 이를 통해 프로그램 다양화 및 시설 개선을 하고 있다.

　그러나 국내 유일의 통일 관련 특성화 교육시설이며, 대상별 특화 프로그램 운영과 참여형 체험활동 프로그램, 통일을 개인적 차원으로 경험할 수 있는 프로그램 운영을 하고 있지만, 일부 대상에 편중된 프로그램 즉 청소년에 집중된 프로그램을 운영하고 있다. 매우 제한된 범위의 일반성인 대상 프로그램을 운영하고 있다. 즉 외국인과 지도자를 대상으로 한 프로그램을 제외하면 일반성인 대상 프로그램이 매우 부족한 실정이다. 일부 일반성인 대상 프로그램의 경우 가족 공동체가 함께 남북한의 갈등, 통일 및 통일의 필요성에 대해 같이 고민하고 인식할 수 있는 기회를 만들어주는 프로그램이 있다. 그러나 일반성인 개인에게 있어서 통일이 어떠한 의미이며, 통일을 어떻게 준비해야 하고, 통일 이후 어떠한 삶을 살게 될지에 주목한 프로그램은 전무한 상황이다.

Ⅱ. (가칭) 「청소년 통일체험교육기관의 설립 및 지원에 관한 법률」의 제정 필요성과 법 정책 방향

1. 문제의 제기

「통일교육지원법」은 학교통일교육과 공무원 통일교육에 대하는 명시적인 규정을 두고 있다. 그러나 사회통일교육에 대하여는 통일부 국립통일교육원이 전국 권역별 지역통일교육센터 지정을 통해 통일교육을 실시하고 있다.[2] 지역통일교육센터는 사회통일교육 뿐만아니라 학교통일교육까지 실시하고 있다.

학교통일교육은 중앙정부 차원의 통일부 뿐만아니라 교육부, 지방정부인 특별시. 광역시.도, 기초 지방자치단체, 교육청 등과 연계하여 실시하고 있다. 학교통일교육은 각급 학교에서 실시하는 이론교육과 더불어 경기도 연천군 소재 한반도통일미래센터를 통한 통일체험교육을 실시하고 있다. 청소년 대상 통일체험교육 장소는 2021년 현재 전국적으로 한반도통일미래센터 한 곳 뿐이다.

반면에 일반성인 대상 통일교육은 전국 지역통일교육센터를 통하여 일부 실시하고 있지만, 작은 예산으로 한정된 프로그램으로 진행하고 있는 실정이다. 그나마 청소년은 공공기관인 한반도통일미래센터를 통한 통일체험교육을 실시하고 있지만, 일반성인 대상(특히 민주평통, 민화협 등 통일 관련 전문단체 소속 성인 등 포함) 통일체험 프로그램을 실시하고 있는 공공기관은 없는 실정이다.

학교통일교육은 초·중·고등학교 및 대학교 등 제도화된 교육기관에서 학생들을 대상으로 이루어지는 통일교육을 의미한다. 반면에 일반성인 대상 통일교육에 대한 정의는 다소 불분명한 것이 현실이다. 일반적으로 성인들이 받는 통일교육은 사회통일교육으로서 제도화된 교육기관 밖에서 이루어지는 통일교육을 지칭하지만, 사회통일교육은 성인을 위한 사회통일교육과 청소년을 위한 사회통일교육을 포괄한다. 특히 초·중·고등학교 때 받은 통일교육 효과를 성인이 돼서도 이어지게 하려면 대다수 청소년이 진학하는 대학통일교육 활성화는 매우 중요하다. 이런 맥락에서 대학통일교육과 일반성인을 위한 사회통일교육의 경계는 명확하게 구분되지 않고 있다.

공무원 및 공공기관 직원의 통일 인식 제고 및 통일 전문 공공인력 양성을 위한 교육 역시 큰 틀에서는 일반성인 대상 통일교육이라고 볼 수 있다. 북녘을 떠나

---

[2] 경기도는 「경기도 평화통일교육 활성화 조례」에 따라 통일교육의 주요 대상으로 사회통일교육, 공무원 통일교육, 학교통일교육, 이주배경 도민 통일교육으로 분류하고 있다.

현재 남한사회에서 살아가고 있는 대한민국 국민의 일원인 성인 연령에 해당하는 북한이탈주민과 고려인·조선족·재일 한인 등과 같은 재외동포 역시 일반성인 대상 통일교육의 수혜자에 해당한다고 볼 수 있다.

이상의 내용을 종합해보면, 청소년 통일교육과 달리 일반성인 대상 통일교육은 만 19세 이상을 대상으로 하며, 제도화된 교육기관 밖에서 이루어지는 통일교육을 지칭한다고 볼 수 있다. 다만 일반성인 대상 통일교육은 청소년 통일교육과 공무원 통일교육과는 다른 지점이 '평생교육'[3])의 관점에 있다고 본다.

여기서는 구체적으로 「통일교육지원법」과 「평생교육법」의 정의와 목적을 토대로 일반성인 대상 통일교육을 "만 19세 이상의 모든 국민이 평생에 자유민주주의에 대한 신념과 민족공동체의식 및 건전한 안보관을 바탕으로 통일을 이룩하는 데 필요한 가치관과 태도를 기르도록 하기 위한 교육이면서 동시에 삶의 질 향상 및 행복 추구에 이바지할 수 있는 교육"으로 정의하고자 한다.

한반도통일미래센터가 위치하고 있는 장소는 접경지역인 경기도 연천군에 소재하고 있다. 지리적 편중으로 말미암아 경상권역이나 호남권역, 충청권역 등의 경우 청소년 대상 통일교육에는 한계가 많다는 지적이 있다. 따라서 현재 청소년 대상 통일체험교육을 실시하고 있는 한반도통일미래센터의 기능을 청소년과 일반성인 대상 통일교육체험 기관으로 병행하는 제안과 청소년 통일체험교육 수요가 많은 새로운 청소년 통일체험교육 기관의 권역별 설립을 제안하고자 한다.

2. 법 제정의 필요성

청소년 통일체험교육 기관으로서 한반도통일미래센터는 지리적 편중으로 인해 청소년 통일체험교육의 한계에 직면해 있다. 이런 점 때문에 지역균형발전을 위해 전국 권역별로 통일체험교육 기관 설립을 하자는 입법안이 21대 국회 김영주 의원 발의법안이 있다. 즉, 국립 청소년통일미래원 설립 법안이다.

이러한 청소년 통일체험교육기관 설립이 필요한 이유를 살펴보면 다음과 같다.

(1) 청소년 통일공감대 형성과 '역량기반' 갖춘 통일교육 인재육성 필요성

청소년의 통일에 대한 관심이 전반적으로 낮아지고 있고, 통일을 부담으로 느끼

[3) 평생교육"이란 학교의 정규교육과정을 제외한 학력보완교육, 성인 문자해득교육, 직업능력 향상교육, 인문교양교육, 문화예술교육, 시민참여교육 등을 포함하는 모든 형태의 조직적인 교육활동을 말한다(「평생교육법」 제2조 1).

는 경향이 증대하고 있다. 통일의 첫걸음이 통일의 필요성과 당위성, 그리고 가능성에 대한 인식과 관심이라는 측면에서 보면, 청소년의 통일에 대한 관심 하락은 미래 통일한국에 큰 부담요인으로 작용할 수 있다.

<20-30대 청소년들의 통일 관심도 조사결과(2020년 통일연구원)>

20~30대(평균)	통일관심 없다 61.1%
1980년대생	통일관심 없다 71.4%
1990년대생	통일관심 없다 69.4%

청년 통일교육은 통일의 필요성, 당위성, 가능성에 대한 인식의 확산과 더불어 '통일역량'을 갖춘 인재의 육성에 초점을 맞출 필요가 있으며, 이러한 측면의 통일교육의 수요는 여전히 높다. 다양한 전문성을 가진 미래의 인재들이 각자의 분야에서 통일을 고민하고 통일에 기여할 수 있는 방법을 찾음으로써 통일 준비에 동참하며, 나아가 본인의 미래를 열어나감에 있어서도 통일이 새로운 기회가 될 수 있다는 점에 주목한 통일교육의 수요는 여전히 높다. 말하자면 다양한 전문성을 가진 인재들의 땀의 결실로 이루어질 수 있는 통일이 청소년들에게 새로운 기회가 될 수 있다는 문제의식에 기초한 통일교육의 수요를 충족시켜줄 수 있는 교육이 필요하다.

(2) 파편화된 청소년 통일교육 한계 극복과 청소년에 특화된 체험교육 중심의 통일교육기관의 설립의 필요성

현재 다른 정부 부처에서 수행되고 있는 청소년 통일교육은 전문 분야별 특성에 최적화된 통일교육 콘텐츠를 제공할 수 있다는 이점이 있지만, 전문 분야별 특성에 최적화된 통일교육은 교육의 수혜자가 갖고 있는 다양한 관심에 기반한 통일교육의 수요를 충족시키지 못하는 내재적 한계를 내포하고 있다.

현재 통일부 국립통일교육원에서 「통일교육지원법」에 근거하여 전 국민을 대상으로 이론중심 통일교육을 실시하고 있고, 「통일부와 그 소속기관 직제」에 근거하여 한반도통일미래센터에서 세대·계층별, 청소년을 대상으로 체험중심의 통일교육 프로그램을, 통일+센터에서 북한이탈주민, 이산가족 등을 대상으로 이론·현장학습 위주의 통일교육을 실시하고 있다. 또한, 여성가족부 산하기관인 한국청소년활동진흥원은 「청소년활동진흥법」에 근거하여 청소년 체험연수, 남북청소년 교류 지원 등 청소년 대상 체험중심의 프로그램을 운영하고 있다.

<청소년 대상 통일체험 프로그램 운영기관 현황>

구분	근거법령	업무 범위	특징
통일교육원 (국가기관)	통일교육지원법	전국민 대상 통일교육	총괄기능 이론중심
한반도통일미래센터 (국가기관)	통일부와 그 소속기관 직제(대통령령)	통일체험연수 프로그램 운영, 세대·계층별 소통프로그램 운영, 청소년교류 등 남북행사 지원	체험중심 (판문점, 제3땅굴 등 접경지역 탐방)
통일+센터 (국가기관)	상동	탈북민업무, 이산가족업무, 교류협력업무, 통일교육업무 등	이론·현장학습
한국청소년활동진흥원 (특수법인)	청소년활동진흥법	청소년 체험연수, 남북청소년 교류 지원 등	체험중심

출처: 한반도통일미래센터 기획운영과 최문사무관 제출(2020.11.17.) <국회 검토보고서>

이처럼 전국민 대상 통일교육 또는 청소년 교육의 일환으로 통일교육 프로그램이 운영되고는 있으나, 청소년만을 대상으로 하는 통일교육 전문기관은 현재 없는 상황이다.

2014년부터 2020년까지 한반도통일미래센터 대상별 연수 운영 현황을 살펴보면, 일반 성인대상 연수는 34.4%이고, 청소년 대상 연수는 65.6%로 청소년 대상 연수 비율이 높다. 대상별 연수 현황으로는 보면 일반성인과 청소년 혼합 형태의 교육기관으로 자리하고 있다. 한반도통일미래센터는 성인 중심의 교육기관으로 특화할 필요성이 있고, 청소년 대상 통일교육기관은 새롭게 설립하여 청소년 통일교육을 특성화할 필요성이 있다.

현재 정부는 다양한 법률에 근거 청소년 활동사업 및 프로그램을 지원하고 있다. 일반적으로 여성가족부 소관의 "청소년활동진흥법"(일반법)에 따라 한국청소년활동진흥원(특수법인)을 설치, 청소년의 일반체험활동을 지원하고 있다

특별법으로 "스카우트활동육성에 관한 법률"(한국스카우트연맹), 한국해양소년단육성에 관한 법률(한국해양청소년연맹), 과학관의 설립 및 운영에 관한 법률(과학관), 국립해영과학관(해수부) 등에 따라 전문 분야별로 청소년 활동을 지원하고 있다.

이런 점에서 통일한국을 대비하여 청소년들에게 통일에 대한 긍정적 인식과 꿈을 심어주기 위한 특화된 청소년 대상 통일전문 체험시설 설치가 필요하다.

(3) 청소년 통일교육의 지리적 편중과 지역균형 발전 필요성

한반도통일미래센터가 경기북부지역에 위치하여, 지리적인 한계로 인해 남부권 학교 및 단체의 참여율은 8.3%에 불과하다.

남부권 지역의 낮은 참가율의 가장 큰 요인은 지리적 한계에 따른 것으로 평가

<남부권 학교·단체의 미래센터 프로그램 참가율: 8.3%>

구분		학교수	참가희망	실제참가	참가비율	단체수	참가희망	실제참가	참가비율
동남권	부산	637	592 (93%)	5	0.8%	844	785 (93%)	1	0.1%
	울산	244	220 (90%)	0	0%	637	573 (90%)	1	0.2%
	대구	459	404 (88%)	3	0.7%	441	388 (88%)	1	0.3%
	경남	971	943 (93%)	6 - 창원 4 - 김해 2	0.6%	756	703 (93%)	5	0.7%
	경북	932	839 (90%)	10 - 구미 1 - 의성 1 - 안동 1 - 경산 1 - 을릉 3 - 성주 1 - 청송 1 - 칠곡 1	1.2%	782	704 (90%)	10	1.4%
서남권	광주	320	283 (95%)	2	0.6%	631	599 (95%)	2	0.3%
	전남	829	771 (93%)	8 - 영암 2 - 나주 1 - 영광 1 - 신안 1 - 목포 1 - 고흥 1 - 완도 1	0.7%	584	543 (93%)	6	1.1%
	전북	775	713 (92%)	1 - 정읍 1	0.1%	944	868 (92%)	2	0.2%

출처: 진희관 외, 『통일미래센터 추가 건립 방안 연구』, 통일부 연구용역, 2019, 80면.

한반도통일미래센터 개원 이후 체험연수 선정학교는 수도권 68%, 지방 32%로 수도권 중심의 교육기관으로 자리매김하고 있다. 지역균형 발전 차원에서 통일전문 청소년체험시설인 국립청소년통일미래원의 설립을 통해 지역균형발전을 도모할 필요성이 있다.

<한반도통일미래센터 개원 이후 체험연수 선정학교 현황>

(수도권 68%, 지방 32%)

구분	수도권			지방										합계
	서울	경기	인천	대전	광주	대구	부산	강원	충남	충북	세종	전남	전북	경남	
2015	15	10	2	2	1	1	0	3	2	2	0	1	0	1	40
2016	16	12	3	1	0	2	0	0	3	1	0	3	1	1	43
2017	13	9	2	2	1	1	1	0	2	3	0	3	0	1	38
2018	7	15	2	4	0	2	0	0	0	0	0	1	0	2	33
2019	15	10	0	2	0	0	5	2	0	1	1	3	0	0	39
2020	11	26	1	0	0	0	1	5	0	3	0	4	5	1	57
합계	66	56	9	11	2	6	6	5	7	7	1	11	1	5	193

(4) 통일교육의 전문성 확보 필요성

그동안 한반도통일미래센터는 수요 미충족 대안으로 여가부 산하 국립청소년수련원에 일부 통일 프로그램을 위탁 운영하였으나, 진행자의 통일에 대한 가치관, 청소년시설의 운영방침, 진행자의 역량부족에 따른 정부의 통일정책 전달 미흡 등의 한계점이 노정되었다. 따라서 통일전문 청소년체험시설 설립을 통한 다양한 형식(1박2일, 2박3일 등)의 정규 프로그램을 계획하여 운영하는 것이 효율적이다.

<주요 청소년시설 통일관련 프로그램 현황>

연번	기관명	청소년 통일 교육 프로그램	비고
1	한국스카우트연맹	평화통일의 꿈을 걷다 (휴전선 155마일 횡단)	여성가족부 소관 비영리법인 및 민간단체
2	한국해양소년단연맹	×	해양수산부
3	국립해양과학관	×	해양수산부
4	국립중앙청소년 수련원	2020년 통일징검다리 캠프 - 통일의 긍정적 인식제고 - 분단의 역사이해와 한민족정신 고취	여성가족부 (한국청소년활동진흥원)
5	국립평창수련원	×	여성가족부 (한국청소년활동진흥원)
6	국립우주센터	×	여성가족부 (한국청소년활동진흥원)
7	국립해양센터	×	여성가족부 (한국청소년활동진흥원)
8	국립청소년농생명센터	×	여성가족부 (한국청소년활동진흥원)

(5) 한반도통일미래센터 독자적 위상 정립방안 : 특화된 청소년 통일교육기관으로서의 위상 정립

현행 통일 관련 교육기관은 총괄기능과 이론중심의 교육기관으로서의 역할을 담당하고 있는 국립통일교육원과 체험 중심의 성인, 청소년 교육기관으로서 한반도통일미래센터가 있다.

김영주 의원 발의 국립청소년통일미래원은 기존 한반도통일미래센터는 성인 중심의 교육기관으로 변모하는 안이고, 신설되는 국립청소년통일미래원은 특성화된 체험 중심의 청소년 통일교육기관이다. 이에 따른 특화된 청소년 통일교육기관으로서의 위상 정립방안 마련이 필요하다.

<한반도통일미래센터와 타 교육기관 비교>

구분	근거법령	업무 범위	특징
통일교육원 (국가기관)	통일부와 소속기관 직제(대통령령)	전국민 대상 통일교육	총괄기능 이론중심
한반도통일미래센터 (국가기관)	통일부와 소속기관 직제(대통령령)	· 통일체험연수 프로그램 운영, 세대·계층별 소통프로그램 운영, 청소년교류 등 남북행사 지원	체험중심 (판문점, 제3땅굴 등 접경지역 탐방)
한국청소년활동진흥원 (특수법인)	청소년활동진흥법	· 청소년 체험연수, 남북청소년 교류 지원 등	체험중심
국립청소년통일미래원 (특수법인)	법률안	· 남북간 청소년교류지원, 통일체험연수 프로그램 운영, 세대·계층별 소통프로그램 운영, 지역간 균형있는 프로그램 운영	체험중심

만약 국립청소년통일미래원이 개원한다면, 한반도통일미래센터와 국립청소년통일미래원의 업무분장이 필요하리라 본다. 이 경우, 「국립청소년통일미래원 설립 및 운영에 관한 법률안」 규정에 따르면 된다.

김영주 의원 발의 법안 제6조는 다음과 같이 규정하고 있다.

제6조(사업) 통일미래원은 다음 각 호의 사업을 한다.
 1. 청소년 통일체험연수 프로그램의 개발 및 운영
 2. 세대간·계층간 통일에 대한 공감대 형성을 위한 프로그램의 개발 및 운영
 3. 지역 간 균형있는 통일체험연수 프로그램의 운영에 관한 사항
 4. 통일체험연수시설 조성 및 그 운영에 관한 사항
 5. 통일체험연수 관련 협력체계의 구축 및 관리
 6. 남북 청소년 교류 지원
 7. 제1호부터 제6호까지의 사업에 딸린 업무

8. 그 밖에 통일미래원의 설립 목적을 달성하기 위하여 필요하다고 통일부장관이 인정하는 사업

현행 한반도통일미래센터 주요업무	국립청소년통일미래원 주요업무 (김영주 의원법안 제6조)
1. 통일체험연수 프로그램의 개발 및 운영 2. 평화공감대 확산 및 미래세대 양성을 위한 체험연수 운영 3. 세대·계층별 소통 활성화 프로그램의 개발 및 운영 4. 센터에서의 남북 인적 교류 및 남북행사 등 지원 5. 예산·재무 및 인사·보안·교육 등 업무 추진	1. 청소년 통일체험연수 프로그램의 개발 및 운영 2. 세대간·계층간 통일에 대한 공감대 형성을 위한 프로그램의 개발 및 운영 3. 지역 간 균형있는 통일체험연수 프로그램의 운영에 관한 사항 4. 통일체험연수시설 조성 및 그 운영에 관한 사항 5. 통일체험연수 관련 협력체계의 구축 및 관리 6. 남북 청소년 교류 지원 7. 제1호부터 제6호까지의 사업에 딸린 업무 8. 그 밖에 통일미래원의 설립 목적을 달성하기 위하여 필요하다고 통일부장관이 인정하는 사업

즉, 성인 통일교육기관으로서의 한반도통일미래센터의 업무와 청소년 통일교육기관으로서의 국립청소년통일미래원의 업무 분장을 새롭게 하면 된다.

(6) 포스트(Post) 코로나 내지 위드(With) 코로나 시대를 대비한 통일교육 전문기관으로서의 위상 재정립 필요성

대면중심의 청소년 통일교육 기관 전문기관 역할을 수행해 온 한반도통일미래센터는 포스트(Post) 코로나 내지 위드(With) 코로나 시대를 대비하여 TV, 유튜브 등 다양한 영상매체를 활용한 비대면 통일교육 방법을 강구할 필요성이 있다. 비대면 통일교육 방법 활용할 경우, 새로운 수업매체 도입, 센터 전문강사의 역량강화 교육 등 예산문제에 대한 통일부의 정책판단이 중요하다.

그동안 한반도통일미래센터는 남북교류행사 지원, 통일체험연수 운영, 특화 프로그램 운영, 교육시설 대관, 안보현장 견학사업 등 다양한 사업을 통해 국내외 청소년 대상 다양한 통일교육을 실시해 온 명실상부한 통일교육 전문기관으로서의 역할을 수행하여 왔다. 그러나 교육대상에서 일부 성인 대상 프로그램이 있지 했지만, 청소년 중심의 교육 운영방법 운영에 대한 변화가 필요하다. 성인 중심 교육에는 민주시민교육에 기반을 둔 통일교육 프로그램 개발이 선행되어야 할 것이다.

3. 법정책의 기본방향 – 민주시민교육에 바탕을 둔 통일교육

우리나라는 민주시민교육에 관한 근거 법률이 없기 때문에 민주시민교육에 대한 법적 정의도 명확하지 않다. 이를 반영하여 민주시민교육에 대한 입법발의가 된 적은 있지만, 입법화되지는 않고 있다[4].

현재 우리나라는 교육부 차원에서 민주시민교육과 통일교육을 교육부 학교혁신지원실 민주시민교육과에서 담당하고 있다. 민주시민교육이라는 범주에서 통일교육이 다루어지고 있다고 평가할 수 있다.

한편 경기도는 통일교육과 민주시민교육을 분리해서 운영하고 있다. 민주시민교육의 소관부서는 경기도 평생교육국 평생교육과에서 담당하며, 전담기관은 경기도청이 민주시민교육 관련 업무를 경기도 평생교육진행원에 업무위탁하여 운영하고 있다. 반면에 통일교육은 경기도 평화협력국 평화기반조성과에서 담당하고 있다. 경기도는 광역 지방자치단체 중 통일교육을 체계적이고 지속적으로 추진하기 위해서 "경기도형 평화통일교육"을 수립하고 있으며, 이를 위해 2019년 "경기도 평화통일교육 중장기 계획 수립 연구"용역(연구책임자: 소성규)을 발주해서 관련 종합계획 수립을 위한 청사진을 마련했다. 아울러 경기도는 2019년 경기도 민주시민교육 활성화 및 지원을 위한 경기도 민주시민교육 추진방향 및 정책목표를 보다 구체화하기 위해서 "제2기 경기도 민주시민교육 종합계획수립 연구"용역(연구책임자: 조철민)을 발주해서 관련 종합계획 수립을 위한 청사진을 마련한 바 있다. 우리나라는 현재 민주시민교육에 바탕을 둔 통일교육을 시론적 수준에서 실시하고 있다고 평가할 수 있다.

중앙정부 차원의 교육방식이 타당한 것인지? 지방정부인 경기도 방식이 타당한 것인지? 에 대해서는 검증이 필요하다고 본다.

민주시민교육과 통일교육은 다른 의미의 교육이다. 그러나 진정한 의미의 통일교육은 민주시민교육에 기초한 통일교육이 바람직하다고 본다. 즉, 「통일교육지원법」에 규정된 통일교육의 목표를 달성하기 위해서는 민주시민교육에 바탕을 둔 통일교육이 실시되어야 할 것이다. 민주시민교육이 보다 더 강화될 때 통일을 위한 가치관과 태도를 함양하는 통일교육의 원래 목표달성이 가능할 것이다. 이러한 의미에서 통일교육과 민주시민교육은 상호 보완적이라 할 것이다. 특히 민주시민교육이 충실히 시행된 바탕 위에서 실질적인 통일교육의 실효성이 나타날 것이다.[5]

---

[4] 2016년 9월 19일 민주시민교육지원법안(남인순 의원 대표발의)이 입법발의 되었으나, 국회를 통과하지는 못하고 있다.
[5] 박광기, 「통일교육과 민주시민교육」, 통일부 통일교육원 교육개발과, 2012. 12, 59면.

Ⅲ. (가칭) 「청소년 통일체험교육기관의 설립 및 지원에 관한 법률」의 제정방향

1. 특별법 제정을 위한 선행 논의

현재 통일교육에 관하여 전반적으로 중추적 역할을 하고 있는 교육기관으로서 통일부 국립통일교육원이 있다. 국립통일교육원은 학교통일교육, 사회통일교육, 공무원통일교육 등 국내외 통일교육의 총괄기능과 이론중심의 교육기관으로 자리매김하고 있다. 그러나 통일체험교육 기능이 부족하다는 지적이 있다. 이러한 시점에 새로운 형태의 통일체험교육기관 설립이 타당한 것인지에 대한 몇 가지 쟁점에 대하여 검토하여 보고자 한다.

첫째, 통일교육의 방법으로서 통일체험교육이 이론교육 보다 더 중요한가? 통일체험교육의 중요성 문제이다.

통일교육의 방법론에 대해서는 분류기준에 따라 이론교육과 체험교육, 오프라인교육과 온라인교육 등으로 분류하기도 하고, ① 연속강좌 유형, ② 강연·세미나·포럼 유형, ③ 캠프·기행 유형, ④ 문화공연·행사 유형, ⑤ 콘텐츠 개발 유형으로 분류하기도 한다.[6] 기준에 따라 다양한 분류가 가능하다.

종래 통일교육은 이론교육에 치중한 측면이 있다. 실제 일선에서는 통일교육의 방법으로서 이론교육 못지않게 체험교육의 중요성에 대한 목소리가 높은 실정이다. 문제는 그러한 통일교육체험시설이 부족하다는 점이다. 현재 통일체험교육기관은 경기도 연천군 소재 한반도통일미래센터 뿐이기 때문이다. 지리적으로 접경지역에 소재하고 있어, 영남권역이나 호남권역의 경우, 지리적 문제 때문에 교육수혜에 한계가 있다. 국립통일교육원이 이론교육과 통일체험교육을 모두 실시하면 좋겠지만, 현실적으로 가능해 보이지는 않다.

둘째, 청소년 대상으로 체험교육이 중요하다고 하면, 기존 다른 청소년체험시설을 활용하면 되지 않느냐? 라는 지적이 있을 수 있다.

현재 여성가족부 산하기관인 한국청소년활동진흥원은 「청소년활동진흥법」에 근거하여 청소년 체험연수, 남북청소년 교류 지원 등 청소년 대상 체험중심의 프로그램을 운영하고 있다. 그러나 여성가족부 등 다른 기관에서 운영하고 있는 체험교육과 통일부가 주관기관이 되어 운영하고자 제안하는 통일체험은 교육의 목적 등 여러 가지 측면에서 다르다. 통일교육이라는 특성화된 통일교육 프로개발이

---

[6] 조정아 외, 「평화교육의 실태와 쟁점: 통일교육과의 접점을 중심으로」, 통일연구원 2019. 참조.

개발이 필요한 이유이다.

셋째, 통일교육의 대상자로서 일반성인에 이르기까지 통일교육이 필요한가? 라는 문제 제기이다.

종래 일반성인의 경우, 통일교육을 할 경우, 관변단체로서의 기능을 수행을 할 것이란 우려와 일반성인에 이르기까지 국가가 교육을 책임져야 하는지? 에 대한 반론이 있을 수 있다. 그러나 일반성인 대상 가운데는 민주평통, 민화협 등 전국적으로, 각 지역별로 통일관련 전문단체가 있다. 이들에게는 오히려 교육의 사각지대일 수 있다. 우선 일반성인 가운데에서

통일 관련 전문단체 소속의 성인대상을 위한 차별화된 교육기관이 필요하다는 점이다. 단기적으로는 별도의 일반성인 대상 통일체험기관 설립보다는 각 지역별 청소년통일체험기관을 활용하여 청소년 통일체험교육과 일반성인 대상 통일교육 체험교육을 병행하는 방법을 제안한다. 청소년과는 다른 특화된 일반성인 대상 통일체험교육 프로그램 개발이 중요하다도 본다.

그렇다면 일반성인 대상 통일체험교육 프로그램은 어떠한 내용과 방법으로 실시하는 것이 좋을까? 민주시민교육에 바탕을 둔 통일교육이란 측면에서 접근할 필요성이 있다.

우선 경기도 연천군 소재 한반도통일미래센터에서 일반성인 대상 통일체험교육을 실시한다고 가정할 경우, 프로그램 시안을 제시하여 보고자 한다.

○ 당일(1일) 프로그램 예시[7]

시간	내용	비고
10:00-10:30	센터 도착	
10:30-12:00	센터 체험시설 관람	
12:00-13:00	오 찬	센터
13:00-14:00	환대선언문(교육)	
14:00-14:30	이동	
14:30-16:00	연천 고랑포구 역사박물관(경순왕릉)	
16:00-16:30	이동	
16:30-17:30	숭의전	
17:30-	귀가	

---

7) 교육생 출발지역에 따른 시간편차가 있을 수 있음.

○ 1박 2일 프로그램 예시

* 1일차(센터 교육)

시간	내용	비고
10:00-10:30	센터 도착	숙소 배정 등
10:30-12:00	이론교육	특강
12:00-13:00	오 찬	센터
13:00-15:00	센터 체험시설 관람	
1500-16:00	북한이탈주민이 들려주는 환대경험	휴식 포함
16:00-17:00	환대 선언문 작성 소개 환대 선언을 위한 기본 틀 소개 및 학습	휴식 포함
17:00-18:00	상호 토론 토론을 통해 남북한 '환대 선언문'에 수록될 핵심 요소 및 가치 발굴	휴식 포함
18:00-19:00	만찬	
19:00-20:00	'환대 선언문' 작성 4개의 분과별 '환대 선언문' 작성	휴식 포함
20:00-21:00	'환대선언문' 채택과 발표	휴식 포함
21:00-22:00	교류의 시간 및 취침	

* 2일차(현장체험1)

시간	내용	비고
09:00	센터 출발	
09:30-12:00	이동 및 상승OP(또는 태풍전망대) 관람	사전협의
12:00-13:00	오 찬	
13:00-15:00	연천 고랑포구 역사박물관(경순왕릉)	이동 포함
15:00-16:30	숭의전	이동 포함
16:30-	귀가	

* 2일차(현장체험2: 연천 평화의 길 걷기)

시간	내용	비고
08:00-09:00	조 식	
09:00-09:30	이동(출발준비)	
09:30-12:00	평화누리길 11코스(임진적벽길) 걷기	
12:00-13:00	오찬 및 휴식	도시락
13:00-16:00	평화누리길 11코스(임진적벽길) 걷기	
16:00-16:30	마무리 및 해산	

<고랑포구 역사공원 체험프로그램>

AR(증강현실 체험)
- 생선가게, 양장점, 시계포, 우체국, 우시장

넷째, 새롭게 통일체험교육기관을 설립할 경우, 기존 국립통일교육원과의 차별성 문제이다.

국립통일교육원은 종래처럼 이론교육과 더불어 총괄기능을 가지고 있고, 새로운 통일체험교육기관[8](청소년 통일체험교육을 중심으로 하되, 일반성인 대상 통일체험교육 병행 포함)은 별도 법인 설립을 통하여 통일체험교육을 실행하고, 국립통일교육원은 새로운 통일체험교육 기관을 관리 감독하는 기능을 가지게 된다면, 기존 국립통일교육원과 새로운 통일교육기관은 차별화된다고 본다.

---

[8] 21대 국회 김영주 의원 법안에서는 이 새로운 통일체험교육기관 명칭을 "국립청소년통일미래원" 으로 명명하고 있다.

다섯째, 소요 예산확보와 이에 따른 운영방법의 연계 문제이다.

청소년 통일체험교육 기관을 권역별로 설립할 경우, 토지 소유 확보와 건축비, 인건비 등 막대한 소요 재원 조달방안이 문제될 수 있다. 그러나 이러한 모든 소요예산을 국비로 충당할 수도 있겠지만, 교육 수혜자인 지방정부와 함께 소요 재원을 함께 부담한다면 국비 소요예산 부담은 일부 해소될 수 있으리라 본다. 뿐만 아니라 지방 소재 대학과 연계한 부지 활용방안을 강구한다면 원원하는 새로운 통일교육모델을 창출할 수 있으리라 본다. 이 경우 운영방법에서도 중앙정부와 지방정부 내지 지방 소재 대학과의 연계방안을 모색한다면 파급효과는 더욱 배가되리라 본다.

이런 측면에서 전국 12개의 통일관을 활용하자는 견해도 있다. 그러나 통일관의 기능은 체험기능이 아닌 전시 기능에 무게를 두고 있으므로, 청소년 통일체험기관으로서의 역할에는 한계가 있다. 다만, 운영방법 일부는 참고할 수 있을 것이다.

2. 단기적 차원의 법제도 개선방안

(1) 「한반도통일미래센터 이용규정」 개정

한반도통일미래센터의 체험연수 프로그램 운영 및 대관에 관한 사항을 규정하는 내규인 「한반도통일미래센터 이용규정」에서 센터 주관 프로그램을 적시하고 있다. 즉 동 규정 제2조(용어의 정의)제2호에서 센터 주관 프로그램으로 "통일체험연수 프로그램"과 "특화 프로그램" 규정하고 있다.

> 제2조(용어의 정의) 이 규정에서 사용하는 용어의 정의는 다음과 같다.
> 2. 센터 주관 프로그램은 다음과 같은 프로그램을 말한다.
>   가. "통일체험연수 프로그램" : 일반 청소년을 대상으로 실시되는 체험연수 프로그램
>   나. "특화 프로그램" : 취약계층, 북한이탈주민, 재외동포, 외국인 등을 대상으로 실시되는 체험연수 프로그램

이용규정에 근거하여 현재 한반도통일미래센터가 운영하는 "통일체험연수 프로그램"도 그 대상을 초중고 학교단체로 하여 당일/1박2일/2박3일로 유형화하여 운영하고 있다. 「한반도통일미래센터 이용규정」 및 현재 운영되고 있는 체험연수 프로그램에 일반 성인을 대상으로 하는 경우는 없다. "통일체험연수 프로그램"은 일반 청소년들인 초중고 학교단체를 대상으로 운영하고 있다. "특화 프로그램"은 취약계층, 북한이탈주민, 재외동포 등 일반인과 구별되는 특성 내지 특징 지울 수 있는 대상 내지 집단을 상대로 운영하는 프로그램이다. 따라서 차별할 수 없는 특성을 가지지 못한 일반 성인들의 경우에는 체험연수 프로그램의 대상에서 배제되

는 결과가 발생하고 있다.

「한반도통일미래센터 이용규정」의 통일체험연수 프로그램의 대상범위를 개정하고, 그에 따른 프로그램을 개발할 수 있도록 하여야 할 것이다. 즉, 동 규정제2조의 2호 가목에서 규정된 "통일체험연수 프로그램의 대상 범위"일반 청소년뿐만 아니라 성인까지 포함될 수 있도록 개정하여야 할 것이다.

(개정안) 제2조(용어의 정의) 이 규정에서 사용하는 용어의 정의는 다음과 같다.
2. 센터 주관 프로그램은 다음과 같은 프로그램을 말한다.
　가. "통일체험연수 프로그램" : 일반 청소년 및 성인을 대상으로 실시되는 체험연수 프로그램

이용규정 개정에 따라 운영하는 "통일체험연수 프로그램"의 경우에도 일반 청소년 대상과 일반 성인 대상으로 나누고 각 대상별로 당일/1박2일/2박3일 등으로 프로그램을 유형화하여 제시하도록 하여야 할 것이다.

"특화 프로그램"은 "통일체험연수 프로그램"의 대상인 일반 성인 및 청소년과 차별화 내지 구별할 수 있는 특성을 가진 그룹 내지 집단을 대상으로 한다는 의미에서 현행 규정을 유지하도록 하여야 할 것이다.

3. 장기적 차원의 법제도 개선방안

(1) (가칭) 청소년 통일체험교육기관(예를 들면, 국립청소년통일미래원) 의 신설

2014년 한반도 통일 미래를 위한 남북 간 청소년 교류 및 통일체험연수 프로그램의 개발 및 운영 등에 관한 사무를 관장하도록 하기 위해 통일부장관 소속으로 한반도통일미래센터를 설립하였다.

통일부와 그 소속기관 직제
제7장의4 한반도통일미래센터<신설 2014. 8. 27.>
제32조의7(직무) 한반도통일미래센터(이하 이 장에서 "센터"라 한다)는 한반도 통일미래를 위하여 남북 간 청소년 교류 및 통일체험 연수 등에 관한 다음 사무를 관장한다.
1. 주요업무계획의 수립·조정 및 평가
2. 남북 간 청소년 교류 관련 사업의 추진
3. 통일체험연수 프로그램의 개발 및 운영
4. 세대·계층별 소통 활성화 프로그램의 개발 및 운영
5. 센터에서의 남북 인적 교류 등 행사 지원
6. 센터 이용 수요조사 및 국내외 홍보
제32조의8(센터장) ① 센터에 센터장 1명을 둔다.
② 센터장은 4급으로 보한다. 다만, 센터장은 「행정기관의 조직과 정원에 관한 통칙」 제27조제3항에 따라 상호이체하여 배정·운영하는 3급 또는 4급으로 보할 수 있다.

> ③ 센터장은 통일부장관의 명을 받아 소관 사무를 총괄하고, 소속 공무원을 지휘·감독한다.
> 제32조의9(하부조직) 「행정기관의 조직과 정원에 관한 통칙」 제12조제3항 및 제14조제4항에 따라 센터에 두는 보좌기관 또는 보조기관은 통일부의 소속기관(국립통일교육원은 제외한다)에 두는 정원의 범위에서 통일부령으로 정한다

설립 당시 한반도통일미래센터는 청소년을 포함한 다양한 계층 및 집단을 대상으로 한 통일체험연수 통일 체험연수기관으로서의 역할을 수행할 수 있도록 하고자 하였다. 2014년 미래센터 설립 이후 2020년까지 대상별 연수운영 현황을 살펴보면 아래 표와 같다.

<한반도통일미래센터 대상별 연수운영 현황(2021. 2. 17 현재)>

연도	청소년 대상 연수						성인 대상 연수												총계	
	일반 연수		특화 연수		소계		일반 특화		가족 특화		민족공동체 특화		대학생 특화		해외 특화		소계				
	회	인원	회	인원	회	인원	회	인원	회	인원	회	인원	회	인원	회	인원	회	인원	회	인원
2014	7	1,002	3	457	10	1,459	11	1,499	-	-	-	-	2	38	-	-	13	1,942	23	3,401
2015	39	11,416	59	15,995	98	27,411	58	6,943	1	30	10	1,979	11	1,919	1	1,111	81	10,815	179	38,226
2016	50	16,430	45	12,081	95	28,511	27	9,090	3	374	7	907	7	484	6	199	52	11,054	147	39,565
2017	43	11,954	30	10,981	73	22,935	61	10,946	-	-	21	3,573	3	89	6	689	91	15,307	164	38,242
2018	33	11,637	33	11,702	66	23,339	62	10,410	3	550	14	3,044	7	621	3	2,035	89	16,660	155	39,999
2019	26	5,930	24	9,430	50	15,360	28	4,909	1	213	8	1,483	2	236	3	1,088	42	7,929	92	23,289
2020	-	-	5	4,808	5	4,808	33	485	-	-	3	521	-	-	-	-	36	1,006	41	5,814
계	198	58,369	199	65,454	397 (49.5%)	123,823 (65.6%)	280	44,282	8	1,207	63	10,715	32	3,387	21	5,122	404 (50.5%)	64,713 (34.4%)	801	188,536

* 인원 : 연인원

특화연수 : △각종 박람회 등
일반특화 : △기관방문 △청소년·통일 관련기관(단체) 초청 등
민족공동체 : △북한이탈주민(청소년, 대안학교 등 포함) △이산가족 등
 2017년 성과평가 기준 변경(연인원→횟수), 다양한 정책고객 대상 연수운영으로 전환

위 표에서 청소년대상 연수는 일반 연수와 특화 연수가 특화 연수는 각종 박람회 등의 개최를 하는 프로그램을 의미한다. 성인대상 연수는 일반특화, 가족특화, 민족공동체특화 등으로 구분하여 실시되고, 일반 성인대상 체험연수와 가장 유사한 프로그램이 일반 특화로 볼 수 있다.

위 표에서 나타난 것처럼 한반도통일미래센터는 청소년을 포함한 다양한 계층

을 대상으로 한 통일체험연수기관으로 운영하기 위해 설립되었으나 주로 청소년 통일체험연수기관으로 운영되고 있다. 즉, 2014년부터 2020년까지 한반도통일미래센터의 대상별 연수 현황을 보면 청소년 대상이 65.6%이고, 성인대상은 34.4%에 불과하여 당초 설립취지와 달리 주로 청소년 통일체험연수기관으로 기능을 수행하고 있다고 볼 수 있다.

한반도통일미래센터가 주로 청소년 통일체험연수기관으로의 역할을 수행하였지만 설립 당시 전 세대·계층을 포괄하고 내국인 뿐만 아니라 재외국민, 외국인까지 그 대상으로 하기 때문에 통일 미래세대인 청소년을 대상으로 한 체계적으로 전문화된 체험연수 프로그램을 운영하는 것에는 한계가 있다. 또한 일반 특화의 경우에도 기관방문 내지 청소년·통일 관련기관 초청 등으로 이루어지는 체험연수 프로그램을 예시하고 있기 때문에 진정한 의미에서 일반 성인 대상 프로그램을 운영하였다고 볼 수는 없다(즉, 일반특화 프로그램도 이용 규정 제2조 제2호 나목의 "특화 프로그램"의 유형으로 분류할 수 있음).

통일교육 기본계획(2019-2021)에서 통일교육 추진방향으로 참여·체험형 프로그램을 제시하고 있지만 "한반도통일미래센터"만으로는 국가 정책적 차원에서 최근의 다양한 통일체험연수 프로그램을 확대·수용하기에는 한계가 있다. 청소년들은 통일국가 주역으로서 청소년기의 특성을 고려한 체계적인 통일교육 및 체험연수 프로그램을 실시할 수 있는 기관 및 공간의 필요성이 대두되고 있다.

이에 장기적으로 현재 운영하고 있는 "한반도통일미래센터"는 일반 성인과 특화된 그룹 내지 집단을 대상으로 한 통일 교육 및 체험연수 프로그램으로 운영하도록 하고, 신설되는 (가칭) "국립청소년통일미래원"에서 청소년의 통일교육 및 체험연수 프로그램을 전담하도록 하는 것이 효과적이고, 효율적이다. (가칭) "국립청소년통일미래원"이 신설될 경우 한반도통일미래센터와의 업무 및 기능분장을 비교하면 아래표와 같다.

<한반도통일미래센터와 국립청소년통일미래원 비교>

구분	한반도통일미래센터	국립청소년통일미래원
근거법	통일부와 그 소속기관 직제 (대통령령)	국립청소년통일미래원 설립 및 운영에 관한 법률
조직성격	국가기관	특수법인
조직기구	센터장, 2과(기획운영과, 관리과)	원장(1), 이사(9인이하), 감사(1), 이사회
직원신분	공무원	민간인

업무	· 남북간 청소년교류지원 · 통일체험연수 프로그램 운영 · 세대·계층별 소통프로그램 운영 · 남북인적교류 등 행사지원	· 남북청소년 교류지원 · 청소년 대상 통일체험연수 프로그램 운영 · 청소년 대상 소통프로그램 운영 · 청소년 대상 지역간 균형있는 프로그램 운영
운영재원	정부예산(남북협력기금)	독립예산(출연금, 보조금, 사용료 등)
사용료 활용	세입	운영경비 충당

* 한반도통일미래센터는 성인중심의 체험프로그램 운영
　국립청소년통일미래원은 청소년 중심의 체험프로그램 운영

(2) (가칭)「청소년통일체험교육기관의 설립 및 지원에 관한 법률」의 제정 및 「한반도통일미래센터 이용규정」 개정을 통한 업무 분장

(가칭) 「청소년통일체험교육기관의 설립 및 지원에 관한 법률」의 제정을 통한 설립목적 및 업무분장을 명확히 하여야 할 것이다. 이 법의 제정을 통해 (가칭) 청소년통일체험교육기관(예를 들면, 국립청소년통일미래원)은 특화된 통일교육기관으로서 위상을 정립하고 관련 체험연수 프로그램을 개발하도록 하여야 할 것이다. 이 제정법안에 규정되어야 할 주요 사항으로는 다음과 같다.

- 법의 제정목적 : "청소년통일체험교육기관" 즉, "국립청소년통일미래원"은 전문적이고 체계적인 청소년통일체험연수를 통해 청소년의 통일공감대 형성과 통일 역량강화를 위해 설립됨을 명확히 함
- "청소년통일체험교육기관" 즉, 국립청소년통일미래원의 운영사업 : "국립청소년통일미래원"은 청소년 통일체험연수 프로그램의 개발 및 운영이 주된 사항임을 명시하도록 함
- "청소년통일체험교육기관" 즉, 국립청소년통일미래원의 재원 : "국립청소년통일미래원"의 설립 및 운영을 위해서는 재원 확보가 무엇보다 중요하기 때문에 그에 대한 근거규정을 둘 수 있도록 함

아울러 「통일부와 그 소속기관 직제」및 「한반도통일미래센터 이용규정」 개정을 통한 한반도통일미래센터의 업무 범위를 변경함이 필요하다. 즉,「통일부와 그 소속기관 직제」제32조의7에서 "한반도통일미래센터"의 직무를 남북 간 청소년 교류 및 통일 체험 연수 등에 관한 사무를 관장하는 것으로 규정하고 있다.

새로 설립되는 "청소년통일체험교육기관" 즉,"국립청소년통일미래원"에서 청소년 대상 통일 교육 및 프로그램을 전담하게 됨으로써 "한반도통일미래센터"는 남북 간 교류 및 통일 체험 연수 등에 관한 사무를 관장하는 것으로 개정하여야 할 것이다.

아울러 단기적 방안과 달리 「한반도통일미래센터 이용규정」 제2조의 2호 가목의 "통일체험연수 프로그램"을 일반 청소년을 제외하고 일반 성인만을 대상으로 실시되는 체험연수 프로그램"으로 개정하도록 하여야 할 것이다.

구체적인 개정안을 제시하면 아래와 같다.

통일부와 그 소속기관 직제 개정안

제32조의7(직무) 한반도통일미래센터(이하 이 장에서 "센터"라 한다)는 한반도 통일미래를 위하여 <u>남북 간 교류 및 통일체험 연수 등에 관한 다음 사무를 관장한다. 다만 사무의 대상이 청소년인 경우 「국립청소년통일미래원 설립 및 운영에 관한 법률」에 의해 설립된 국립청소년통일미래원이 관장한다.</u>
1. 주요업무계획의 수립·조정 및 평가
2. <u>남북 간 교류 관련 사업의 추진</u>
3. 통일체험연수 프로그램의 개발 및 운영
4. 세대·계층별 소통 활성화 프로그램의 개발 및 운영
5. 센터에서의 남북 인적 교류 등 행사 지원
6. 센터 이용 수요조사 및 국내외 홍보

한반도통일미래센터 이용 규정 개정안

제2조(용어의 정의) 이 규정에서 사용하는 용어의 정의는 다음과 같다.
2. 센터 주관 프로그램은 다음과 같은 프로그램을 말한다.
　가. "통일체험연수 프로그램" : 일반 성인을 대상으로 실시되는 체험연수 프로그램
　나. "특화 프로그램" : 취약계층, 북한이탈주민, 재외동포, 외국인 등을 대상으로 실시되는 체험연수 프로그램

제2장
통일교육의 기본구조 및 통일교육 활성화를 위한 법제도 개선방안

Ⅰ. 통일교육의 기본구조

1. 통일교육의 의의

통일교육이란 무엇인가? 「통일교육지원법」은 "자유민주주의에 대한 신념과 민족공동체의식 및 건전한 안보관을 바탕으로 통일을 이룩하는 데 필요한 가치관과 태도를 기르도록 하기 위한 교육"이라고 명확하게 정의하고 있다(「통일교육지원법」 제2조 제1호).

일선 통일교육 현장에서는 「통일교육지원법」이 규정한 통일교육을 실현하기 위한 구체적 방법이 중요하다. 이명박 정부와 박근혜 정부에서는 통일부 국립통일교육원이 발행한 「통일교육 지침서」가 통일교육의 나침반 역할을 해 왔다. 그러나 문재인 정부가 들어서면서 2018년에 「평화·통일교육 – 방향과 관점」으로 통일교육의 방향이 큰 틀에서 변경되었다.

문재인 정부의 「평화·통일교육 – 방향과 관점」에서 말하는 "평화·통일교육"의 의미에 대해서는 논란의 여지가 있을 수 있다. 만약 "평화·통일교육"의 의미가 평화교육과 통일교육을 함께 등가성의 가치로 의미하고 해석한다면, 「통일교육지원법」 위반의 논란이 있을 수 있다. 왜냐하면 평화교육과 통일교육은 다른 의미이기 때문이다.[1]

이 글에서는 법률적, 행정적 의미에서는 「통일교육지원법」상의 "통일교육"으로 사용하고, 통일교육에서 평화의 중요성을 강조하는 의미에서 통일교육은 통상적으로 "평화와 통일교육", "평화통일교육", "평화·통일교육"이란 용어를 혼용하여 사용하기로 한다.

---

[1] 소성규, "통일교육지원법의 개정방향," 『법과 정책연구』 제19집 3호, 2019. 9. 288면.

2. 통일교육의 법적 근거

통일교육에 관한 법적 근거로서 가장 중요한 것은 「헌법」이다. 「헌법」 전문은 조국의 평화적 통일 사명을 선언하고, 「헌법」 제4조는 "대한민국은 통일을 지향하며, 자유민주적 기본질서에 입각한 평화적 통일정책을 수립하고 이를 추진 한다"라고 하고 있다[2]. 「헌법」 제31조는 "모든 국민은 능력에 따라 균등하게 교육을 받을 권리를 가진다" 라고 하여 교육을 받을 권리와 교육의 방향을 정치적 중립성, 평생교육 등을 규정하고 있다. 「헌법」 제66조와 제69조는 대통령에게 조국의 평화적 통일 의무를 부여하고 있다. 그리고 「헌법」 제92조에서는 "평화통일정책의 수립에 관한 대통령의 자문에 응하기 위하여 민주평화통일자문회의를 둘 수 있다"고 하여 통일정책을 헌법적으로 뒷받침하기 위한 법적 근거를 두고 있다.

「헌법」에 기초하여 통일교육에 대하여 구체적으로 규정하고 있는 것은 「통일교육지원법」이다. 「통일교육지원법」의 법체계는 제1조(목적), 제2조(정의), 제3조(통일교육의 기본원칙), 제3조의2(통일교육 기본사항), 제3조의3(통일교육주간), 제4조(국가 및 지방자치단체의 책무), 제5조(삭제), 제6조(통일교육기본계획의 수립), 제6조의2(공공시설의 이용), 제6조의3(지역통일교육센터의 지정·운영), 제6조의4(통일관의 지정), 제6조의5(통일관에 관한 시정명령), 제6조의6(통일관의 지정취소 등), 제6조의7(공무원 등에 대한 통일교육의 실시), 제7조(통일교육의 반영), 제8조(학교의 통일교육 진흥), 제9조(통일교육의 수강요청 등), 제9조의2(통일교육 전문강사의 양성), 제10조(통일교육협의회), 제10조의2(통일교육위원), 제11조(고발 등), 부칙 등으로 구성되어 있다. 비교적 간결하게 규정되어 있다.

통일교육 일선 현장에서는 「헌법」과 「통일교육지원법」의 정신을 반영하고 있는 통일부 국립통일교육원이 발간하고 있는 「평화·통일교육-방향과 관점」(구 「통일교육지침」)에 따라 통일교육을 실시하고 있다.

3. 통일교육의 추진체계

우리나라 공공기관 통일교육 추진체계를 도식화 하여 보면 다음과 같다.

---

[2] 「헌법」 제3조는 "대한민국의 영토는 한반도와 그 부속도서로 한다" 라고 하고 있고, 「헌법」 제4조는 "대한민국은 통일을 지향한다" 라고 규정하고 있다. 「헌법」 제3조와 「헌법」 제4조와의 관계에 대해서는 논외로 한다.

<공공기관 통일교육 추진체계>

우리나라 통일교육은 통일부 국립통일교육원이 가장 중요한 역할을 하고 있고, 학교통일교육 등과 관련하여 교육부와 유기적 협조체계를 유지하고 있다. 그 밖에 일부 중앙 부처별로 통일교육이란 이름은 아니지만 안보교육, 나라사랑 교육 등으로 통일교육과 유사한 교육을 하고 있다.

통일부 국립통일교육원은 통일교육을 원활하게 실시하기 위하여 지역 거점에 따라 권역별로 지역통일교육센터를 지정·운영하고 있다. 허가나 신고가 아닌 지정이다. 그리고 「통일교육지원법」 제10조에 근거한 통일교육협의회와 「통일교육지원법」 제10조의2에 근거한 임기 2년의 통일교육위원 제도를 운영하고 있다.

4. 정책 대상별 통일교육 유형

「통일교육지원법」은 통일교육의 유형에 대하여 독자적인 분류기준을 열거하고 있지는 않지만, 법 규정으로 학교통일교육과 공무원 통일교육에 대해서 규정하고 있다. 반면에 사회통일교육에 대해서는 명문 규정은 없지만 지역통일교육센터를 통한 사회통일교육을 실시하고 있다.

중앙정부와는 달리 지방정부인 경기도는 「경기도 평화통일교육 활성화 조례」

에 따라 평화통일교육의 주요 대상으로 학교통일교육, 사회통일교육, 공무원 통일교육 이외에 이주배경 도민 통일교육을 추가하여 통일교육의 정책적 관심대상으로 분류하고 있다. 이주배경 도민 통일교육 대상자는 북한이탈주민과 다문화가족 등을 말한다(「경기도 평화통일교육 활성화 조례」 제2조).

<대상별 통일교육 대상자>

대상별 교육	통일교육 대상자
학교통일교육	학교통일교육 대상자는 초등학교, 중학교·고등공민학교, 고등학교·고등기술학교, 특수학교, 각종학교에 입학하여 소속된 학생들을 말한다(「초·중등교육법」 제2조). 특히, 「교육기본법」에 따르면 국가 및 지방자치단체는 학생 또는 교원이 자유민주적 기본질서를 확립하고 평화적 통일을 지향하는 교육 또는 연수를 받을 수 있도록 필요한 시책을 수립·실시하여야 한다고 규정하고 있다(「교육기본법」 제17조의6)
사회통일교육	사회통일교육 대상자는 학교, 공무원과 달리 연령적, 성향적 다양성을 지닌다. 대상자는 교사, 공무원, 군인에서부터 일반 사기업의 직장인이나 주부에 이르기까지 직업별 특성도 다양하다. 사회통일교육은 국민의 평생교육을 위한 모든 행태의 교육의 일환으로 추진된다고 규정한 「교육기본법」에 기초하여 이루어진다고 할 수 있다(「교육기본법」 제10조).
공무원 통일교육	공무원 통일교육 대상자는 중앙행정기관, 지방자치단체 및 「공공기관의 운영에 관한 법률」 제4조에 따른 공공기관에 소속된 공무원 및 직원을 말한다(「통일교육지원법」 제6조 제7항).
이주배경 국민(도민) 통일교육	이주배경 도민(국민) 통일교육 대상자는 북한이탈주민과 다문화가족을 말한다(「경기도 평화통일교육 활성화 조례」 제2조). 북한을 탈출하여 한국으로 넘어온 사람들을 일컫는 말로서의 북한이탈주민이라는 용어는 1997년 「북한이탈주민의 보호 및 정착지원에 관한 법률」이 제정되면서 본격적으로 사용되었다. 다문화가족은 「다문화가족지원법」에 따라 결혼이민자와 출생, 인지 또는 귀화에 의하여 대한민국 국적을 취득한 자로 이루어진 가족이거나 인지 또는 귀화에 의하여 대한민국 국적을 취득한 자와 출생, 인지 또는 귀화에 의하여 대한민국 국적을 취득한 자로 이루어진 가족으로 정의된다.

<경기도 조례상 대상별 통일교육 유형>

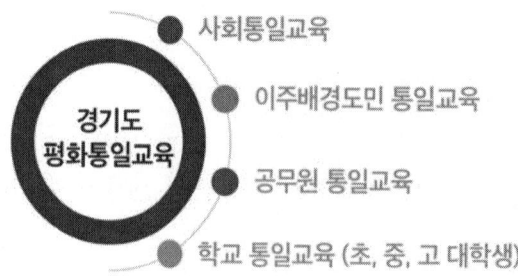

Ⅱ. 통일교육 현황

1. 중앙정부와 지방자치단체의 통일교육

1) 중앙정부의 통일교육 현황

(1) 중앙정부(통일부) 통일교육의 기조 변화

그동안 「통일교육지원법」에 기초한 통일교육은 통일부 국립통일교육원의 「통일교육지침서」에 의해서 이루어왔었다. 그러나 문재인 정부 출범 이후 기존 통일교육의 기조는 『평화·통일교육: 방향과 관점』으로 변화하였고 이에 기초한 통일교육이 전국적으로 시행되었다. 큰 틀에서 초·중·고등학교, 대학교, 사회, 공공기관 등 대상별로 진행되고 있다.

특히, 문재인 정부 들어 남북한의 평화협력과 공동번영이라는 새로운 질서가 구축되어 가는 상황에서 평화의 관점에 입각한 통일교육의 필요성이 제기되었다. 이에 통일부는 남북한 간의 오랜 적대와 대결을 극복할 평화의 이념과 가치에 기반을 둔 새로운 통일교육을 제시하였다.

문재인 정부의 평화지향적 통일교육은 목표, 방향, 방법, 내용의 측면에서 이전 정부의 통일교육과는 구분된다.[3]

<박근혜 정부의 「통일교육지침서」와 문재인 정부의 「평화·통일교육: 방향과 관점」 비교>

	박근혜 정부의 통일교육	문재인 정부의 평화·통일교육
목표	올바른 북한관 건전한 안보관 올바른 북한관	평화통일의 실현의지 함양 건전한 안보의식 제고 균형 있는 북한관 확립 평화의식 함양 민주시민의식 고양
방향	통일문제에 대한 관심 제고 및 통일의지 확립 한반도 통일시대를 위한 통일준비 역량 강화 자유민주주의 가치에 대한 확신 및 민주시민의식 함양 민족공동체를 형성하기 위한 노력 국가안보의 중요성 인식 북한 실상에 대한 올바른 이해	통일은 우리 민족이 지향해야 할 미래이다. 한반도 통일은 민족문제이자 국제문제이다. 통일을 위해서는 남북한의 주도적 노력과 함께 국제사회의 지지와 협력이 필요하다. 평화는 한반도 통일에 있어 우선되어야 할 가치이다. 통일은 튼튼한 안보에 기초하여 평화와 번영을 구현하는 방향으로 추진되어야 한다.

---

[3] 주요내용은 통일부 「2021 통일백서」, 국립통일교육원 「평화·통일교육-방향과 관점」, 한반도 통일미래센터 등의 공개자료와 소성규 외, 「경기도 평화통일교육 중장기 계획 수립 연구」 경기도 연구용역, 2020. 5. 내용을 수정 보완 하여 정리하였다.

			북한은 우리의 안보를 위협하는 경계의 대상이면서 함께 평화통일을 만들어 나가야 할 협력의 상대이다. 북한에 대한 이해는 객관적 사실과 인류 보편적 가치 규범에 기초해야 한다. 북한은 우리와 공통의 역사·전통과 문화·언어를 공유하고 있다. 남북관계는 통일을 지향하는 과정에서 잠정적으로 형성되는 특수관계이다. 남북관계는 기존의 남북합의를 존중하는 방식으로 발전되어야 한다. 남북관계 발전을 위해 화해협력과 평화공존을 위한 노력이 필요하다. 통일을 통해 구성원 모두의 자유·인권·평등·복지 등 인류 보편적 가치를 추구하는 국가를 건설해야 한다. 통일은 한반도뿐만 아니라 동북아시아 및 세계의 평화와 발전에 이바지할 수 있어야 한다. 통일은 점진적이고 단계적인 방식으로 이루어져야 한다. 통일은 국민적 합의를 바탕으로 추진해야 한다.
방법		객관적 사실에 기초한 통일문제의 이해 열린 대화와 토의의 중시 생활 관련 소재를 통한 흥미와 호기심 유도 학습자의 특성에 따른 '맞춤형 교육' 현안 쟁점과 사례 중심의 통일문제 접근 다양한 교수·학습방법의 활용	학습자 특성에 맞는 통일교육 인지·정의·행동적 영역을 포괄하는 통합적인 통일교육 학습자 중심의 통일교육 흥미와 관심을 증진하는 다양한 방법의 활용
내용		통일문제의 이해 북한 이해 통일환경의 이해 통일정책 통일을 위한 과제	분단의 배경과 통일의 필요성 북한 이해 통일의 과정과 미래상

출처: 통일부 통일교육원, 『2016 통일교육 지침서』 (통일교육원, 2016); 통일부 통일교육원, 『평화·통일교육: 방향과 관점』 (통일교육원, 2018); 소성규, "「통일교육지원법」의 개정방향," 『법과 정책연구』 제19집 제3호, 2019. 9.

문재인 정부의 통일교육은 이전 정부의 통일교육과 차별화를 시도하고 있다. 큰 틀에서는 통일교육이 국민들의 평화통일 의지를 높이고 정책추진 기반을 넓히기 위해 이전 정부의 통일교육의 연장선에서 통일교육을 실시하고 있다. 이와 관련하여 중앙정부(통일부)의 통일교육 현황을 살펴보면 아래와 같다.

(2) 중앙정부(통일부)의 통일교육 기반 확충 및 운영

중앙정부(통일부)는 국민들의 평화통일 의지를 높이고 정책추진 기반을 넓히기 위해 다양한 통일교육과정을 운영하고 있다.

통일부 차원에서 운영하고 있는 통일교육과정으로는 전문과정, 공무원 교육과정,

학교통일 교육과정, 글로벌 교육과정, 특별 교육과정, 사이버통일 교육과정이 있다.

전문과정은 통일정책 최고위과정, 통일정책 지도자과정, 통일미래기획과정, 통일교육 전문강사과정 등이 있다. 공무원 통일교육과정은 중앙부처와 지방자치단체 공무원들이 통일정책을 보다 잘 이해하고, 평화통일 기반 구축에 적극 동참하는 데 중점을 두고 있다.

특히, 공무원 통일교육과정은 국가공무원인재개발원, 지방자치인재개발원 등 중앙정부와 광역지방자치단체 교육기관과 연계해서 교육을 진행하고 있다.

학교통일 교육과정은 통일교육의 핵심 전달자인 각급 학교 교사의 통일교육 전문성을 제고하기 위한 과정임. 초·중·고등학교 교장(감) 및 교사, 장학관(사) 및 교육연구관(사), 통일교육 연구학교 교사 등 교육 대상별로 차별화된 교육도 실시하고 있다.

사회통일 교육과정은 사회 각 분야에서 통일 공감대를 형성을 위해 노력하고 있는 통일교육위원, 민주평통자문위원, 통일 관련 단체 임원을 대상으로 이루어지는 교육이다.

글로벌 교육과정은 재외동포 및 외국인 학생이 한반도 분단 현실을 이해하고, 우리의 평화통일 비전에 대한 공감대를 형성하여 통일에 대한 국제적 지지 기반이 되도록 하기 위한 교육과정이다.

특별 교육과정으로는 해외 주요국의 한반도 문제 전문가를 초청하여 국내 전문가와 학생 및 일반인들을 대상으로 특강과 토론을 진행하는 것과 해외 주요국의 차세대 전문가를 대상으로 통일아카데미를 실시하는 것이 대표적 사례이다.

사이버 교육과정은 공공과정, 교원과정, 2030과정, 시민과정, 방북과정 등 5개 과정이 운영되고 있다.

중앙정부(통일부)는 보다 많은 국민들이 통일문제에 관심을 가질 수 있도록 다양한 종류의 도서 및 영상자료를 개발·보급하고 있다.

<중앙정부(통일부) 통일교육 도서자료 개발 현황>

구분	자료명	대상
기본교재	통일문제 이해	대학생, 일반성인 등
	북한 이해	
그림동화	캠핑 가는 날	유아
오디오북	이혜리와 리혜리	장애인
점자책	이혜리와 리혜리	장애인
학교교육	보니하니 톡톡 통일 퀴즈북	초등학생

공공교육	2019 세 가지 키워드로 본 한반도의 길	대학생, 일반성인 등
교사용 지도서	통일교육 클립영상 활용가이드	
	한반도의 오늘과 통일(중학생용)	
	이혜리와 리혜리	
명사특강	평화의 길, 통일의 꿈	
평화 참고교재	한반도의 평화를 말하다	
손안의 통일	더 나은 통일을 위한 대화: 보수·진보가 함께 쓴 평화·통일을 준비하는 13가지 물음	
	우리의 소원은 평화: 청소년이 생각하는 평화와 통일 이야기	
	북한에서 사업하기: 통일 시대를 위한 기업 매뉴얼	
	혐오 시대 헤쳐가기: 심리학으로 본 북한 혐오	
	분단을 건너는 아이들: 탈북 청소년 수기	
참고자료	판문점 견학 해설서	
	굿 피스(Good Peace)	
	뮤지컬과 함께하는 통일의 꿈	

<중앙정부(통일부) 통일교육 영상자료 개발 현황>

구분	자료명	대상
애니메이션	이혜리와 리혜리 애니메이션(6분)	유아
	출동! 슈퍼윙스 북한편(8분)	유아, 초등저학년
클립영상	호담국, 한반도의 호랑이 이야기(5분)	초등학생
	통일, 무엇이든 물어보세요(5분)	
	어느 동화작가의 유언장(5분)	
	구름빵, 추석에 만난 친구(5분)	
	남북한의 말모이 대작전(5분)	
	마음으로 그리는 통일미래(2분)	
	북한의 명물(보니하니)(5분)	
	구름빵, 아저씨의 정원(5분)	
	통일선배 독일 이야기(6분)	
	자원전쟁(5분)	중고등학생
	철도, 대륙을 향한 꿈(4분)	
	통일의 피아노-고향의 봄(2분)	
	통일한국의 유망직업은?(6분)	
	북한이탈주민 친구들의 이야기(6분)	
	이러다 통일되면 어쩌지?(7분)	
	북한의 최근 변화 동향(6분)	
	남과 북의 수학용어(3분)	
공공영상	국제정세와 한반도 통일전망(13분)	대학생, 일반성인 등
	북한 사회와 주민들의 일상생활(13분)	
	평화경제의 비전(16분)	

캠페인 광고	평화와 소통의 두드림(광고명)	전 연령대
웹기반 예능	감성토크 굿 피스(4편, 11~12분)	대학생
TV 방영	차이나는 클라스 클립영상 (4편, 각 2~3분)	전 연령대
	통일특집 '생방송 톡!톡! 보니하니'	초등학생
	'만.반.잘.부' (만나서 반가워 잘 부탁해)	중고등학생
	Embracing Peace (part 1: Peace Economy)(27min)	외국인, 재외동포 등
	Embracing Peace (part 2: New Identity)(25min)	
캠페인 광고	Knocking on the door of peace and communication	

중앙정부(통일부)는 국민들의 평화통일 의지를 모으고, 청소년들에게 올바른 통일의식을 심어주기 위해 2013년부터 매년 5월 넷째 주를 「통일교육주간」으로 지정·운영하고 있다.

통일교육주간에는 계기수업·특강·학술회의, 참여·체험행사, 지역통일교육센터 주관 주민·학생 참여 행사, 통일관 체험프로그램, 통일교육 선도대학 주관 프로그램, 하나센터 프로그램 등이 실시되고 있다. 또한 2017년에는 tvN 대학토론배틀 "20대 통일을 상상하다" 프로그램이 진행되었다. 아울러 통일교육주간을 통해 해외 전문가 특강과 해외 거주 한국인을 대상으로 하는 통일교육 프로그램 등이 진행되고 있다.

다만 통일부는 전국민적인 코로나19 상황 극복 노력에 적극 동참하기 위해 2020년 제8회 통일교육주간을 5월 18일부터 24일까지 온라인 페스티벌로 개최하기로 하였다. 2020년 제8회 통일교육주간에는 더 많은 국민들이 안전하게 참여하고 함께 즐길 수 있도록 다양한 사이버 행사와 교육 콘텐츠를 포함한 통일교육 프로그램 기획하였다.

중앙정부(통일부)는 통일교육의 방향 정립 및 협력체계 구축에도 많은 노력을 기울이고 있다. 당초 중앙정부(통일부)는 학교와 지역 사회에서 통일교육을 실시할 때 활용할 수 있는 『통일교육지침서』를 발간해 왔다. 그러나 2018년에는 내용과 구성을 대폭 개편해 이를 『평화·통일교육: 방향과 관점』으로 바꾸어 발간하고 있다.

중앙정부(통일부)는 2018년 「통일교육지원법」을 개정하여 중앙행정기관, 지방자치단체, 공공기관 소속 지원으로 하여금 매년 1회, 1시간 이상 통일교육을 의무적으로 이수하도록 하였다.

또한 중앙정부(통일부)는 다양한 교육 주체들의 협조 하에 통일교육 협조체계를 구축하여 운영하고 있다.. 대표적으로 통일교육에 관한 대표성과 전문성을 갖춘 민간단체와 전문가들이 참여하는 「통일교육 민관협의회」를 구성하여 통일교육 방향에 대해 논의함으로써 통일교육에 관한 사회적 합의를 넓혀가는 노력을 하고 있다.

한편, 통일부 산하기관인 개성공업지구지원재단(이하 재단)은 2019년 1월 경기도교육청과 "평화통일 기반 조성을 위한 교육협력 업무 협약"체결하였다. 재단은 경기도교육청과 함께 개성공단에서 북한 주민과 생활하면서 겪은 경험을 학생과 교사에게 소개하기 위해 통일 관련 교재를 비롯한 다양한 자료를 개발하고 있다. 또한 양 기관은 통일 교육 관련 사업을 발굴하고 여건이 조성되면 남북 학교와 기관 간 교육협력을 지원할 예정이다. 2019년 재단은 공무원, 교직원, 대학생, 초·중·고등학생, 시민 등 다양한 대상들과 함께 재단 주관 "통합경험 공유사업"을 실시하고 있다.

<개성공업지구지원재단 통일교육 실적 현황>

구분	공무원 (40)	교직원 (112)	대학교 (20)	초중고 (46)	기타 (10)	총계 (228)
실적	42회	112회	47회	50회	10회	261회
교육 인원	2,710명	2,967명	5,571명	3,836명	555명	15,639명

출처: 개성공업지구지원재단 내부자료

(3) 중앙정부(통일부) 학교통일교육 현황

중앙정부(통일부) 학교(초·중·고) 교육과정에 평화·통일교육을 확대하기 위한 다양한 프로그램 개발과 교육의 질적 개선을 위한 다양화를 추진하고 있다.

통일부는 학생들의 평화통일의식 제고를 위해 다양한 형태의 협의체와의 협력을 통해 학교 평화통일교육 방향 설정과 교육과정 내 평화통일교육 내실화를 추진하고 있다.. 이와 관련하여 통일부는 교육부와 교육청과의 협업 사업을 추진하고 있으며, 교육부와 교육청 간 협업 사업도 이루어지고 있다. 통일부·교육부 공동사업으로는 학교통일교육 실태조사, 통일교육주간, 학교통일교육 연구대회 등이 있다.

통일부·교육청 협업 사업으로는 통일리더캠프, 학교통일교육체험경비 지원, 통일문화경연대회 등 참여·체험형 프로그램 보급 및 지원을 하고 있다.

교육부·교육청 협업 사업으로는 학생 통일이야기 한마당, 학생 평화 축제 등이 있다.

현재 중앙정부(통일부)는 학교통일교육과 관련하여 참여·체험형 청소년 통일교육 확대, 학교통일교육 실태조사, 학교통일교육 모범사례 확산 및 교원 전문성 강화, 대학 통일교육 활성화에 주안점을 두고 있다.

통일부가 실시 및 지원하고 있는 학교통일교육 프로그램은 다음과 같다. 즉, '찾아가는 학교통일교육'을 실시하고 있는데, 이는 교구와 교재를 활용한 놀이를 통해 통일·북한 문제에 대한 청소년들의 이해를 돕는 프로그램이다. 국내와 국외로 나누어 통일리더캠프를 실시하고 있다. 기타 학교통일교육과 관련하여 통일부가 실시 및 지원하고 있는 프로그램으로는 '학교통일교육 연구학교' 운영, '학교통일교육 연구대회', '체험교육경비지원', '어린이기자단', '통일문화 경연대회' 등이 있다.

통일부는 2019년에 판문점·도보다리 견학 등 현장활동 중심 프로그램, 독일·일본·사할린 동포 등 외국 청소년과 평화통일교류, 학생 평화축제, 평화통일대장정 등의 사업을 적극 발굴 및 지원하고 있다.

통일부는 청소년들의 통일의식과 학교에서의 통일교육 현황을 파악하고 향후 개선방안을 마련하기 위해 2014년부터 교육부와 공동으로 학교통일교육 실태조사를 진행하고 있다.

통일부는 학교통일교육의 모범사례 개발하고 이를 확산시키기 위해 「통일교육 연구학교」를 지정하고, 학교별로 다양한 통일교육 프로그램 진행을 위한 예산 및 자원 지원, 그리고 프로그램 운영에 대한 자문 진행하고 있다. 이에 더해, 학교현장의 통일교육 우수 지도사례 발굴 및 확산을 위해 교육부와 공동으로 학교통일교육 연구대회를 개최하고 있다.

초·중·고 통일교육 담당교사 등과 시도 교육청과 공동으로 학교통일교육발전 워크숍을 개최하고 있다.

통일부는 대학생들의 통일의식을 고취시키기 위해 대학사회의 활발한 통일교육 참여를 유도하고 대학통일교육의 저변을 확장하기 위한 다양한 사업을 진행하고 있다. 구체적으로 통일부는 "통일교육 선도대학 육성·발전", 옴니버스 특강 및 통일·북한 강좌 지원 사업"을 중심으로 대학 평화통일교육 프로그램을 개발·보급하고 있다.

통일부는 대학생들의 자율적 통일체험 활동을 지원하고 있다. 대표적으로 전국대학통일문제연구소협의회를 통해 '통일한국 모의국무회의 경연대회', '통일동아리, 전국 대학생 통일토론대회', '통일논문 및 홍보영상 공모' 등을 지원하고 있다.

(4) 중앙정부(통일부) 사회통일교육 현황

통일부는 지역사회의 평화통일문제에 대한 관심과 이해를 제고하기 위해 지역사회 평화통일교육을 추진하고 있다.

통일부는 지역사회의 평화통일의 관심과 이해를 제고하기 위해 전국 12개 통일관을 운영하고 있다.

<전국통일관 운영 현황>

통일관명	위치 및 운영주체
서울통일관	서울특별시 구로구/서서울생활과학고등학교
인천통일관	인천광역시 미추홀구/자유총연맹 인천지회
오두산 통일전망대	경기도 파주시/통일부
고성통일관	강원도 고성군/(주)고성 통일전망대
양구통일관	강원도 양구군/양구군
대전통일관	대전광역시 유성구/대전 마케팅 공사
충남통일관	충청남도 공주시/자유총연맹 충남지회
청주통일관	충청북도 청주시/청주시(청주랜드 관리사업소)
부산통일관	부산광역시 부산진구/자유총연맹 부산지회
경남통일관	경상남도 창원시/자유총연맹 경남지회
광주통일관	광주광역시 서구/(사)우리민족
제주통일관	제주특별자치도 제주시/자유총연맹 제주지회

출처: 통일부, 「2021 통일백서」, 220면.

<2020년 이전 지역통일교육센터>

지역	명칭
중앙	통일교육위원 중앙협의회
서울특별시	서울지역 통일교육센터
부산광역시	부산지역 통일교육센터
대구광역시	대구지역 통일교육센터
인천광역시	인천지역 통일교육센터
광주광역시	광주지역 통일교육센터
대전광역시	대전지역 통일교육센터
울산광역시	울산지역 통일교육센터
경기도	경기북부지역 통일교육센터 경기남부지역 통일교육센터
강원도	강원지역 통일교육센터
충청북도	충북지역 통일교육센터
충청남도	충남지역 통일교육센터
전라북도	전북지역 통일교육센터

전라남도	전남지역 통일교육센터
경상북도	경북지역 통일교육센터
경상남도	경남지역 통일교육센터
제주특별자치도	제주지역 통일교육센터

또한 2020년 통일부는 기존의 지역사회 평화통일 사업의 내실화를 위해 기존 중앙 1개와 17개 지역통일교육센터를 전국 7개 권역에서 각 1개씩 운영하는 방식으로 재편했으며, 통일교육협의회 회원단체 관리 강화와 효율적인 단체 활동을 유도하고 있다.

<2020년-2021년 지역통일교육센터 현황>

센터명	위치 및 센터장
중앙 통일교육센터	서울특별시 서대문구 골든타워/통일교육위원 중앙협의회 의장
서울 통일교육센터	서울특별시 성북구 국민대학교/국민대학교 총장
경인 통일교육센터	경기도 수원시 아주대학교/아주대학교 총장
영남 통일교육센터	경상남도 창원시 경남대학교/경남대학교 총장
호남 통일교육센터	광주광역시 동구 (사)우리민족/사단법인 우리민족 이사장
충청 통일교육센터	충청북도 청주시 서원대학교/서원대학교 총장
강원 통일교육센터	강원도 원주시 한라대학교/한라대학교 총장
제주 통일교육센터	제주특별자치도 제주시 제주대학교/제주대학교 명예교수

출처: 통일부, 「2021 통일백서」, 214면.

아울러 통일부는 지역사회 평화통일교육 기반을 구축하기 위해 통일교육위원 역량 강화 프로그램을 운영하고 있으며, 지자체가 중심이 되어 '학교·시민 대상 평화·통일교육 사업', '시민 역량 강화를 위한 민간 평화·통일교육 사업', '세대별·지역 특색을 반영한 역량 강화 사업'을 추진하는 것을 지원하고 있다.

한편 중앙정부와 더불어 개별 지자체 중심으로 연령 및 대상별 특성을 반영한 포럼 및 강연회 등을 개최하여 지역사회 평화통일교육이 진행되고 있다. 대표적인 사례는 광주광역시 이동 통일관 운영·통일이야기가 있는 코리안 드림 토크콘서트, 대구광역시 보드게임을 활용한 청소년 통일교육, 경상북도 통일화랑아카데미, 충청북도 청년자문위원 통일역량 강화 교육, 부산광역시 제2기 통일열차 리더십 아카데미, 서울특별시 민간단체 스포츠를 통한 피스메이커·서울 청년 평화 아카데미, 강원도 DMZ 지역 주민 대상 남북 평화 지역 간 경제공동체 실현을 위한 평화교육·지역자원을 활용한 문화콘텐츠 발굴 및 공연 등이 있다.

(5) 중앙정부(통일부) 공무원 통일교육 현황

통일부는 2018년 9월 14일 개정된 「통일교육지원법」이 발효됨에 따라 중앙행정기관, 지방자치단체, 공공기관 등에 소속된 공무원, 직원 등에 대해 연 1회, 1시간 이상 통일교육을 의무적으로 실시하도록 하고 있다.. 교육방식은 집합 교육(대면 강의, 시청각 교육)과 사이버 강의 등이 있으며 선택하는 것이 가능하다.

정부는 교육대상 기관들이 통일교육을 원활하게 시행할 수 있도록 46개 사이버 교육과정 제공, 추천강사 풀 제공, 교육용 도서·영상자료 등 콘텐츠 제공, 공공부문 통일교육 홈페이지 개선 등 적극적인 교육지원을 실시하고 있다. 또한 교육 시행 초기 교육예산이 없거나 지역적 특성상 강사 섭외에 어려움을 겪는 소규모 기관들을 지원하기 위하여 '찾아가는 공공부문 통일교육'을 시범적으로 추진하고 있다.

그 결과 제도시행 첫해인 2019년의 경우 2,057개 기관에서 교육실적을 제출하였고, 약678만명이 교육을 이수하였다. 2020년에는 코로나19 상황에도 교육대상 기관 중 2,350여개 기관이 교육실적을 제출하였고, 약88만명이 교육을 이수하는 등 공공부문 통일교육 활성화에 일정 부분 성과를 거두었다고 자체 평가하고 있다.

통일교육을 실시한 교육유형을 살펴보면 집합교육·사이버교육·시청각교육·현장견학 등의 다양한 형태의 교육이 실시되었으며, 코로나19 상황으로 집합교육은 크게 감소하였고, 사이버교육의 비중이 85% 이상을 차지하고 있는 점이 특징적이다.

(6) 중앙정부(통일부) 한반도통일미래센터 운영

통일부는 한반도 통일 미래를 위한 남북청소년교류 지원과 통일체험연수를 목적으로 2014년 11월 한반도통일미래센터(이하 센터)를 개관하였다. 현재 센터에는 통일관, 통일미래 체험관, 어울림관, 생활관, 축구장, 농구장 및 야영장, 한반도 투어링장 등의 체험 편의시설들이 있다. 센터는 정부가 직접 운영하는 국내 유일의 통일체험연구 전문기관으로 남북 간 인적교류 관련 행사 지원은 물론 국내외 통일 공감대 확산과 통일미래 세대 양성을 위한 통일체험연수 프로그램을 운영하고 있다. 청소년단체, 대학, 지자체 등 25개 유관기관 및 단체와 업무협약(MOU)을 맺고 다양한 맞춤형 통일체험 프로그램을 개발하여 운영하고 있다.

<한반도통일미래센터>

<통일체험연수 단위프로그램 현황>

프로그램명	대상	주요 내용
여는 마당	초중고	입소식, 생활·프로그램·시설 안내, 안전사고(화재, 지진, 유해곤충 등) 예방교육, (성)폭력예방 교육 등
퍼펙트 드림팀	초	팀빌딩, 아이스브레이킹, 관계형성 등을 위한 신체·체육활동을 통해 협력과 의사소통 능력 향상
통일 ON	고	빙고게임 등의 방식을 활용하여 분단의 역사적 배경, 통일문제, 남북교류 등 통일 필요성 이해를 위한 기본 지식을 학습
통일로 가는 길	초중	분단의 역사적 배경, 통일문제, 남북교류 등을 이해하고 이를 통해 통일을 위한 미래비전을 생각하고 이를 구체화하는 결과물 도출
톡톡톡 통일세대	중고	북한이탈주민과의 직접 대화를 통해 북한의 정치·경제·사회·문화·교육 등 다양한 분야의 북한을 이해함으로써 통일을 위한 소통의 장 마련
그곳을 가다	초중고	북한의 모습을 보고 분단 상황을 인식함으로써 통일의 필요성을 확인하기 위해 오두산통일전망대 등 통일안보현장을 방문
뭉쳐야 뜬다 - 통일탐사단 -	초중고	남북한 도시의 지리적 특징과 문화적 배경 등의 다양한 지식을 학습하고 이를 주제로 통일을 대비한 여행계획을 수립
나는 캐릭터 디자이너	초	통일의 의미를 나타내는 상징물(캐릭터)을 펄러비즈(Perlerbeads)를 활용하여 직접 제작하고 이를 통해 통일 미래를 생각해보는 기회 제공
내손으로 만드는 통일(DMZ)	초	남북한 접경지역인 DMZ를 생태, 문화, 관광 등 다양한 분야에서의 접근을 통해 통일시대를 준비하고 생각해보는 기회 제공
유니빌리지	초중	남북한의 분단 이전과 이후의 건축 문화를 이해하고, 통일시대의 건축물과 마을을 카프라(Kapla)를 활용하여 제작하고 이를 통해 통일미래를 이해
통(通) 엔터테인먼트	중고	통일시대 정치·경제·사회·문화 등의 변화를 상상해보고, 다양한 방송기법을 활용하여 제작하고 이를 통해 통일시대를 준비하는 기회 제공

통일미래 체험	초중고	KTX 통일호를 타고, 통일 7년 후 통일한국의 문화·관광·물류·자원 등 다양한 영역을 가상기기를 통하여 실감나게 체험할 수 있는 기회 제공
도전! 통일골든벨	초중고	분단의 역사적 배경과 북한의 정치·경제·사회·문화·교육과 남북한 교류 등 다양한 사실을 학습하고 이를 토대로 통일미래를 상상하는 기회 제공
더공감	초중고	남북한을 소재로 한 영화를 감상하고 그 의미를 생각해보는 기회를 통해 긍정적인 통일 감수성을 향상시킬 수 있는 기회 제공
WE! 한마음 콘서트	초중고	참가 청소년들의 끼와 감각적 표현을 발산할 수 있는 기회 제공(학교 자체 진행)
맺는 마당	초중고	통일을 준비하는 우리의 태도를 통일체험연수 전 과정을 통해 종합적으로 설명하고 설문조사를 통해 이를 평가

한편 통일부는 청소년들의 평화·통일 의식제고 및 공감대 확산에 대한 필요성, 통일체험연수 수요 증가와 비수도권 참가자의 불편 해소 등을 고려한 지역 통일미래센터 추가 건립을 추진하고 있다.

2) 지방자치단체의 통일교육 현황

지방자치단체는 「통일교육지원법」을 지방자치단체의 정책환경에 맞게 수정하여 통일교육 활성화 조례를 제정하여, 이를 토대로 지방자치단체 통일교육 기본계획을 수립, 시행하고 있다.

지방자치단체 통일교육 관련 조례 제정 현황 검토의 기준은 「통일교육지원법」을 법적 근거로 조례가 제정되거나, 「통일교육지원법」의 내용을 실현하기 위한 조례 중심으로 검토하고자 한다. 예를 들면, 「청소년기본법」, 「청소년활동진흥법」에 의거한 청소년 활동 내지 청소년 교류 활동의 내용의 하나로서 통일교육을 지원하는 조례[4], 「남북교류협력에 관한 법률」에 근거한 남북교류협력사업의 일환으로 진행되는 통일교육 사업[5], 「평생교육법」에 근거한 평생교육 사업의 일환으로 접근한 조례[6] 등은 검토 대상에서 제외하였다. 다만, 남북교류협력사업과 통일교육 지원 사업을 동시에 진행하기 위해 두 개 법률의 내용을 반영한 조례[7] 등은 검토 대상에 포함하였다.

---

[4] 예를들면, 2021.3.21. 제천시 청소년 활동진흥 및 지원에 관한 조례 등.
[5] 2019. 2. 27. 포천시 남북교류협력지원에 관한 조례 등.
[6] 2009.5.11. 제정, 2019.3.4. 개정 연천군 통일평생교육 조례 등.
[7] 2020.11.18. 안산시 조례, 2011.11.10. 제정, 2021.2.22. 개정 충청남도 남북교류협력 및 통일교육 활성화에 관한 조례 등.

<지방자치단체 통일교육 조례 제정 현황[8]>

(2021년 10월 10일 기준)

구분	지역(기관)명	조례명	제정일	개정일 (최근)
광역지방자치단체 (14)	서울특별시	서울특별시 평화·통일 교육에 관한 조례	2015.4.2.	2017.1.5.
	부산광역시	부산광역시 평화·통일교육 활성화 조례	2019.9.25.	2021.7.7.
	인천광역시	인천광역시 평화도시 조성에 관한 조례	2004.11.8.	2020.12.31.
	세종특별자치시	세종특별자치시 통일교육 활성화 조례	2019.1.30.	
	경기도	경기도 평화통일교육 활성화 조례	2011.4.7.	2019.11.12.
	강원도	강원도 통일교육·문화 활성화 조례	2016.12.30.	
	충청남도	충청남도 남북교류협력 및 통일교육 활성화에 관한 조례	2011.11.10.	2021.2.22.
	전라북도	전라북도 평화통일교육 활성화 지원 조례	2016.12.30.	
	전라남도	전라남도 평화통일교육 활성화	2011.10.20.	2017.11.2.
	경상북도	경상북도 평화통일교육 활성화 조례	2018.12.27.	
	울산광역시	울산광역시 평화통일교육 활성화 조례	2020.9.24.	
	광주광역시	광주광역시 통일교육 활성화 조례	2011.9.15.	2018.12.15
	대전광역시	대전광역시 통일교육 활성화조례	2015.12.18.	
	제주특별자치도	제주특별자치도 통일교육 활성화 조례	2016.5.13.	
기초지방자치단체 (44)	계룡시	계룡시 통일교육 지원 조례	2018.2.20.	
	고양시	고양시 평화통일교육 지원 조례	2019.4.30.	2020.1.7.
	광양시	광양시 평화통일교육 지원 조례	2019.11.13.	2020.11.11.
	광주광역시 광산구	광주광역시 광산구 주민 통일교육 지원에 관한 조례	2015.12.30.	
	광주광역시 남구	광주광역시 남구 평화통일교육지원 조례	2012.10.10.	2015.3.30.
	광주광역시 북구	광주광역시 북구 평화통일교육 지원 조례	2013.5.10.	2015.10.29.
	광주시	광주시 평화통일교육 지원 조례	2019.7.12.	
	군산시	군산시 평화통일교육 지원 조례	2020.4.1.	
	군포시	군포시 평화통일교육 지원 조례	2019.3.15.	2020.9.29.
	나주시	나주시 평화통일교육 지원 조례	2016.1.11.	
	남양주시	남양주시 평화통일교육 지원에 관한 조례	2018.9.20.	
	남원시	남원시 통일교육 지원 조례	2018.12.13.	
	대구광역시 북구	대구광역시 북구 평화통일교육 활성화 조례	2021.4.30.	
	대구광역시 동구	대구광역시 동구 평화통일교육 활성화 조례	2018.4.29.	
	대구광역시 서구	대구광역시 서구 평화통일교육 활성화 조례	2017.10.30.	
	대구광역시 수성구	대구광역시 수성구 통일교육 활성화 조례	2019.12.20.	
	대전광역시 대덕구	대전광역시 대덕구 평화통일교육 지원 조례	2017.12.22.	

---

[8] 행정안전부 자치법규정보시스템(http://www.elis.go.kr)(2021. 10. 10. 검색).

	대전광역시 동구	대전광역시 동구 평화통일교육 지원 조례	2017.12.29.	
	대전광역시 서구	대전광역시 서구 평화통일교육 지원 조례	2017.12.18.	
	대전광역시 유성구	대전광역시 유성구 평화통일교육 지원 조례	2017.12.22.	
	대전광역시 중구	대전광역시 중구 평화통일교육 지원 조례	2018.10.15.	
	부산광역시 동구	부산광역시 동구 평화통일교육 지원 조례	2019.10.7.	
	부산광역시 서구	부산광역시 서구 평화통일교육 지원 조례	2018.12.31.	
	부산광역시 진구	부산광역시 부산진구 평화통일교육 지원 조례	2021.1.4.	
	서산시	서산시 평화통일 교육 지원 조례	2019.12.18.	2021.8.1.
	서울특별시 구로구	서울특별시 구로구 평화통일교육 지원 조례	2020.12.24.	
	서울특별시 금천구	서울특별시 금천구 통일교육 지원 조례	2019.3.19.	
	순천시	순천시 통일교육 지원 조례	2018.10.31.	2020.7.31.
	안산시	안산시 남북교류협력 및 평화통일 기반조성에 관한 조례	2019.5.1.	
	안양시	안양시 평화통일교육 지원 조례	2018.11.16.	
	양산시	양산시 통일교육 지원 조례	2018.10.11.	
	양주시	양주시 평화통일교육 지원 조례	2019.11.25.	
	예산군	예산군 통일교육 활성화 지원 조례	2015.12.30.	2019.11.15.
	울산광역시 남구	울산광역시 남구 평화통일교육 지원 조례	2020.10.8.	
	울산광역시 북구	울산광역시 북구 평화통일교육 지원에 관한 조례	2018.12.13.	
	음성군	음성군 통일교육 지원 조례	2018.12.31.	
	인천광역시 서구	인천광역시 서구 평화통일교육 활성화 조례	2020.3.9.	
	전주시	전주시 평화통일교육 지원 조례	2017.3.30.	
	증평군	증평군 평화통일교육 지원조례	2013.11.22.	2020.12.29.
	충주시	충주시 평화통일교육 지원 조례	2021.2.26.	
	파주시	파주시 평화도시 조성에 관한 조례	2020.2.14.	2020.9.25.
	평택시	평택시 평화통일교육 지원 조례	2016.2.19.	
	하남시	하남시 평화통일교육 지원에 관한 조례	2019.9.4.	
	화천군	화천군 평화통일 교육·문화 지원에 관한 조례	2019.6.7.	2020.12.31.

　우리나라 지방자치단체의 조례 제정 현황에서 알 수 있듯이, 전국 자치단체 대비 통일교육에 관심을 두고 있는 지자체는 그리 많지 않아 보인다. 통일교육에 대한 무관심을 나타내는 근거이기도 하다.

　아래에서는 지방자치단체 통일교육 조례 가운데에서 서울특별시와 접경지역인 경기도, 인천광역시, 강원도 통일교육 사례를 간략하게 검토하고, 시사점을 알아보고자 한다.

(1) 서울특별시 평화통일교육 현황[9]

① 평화통일교육의 법·제도적 기반

서울특별시는 2015. 4. 2. 「서울특별시 평화·통일교육에 관한 조례」를 제정하였고, 이후 2017.1.5. 개정한 바 있다. 이 조례 제정 목적은 "서울특별시의 평화통일교육을 활성화하고 체계적이며 지속적 추진"으로 들고 있다(제1조).

② 평화통일교육 추진체계

서울특별시의 평화통일교육 관련 조직은 남북협력추진단 산하에 남북협력담당관(남북협력정책팀, 사회문화교류팀, 통일문화조성팀)과 개발협력담당관(개발협력총괄팀, 개발사업팀, 경제협력지원팀, 서울평화포럼팀)의 2담당관 7팀이 있고, 서울특별시의 평화통일교육은 남북협력추진단의 남북협력담당관실 산하의 '통일문화조성팀'이 주무 부서이다. 여기에서 매년 '서울특별시 평화통일교육 기본계획'을 수립하고, 제반 사업을 추진·집행하고 있다[10]

③ 평화통일교육의 주요 프로그램

서울특별시의 통일문화조성사업은 2020년도 기준 10개 사업을 추진하고 있다.

<2020년 서울시 평화통일교육 주요프로그램 및 내용>

프로그램	내용
시민참여형 평화통일교육 공모사업	시민 공감대 확산 및 서울에 맞는 프로그램 발굴·지원 사업
자치구 평화통일교육 지원	자치구 특성에 맞는 교육 지원으로 지역주민 관심도 제고 사업
평화통일 가족캠프 운영	평화·통일에 대한 세대간 인식격차 해소 및 공감형성 사업
공무원 국외 통일교육 아카데미	평화통일을 위한 공무원의 역할과 자세 등 전반적 역량 강화 사업
서울시민이 만들어가는 평화통일 사회적 대화	토론과 경청으로 갈등 완화 및 미래지향적 통일문화 조성
함께 서울, 함께 평화 페스티벌	시민참여 행사를 통한 평화통일에 대한 공감대 확산 사업
평화통일 시민아이디어 공모전	평화통일에 대한 시민 공감 및 사회적 지지 강화유도 사업
평화통일 시민아이디어 공모전	평화통일에 대한 시민 공감 및 사회적 지지 강화유도 사업
평화통일 청년리더 양성	통일 미래세대인 대학생 및 청년의 통일 역량 강화를 통해 한반도 평화·통일 핵심리더로 양성 사업
민간단체 통일기반조성사업 지원	남북교류 관련 학술회의, 포럼, 행사 등 민간단체 기반조성사업 지원을 통해 시민 공감대 확산 사업
서울청년 평화경제 오픈랩 프로젝트 운영	청년층의 평화경제 관심제고 및 정책 의제·아이디어 발굴 사업

출처: 소성규 외, 경기도 연구용역 보고서, 2020, 5, 113-116면 내용 표로 재구성

---

[9] 이 부분은 소성규 외, 경기도 연구 용역 보고서를 요약정리하면서 조직 등 현황은 관련 지자체 홈페이지를 참고로 하여 업데이트하였다.
[10] https://org.seoul.go.kr/org/orgChartView.do (2021.9.1. 검색).

④ 서울특별시 평화통일교육 사업이 주는 시사점

서울특별시는 최근 유행하는 유튜브 및 팟캐스트 등 트렌드 매체를 활용하여 다채로운 평화통일교육을 추진하고 있다. 연극, 유튜브 제작 등으로 일회성이 아니라, 지속가능한 프로그램들이 등장하기 시작하였다는 점이다. 프로그램 참여자들이 직접 체험을 통하여 기존의 생각을 바꾸는 계기가 된 점 등은 큰 성과로 꼽을 수 있다.

대표적인 사례로 <종로구 사업인 '통일공감'>을 꼽을 수 있다. 어린이, 청소년, 노년층에까지 대상별 맞춤 프로그램 등장으로 사업의 효과성을 제고하고, 2019년도 서울특별시의 평화통일교육 공모사업의 우수사례들은 대부분 체험과 참여를 통한 공감프로그램이 대부분이었다.

이러한 결과들은 최근의 통일교육이 강의실에서 강사의 일방적인 강의로 진행되는 현상을 탈피하여, 수요자들이 직접 참여하고 느끼는 교육으로 진화되고 있음을 보여주고 있다.

(2) 경기도 평화통일교육 사례

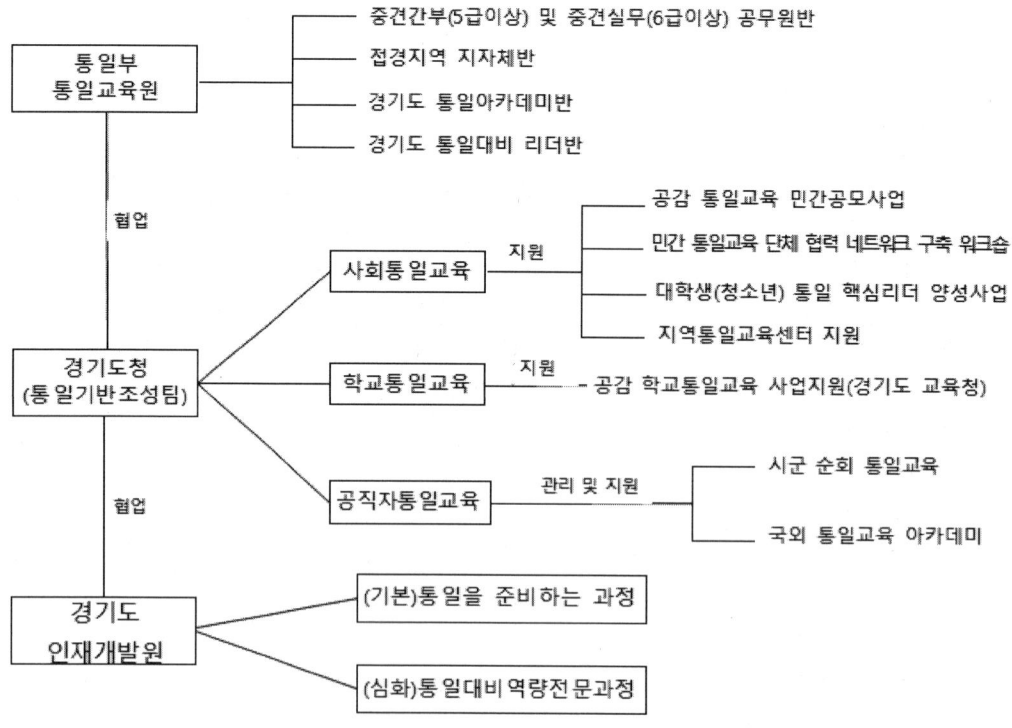

<경기도 평화통일교육 운영체계>

* 2021년 10월 기준

① 평화통일교육 운영체계 현황

경기도 평화통일교육은 「통일교육지원법」 및 「경기도 평화통일교육 활성화 조례」에 근거하여 통일교육 기본계획과 시행계획이 수립되어 실행되고 있다. 경기도는 「통일교육지원법」에 따라 도내 통일교육 활성화를 위하여 2011년 「경기도 통일교육 활성화 조례」를 제정하였고, 「경기도 통일교육 활성화 조례」에 근거하여 2012년부터 경기도 통일교육 기본계획을 수립하여 시행해오고 있다. 또한 경기도 기본계획의 경우에도 중앙정부의 통일교육 기본계획 및 시행계획들을 반영하여 수립하고 있다.

② 평화통일교육 운영체계의 특징

중앙정부(교육부)의 경우, 통일교육과 민주시민교육을 교육부 학교혁신지원실 민주시민교육과에서 업무를 같이 하고 있다. 특히 교육부의 민주시민교육과의 조직 현황을 면밀하게 살펴보면, 민주시민교육이라는 범주에서 통일교육이 다루어지고 있다는 것을 확인할 수 있다.

한편 경기도는 통일교육과 민주시민교육을 분리해서 운영하고 있다. 민주시민교육의 소관부서는 경기도 평생교육국 평생교육과에서 담당하며, 전담기관은 경기도청이 민주시민교육 관련 업무를 경기도 평생교육진행원에 업무위탁하여 운영하고 있다. 반면에 통일교육은 경기도 평화협력국 평화기반조성과에서 담당하고 있다.

경기도는 광역 지방자치단체 중 통일교육을 체계적이고 지속적으로 추진하기 위해서 "경기도형 평화통일교육계획"을 수립해오고 있다.

③ 「경기도 평화통일교육 활성화 조례」에 따른 주요 통일교육 이슈

2012년 제정된 이 조례는 최근의 한반도 정세와 남북관계 개선에 발맞추어 평화의 가치를 전면에 내세우면서 2019년 1월 14일 전부개정되었다.

2018년 9월 개정 「통일교육지원법」 시행에 따라 2019년 경기도 통일교육의 방향은 시·군 공무원에 대한 통일교육을 강화하는 한편, 자발적인 민간 통일교육 단체의 자생력 강화를 도모하고, 교육청과 협업하는 통일교육 확대를 주요 골자로 하고 있다[11].

경기도 평화통일교육계획은 공무원 통일교육, 민간 통일교육으로 구분되는데 구체적인 내용을 살펴보면 아래와 같다.

---

11) 소성규, 앞의 경기도 연구용역 보고서, 51면.

<2020년 경기도 평화통일교육계획 총괄표>

구분	과정명	교육기관	목표인원	기간	비고
계			20,000명		
공무원 통일교육	소계		10,000명		
	기본 소양과정	道인재개발원	80명	3일	2회/년
		통일교육원	80명	3일	2회/년
	심화과정	道인재개발원	20명	10일	2회/년
		통일교육원	80명	5일	1회/년
	통일 미래지도자 과정	통일교육원	4급 1명	12월	인사과 선발
	역량강화과정	통일교육원	40명	3일	1회/년
	국외 통일교육 아카데미	독일	30명	12일	국내사전·사후 교육 3일 포함
		북·중·러	30명	11일	
	도, 시·군 순회 공무원 통일교육	경기도	7,000명	2~12월	31개 시·군
민간 통일교육	소계		8,000명		
	민간 통일교육단체 지원	민간단체	3,000명	3~12월	민간공모
	지역통일센터 통일교육 지원	지역 통일교육센터	2,000명	3~12월	통일교육포럼 한반도평화캠프
	공감학교 통일교육	경기도교육청 및 민간단체	5,000명	연중	교육청 협력사업 대학생(북중러)

출처: 경기도 내부자료, 2020년 경기도 평화통일교육 기본계획

④ 경기도 평화통일교육 사업이 주는 시사점

경기도는 2020년 전국 최초로 지방자치단체 차원의 경기도 평화통일 중장기계획을 수립하고, 경기도 중심의 평화통일교육을 실시하고 있다.

경기도는 「경기도 평화통일교육 활성화 조례」에 근거하여 사회통일교육, 공무원 통일교육, 학교통일교육 및 이주배경 도민 통일교육을 추진하고 있다.

경기도는 경기도 평화협력국 통일교육지원팀이 중심이 되어 경기도 31개 시군 및 산하기관인 경기도인재개발원, 통일부 통일교육원, 경기도교육청, 통일부 통일교육원 지정 경인통일교육센터, 경기도 평화통일교육 민간단체 등과 협업하여 평화통일교육을 실시해오고 있다[12].

학교통일교육의 경우에는 경기도교육청 조례에 따라 경기도교육청 및 지역 교육지원청이 실시하고 있다. 이러한 학교통일교육에 대해 경기도는 경기도교육청에 매칭 방식으로 예산 일부를 지원하여 운영하고 있다.

공무원 통일교육과 관련하여 경기도는 다양한 프로그램을 운영하고 있는데 경기도 자체 통일교육 뿐만 아니라 경기도 31개 기초자치단체들과 연계한 통일교육,

---

12) 소성규, 앞의 경기도 연구용역 보고서, 45면.

통일부 산하 통일교육원, 경기도인재개발원과 연계한 프로그램 등이 있다.

경기도는 평화통일교육을 위한 민관 인프라 구축을 위하여 경기도교육청 및 통일부와 같이 '공감 통일교육 업무협약'을 체결(2015. 12)하여 내실화를 도모하고 있다. 그 외에도 경기도 내 지역통일교육센터 지원, 도내 민간 통일교육 기관 협업체계 구축, 민간공모사업 추진 등을 하면서 통일교육 사업을 추진하고 있다.

경기도는 차세대 통일교육인력 양성 프로그램으로 국외 연수프로그램(항일 투쟁지역, 북·중·러 접경지역) 등을 실시함으로써 차세대 통일교육인력들에 대한 평화통일에 대한 인식 제고와 역량을 강화하고 있다(연 1회, 30명 내외).

경기도는 「경기도 평화통일교육 활성화 조례」 제정을 통해 추진체계, 인력양성, 예산확보, 민관협력 관련 내용을 제도화했고, 경기도 산하의 상당수의 시·군도 평화통일교육 조례를 제정하여 시행 중이다.

경기도는 평화통일교육 예산의 상당 부분은 남북교류협력 기금으로 충당하고 있다.

(3) 인천광역시 평화통일교육 사례

① 평화통일교육의 법·제도적 기반

인천광역시는 2011년 10월 24일 「인천광역시 통일교육 활성화 조례」를 제정하고, 그 조례에 따라 2012년 통일교육 기본계획을 수립해 시행하였다.

2018년 10월 인천광역시는 상기 활성화 조례를 폐지하고, 2004년 11월 제정 이후 9차례 개정해 온 「인천광역시 남북교류협력 조례」를 2018년 10월 「인천광역시 평화도시 조성에 관한 조례」로 전부 개정하였다.

조례의 제정 목적은 "인천광역시를 국제적인 평화도시로 발전시키고, 「남북교류협력에 관한 법률」 및 「통일교육지원법」 등 남북평화 정착을 위한 법령의 시행에 필요한 사항을 규정하기 위함"으로 밝히고 있다(제1조).

② 평화통일교육의 추진체계

인천광역시는 인천광역시가 보조금 사업과 공모사업을 진행하고, 그 이외의 평화통일교육은 통일부에서 주관하는 '인천통일+(플러스) 센터'와 함께 추진하는 이중적 체계를 갖고 있는 점에서 다른 광역시도와 볼 수 없는 특징을 가지고 있다[13].

인천광역시는 남북교류협력담당관실 내에 '남북협력정책담당', '평화교류담당'과

---
13) 소성규, 앞의 경기도 연구용역 보고서, 116면.

'통일기반담당'의 세 팀으로 업무를 나누어 각 팀당 3~6인씩 배치하여 13명이 근무하고 있다. 평화통일교육은 '통일기반담당'팀 공무원이 맡아서 추진하고 있다.

'인천통일+(플러스) 센터'는 2018년 9월 10일 개관하였는데 인천지역 하나센터, 통일교육센터와 공간을 통합하여 지역 내 통일 관련 서비스를 효율적으로 운영하고자 설립하였다[14].

또한 '인천통일+(플러스) 센터'는 관내 교육청과 협력을 통해 강화도 통일전망대 등 지역의 자원을 활용한 청소년 평화체험교육 등을 실시하고 있다. 그 외에 인천광역시의 신규공무원 및 공공기관 종사자들을 대상으로 한 평화통일교육도 실시하고 있다.

'인천통일+(플러스) 센터'는 앞으로 남북교류협력과 관련해서 경협 안내 및 교역업체와의 간담회 등을 통일부와 협력해 추진할 계획을 가지고 있으며 북한 관련 다양한 정보들을 지역에 제공하는 등 활동 영역을 넓혀 나갈 예정이다.

③ 평화통일교육 주요 프로그램

인천광역시의 평화통일교육은 인천광역시와 '인천통일+(플러스) 센터'가 이원적 체계로 운영하고 있다.

<인천광역시 직접 운영 통일교육 프로그램 및 내용>

프로그램	내용
찾아가는 통일강좌	시·군·구 공무원, 공사공단 임직원 등을 대상으로 한 한반도 정세의 이해, 남북교류협력의 과제 등을 교육
남북교류 워크숍	인천시, 군·구 남북교류 업무 관련 공무원을 대상으로 한 남북경제협력과 지자체의 남북교류 과제 교육
남북경협과 개성공단의 이해 특강	남북경협 및 개성공단 진출 희망 기업인 및 시민을 대상으로 한 남북경협의 미래 및 개성공단의 한반도 평화에서의 역할 교육
9.19. 평양공동선언 1주년 기념 명사특강 (이종석 前통일부장관)	유관기관, 단체 관계자 및 일반시민들을 대상으로 한반도 평화경제 시대의 전망과 인천의 역할에 대한 강좌

출처: 소성규 외, 경기도 연구용역 보고서, 2020. 5, 116-119면 내용 표로 재구성

인천광역시가 직접운영하는 프로그램 이외에 '인천통일+(플러스) 센터'에서 추진하고 있는 주요 프로그램은 열린통일강좌, 통일순회강좌, 통일체험학습, 전문가포럼 등이 있다.

④ 인천광역시 평화통일교육이 주는 시사점

인천광역시는 '인천통일+(플러스) 센터를 운영하고 있는 전국 유일의 지역으로

---

14) 소성규, 앞의 경기도 연구용역 보고서, 117면.

이 센터가 조직 형태와 사업 내용 및 센터의 역할에 대해 고찰해보는 것은 향후 정부가 각 지역에서 평화통일교육 추진체계의 구축방향을 정하는데 중요한 기준이 될 수 있다.

현재 이 센터는 민간(통일교육센터/하나센터)-정부(통일부)-지자체(인천광역시)간의 평화통일네트워크를 잘 구축하고 있는 것으로 평가되는데. 인천광역시, 인천지역 평화통일 민간단체 등과 네트워크 구축을 통해 정보 공유 및 공동사업을 발굴하고 있다.

그 외에도 센터는 인천광역시, 인천광역시교육청, 인천광역시 인재개발원 등 인천지역 내 다양한 기관과 협업체계 구축 및 프로그램 실행을 통해 지역 맞춤형 평화통일교육 추진하고 있다.

(4) 강원도 평화통일교육 사례

① 평화통일교육의 법·제도적 기반

강원도는 「강원도 통일교육·문화 활성화 조례」를 2016년 12월 30일 제정하여 시행해오고 있다.

이 조례의 제정 목적은 "통일공감 분위기 조성을 위한 통일교육·문화 활성화에 필요한 사항을 규정"하는데 있다(제1조).

② 평화통일교육의 추진체계

강원도는 2021년 9월 현재 평화지역발전본부에 5개과(총괄기획과, 남북교류과, 평화지역문화과, 평화지역숙식과, 평화지역경관과)에 57명이 근무하고 있으며 평화통일교육은 남북교류과 내 정착지원팀에서 담당하고 있다.

남북교류과는 과장 1인을 포함하여 16명이 근무하고 있으며, 정착지원팀 주무관 1인이 통일교육을 담당하고 있다.[15]

강원도 평화통일교육은 지역통일교육센터와 주로 협업 차원에서 추진하고 있으며, '열린통일교육'을 실시하고 있다. 이 외에도 남북강원도교류협력협회와 협력하여 추진하는 사업도 있다. 남북강원도교류협력협회는 남북교류협력을 주 사업으로 추진하는 단체로서 평화통일교육은 접경지역 담당자들과 간담회를 실시하는 정도에 머물고 있다.

---

15) 강원도 홈페이지 참조(http://provin.gangwon.kr/gw/portal/sub08_02_01#).

③ 평화통일교육 주요 프로그램

강원도는 강원지역통일교육센터와 협력을 통해 '열린통일강좌'을 운영하고 있다. '열린통일강좌'는 주제에 따른 전문가를 초빙하여 특강하는 방식으로 진행되는데 국립통일교육원이 지역통일교육센터 기본사업의 일환으로 실시하는 사업이다.

2019년에는 김진향 개성공업지구지원재단 이사장을 초청해 '최근 한반도 정세와 개성공단 재개방안'에 대한 강의를 추진한 바가 있고, 이와 유사한 형태의 강좌들을 몇 차례 실시하였다.

④ 강원도 평화통일교육 사업의 시사점

강원도는 그동안 평화통일교육 보다는 남북교류협력에 방점을 두고 사업을 추진해왔는데 최근에는 평화통일교육 사업에 비중을 높여가기 위해해 다각도로 노력하고 있다.

평화통일교육 사업을 위해 지역의 평화통일교육 민간단체 설립 및 지원 방안을 모색하는 한편, 외부 전문연구기관 및 전문가들과의 협력사업도 다양하게 시도하고 있다.

3) 민간단체 평화통일교육 사례

(1) 사회 평화통일교육 사례

민간단체에서 사회통일교육을 담당하는 사례는 흔히 볼 수 있는데 정부와 지자체 또는 기타 재단의 위탁을 받거나, 재정적 지원을 통해 명사를 초청하여 강의하는 방식으로 진행되는 게 일반적인 형태이다.

대표적인 예로 흥사단 민족통일운동본부('흥민통')[16]의 통일교육이 있는데 흥문통의 통일교육은 단순한 강의만으로 진행되는 것이 아니라 수강생들에게 '생각할 거리'를 다각도로 제공하고 있다.

---

16) 1997년 3월 8일 1,049명의 발기인이 모여 만든 흥사단 민족통일운동본부는 흥사단의 목적과 도산 안창호 선생의 구국이념을 바탕으로 겨레사랑 정신과 인도주의에 입각하여 민족의 발전과 평화·통일을 위한 연구, 교육 사업 및 실행 사업을 전개함으로써, 민족통일을 촉진하고 세계평화에 기여함을 목적으로 설립된 단체.

<흥민통의 평화통일교육 프로그램 사례>

차시	주 제	주요 내용	강사명	비고
1	평화·통일 감수성 기르기	평화·통일에 대한 느낌을 공유하고 감수성을 깨우는 체험형 수업	김보관 조현진 전숙진	90분
	통일 후 미래설계	남북한 직업 비교 및 북한의 최근 인기 직업, 그리고 통일 후에는 어떤 직업이?		90분
2	DMZ 스토리텔링	DMZ의 형성배경과 DMZ 활용방안	황선옥 이성덕 신숙자	90분
	평화·통일 공감 토크쇼 (북한음식 체험)	북한사회의 최근 변화와 흐름에 대한 이해	주승현 최복화	90분
3	가족과 함께 떠나는 평화·통일공감 여행	강화 교동도에서 바라보는 북한의 모습, 통일의 필요성 공감	장대진 김보관 윤만식	8시간

출처: 소성규 외, 경기도 연구용역 보고서, 2020. 5, 124-125면.

(2) 시사점

최근 학교 및 사회통일교육을 담당하는 사회단체들이 그 내용적인 측면에서 전문성과 체계성이 향상되는 점은 매우 고무적이다.

사회통일교육에서 '피스모모'[17]가 운영하는 다양한 프로그램들은 주목할 만한 내용들을 많이 포함하고 있다.

최근 강의 방식보다는 체험과 참여를 통한 '느낌'을 갖을 수 있도록 하는 교육 프로그램으로 전환해 가고 있다.

강사의 식견을 바탕으로 교실 및 강연장에서 정세분석 또는 최근 정보를 전달받는 수업 방식에서 탈피하여 수강생들이 토론, 스토리텔링 작성 등 다양한 방법과 수단을 통해 적극적으로 수업에 참여하는 방식으로 진행하는 프로그램들이 보다 좋은 평가를 받고 있다.

4) 이주배경 국민 대상 평화통일교육 사례

(1) 개관

북한이탈주민 및 다문화 출신의 이주배경 국민들을 대상으로 평화통일교육을 실시한 사례는 거의 없었고, 설혹 추진되었다 하더라도 일회성 소규모로 진행되어

---

17) 피스모모의 주목할만한 프로그램은 다음과 같이 요약할 수 있다. 교사 및 활동가 프로그램으로 ▲ 평화통일입문 과정, ▲ 평화교육진행자되기(심화) 과정, ▲모모평화대학 등을 들 수 있음. 보다 자세한 내용은 피스모모 홈페이지 참조 (https://peacemomo.org/program_youth).

잘 알려지지 않고 있다.

북한이탈주민의 경우는 남한에 정착을 위해 필요로 하는 자격증을 이수하는 과정에서 평화통일교육을 수행하는 경우가 대부분이고, 대표적인 예로 통일교육원이 실시하는 탈북전문강사 양성프로그램을 들 수 있다.

(2) 북한이탈주민 평화통일교육 사례

① 새롭고하나된조국을위한모임('새조위')

새조위는 1988년 설립한 통일운동 단체로서 주요 활동은 새터민(북한이탈주민)들을 위한 사회적응 지원·가정지원·여성지원 등의 업무를 수행하고 있다. 북한이탈주민 평화통일교육 관련 사업에는 이웃사랑 실천운동의 일환으로 새터민 시민강좌, (북한이탈주민 대상) 통일 리더 양성과정 등이 있다.

<새조위 평화공감, 통일리더자 양성과정 프로그램 개요>

	내용
사업대상	- 일반시민(북한이탈주민 및 남한주민)
사업목적	- 함께 살아보지 못한 남북한 주민들의 통일 후의 삶을 상상하며 남북한의 다름을 인정하고 서로의 온전한 이해를 위해 사회통합의 가교역할을 수행할 평화 공감의 통일리더 양성 - 일반시민과 북한이탈주민들이 함께 교육과 토론을 통해 통일된 사회의 시민들이 실천할 수 있는 "통일시민의 생활 실천 리스트"를 구체적으로 작성 - 일반시민들이 통일 이후를 상상하며 자율적으로 실천할 수 있도록 통일교육 운동으로 확산
개설 강좌 주제	- 평화공감, 통일리더의 이해 - 남북한 사회문화의 이해 - 남북한 다름 인정하기 - 사회통합을 위한 마음읽기 - 이웃으로 살기

출처: 소성규 외, 경기도 연구용역 보고서, 2020. 5, 126-127면 내용 표로 재구성

② 다문화 평화통일교육 사례: 세계평화여성연합('GWPN')

세계평화여성연합은 세계화·다원화된 시대에 글로벌 연대를 통해 평화를 만들어 나가야 한다는 취지로 2012년 출범한 단체로 개인, 단체, 정부와 협력하여 UN의 지속 가능한 개발목표(SDGs)에 맞춰 세계 평화실현을 위해 세계 여러 나라에서 활동하고 있다.

한국에서는 2019년 5개 권역에서 GWPN 출범식을 개최했으며, 국내외 현안들을 해결하기 위해 지역별 좌담회 및 소그룹 네트워크의 장을 마련해 가고 있는 단체(세계여성연합 소개 브로슈어)이다.

<세계평화여성연합의 다문화가정 '통일인문학 BOOK 카페'>

	내용
사업목적	- 통일교육은 학교통일교육의 대상으로는 초중고 대상이며, 일반인을 대상으로 사회통일교육이 실행되고 있음에도 다문화가정들은 여전히 통일교육 분야에서는 사각지대에 있기에 다문화가정을 대상으로 통일인문학 독서로 한국 분단 역사를 배우는 기회 - 통일교육은 어렵다는 인식을 깨뜨리는 인식 전환의 교육으로 다문화가정에게 한반도 분단의 역사를 독서와 토론을 병행하여 통일희망 공감대를 형성 - 지역 여성들에게 한반도 통일 운동 교육의 기회를 제공함으로서 지역에서 여성들이 통일운동의 주체로서 분단의 배경과 통일의지를 심어주고, 통일운동에 참여할 수 있도록 연계하여 지역 통일운동의 활성화에 기여
강좌 주제 및 대상 도서	- 탈북 그 후, 어떤 코리안 - 2018 북한인권백서 - 코리아 다시 생존의 기로에 서다 - 특강 :북한 주민과 남한 - 판문점

출처: 소성규 외, 경기도 연구용역 보고서, 2020. 5, 128-129면 내용 표로 재구성

(3) 시사점

이주배경 국민에 대한 평화통일교육은 기존의 남한 주민들과 같이 하는 통합교육을 통해 상호이해 및 존중을 배우고 서로 간의 다름을 인정하는 계기가 되고 있다.

남북한 주민들이 함께하는 시간을 통해 통일 이후 사회통합에 대한 긍정적 인식을 확산하는 계기가 되었을 뿐 아니라 상대방의 문화를 이해할 수 있는 기회를 확대하고 있다.

다문화 국민들에게 우리나라가 가진 분단국가의 현실을 인식함으로써, 한국사회를 보다 잘 이해할 수 있는 기회가 되고 이웃들과의 소통에도 도움이 되고 있다. 문화의 다양성을 인정하면서 상호 배려하고 관용하는 자세를 가질 수 있도록 하는 논의의 장을 만듦으로써 열린 시민의식을 함양하고, '동화'보다는 '적응'의 기회를 제공할 수 있도록 하고 있다.

탈북민 및 다문화 주민들과 함께 하는 통일에 관한 토의를 통해 한국사회 일원으로서 공감대 형성 및 정체성 확립에 도움이 된다.

"통일시민의 생활 실천리스트"를 작성을 통해 일반시민과 다문화 국민들이 일상생활 속에서 평화통일 문화 인식을 제고할 수 있고 미래에 대한 긍정적 에너지 함양에도 도움이 되고 있다.

통일을 준비하는 입장에서는 북한이탈주민과 북한주민에게도 체계적인 민주시민교육을 제공할 시스템을 갖추는 것이 중요한데, 서독의 '연방정치교육원

(Bundeszentrale für politi sche Bildung)'이 좋은 예시이다.

서독의 연방정치교육원은 서독 주민들에게 민주시민교육을 체계적으로 시행하였으며, 통일 이후에는 동독 주민들에게 민주주의를 가르치는 핵심적인 기관이었다. 따라서 성숙한 민주시민이 되어야 통일 한반도가 성숙한 민주국가가 될 수 있다는 목적 달성을 위해 체계적인 민주시민통일교육을 시행할 수 있는 전담 교육기관의 설립을 고려할 필요가 있다.

Ⅲ. 「통일교육지원법」의 제·개정과정에서의 시사점

현행 「통일교육지원법」은 1999년 8월 6일(1999년 2월 5일 제정)부터 시행되고 있다. 「통일교육지원법」은 분단이후 다양하게 전개되어 오던 통일교육을 범국민적 초당적 합의하에 추진할 필요성에서 마련되었고, 1996년 통일교육의 법적 기반을 마련하라는 국무총리의 지시 이후 공청회와 국회의 심의 등 2년 반의 논의 끝에 마련되었다.[18] 입법 당시 사정은 국회 통일외무위원회에서 논의된 검토보고서[19]를 통하여 일부 짐작할 수 있다.

1. 통일교육지원법의 제정안

(1) 입법취지와 법의 성격

입법 당시는 북한의 심각한 경제난과 고위인사를 포함한 북한이탈주민이 급증함에 따라 북한체제의 변화가능성이 증대되고 통일문제가 보다 현실적 과제로 대두되고 있었다. 그동안의 통일교육은 주로 반공·승공 등 반공교육, 통일·안보교육, 통일대비교육 등의 과정을 거쳐 왔고, 범국가적 통일교육체계는 갖추어져 있지 않은 실정이었다. 이러한 점을 감안하여 체계적·종합적·효율적인 통일교육 실시체계를 구축하고, 통일교육에 대한 국민적 합의절차를 제도화함으로써 통일교육의 정당성을 강화하며, 나아가 민간부문의 자발적 참여와 협조를 바탕으로 한 통일교육의 활성화를 도모함으로써 통일교육을 촉진하고 지원함에 필요한 사항을 규정하는데 그 입법취지가 있었다(안 제1조).

따라서 이 법은 통일대비태세를 확립하는 차원에서 접근하고 있으므로 통일대

---

18) 상세한 내용은 김용재, "통일교육의 발전방향 : 통일교육지원법을 중심으로", 「한국민주시민교육학회보」, Vol 5, 한국민주시민교육학회, 2000. 12, 93면 이하 참조.
19) 1997. 11. 국회 통일외무위원회 통일교육지원법안 검토보고서를 참고하였다.

비 입법으로서의 성격을 지니고 있었다. 이 법의 제정으로 종합적이고 체계적인 통일교육체계가 이루어질 수 있으므로 통일교육에 대한 기본법의 성격을 가지며 나아가 교육법과 사회교육법 등에서 특별한 규정이 없는 경우 이 법을 적용하므로 보충법적 성격(안 제3조)을 지니고 있었다.

당시 참고한 통일교육과 관련한 외국의 유사한 입법사례로는 독일의 연방정치교육법에 의한 정치교육이다. 독일의 통일교육은 정치교육의 일부로서 실시되어 민주주의 이념에 대한 교육과 민주시민 교육방식을 채택하고 정부기관과 비정부기관 등의 협력체제 하에서 다양한 주체에 의해 실시되어 왔으며 정규학교교육과 더불어 분단의 극복과정에서 중요한 역할을 한 것으로 알려진 것을 참고하였다고 전해지고 있다.

(2) 법안의 명칭

입법 당시 법의 명칭에 대한 논란이 있었다. 통일교육에 관한 지원에 초점을 둘 경우에 「통일교육지원법」이란 명칭이 적절한 명칭으로 보여 지나 통일교육에 관한 정의규정, 기본계획의 수립, 국가의 임무, 통일교육의 추진·진흥 등의 내용을 감안한다면 「통일교육법」이라는 명칭도 고려해 볼 것을 제안하였으나 받아 들여지지 않았다.

한편 명칭과 관련, 독일은 「연방정치교육법」을 제정하여 민주시민교육에 중점을 둔 것을 참고해 볼만하며, 안 제2조에서 통일의 바탕을 자유민주주의에 대한 신념과 민족공동체 의식 함양에 두고 있으므로, 이러한 취지를 살리는 쪽으로 하는 것이 "통일"이라는 용어를 일부러 쓰는 것보다 더 바람직할 수도 있다는 제안이 있기도 했다.

(3) 통일교육의 정의(안 제2조)

안 제2조에서는 통일교육에 대하여 "국민으로 하여금 자유민주주의에 대한 신념과 민족공동체 의식을 바탕으로 통일을 이룩하는데 필요한 가치관과 태도를 함양하는 교육활동"으로 정의하고 있었다.

첫째, 통일교육은 모든 "국민"을 그 대상으로 하고 있다. 따라서 통일과정이나 통일이후 북한의 주민과 해외에 거주하는 재외국민도 원칙적으로 통일교육의 대상에 포함된다.

둘째, 통일의 추진과정 및 통일이후의 국가운영의 기본이념으로 "자유민주주의"

를, 통일국가의 진정한 완성은 "민족공동체"의 형성에 있다는 점을 명확히 밝히고 있었다.

셋째, "통일을 촉진하고 준비하는데" 라는 표현 대신 "통일을 이룩하는데" 라는 표현을 사용함으로써 통일교육을 통일에 대비하는 교육이라는 성격 보다 통일의 과정적 의미를 부여함으로써 통일이전과 통일이후에 발생하게 될 여러 가지 교육 문제(사회·문화통합 교육, 재사회화 교육 등)를 감안한 것으로 보여 진다. 다만 이 법체계나 내용구성상으로 보면 통일이후에는 그 실효성이 적을 것으로 보여지므로 한시법적인 성격을 띤다고 생각하고 있었다.

(4) 통일교육의 헌법적 기초(안 제4조)

안 제4조에서는 통일교육의 법적근거로 「헌법」의 "자유민주적 기본질서", "평화적 통일"표현을 열거함으로써 헌법전문의 "평화적 통일의 사명", 「헌법」 제4조의 "자유민주적 기본질서"에 입각한 평화적 통일 등 확인하고 있었다. 통일교육의 법적근거를 「헌법」에서 확인함으로써 통일교육과 관련하여 이념논쟁과 가치갈등의 소지를 상당부분 해소시켜 줄 수 있을 것으로 생각하였다.

한편, 동조 후단에서 통일교육은 개인적·파당적 목적을 위하여 이용되어서는 아니 된다고 규정하고 있었다. 선언적 의미에서 나아가 그 실효성을 확보하기 위해서는 입법적 보완장치를 통해 통일교육의 기본방향과 내용(안 제5조 제1항), 통일교육에 관한 기본정책의 심의 등에서(안 제6조) 정치적 시비가 없도록 입법적 보완장치가 마련되어야 할 것이라고 하였다.

(5) 통일교육 기본계획의 수립(안 제5조)

안 제5조에서는 통일원장관이 통일교육의 기본방향·주요내용, 통일교육 실시와 관련한 각 부처 등과의 협조, 통일교육요원 양성 등이 포함된 통일교육 기본계획을 수립하고 이를 위하여 관계 행정기관장과 사전에 협의하고 통일교육심의위원회의 심의·의결을 거치도록 하고 있었다. 이는 통일교육이 각급교육기관·교육주체에 따라 상이하게 실시됨으로 인하여 야기되는 문제점을 해결하여 국가적으로 통일교육의 일관성·통일성·연계성을 확보하기 위한 것이었다.

(6) 통일교육심의위원회의 설치(안 제6조)

안 제6조에서는 통일교육에 관한 기본정책 기타 중요사항을 심의하기 위해 통일원에 통일교육심의위원회를 두고, 위원회의 구성·운영 등에 관하여 필요한 사항은 대통령령으로 정하며, 실무처리를 위해 실무위원회를 두도록 하였다.

통일교육심의위원회의 주요기능 중 하나는 통일교육의 기본방향과 주요내용이 포함된 기본계획을 심의·의결하는 것이므로 동 위원회의 구성·운영을 대통령령에 위임하는 것보다 안 제4조의 검토에서 지적한 바와 같이 동 위원회의 구성·운영 등은 중립성·객관성이 보장되고 국민적 합의를 도출할 수 있는 작업을 추진할 수 있도록 구성요건 등을 법률에 명시하였다. 심의위원회위원으로 통일교육 관련기관 대표 이외에 여·야 정당대표를 일정비율 포함시키도록 하거나[20], 학부모가 참여하는 미국의 교육위원회(National Educational Goals Panel) 형태 또는 독일연방정치교육원과 같이 집행부를 감독하는 기능을 여·야 정당대표들이 맞도록 하는 방안 등을 검토하였다.

한편 동조 제3항의 통일교육실무위원회는 설치와 관련, 집행부서인 통일원 교육담당부서가 이미 있으므로 중첩을 예방하기 위하여 의결기관 아래 또다시 집행기관을 두는 결과가 되지 않도록 하는 뜻에서 불필요하다고 생각하였다.

(7) 국가의 임무(안 제7조)

안 제7조에서 국가는 통일교육의 실시, 통일문제연구의 진흥, 교육요원의 양성·지원, 교재의 개발·보급 기타의 방법으로 통일교육을 활성화하고, 통일교육을 실시하는 자에게 경비를 보조할 수 있도록 규정하였다.

국가의 임무로서 "통일교육의 실시"는 안 제8조 내지 제10조에서 학교교육과 사회교육을 실시하는 것으로 되어 있었다. "통일문제연구"는 민족통일연구원에서 보다 심층적으로 행하고 있으므로 이 법의 취지에 맞게 "통일교육 관련연구의 진흥"으로 수정할 필요가 있었다. "교육요원의 양성·관리대상자"는 약15,700명에 이르고 있으며, 현재 통일교육원에서 그 기능의 일부를 수행하고 있으나 이 법에 의한 통일교육 실시에 부응하기 위해 대폭 강화되어야 할 것이다. "교재의 개발·보급"에는 각급학교·사회교육기관, 통일교육요원, 언론매체 등을 대상으로 통일교육 표준교재, 영상자료 등을 배포하는 것이 포함되므로 이러한 교재의 내용이 교육과정에 포함되게 하기 위해서는 교육관계법에 의거한 교과과정의 편성과 조화가 모색되어야 할 것이다.

한편, 국가의 경비보조는 통일교육을 실시하는 자(법인, 단체)가 통일교육을 실시

---

20) 참고사례로 방송의 공정성·공공성 유지를 위해 위원 9인중 3인은 국회의장, 3인은 대법원장이 추천하는 것이다.

할 때에 경비지원을 해 주는 것으로써 이들 단체들이(경실련 통일협회, 동아일보사에 따르면 대학통일문제연구소를 제외하고 약 90여개에 이르고 있음) 「보조금 예산 및 관리에 관한 법률」 에 따라 보조를 받거나 기타 정부지원이 이루어지고 있는 경우가 많으므로 그 지급요건을 시행령에서 엄격히 규정할 필요가 있었다.

(8) 사회통일교육(안 제8조)와 학교통일교육(안 제9조)

안 제8조에서 국가 및 지방자치단체가 설립·운영하는 교육훈련기관(각급학교는 제외)과 대통령령이 정하는 일정규모이상의 사회교육기관(기업체연수기관 포함)에 대하여 교육훈련과정에 통일교육을 반영하도록 권장하고 있었다. 사회통일교육은 학교교육과는 달리 통일관련 학회·연구회·유관사회단체 등 사회교육단체에서 주로 일반시민을 대상으로 행할 수 있으며 「사회교육법」 제7조, 「동법 시행령」 제3조에 의하면 통일교육을 포함하는 국민교양에 필요한 내용이 사회교육과정 총 학습시간의 1할 이상이 되도록 규정하고 있기 때문에 현행법상으로도 충분히 가능하다고 할 것이다. 다만 이 법을 통하여 「사회교육법」 의 입법취지와 조화를 이루면서 민간부문의 통일교육이 다양성·전문성을 가지면서 활성화될 수 있도록 경비보조, 강사교육, 교육자료 제공 등에 내실을 기하여야 할 것이다.

안 제9조에서 초·중등학교에서의 통일교육 진흥, 대학 등 고등교육기관에서의 통일교육에 대한 장려를 규정하고 있었다. 현재 초·중·고·대학에서의 각각 일정부분 통일교육 관련 시간이 부여되어 있었다.

초·중등학교 통일교육은 주로 가치관·태도 등을 강조하고 도덕·윤리과목을 중심으로 구성되어 있으며 기타 과목에서는 거의 반영되어 있지 않은 실정이고 대학 통일교육도 교과목의 양이 절대부족하고 강의의 다양성이 부족하며 북한관련 학문의 취약 등 여러 가지 문제점이 있으므로 이 법의 제정을 통하여 점차 개선·발전되어 나갈 수 있을 것이다. 다만, 이 법 제정으로 인하여 학교통일교육에서 통일원과 교육부의 위상 등이 바뀌는 것은 아니며 교육부가 기존 교육체계 내에서 통일교육의 실시를 주관하고 통일원은 통일교육전반에 걸쳐 기본계획 등을 통해 총괄·조정 등의 업무를 행함으로써 학교통일교육에 협조하는 것으로 되어 있었다. 따라서 관련 협조체제의 원만한 구축이 필요하였다.

(9) 교육협의회 등

안 제11조에서는 통일교육의 실시를 위한 협의와 상호협력 증진을 위하여 통일교육을 실시하는 자는 통일교육협의회를 설립할 수 있도록 하고 있었다. 동 협의회의 설립필요성에 대하여는 별다른 이의가 없겠으나 이 법안으로 설립하게 하는 것은 충분한 검토가 있어야 함을 지적하고 있다. 그 이유는 첫째, 동 협의회는 민법 제32조의 규정(학술·종교·자선·기예·사교등을 목적으로 하는 비영리법인의 설립)에 의거 언제든지 주무관청인 통일원장관의 허가를 받아 설립할 수 있고, 둘째, 이 법안에 의하여 설립하게 할 경우 보조금을 지급해야 하는 문제가 수반되기 때문이다.

(10) 통일교육수강자에 대한 관리

안 제10조는 교육수강자들의 의무만을 규정하고 있으나 그 실효성을 높이기 위하여 인사고과 반영 또는 기타 반대급부를 할 수 있도록 하여 교육에 적극적 참가 유도 방안을 검토해 보고자 하였다.

(11) 입법방향

안 제2조(정의)와 제4조(통일교육의 방향 및 중립성)는 통일교육의 요체와 교육방향을 제시하고 있으나, 통일교육이 "통일"에 주안점을 둘 것인가 아니면 통일전후를 모두 포괄하는 "자유민주주의와 민족공동체의식"에 보다 더 중점을 둘 것인가 하는 기본목적에 관하여 심의과정에서 좀 더 심도 있는 토의가 필요성을 강조하였다. 동 입법방향에 따라 "정의"와 "교육방향"이 보다 더 명확해 질 수 있기 때문이다.

2. 「통일교육지원법」의 개정

「통일교육지원법」은 1999년 8월 6일(1999년 2월 5일 제정)부터 시행된 이후 여러차례 개정이 있었다. 정부발의 개정과 의원발의 개정으로 나누어 볼 수 있다.[21] 주요내용을 살펴보면 다음과 같다.

(1) 1차 개정 : 2005. 1월 27일 개정(2005년 7월 28일 시행)

국민들의 통일교육에 대한 무관심이 심화되고 부분적으로 무질서한 통일교육이

---

21) 「통일교육지원법」에 대한 그동안의 개정내용에 대하여는 국회 홈페이지 의안정보와 국회 속기록 등 다양한 자료를 참고하였다.

확산됨에 따라 통일교육체계를 정비하고 통일교육의 범국민적 확산을 위한 기반을 강화함으로써 통일교육을 활성화하려는 개정이다. 주요내용은 다음과 같다.

① 국가적 차원에서 체계적으로 통일교육을 실시하기 위하여 통일부장관은 통일교육의 기준과 내용에 관한 기본적인 사항을 정하고, 미리 통일교육심의위원회의 심의를 거치도록 한다(제3조의2 신설).

② 통일교육기본계획에 포함될 사항에 대한 개정이 있었다(제4조 제2항).

③ 통일교육심의위원회의 위원장과 위원 추천에 관한 개정이 있었다(제5조 제3항).

④ 통일교육 활성화를 위한 정부의 임무 규정 개정이 있었다(제6조).

⑤ 통일교육을 실시하는 자는 통일교육을 위하여 공공시설을 그 본래의 용도에 지장이 없는 범위 안에서 관련 법령이 정하는 바에 따라 이용할 수 있도록 한다(제6조의2 신설).

⑥ 지역통일교육센터 정의 규정(제2조 제2호 신설)과 통일부장관은 지역주민을 대상으로 통일교육의 실시와 통일교육에 관한 정보의 수집·제공 등의 기능을 수행하기 위하여 통일교육을 주된 목적으로 하는 단체 또는 시설을 지역통일교육센터로 지정할 수 있는 근거를 마련하고, 이와 함께 그 지정을 취소할 수 있는 사유와 지정을 취소하는 경우 청문절차를 규정한다(제6조의3 신설).

⑦ 국가 및 지방자치단체가 설립한 교육훈련기관 및 관련 기관은 당해 교육·훈련과정에 통일교육을 반영하도록 노력하여야 하고(제7조), 통일부장관은 통일교육에 관한 기본적 사항이 초·중등학교의 교육활동에 반영될 수 있도록 교육인적자원부장관에게 요청할 수 있으며, 요청을 받은 교육인적자원부장관은 이를 반영하도록 노력하여야 한다(제8조 제2항 신설).

(2) 2차 개정 : 2008년 2월 29일 개정(2008년 2월 29일 시행)

타법 개정으로 인하여 제4조(통일교육기본계획의 수립) 제1항 및 제3항, 제5조(통일교육심의위원회의 설치) 제1항 및 제3항, 제8조(학교에서의 통일교육진흥) 제2항, 제9조(통일교육수강의 요청 등), 제10조(통일교육협의회) 제1항 및 제2항, 제11조(고발) 등의 규정 개정이 있었다.

(3) 3차 개정 : 2008년 12월 31일 개정(2009년 2월 1일 시행)

정부위원회 정비계획에 따라 통일교육심의위원회를 폐지하고(제5조), 통일교육에 관한 기본사항, 통일교육기본계획 등을 관계 중앙행정기관과 협의하도록 하는 등 관련 절차를 정비하는 한편, 법 문장을 원칙적으로 한글로 적고, 어려운 용어를 쉬운 용어로 바꾸며, 길고 복잡한 문장은 체계 등을 정비하여 간결하게 하는 등 국민이 법 문장을 이해하기 쉽게 정비하고, 그 밖에 현행 제도의 운영상 나타난 일부 미비점을 개선·보완하려는 개정이다.

(4) 4차 개정 : 2009년 10월 19일 개정(2010년 4월 20일 시행)

① 국가 및 지방자치단체의 책무에 관한 개정이 있었다(제5조). 즉, 국가는 통일교육을 하는 자에게 예산의 범위에서 필요한 경비의 전부 또는 일부를 지원할 수 있고(제6조 제2항), 지방자치단체는 지역주민을 대상으로 통일교육을 하는 자에게 필요한 재정적·행정적 지원을 할 수 있도록 하여(제6조 제3항) 지역 내 통일교육을 활성화시키고자 하는 개정이다.

② 통일부장관은 통일교육 전문강사 양성을 위하여 통일교육원에 통일교육 전문강사 과정을 개설하게 하여 그 과정 수료자에게 통일부령이 정하는 소정의 통일교육 전문강사 자격을 부여할 수 있도록 하는 등, 통일교육지원체계를 개선하여 통일교육의 성과를 높이고자 하는 것이다(제9조의2 신설). 통일교육 전문강사 양성의 법적 근거를 만들었다.

③ 특히 통일교육 활동을 통하여 남북 간 화해 협력을 선도하고, 대국민 통일의지와 역량을 강화함으로써 평화통일 기반조성에 기여하기 위해 통일교육위원을 위촉 근거를 신설하였다(제10조의2 신설).

(5) 5차 개정 : 2011년 7월 28일 개정(2012년 7월 1일 시행)

「세종특별자치시 설치 등에 관한 특별법」 제7조 제1항에서 "다른 법령에서 지방자치단체, 시·도 또는 시·군·구를 인용하고 있는 경우에는 각각 세종특별자치시를 포함하는 것으로 보아 해당 법령을 적용한다"고 규정하고 있지만, 개별법령에 명시하지 않을 경우, 국민들에게 혼란을 줄 여지가 있다. 따라서 자치단체 또는 자치단체장의 권한에 속하는 내용들이 규정된 법률에 특별자치시 또는 특별자치시장이 규정되어져야 할 것으로 보여 진다. 따라서 제8조 제2항에 "특별자치시"를 추가하여 국민들의 혼란을 없애고자 하였다.

(6) 6차 개정 : 2013년 3월 23일 개정(2013년 3월 23일 시행)

통일부장관은 통일교육이 초·중등학교의 교육과정에 반영될 수 있도록 교육부장관 또는 교육감에게 요청할 수 있으며, 요청을 받은 교육부장관 또는 교육감은 교육과정에 통일교육이 반영될 수 있도록 노력하여야 한다(제8조 제2항).

(7) 7차 개정 : 2013년 8월 13일 개정(2014년 2월 14일 시행)

① 통일부장관이 통일교육이 초·중등학교의 교육과정에 반영될 수 있도록 요청할 경우 교육과학기술부장관 또는 교육감은 특별한 사유가 없으면 적극 협조하도록 하고, 초·중·고등학교의 통일교육에 대한 실태조사를 실시하도록 하였다(제8조 제2항 및 제4항).
② 통일부장관은 초·중등학교의 통일에 관한 체험 및 강좌에 필요한 경비의 전부 또는 일부를 지원할 수 있는 법적 근거를 만들었다(제8조 제5항).

(8) 8차 개정 : 2018년 3월 13일 개정(2018년 9월 14일 시행)

① 국민의 통일의지를 높이기 위하여 매년 5월 넷째 주를 통일교육주간으로 만들었다(제3조의3).
② 지방자치단체는 국가의 시책과 지역적 특성을 고려하여 지역별 시책을 수립·시행하도록 하고, 그 시책의 수립·시행에 따른 조례 제정을 할 수 있도록 개정하였다(제4조 제3항).
③ 지방자치단체는 지역주민을 대상으로 통일교육을 하는 자에게 예산의 범위에서 필요한 재정적·행정적 지원을 할 수 있고(제4조 제4항 신설), 국가 및 지방자치단체는 이 법에 따른 시책을 효율적으로 수행하기 위하여 상호협력체계를 구축하도록 하였다(제4조 제5항 신설).
④ 통일관에 관한 법적 정의(제2조 제3호)와 통일부장관이 국민들에게 북한 및 통일에 관한 정보를 제공하고 통일교육의 장으로 활용하기 위하여 통일관을 설치·운영하거나 지정할 수 있는 법적 근거를 마련하고(제6조의4 신설), 통일관이 통일교육의 기본원칙에 위반되는 통일교육을 실시한 경우 등에는 기간을 정하여 시정을 명할 수 있도록 하며(제6조의5 신설), 시정명령을 받고도 정당한 사유 없이 지정된 기간 내에 이를 이행하지 아니한 경우 그 지정을 취소할 수 있도록 하였다(제6조의6 신설).
⑤ 공무원 등 공공부문 종사자에게 통일교육을 의무적으로 실시한다(제6조의7 신설).

(9) 9차 개정 : 2021년 1월 5일 개정(2021년 1월 5일 시행)

국가 및 지방자치단체의 책무에 통일교육 장려의무를 규정하고, 현행법에 통일교육 전문과정 개설기관으로 명시된 통일교육원을 삭제함과 동시에 통일교육 전문강사에 대한 지속적인 관리가 이루어질 수 있도록 통일부장관의 통일교육 전문강사 재교육 실시의무를 규정하였다.

① 국가 및 지방자치단체의 책무에 국내와 국외, 학교와 학교밖에서의 통일교육 장려의무를 규정하도록 규정하였다(제4조제6항 신설).
② 현행법에 통일교육 전문과정 개설기관으로 명시된 통일교육원을 삭제하였다(제9조의2 제1항).
③ 통일부장관은 통일교육 전문강사를 대상으로 재교육 등 지속적인 관리를 하도록 규정하였다(제9조의2 제2항 신설 및 제3항).

(10) 10차 개정(타법개정) : 2021년 7월 20일 개정(2022년 7월 21일 시행)

국가교육위원회 신설로 인해 제8조 제2항 개정이 되었다.

3. 「통일교육지원법」의 제·개정과정에서의 시사점

「통일교육지원법」은 제정당시부터 법의 성격에 대한 논란이 있었다. 즉, 법의 성격을 「통일교육지원법」 보다는 「통일교육법」으로 해야 한다는 지적에서도 짐작할 수 있다. 이러한 점은 현재까지도 법 명칭은 「통일교육지원법」으로 되어 있지만, 현행법이 통일교육에 대한 지원법으로서의 기능을 다하고 있는지에 대해서는 논란이 있다. 대통령이 바뀔 때마다 정치인들이 통일교육을 바라보는 시각이 동일하지 않은 측면도 있을 것이다.

「통일교육지원법」을 입법할 당시에는 통일교육에 대하여 통일이전으로 한정하는 한시법으로서 생각하고 있었던 것 같다. 그러나 이 역시 논란의 소지는 있다. 왜냐하면 독일은 통일이후에도 동·서독의 통합문제를 비롯한 다양한 통일교육이 이루어지고 있기 때문이다. 우리나라 역시 통일이후에도 남북한 이질성의 극복과 사회통합이란 측면에서의 교육은 필요하리라 본다. 물론 이러한 교육을 통일교육이란 이름으로 해야 할지 여부는 통일이후에도 많은 논의를 해야 하리라 본다.

그동안의 「통일교육지원법」 개정과정에서는 통일교육을 활성화하고자 하는 취지의 논의가 많았다. 주로 국가와 지방자치단체의 역할에 포인트를 두고, 사회

통일교육 보다는 학교통일교육에 중점을 두고 있었다. 국가(통일부)에 방점을 두고 국가 주도적으로 통일교육을 실시하겠다는 의지 표명이다. 이러한 점은 「통일교육지원법」 제3차 개정에서 통일교육에 대한 심의기구인 "통일교육심의위원회"를 폐지하는 것을 보면 알 수 있다. 즉, 통일교육 업무체계를 정부 주도하에 두겠다는 의도인 것이다. 아울러 통일교육을 학교중심 통일교육으로 하겠다는 것은 사회통일교육에 대한 지원 규정이 없는 것이 그 반증이다. 학교통일교육중에서도 초·중등 학교통일교육 활성화 차원에서 논의되고 있다. 향후에는 대학통일교육을 포함한 학교통일교육과 함께 사회통일교육 활성화에도 관심을 가져야 할 것이다. 뿐만 아니라 독자적인 통일교육과 함께 민주시민교육과 병행한 통일교육 논의가 필요하다.

우리나라는 민주시민교육에 관한 근거 법률이 없기 때문에 민주시민교육에 대한 법적 정의도 명확하지 않다. 이를 반영하여 민주시민교육에 대한 입법발의가 된 적은 있지만, 입법화되지는 않고 있다[22]. 민주시민교육과 통일교육은 다른 의미의 교육이다. 그러나 진정한 의미의 통일교육은 민주시민교육에 기초한 통일교육이 바람직하다고 본다. 즉, 「통일교육지원법」에 규정된 통일교육의 목표를 달성하기 위해서는 민주시민교육에 바탕을 둔 통일교육이 실시되어야 할 것이다. 민주시민교육이 보다 더 강화될 때 통일을 위한 가치관과 태도를 함양하는 통일교육의 원래 목표달성이 가능할 것이다. 이러한 의미에서 통일교육과 민주시민교육은 상호 보완적이라 할 것이다. 특히 민주시민교육이 충실히 시행된 바탕 위에서 실질적인 통일교육의 실효성이 나타날 것이다.[23]

학교통일교육에서는 대학통일교육의 중요성이 부각될 필요가 있다고 본다. 아울러 사회통일교육 진흥을 위한 법적 조치를 통해 사회통일교육이 활성화되어야 할 것이다. 특히 공무원 등 공공부문 종사자들의 통일교육 의무화는 바람직한 현상이지만, 교육시간의 조정, 특성화된 통일교육 프로그램 개발 등 실효성 있는 통일교육 정책이 수반되어야 할 것이다.

---

22) 2016년 9월 19일 민주시민교육지원법안(남인순 의원 대표발의)이 입법발의 되었으나, 국회를 통과하지는 못하고 있다.
23) 박광기, 「통일교육과 민주시민교육」, 통일부 통일교육원 교육개발과, 2012. 12, 59면.

IV. 「통일교육지원법」의 주요내용과 법제도 개선방안

1. 「통일교육지원법」 개정 필요성과 방향

정부(통일부)는 국민들의 평화통일 의지를 높이고 정책추진 기반을 넓히기 위해 통일교육을 꾸준히 실시해 오고 있다.

통일부 통일교육원 원내 통일교육은 전문과정, 공직자 교육과정, 학교통일 교육과정, 사회통일 교육과정, 글로벌 교육과정, 특별교육과정의 6개 과정을 운영하고 있고, 사이버통일교육은 공무원과 교원, 일반국민을 대상으로 통일교육을 진행하고 있다.

특히 정부(통일부)는 지역사회 통일교육을 효율적으로 실시하기 위하여 2004년부터 지역통일교육센터를 지정하여 운영하고 있다. 이 센터들은 전국 각 시·도 통일교육위원협의회를 중심으로 운영되고 있으며, 지역사회의 특성을 반영한 다양한 통일교육 프로그램을 기획·운영하고 있다. 즉, 지역사회의 거점이 되는 대학을 중심으로 전국 17개 지역통일교육센터를 지정[24]하였으며, 지정된 전국 17개 지역통일교육센터는 2018년 3월부터 기본 및 자율사업을 통해 지역시민과 학생들에게 통일교육을 실시하고 있다. 기본사업은 체험학습, 열린 통일강좌, 통일순회강좌, 전문가 포럼 등으로 구성되었다. 자율사업은 지역별 특성과 자율성을 살린 맞춤형 프로그램으로 창작뮤지컬, 토크콘서트, 퀴즈대회, 북한 문화체험 등 다양한 사업들로 진행되었다.

그러나 2020년 통일부는 지역통일교육센터 사업을 개편하였는데, 이는 기존의 지역사회 통일교육의 중요성이 증대함에도 기존 광역 시·도 기반 지역통일교육센터 운영에 여러 가지 어려움 발생하였다고 판단하였다. 즉, 소규모 예산으로 17개 센터를 운영함에 따라 사업비가 부족하여 다양한 사업추진이 어렵고, 지역사회 역량 있는 기관들의 참여도 제한적이라 판단되어 지역통일교육센터가 지역 통일교육 허브로서의 역할을 할 수 있도록 권역별 지역통일교육센터로 운영체계를 개편하였다. 즉 종래 전국 17개 센터에서 7개 권역 센터 체계로 개편하였다. 통일부가 추진하고 있는 권역 기반의 7개 지역통일교육센터 체계는 △서울, △경인(경기·인천), △영남(대구·울산·경북·경남·부산), △호남(광주·전북·전남), △충청(세종·대전·충북·충남), △강원, △제주이다. 또한 사업 주체를 기존의 대학 중심에서 대학·

---

[24] 그동안은 지역별 거점을 중심으로 17개 통일교육센터를 지정하고, 이를 총괄하는 중앙통일교육센터를 두고 있어, 실제 통일부 통일교육원은 18개 통일교육센터를 운영하고 있었다.

NGO 등이 함께하는 컨소시엄 형태로 다양화하고, 전담인력 확충 등 지역 통일교육 활성화 기반을 마련하였다. 권역센터를 중심으로 평화·통일 지역거점, 유관기관과 협력 네트워크를 강화하고, 권역별 특성에 맞는 통일교육 모델 개발 및 사업 시행하고자 하고 있다.

또한 정부(통일부)는 이러한 지역통일교육센터들이 지역사회 통일교육의 거버넌스를 구축하는데 중추적으로 기능할 수 있도록 지방자치단체 및 교육청, 민간단체와의 공동사업을 추진하였다. 더불어 통일교육주간 등을 계기로 정부행사와 지역사업도 연계하였다. 정부는 지역통일교육센터의 역량을 강화하기 위하여 워크숍과 실무자 대상 교육을 실시하고 센터 운영 매뉴얼을 제작·보급하였다.[25] 그밖에 사회통일교육을 지원하기 위하여 통일교육위원 교육활동 지원과 통일관 운영 및 통일교육 민간단체를 지원하고 있다.

정부(통일부)의 이러한 노력에도 불구하고 통일교육 현장에서는 몇 가지 애로사항이 있다.

첫째, 통일교육을 위한 예산의 부족이다. 현재 통일교육 일선에서 역할을 하고 있는 것은 지역별 통일교육센터이다. 통일교육 활성화를 위해서는 예산의 증가가 있어야 함에도 불구하고, 지역통일교육센터 예산부족을 호소하고 있다. 통일교육 활성화를 위하여, 예산이 충분하다면 보다 더 효율적이고 바람직한 통일교육을 할 수 있다는 점은 부정할 수 없는 사실이다. 따라서 통일교육 활성화를 위해 가장 먼저 해야 할 일이 지역통일교육센터 사업예산 확충이다.

둘째, 통일교육에서 실무적으로 가장 난관에 처하는 것 중의 하나가 바로 사회통일교육 수강생 모집의 문제이다. 교육대상자 모집이 어려운 이유는 교육자의 문제부터 수강생의 문제 등에 이르기까지 여러 가지 원인이 있을 수 있다. 보다 중요한 것은 사회통일교육을 할 수 있는 기본 인프라가 미미하다는 점이다. 학교통일교육과의 차이점이다. 이러한 점에서 사회통일교육에 대한 국민들의 인식전환이 필요하다. 그럼에도 불구하고 현 시점에서 가장 효율적으로 사회통일교육을 활성화하기 위한 방안 중의 하나로 오프라인 교육도 중요하지만 TV 등의 방송매체를 통한 사회 통일교육 활성화 방안이 필요하다. 이를 위해서는 TV 등의 방송매체를 통한 통일교육의 법적 근거 마련을 위한 「통일교육지원법」의 개정이 필요하다.

셋째, 중앙정부(통일부)가 추진하는 통일교육에 대하여 실효적 효과를 거두기 위해서는 지방정부와의 협력적 거버넌스가 필요하다. 그러나 통일교육 일선에서는 정권이 바뀔 때 마다 변화된 통일교육의 방향을 일선 지방정부가 그대로 협력한

---

25) 통일부, 「2019년 통일백서」, 2019. 3, 278-279면.

다면 문제가 없지만, 지자체 장이 추구하는 정치노선과 이념에 따라 통일교육 노선을 달리하거나, 중앙정부가 추진하는 통일교육 방향에 무관심한 경우가 많다. 「통일교육지원법」에 사회통일교육 진흥에 대한 규정이 없는 것은 별론으로 하더라도, 통일교육에 관한 조례가 제정되어 있지 않는 지자체가 많은 실정이다.

이러한 「통일교육지원법」의 기능과 중요성에 비추어 볼 때, 현행 「통일교육지원법」이 추구하는 본래의 통일교육에 관한 지원법으로서의 기능을 다 할 수 있도록 법 개정이 필요하다. 이하에서는 법 조문 순서에 따라 검토해 보고자 한다.

2. 「통일교육지원법」의 주요내용과 법제도 개선방안

(1) 통일교육의 목적(제1조) : 통일교육에 대한 기본법으로서의 기능

현 행
제1조(목적) 이 법은 통일교육을 촉진하기 위하여 필요한 사항을 규정함을 목적으로 한다.

「통일교육지원법」 제1조는 "이 법은 통일교육을 촉진하기 위하여 필요한 사항을 규정함을 목적으로 한다"라고 규정하고 있다.

일반적으로 모든 법률은 제1조에 입법목적을 명시하고 있다. 법 시행령에는 법률에서 위임한 사항과 그 시행에 필요한 사항을 규정하고 있다. 그런데 통일교육지원법은 헌법적 가치를 반영한 규정은 없고, 곧바로 통일교육의 촉진을 위하여 필요한 사항을 규정한다고 규정하고 있다. 마치 시행령에 가까운 표현을 하고 있다. 통일교육에 대한 헌법적 가치를 반영한 새로운 규정 개정이 필요하다.

개정안[26])을 제시하면 다음과 같다.

현 행	개 정 안
제1조(목적) 이 법은 통일교육을 촉진하기 위하여 필요한 사항을 규정함을 목적으로 한다.	제1조(목적) 이 법은 통일교육을 촉진하기 위하여 필요한 사항을 규정함으로써 국민들로 하여금 통일에 대한 긍정적 인식과 바람직한 태도를 함양하고 통일에 대한 열망과 각자 통일을 준비하는 능력을 갖도록 하여 통일과 그 이후 통합의 토대를 구축함을 목적으로 한다.

---

[26]) 음선필, "「통일교육지원법」에 대한 입법론적 검토", 「입법학연구」 제15집 제1호, 한국입법학회, 2018. 2. 28, 10면.

(2) 다양한 통일교육 정의 규정 보완 및 통일교육 진흥 및 활성화를 위한 규정 신설(제2조)

현 행
제2조(정의) 이 법에서 사용하는 용어의 뜻은 다음과 같다. 1. "통일교육"이란 자유민주주의에 대한 신념과 민족공동체의식 및 건전한 안보관을 바탕으로 통일을 이룩하는 데 필요한 가치관과 태도를 기르도록 하기 위한 교육을 말한다. 2. "지역통일교육센터"란 지역주민을 대상으로 통일교육을 하고, 통일교육에 관한 정보를 수집·제공하는 기능 등을 수행하기 위하여 제6조의3에 따라 통일부장관이 지정하는 기관·단체 또는 시설을 말한다. 3. "통일관"이란 북한 및 통일에 관한 자료 전시나 체험 등을 통하여 북한에 대한 이해의 폭을 넓히고 국민의 통일의식을 함양하기 위하여 제6조의4에 따라 통일부장관이 지정하거나 설치하는 시설을 말한다.

현행 사회통일교육 실시 주체 공공기관으로는 통일부 통일교육원, 교원연수원, 공무원교육원, 법무부, 국방부, 정부기관 및 지방자치단체, 해외동포 교육기관, 그리고 헌법기관으로 민주평화통일자문회의 등이 있다. 통일부 통일교육원의 지도·지원을 받는 기관 및 단체로는 통일교육위원 지역별협의회, 통일교육협의회, 지역통일교육센터, 통일관 및 사회·공공교육기관이 있다. 민간단체로는 시민사회단체, 청소년단체, 대학부설 평생교육원 등이 통일교육을 실시하고 있다.

현행 통일교육은 학교통일교육 중심으로 이루어지고 있다. 실제 사회통일교육은 여러 가지 현실적 어려움이 있기도 하다. 그러나 학교통일교육이 아무리 훌륭하게 진행된다고 하더라도, 가정에서 내지 사회에서의 통일교육이 제대로 이루어지지 않는다면 어떨까? 사회통일교육 활성화 방안모색이 필요한 이유이다.

「통일교육지원법」의 제정당시에는 사회통일교육과 학교통일교육을 분리하여 통일교육 활성화를 위한 시도를 한 바 있었다.[27] 그러나 최종 입법과정에서 사회통일교육 진흥 규정은 삭제되었다. 입법당시 의도했던 사회통일교육 진흥 내지 활성화가 되지 않고 있는 현 시점에서 법 개정을 통한 사회통일교육 활성화 방안을 다시한번 진지하게 고민해 보아야 할 것이다.

현재 지역별 통일교육센터는 적은 예산으로 해당 지역사회 통일교육 활성화를 위해 최선의 노력을 하고 있고, 예산 대비 적지 않은 효과를 거두고 있는 점은 부

---

[27] 2008.3.28. 제정되어 2008.6.29.부터 시행되고 있는 「법교육지원법」에서는 학교 법교육의 지원(동법 제7조)과 사회 법교육의 지원(동법 제9조)을 분리하여 규정하고 있는 점은 참고할 만하다. 즉, 「법교육지원법」에서는 "학교 법교육"이란 「초중등교육법」 제2조 및 「고등교육법」 제2조에 따른 학교에서 교육과정의 일환으로 행하는 모든 법교육을 말하고(동법 제2조 제2호), "사회 법교육"이란 법교육 관련 단체와 「평생교육법」 제2조 제2호에 따른 평생교육기관 등에서 행하는 모든 법교육을 말한다(동법 제2조 제3호). 그 밖에 「문화예술교육지원법」 제3장(학교문화예술교육의 지원)과 제4장(사회문화예술교육의 지원) 역시 좋은 예가 될 것이다.

인할 수 없는 사실이다. 그리고 지역통일교육센터의 통일교육방향이 학교통일교육에서 사회통일교육으로 통일교육 방향이 변화하고 있다. 바람직한 현상이지만, 사회통일교육 진흥 내지 활성화를 위해서는 지역통일교육센터 전체 예산 확충이 절실한 시점이다. 아울러 통일교육 민간단체 예산 지원을 위해서라도 「통일교육지원법」상의 사회통일교육 진흥을 위한 법적 근거 마련이 필요하다고 본다.[28] 사회통일교육의 진흥과 함께 북한이탈주민 및 이주배경 국민 등에 대한 통일교육의 실시 규정 신설도 필요하다. 이를 위하여 현행 「통일교육지원법」 상 통일교육의 유형으로서 학교통일교육과 사회통일교육에 관한 개념 정의 규정 신설[29]이 필요하다.

개정안을 제시하면 다음과 같다.

현 행	개 정 안
제2조(정의) (생략)	제2조(정의) (현행과 같음)
1. "통일교육"이란 자유민주주의에 대한 신념과 민족공동체의식 및 건전한 안보관을 바탕으로 통일을 이룩하는 데 필요한 가치관과 태도를 기르도록 하기 위한 교육을 말한다.	1. "통일교육"이란 자유민주주의에 대한 신념과 민족공동체의식 및 건전한 안보관을 바탕으로 국민들의 통일의식과 평화의식을 함양하고 민주시민의식을 고양할 수 있는 능력을 기르도록 하기 위한 교육을 말한다.
<신설> 2.	2. "학교통일교육"이란 초·중·고 학생들로 하여금 한반도 분단의 과정과 현실에서 발생하는 다양한 삶의 문제들을 탐구함으로써 평화통일의 필요성과 방법에 대해 토론하고 일상에서의 평화를 실천하기 위한 의지와 능력을 기르는 교육을 말한다
<신설> 3.	3. "사회통일교육"이란 지역사회의 시민을 대상으로 분단으로 인해 발생하는 지역사회와 국가적 차원의 현안문제를 이해하고 문제 해결을 위한 방안으로서 평화통일의 필요성에 대해 검토하며 일상에서의 평화를 실천하기 위한 의지와 능력을 기르는 교육을 말한다.
2.3.(생략)	4.5.(현행과 같음)
<신설> 제6조의8(사회통일교육의 진흥과 북한이탈주민 및 이주배경 국민 등에 대한 통일교육의 실시)	제6조의8(사회통일교육의 진흥과 북한이탈주민 및 이주배경 국민 등에 대한 통일교육의 실시) ① 정부는 공공단체 및 민간 사회교육기관에서의 통일교육의 진흥을 위하여 노력하여야 한다.
<신설>	② 정부는 북한이탈주민 및 이주배경 국민의 통일교육을 진흥하기 위하여 노력하여야 한다.
<신설>	③ 통일부장관은 제1항에 따른 통일교육을 효과적으로 실시하기 위하여 필요한 교재를 개발·보급할 수 있다.
<신설>	④ 제1항 내지 제3항에서 규정한 사항 외에 통일교육의 방법 및 실시 시기 등 통일교육 실시에 필요한 사항은 대통령령으로 정한다.

---

[28] 같은 취지: 김창환, "통일교육지원법 개선방안 연구", 「통일교육연구」, Vol. 3, 2003, 58면 ; 음선필, 앞의 논문, 13면.
[29] 김병연, "통일교육지원법의 쟁점과 개정방안 연구 - 제2조 정의, 제3조 통일교육의 기본원칙 조항을 중심으로", 「도덕윤리과교육」 제58호, 한국도덕윤리과교육학회, 2018. 2, 124면.

사회통일교육에서 간과할 수 없는 부분은 우리사회에서 중요한 부분을 차지하고 있는 다문화가정 내지 다문화가족을 위한 통일교육 프로그램 개발이다.30) 아울러 통일교육이 통일을 이룩하기 위한 교육뿐만 아니라 통일이후 사회통합을 위한 교육이라면, 북한이탈주민을 대상으로 한 특별한 통일교육 프로그램 개발에도 관심을 가져야 할 것이다.31) 특히 북한이탈주민의 경우, 북한이탈주민만을 대상으로 하는 통일교육도 필요하겠지만, 그것보다는 남북한 주민이 함께 할 수 있는 통일교육 프로그램 개발이 바람직하다.

다문화가정 내지 다문화가족, 북한이탈주민들과 같은 이주배경 국민들의 경우, 무엇보다 이들을 교육 프로그램에 참여하게 하는 다양한 방법에 대한 노력이 필요하다. 특히 이들에게는 '강의중심 유형'과 '강연회·세미나·포럼 유형' 방식보다는 '캠프 및 기행 유형'과 '문화·행사 유형'과 같이 참여에 기반한 방식이 적절할 것이다.

이러한 의미에서 남북한 주민들이 함께 만드는 '환대 선언문'32) 사례를 소개하고자 한다. 이 프로그램은 '체험교육'과 '이론교육'이 혼합된 유형이다. 남북한 '환대 선언문' 취지는 환대하는 삶과 환대받는 삶이 주요 내용이다.

① 왜 '환대'인가?

'환대(Hospitality)'는 타자가 지닌 '다름'을 있는 그대로 맞이함으로써 일상에서 보다 자연스럽게 그들과 어울릴 수 있는 상태를 지향한다. 이주민과 같은 타자와 관계를 맺을 때, 그들의 입장에서 목소리를 경청하고 그들을 기꺼이 맞이하는 태도를 말한다.

한국에서도 이미 이주민에 대한 '관용'과 '인정'의 태도는 꽤 확산되었다. 이는 배제와 차별보다는 이주민에 대해 관대한 태도이지만 여전히 한계를 지니고 있다. 관용은 '타자'가 '우리' 옆에 머무는 것을 허용한다는 의미이다. 하지만 여기에는 못마땅하지만 참고 있다는, 그리고 원치 않으면 베풀었던 관용을 철회할 수 있다

---

30) 통일교육의 다문화적 인식의 강화를 주장하는 견해(박찬석, "민주 사회에서의 통일교육의 발전 방안", 「초등도덕교육」 제56집, 한국초등도덕교육학회, 2017. 6., 76면)와 맥락을 같이 한다고 볼 수 있다.
31) 「경기도 평화통일교육 활성화 조례」는 "이주배경 도민"을 북한이탈주민과 다문화가족을 정의하고(조례 제2조), 조례 제6조에서는 "이주배경 도민" 등에 대한 맞춤형 평화통일교육 방안을 주문하고 있는 점은 이러한 현실을 반영하고 있다.
32) "남북한 출신 주민들이 함께 만드는 '환대 선언문'은 한양대 모춘흥 교수와 한양대학교 평화연구소 연구진들이 함께 발간한 연구를 참고해서 만들었음을 밝힌다(최진우 엮음 2020). 아울러 소성규/장욱/모춘흥, 「한반도통일미래센터 일반성인 대상 통일체험 프로그램 강화 방안 연구」, 통일부 한반도통일미래센터, 2021. 9.에도 제안한 바 있다.

는 뜻도 포함되어 있다. 인정은 관용에 비해서는 보다 긍정적으로 '타자'를 인식하고 우리의 공간 안에 수용할 수 있는 태도를 말한다. 그러나 인정의 태도에서도 '타자'는 여전히 남일 뿐 '우리'가 될 수 없다. 한마디로 관용과 인정의 정신이 있을 경우, 그나마 이주민과 "공존(같이 존재)"할 수는 있지만 "공생(함께 생활)"할 수는 없는 것이다.

이제 북한이탈주민에 대해서도 인정과 관용의 태도에서 한 걸음 더 나아가 "환대"를 실천할 때이다. 북한이탈주민에 대한 환대란 한국 사회에서 남한 출생 국민들이 북한이탈주민을 환대하고 환대받는, 상호적 관계의 토대와 실천을 지향한다. '환대'는 일방향적인 사회경제적 지원을 넘어서서, 어떻게 북한이탈주민들과 함께 어울려 살아가야 할 것인지 쌍방향적인 관계로서의 공생을 추구한다.

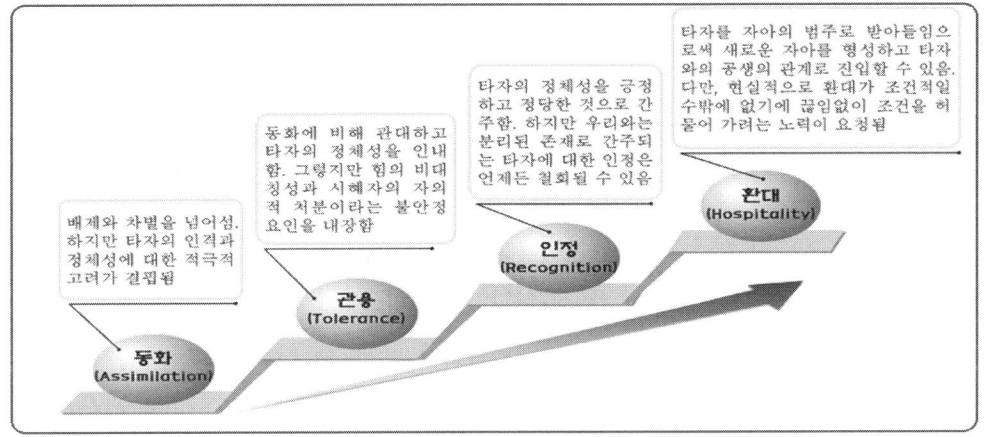

② '북한이탈주민 환대', 새로운 패러다임

대한민국으로 온 북한이탈주민들은 국민으로 인정받고, 상당한 경제·사회적 지원을 받고 있다. 그럼에도 불구하고 "대한민국은 우리를 받아줬지만, 한국인은 탈북자를 받아준 적이 없다"고 절규하며, 한국을 떠나는 북한이탈주민도 있었다. 무엇이 문제일까?

이제까지 북한이탈주민에 대한 담론과 정책들은 주로 관용과 인정에 기반해 있었다. 그러나 관용과 인정을 토대로 한 지원 정책들은 오히려 북한이탈주민을 특혜 받는 혹은 의존적인 집단으로 낙인찍는 결과를 가져왔다. 더구나 분단과 전쟁, 북한의 지속적인 군사적 위협 등으로 심화된 '분단 트라우마'로 인해 한국사회에는 북한이탈주민에 대한 차별과 왜곡된 시선이 자리 잡았다. 북한이 문제를 일으키면 애꿎은 북한이탈주민을 비난하는 사례가 대표적이다. 심지어 그들을 간첩과 동일시하기도 한다. 제도적·물적 지원뿐만 아니라, 마음으로 그들을 받아들이는 문화를 만들어가는 새로운 패러다임이 필요한 이유가 여기 있다.

환대는 북한이탈주민을 대면하는 한국사회 구성원들의 열린 태도에 주목한다. 우리가 일상 속에서 북한이탈주민과 얼마나 자연스럽게 어울릴 수 있는가 하는 공생의 가치에 초점을 맞추는 것이다. 기존의 사회통합의 관점도 북한이탈주민과의 공존을 모색하지만, 그들의 존재를 특정 범주로 바라보면서 '대상화'하기 때문에 어떻게 함께 살 것인가에 대한 대안을 제시하는 데는 한계가 있다. 반면 환대는 북한이탈주민과의 상호적 이해를 바탕으로 개인과 공동체 모두의 이익을 지향하는 적극적인 태도를 지향한다. 그렇기에 북한이탈주민이 대상화되는 것이 아니라, '남한 출신 시민'이 '북한 출신 시민'과 함께 상호 간의 경계의 벽을 낮추면서 일상 속에서 어울림의 영역들을 창출하는 공생 사회의 건설을 추구한다.

북한이탈주민에 대한 환대는 통일 이후 남북한 출신 주민들이 평화로운 공동체를 건설하는데 초석이 될 것이다. 서로의 다름에도 불구하고 사회적·문화적 갈등을 최소화하는데 필요한 가치와 정체성을 만들어 가고자하기 때문이다. 이런 점에서 북한이탈주민에 대한 환대가 어떠한 조건과 과정을 통해서 이루어지게 되는지를 실증적·경험적으로 분석하는 작업은 통일 이후 북한 주민 환대의 경험적 토대가 될 것이다.

③ '북한이탈주민에 대한 환대', 어떻게 실천할 것인가?

환대는 남북한 출신의 주민들이 서로의 다름을 직접 마주하는 일상적 만남의 장을 필요로 한다. 환대에서 중요한 것은 나와 다른 상대를 대면(face-to-face)하는 것이다. 마주함 없이 내 기준에서만 상대를 재단할 때 환대와 공생의 가능성은 줄어든다. 상대의 얼굴을 마주하고 그들의 생생한 눈빛, 표정과 목소리를 대할 때만이 진정한 소통과 의견 교환, 다름에 대한 이해가 이루어질 수 있다.

한국사회의 북한이탈주민에 대한 환대도 그 현실성을 높이기 위해서는 실제 현장에서 환대가 어떻게 이루어지는지, 그 과정에서 환대하는 사람과 환대받는 사람은 어떤 감정을 느끼고 또 어떻게 표현하는지 등에 대해 경험하고 또 평가할 필요가 있다.

이러한 문제의식을 반영하여, 본 활동은 환대의 현장에서 남북한 주민들이 환대받는 동시에 환대하는 삶을 실천하는 지침으로 '환대 선언문'을 만들고 발표하는 활동을 추진하고, 그 과정을 관찰 및 분석하고자 한다. 이 프로젝트는 유네스코(UNESCO)에서 기획한 청소년과 '문화다양성' 선언 프로그램을 참고한 것이다.

<UNESCO 기획 프로그램의 개요>

목표	■ 유네스코에서는 '문화다양성 선언'은 "모두 다르게, 모두 소중하게"라는 슬로건 하에 여러 국가의 청소년들이 문화다양성 선언문을 함께 읽고 토론하는 장을 창출함 ■ 미래의 주역인 청소년들에게 문화다양성 개념을 "청소년이 알기 쉬운" 유네스코 선언으로서 기획하여 일상적인 삶 속에서 문화다양성을 접하고 해석할 수 있는 새로운 교육 프로그램을 실행 ■ 특히, 개발도상국 출신 청소년들을 대상으로 문화다양성을 소개하면서, 지구화 시대의 리더십을 함양할 수 있는 교육 기회를 제공
내용	■ 문화다양성 선언 프로그램은 문화다양성 개념을 중심으로 4개의 하부 주제를 설정하고, 그 아래 12개의 조항으로 구성된 선언문에 기초함 ■ 청소년들은 이 선언문의 내용을 함께 학습하고, 자신들의 일상적 경험들을 공유하며 우리 삶에서 문화다양성이 왜 중요한 가치를 갖는지 함께 토론
효과	■ 문화다양성 선언은 지구화 시대의 보편성을 담았지만, 프로그램을 실행하면서 국가적 혹은 지역적 맥락에 따라 다양하게 해석되면서, 그 자체로 '다양성'을 발현하는 실천의 장이 됨 ■ 미래 세대인 "청소년이 알기 쉬운" 문화다양성 선언은 나아가 "청소년이 주도하는" 활동의 장을 창출하는 효과를 가짐

④ 활동 목표

'환대 선언문' 만들기는 남북한 주민들이 서로의 이야기에 귀 기울이고 서로를 기꺼이 맞이한다는 '환대'의 개념을 현장에서 실천해보자는 취지로 마련된 행사다.

환대의 현장에서 '환대하는 삶과 환대받는 삶'이라는 슬로건 하에 남북한 주민들은 '환대 선언문'을 만들면서 가장 생생하게, 가장 가깝게 환대의 핵심 가치와 실천을 경험한다.

한반도 현실에서 환대는 남북한 주민 간의 당위적 윤리가 아니라 앞으로 통일을 향한 실천적인 '행동'의 성격을 담고 있다는 점에서 이러한 경험은 매우 중요할 것이다.

'환대 선언문' 만들기는 '자기 주도적 환대 실천'을 지향한다. 타인의 환대를 기대하거나 의존하는 것만이 아니라, 누구나 스스로가 환대의 실천자가 될 수 있다는 인식을 갖도록 하자는 것이다. 환대의 장에서 자기 주도적 환대 실천을 통해 남북한 주민들은 환대하고 환대받는 상호 관계 맺음 속에서 평화의 가치를 느낄 수 있을 것이다.

⑤ 활동 대상

'환대 선언문' 작성의 그 첫 대상으로 남북한 출신 일방성인을 선정했다. 이들이 체험하는 환대는 이들이 한 사회의 구성원으로서 뿌리를 내리고 삶을 영위하기 위한 정체성 및 상호 관계 형성에 있어서 매우 중요하다.

남북한 출신 주민들이 '환대 선언문'을 함께 만들고 발표하는 작업은 통일 후 한반도 분단을 극복하기 위해 상호 차이와 다양성을 인정하는 첫 걸음이 될 것이다.

남북한 출신 주민들은 공동체에서 각자의 역할을 하면서도 상호 어울림 사회를 만드는 가치가 환대라는 것을 체험할 수 있을 것이다. 이들이 통일 이후 남북한 주민의 '공생(共生)'에 대한 공감대를 가질 수 있다면, 통일 미래는 한층 밝아 질 수 있다.

⑥ '환대 선언문' 만들기 워크숍 프로그램

[목표]

'환대 선언문' 프로그램은 남북한 출신 주민들에게 환대를 교육할 뿐만 아니라, '환대 선언문'을 스스로 작성하게 함으로써 남북한 출신 주민들이 주도하여 환대를 실천하는 장을 창출한다

환대 선언문을 만드는 과정 속에서, 남북한 출신 주민들은 함께 어울리며 서로의 다름에 대해 자연스럽게 받아들이는 공생의 가치를 체득한다.

[선언문의 주요 내용]

Ⅰ. 환대와 인권 (Hospitality & Human Rights)
   : 환대를 위한 조건이자 기반으로서의 인권
Ⅱ. 환대와 창의성 (Hospitality & Creativity)
   : 환대를 위한 문화 형성의 기초로서 창의성
Ⅲ. 환대와 평화 (Hospitality & Peace)
   : 환대하는 삶의 지향과 목표로서의 평화
Ⅳ. 환대와 한반도 통일 (Hospitality & Unification of Korea)
   : 환대의 실천과 더불어 달성하는 어울림의 통일

<환대 선언을 구성하는 기본 틀>

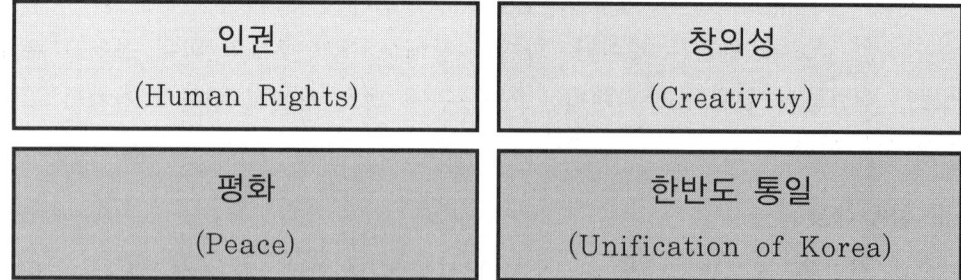

[통일 후 남북한 주민 간 환대의 디딤돌로서 '환대 선언'의 가치]

'실천으로서의 환대': 한반도 현실에서 남북한 주민 간의 환대는 당위적인 윤리가 아니라 앞으로 통일을 향한 실천적인 '행동'으로서 제시될 필요가 있다.

'자기주도적 환대': 환대의 장에서 남북한 출신 주민들간의 상호 관계 맺음 속에서 '평화'의 가치를 느낄 수 있음. 이를 통해 통일 후 한반도 분단을 극복하기 위해서는 상호 차이와 다양성을 인정하는 것을 넘어, 공동체에서 각자의 역할을 하면서도 상호 어울림 사회를 만드는 가치가 환대라는 체험할 수 있다.

[프로그램 구성 및 진행]

```
┌─────────────────────────────────────────────────┐
│           환대 개념과 관련한 전문가 강연            │
└─────────────────────────────────────────────────┘
                         ⇩
┌─────────────────────────────────────────────────┐
│   남북한 출신 주민들의 환대 선언을 위한 기본 틀 소개 및 학습   │
└─────────────────────────────────────────────────┘
                         ⇩
┌─────────────────────────────────────────────────┐
│      토론을 통해 현실 속에서 환대를 위한 요소 및 가치 발굴    │
└─────────────────────────────────────────────────┘
                         ⇩
┌─────────────────────────────────────────────────┐
│   남북한 출신 주민들의 환대 선언문 함께 작성 및 선언       │
└─────────────────────────────────────────────────┘
```

○ 워크숍 진행

본 워크숍은 환대를 실천하고 있는 남북한 출신 주민들 혹은 환대에 관심 있는 남북한 출신 주민들이 한반도 통일과 평화의 토대가 될 '환대 선언문'을 함께 만들고 발표하는 과정을 통해 분단된 한반도에서 '나'와 '우리'에 대한 감각을 구축하고 '실천으로서의 환대'와 '자기 주도적 환대 실천'을 경험하기 위한 환대의 장이다.

⑦ '환대 선언문' 만들기 1박2일 워크숍 프로그램 예시[33]

일정	시 간	내 용	비고
1일차	13:00~13:20 (20분)	○도착 및 참가등록	
	13:20~13:40 (20분)	○환영인사	
	13:40~14:40 (60분)	○여는 마당 - 워크숍 개최의 취지와 참여자 소개	
	14:40~15:00 (20분)	○휴식	

---

33) 이 프로그램 예시의 일부내용은 경기도 평화통일 중장기 계획 수립 연구용역 과제의 일부에도 반영된 바 있다(소성규 외 2020. 5).

	15:00~16:00 (60분)	○ 특강 1 - 환대란 무엇인가?	
	16:00~17:00 (70분)	○ 특강 2 - 북한이탈주민이 들려주는 환대 경험	
	17:00~18:30 (120분)	○ 숙소 이동 및 식사	
	18:30~17:30 (60분)	○ 환대 선언문 작성 소개 - 환대 선언을 위한 기본 틀 소개 및 학습	
	19:30~21:00 (90분)	○ 상호토론 - 토론을 통해 남북한 '환대 선언문'에 수록될 핵심 요소 및 가치 발굴	
	21:00~23:00 (120분)	○ 교류시간	
2일차	09:00~11:00 (120분)	○ '환대 선언문' 작성 - 4개의 분야별로 '환대 선언문' 작성	
	11:00~12:00 (60분)	○ '환대선언문' 채택과 발표	
	12:00~	○ 워크숍 마무리 및 이동	

(3) 통일교육의 기본원칙(제3조)

현 행
제3조(통일교육의 기본원칙) ① 통일교육은 자유민주적 기본질서를 수호하고 평화적 통일을 지향하여야 한다. ② 통일교육은 개인적·당파적 목적으로 이용되어서는 아니 된다. 제3조의2(통일교육 기본사항) ① 통일부장관은 제3조의 기본원칙에 따른 통일교육을 하기 위한 기본사항을 정한다. ② 통일부장관은 통일교육에 관한 기본사항을 정할 때에 미리 관계 중앙행정기관의 장과 협의를 하여야 한다. 제3조의3(통일교육주간) 국민의 통일의지를 높이기 위하여 매년 5월 넷째 주를 통일교육주간으로 한다.

「통일교육지원법」은 통일교육의 기본원칙[34]으로서 평화적 통일을 지향하고, 통일교육이 개인적·당파적 목적으로 이용되어서는 안 된다고 규정[35]하고 있음에도 현실은 그렇지 않다. 대통령이 바뀔 때마다, 그 정권이 추구하는 바에 따라 통일

---

[34] 통일교육의 보편적 원칙으로서 자유민주주의 강조(통일교육지원법 제3조 제1항 개정), 이주민을 포용하는 새로운 공동체 의식 형성 강조(통일교육지원법 제3조 제3항 신설), 인간안보의 관점에서 통일과 안보의 관계 설정(통일교육지원법 제3조 제4항 신설)을 강조하면서 통일교육지원법 제3조의 개정을 주장하는 견해(김병연, 앞의 논문, 125면, 127면, 128면)가 있다.

[35] 현행 통일교육지원법에서 규정한 통일교육의 기본원칙은 교육의 내용에 관하여 '자유민주적 기본질서 수호'와 '평화적 통일 지향' 두 가지를 제시하고 있으며, 교육의 동기(의도)에 관하여 '개인적·당파적 이용 금지'를 제시하고 있다. 따라서 통일교육지원법에서도 교육의 내용과 동기 외에도 대상, 방법 등에 관한 교육원칙을 선명하게 제시함으로써 통일교육의 일관성과 체계성 및 지속성을 보장할 필요가 있다는 견해(음선필, 앞의 논문, 13면)도 있다.

교육의 세부내용이 달라지고 있다.

독일은 통일 14년 전인 1976년 보수와 진보 등 정치적으로 입장을 달리하는 서독의 정치교육학자들이 교육지침을 만들었다. 강압적인 교육과 교조(敎條)화 금지, 균형성 또는 대립적 논점의 확보, 학생을 먼저 생각하는 교육 등의 원칙을 견지하였다. "보이텔스바흐 합의(Beutelsbacher Konsens)"라고 부르고 있는 이 합의는 정치이데올로기적 갈등을 일거에 제거하려는 일종의 사회적 대타협이라고 평가하고 있다.[36]

우리나라 통일교육 일선에서는 정부가 추진하는 통일교육과 일부 지방자치단체와 교육청(교육감)이 생각하는 통일교육에 대한 이견으로 통일교육에 어려움을 호소하기도 한다. 이는 지난 이명박, 박근혜 정부가 추진했던 「통일교육지침」과 문재인 정부가 추진하고 있는 「평화·통일교육 - 방향과 관점」으로도 알 수 있다.

동일한 통일교육에 대해 바라보는 시각차는 뚜렷하다. 예를 들면 박근혜 정부의 통일교육의 목표는 미래지향적 통일관, 건전한 안보관, 균형 있는 북한관으로 설명하고 있다. 반면에 문재인 정부는 박근혜 정부의 미래지향적 통일관 대신에 평화통일의 실현의지 함양과 평화의식 함양, 민주시민의식 함양을 강조하고 있다. 지난 정부와는 달리 평화의식과 민주시민의식을 강조하고 있다. 통일을 추구하는 방법에서 차이가 있기 때문일 것이다. 통일교육의 다른 분야(통일교육의 방향, 방법, 내용)에서도 차이가 있다.

어느 정권이 들어서더라도 누구나 수긍할 수 있는 통일교육의 기본방향 수립이 필요하다. 즉, "한국형 보이텔스바흐 합의" 노력이 필요하다.[37] 이를 위하여 한국의 정치인, 정치학자, 교육학자를 포함한 학계 및 정부, 통일 관련 단체들의 역할이 필요하다[38]. 이를 위하여 「통일교육지원법」 제3조에 이러한 취지를 규정하는 방향으로 법 개정이 필요하다.

독일 보이텔스바흐 합의(Beutelsbacher Konsens)[39]

1. 강제금지(Überwältigungsverbot)
어떠한 수단을 통해서든 교사는 자신이 원하는 견해를 학생이 받아들이도록 강제하여 "자율적 판단 형성(Gewinnung eines selbständigen Urteils)"을 방해하는 것은 허용되지 않는다. 바로 이것이 정치교육(Politischer Bildung)과 사상주입(내지 교화, Indoktrination)의 경계선이다. 사상주입은 민주주의 사회에서 교사의 역할이나 보편적으로 인정되는 목표인 학생의 성숙과도 부합하지 않는다.

---

36) 소성규, 앞의 논문, 113면.
37) 박찬석, 앞의 논문, 80면 ; 소성규, 앞의 논문, 113면.
38) 통일교육의 방향에 대한 소비적인 논쟁의 가능성을 차단하고, 국민적 합의에 의한 통일을 준비하기 위하여 여·야 정치인 및 시민단체 대표가 통일교육의 책임 있는 구성원으로 참여하는 제도적 장치가 필요하다는 견해(김창환, 앞의 논문, 51면)도 있다.

> 2. 학문과 정치에서 논쟁의 여지가 있는 것은 수업에서도 논쟁의 여지를 두어야 한다.
> 이러한 요청은 위에서 언급한 것과 밀접한 연관이 있다. 왜냐하면 서로 다른 입장이 무시되고 선택 가능성을 주지 않고 대안들을 논의하지 않는다면, 사상주입으로 가는 길을 걷게 된다. 오히려 교사는 교정 기능을 수행해야 하지 않는지가 문제된다. 다시 말하면, 학생들(과 정치적 교육행사의 참가자들)에게 자신들의 정치적·사회적 배경으로 인해 잘 알지 못하는 입장이나 대안을 특별히 부각시켜 주어야만 하는 것은 아닌지를 검토할 필요가 있다.
> 이 두 번째 원칙을 확립함으로써 왜 교사의 개인적 관점, 학문적 배경, 정치적 견해에 대해서 굳이 관심을 가질 필요가 없는지가 분명해진다. 이미 언급한 예를 다시 설명하자면, 교사가 민주주의를 어떻게 이해하고 있는지는 아무런 문제가 되지 않는다. 왜냐하면 그것과 상충되는 다른 견해들도 함께 논의되기 때문이다.
> 3. 학생은 정치 상황과 자신의 이해관계를 검토할 수 있는 기회를 주어야 한다.
> 마찬가지로 학생은 자신의 이익과 연관된 당면한 정치 상황에 영향을 줄 수단과 방식을 모색할 수 있도록 해야 한다. 이러한 목표 설정은 앞에서 언급한 두 원칙의 논리적 귀결이기도 한 수행능력을 매우 중시하게 된다. 이러한 맥락에서 때때로, 이를테면, 헤르만 기에제케(Herman Giesecke)와 롤프 슈미더러(Rolf Schmiederer)에 반대해서 제기되는 비판, 즉 자신의 고유한 것들을 수정할 필요가 없도록 하는 '형식성에로의 회귀'라는 것은 적절치 못하다. 왜냐하면, 여기서 중요한 것은 최대한의 합의 도출이 아니라 최소 합의의 도출이기 때문이다.

개정안을 제시하면 다음과 같다.

현 행	개 정 안
제3조(통일교육의 기본원칙) ①. (생략)	제3조(통일교육의 기본원칙) ①. (현행과 같음)
② 통일교육은 개인적·당파적 목적으로 이용되어서는 아니 된다.	② 통일교육은 개인적·당파적 목적이 아닌, 국민적 합의에 기초해야 한다.

(4) 국가 및 지방자치단체의 책무(제4조) : 통일교육에 대한 중앙정부(통일부)와 지방정부간의 업무 추진체계 문제

현 행
제4조(국가 및 지방자치단체의 책무) ① 국가는 이 법에서 정하는 바에 따라 통일교육의 실시, 통일문제연구의 진흥, 통일교육에 관한 전문인력의 양성·지원, 통일교육에 관한 교재의 개발·보급, 그 밖의 방법으로 통일교육을 활성화하여야 한다. ② 국가는 통일교육을 하는 자(법인 또는 단체를 포함한다. 이하 같다)에게 예산의 범위에서 대통령령으로 정하는 바에 따라 필요한 경비의 전부 또는 일부를 지원할 수 있다. ③ 지방자치단체는 국가의 시책과 지역적 특성을 고려하여 지역별 시책을 수립·시행하여야 한다. 이 경우 그 시책의 수립·시행에 필요한 사항은 조례로 정할 수 있다. ④ 지방자치단체는 지역주민을 대상으로 통일교육을 하는 자에게 예산의 범위에서 필요한 재정적·행정적 지원을 할 수 있다. ⑤ 국가 및 지방자치단체는 이 법에 따른 시책을 효율적으로 수행하기 위하여 상호협력체제를 구축하여야 한다. ⑥ 국가 및 지방자치단체는 이 법에 따른 통일교육을 국내와 국외, 학교와 학교 밖에서 모두 장려하여야 한다.

---

39) https://www.lpb-bw.de/beutelsbacher-konsens/의 독일어 원문을 참고.

현행 통일교육 업무 추진체계의 큰 틀은 중앙정부(통일부 등) 중심의 행정체계이다. 우리나라 행정부 구조는 중앙정부와 지방정부[40], 그리고 지방정부에 대하여 현행 「지방자치법」 제2조는 지방자치단체의 종류를 다시 특별시, 광역시, 특별자치시, 도, 특별자치도와 시, 군, 구의 두 가지로 분류하고 있다. 이런 점에서 우리나라는 크게 보면 3단계 행정 구조를 취하고 있다. 이러한 행정 구조에서는 중앙정부 중심의 통일교육 업무 추진체계가 타당성이 있기도 하다. 현행 통일교육지원법에서도 통일부(통일교육원)가 중심이 되고, 통일교육의 원활한 체계를 구축하기 위하여 지방자치단체의 통일교육 조례 제정, 중앙행정기관·지방자치단체 상호간 통일교육 협력체제 구축, 기본계획 수립사항 구체화 등의 내용을 규정하고 있다.

그렇다면 중앙행정기관·지방자치단체 상호간 통일교육 협력체제 구축의 현실은 어떨까? 협력체계 구축은 강행규정으로 되어 있음에도 불구하고, 지방자치단체 차원에서의 조례제정과 예산지원의 근거는 임의규정이다. 그러다 보니 지방자치단체장의 재량에 따라 통일교육은 실시하지 않을 수도 있다.

통일교육은 국가의 비전으로 중앙정부차원뿐만 아니라 지방정부 차원에서도 적극적 관심을 가지고 추진할 필요가 있다. 통일교육은 지방정부를 포함하여 범정부적으로 실시될 필요가 있다. 지방정부의 경우 주민생활에 직접적 영향을 미치는 지역개발·문화·예술과 같은 가시적 사업에 비해 통일교육은 역점사업에서 제외되는 경향이 있다. 이러한 점을 감안할 때, 법 규정을 통해 통일교육 활성화 시책을 마련하거나 통일교육 추진을 의무화할 경우 지역통일교육이 보다 활성화 될 수 있을 것이다.

이러한 차원에서 공무원 개인의 통일교육 의무화와 더불어 지방정부 차원의 특성화된 통일교육 장려가 필요하다. 지방정부 차원에서 통일교육을 장려하기 위해서는 중앙정부 차원의 인센티브 부여 방안[41]이 강구될 필요가 있다.

---

[40] 지방정부의 법적 개념으로는 "지방자치단체"라는 용어를 사용하고 있다. 현행 법령을 변경하기 위해서는 헌법에서 사용하고 있는 지방자치단체라는 명칭을 먼저 개정해야 할 것이다. 해당 규정은 제헌헌법에서부터 사용해 왔는데, 명칭의 사용 유례를 보면, 일본의 법률에서 기인한다. 일본의 경우, 헌법과 지방자치법에서 지방정부를 "지방공공단체"란 명칭으로 사용하고 있다. 향후 지방자치단체의 공공성과 권위를 향상시키기 위해 "지방정부"로의 명칭 사용은 긍정적 효과가 있을 것으로 보여, 이 글에서는 법령상 지방자치단체로 명시된 경우 이외에는 지방정부란 용어를 사용하고자 한다. 다만, 지방정부로의 명칭변경으로 인해 전체 법령과 자치법규 뿐만 아니라 각종 공문서 등이 모두 변경되어야 할 것이다.

[41] 예를 들면, 행안부의 정부합동 평가지표에 통일교육 지표를 반영하면(현행 평가지표에는 교육항목이 없음), 의지가 있는 각 시·도는 정부 합동평가를 위하여 통일교육을 강화할 것으로 예상된다. 정부합동평가에서 좋은 성적을 받으면 해당 지자체에 많은 교부금을 지원받을 수 있기 때문에 통일교육 의무 실시와 함께 시너지 효과를 낼 수 있을 것으로 본다. 행안부

우리나라 행정 구조의 특징을 감안할 때, 중앙정부와 지방정부가 함께 통일교육에 관심을 가질 때 그 시너지 효과는 배가될 수 있다. 이 점은 전국 지방자치단체의 통일교육 관련 조례 제정 현황을 살펴보면 짐작할 수 있다. 아직 조례조차 제정하지 않은 지방자치단체가 많은 실정이다.42) 법 개정과 함께 지방자치단체의 조례 제·개정을 통하여 통일교육을 활성화할 필요성이 있다. 이를 위하여 「통일교육지원법」 제4조의 임의규정(제2항, 제3항, 제4항)을 강행규정으로 개정할 필요성이 있다. 일부 예산이 수반되기도 하겠지만, 국가시책으로 인한 재정소요는 불가피한 측면이 있다. 정부의 의지 문제이기도 하다.

개정안을 제시하면 다음과 같다.

현 행	개 정 안
제4조(국가 및 지방자치단체의 책무) ① (생략)	제4조(국가 및 지방자치단체의 책무) ① (현행과 같음)
② 국가는 통일교육을 하는 자(법인 또는 단체를 포함한다. 이하 같다)에게 예산의 범위에서 대통령령이 정하는 바에 따라 필요한 경비의 전부 또는 일부를 지원할 수 있다.	② 국가는 통일교육을 하는 자(법인 또는 단체를 포함한다. 이하 같다)에게 예산의 범위에서 대통령령이 정하는 바에 따라 필요한 경비의 전부 또는 일부를 지원하여야 한다.
③ 지방자치단체는 국가의 시책과 지역적 특성을 고려하여 지역별 시책을 수립·시행하여야 한다. 이 경우 그 시책의 수립·시행에 필요한 사항은 조례로 정할 수 있다.	③ 지방자치단체는 국가의 시책과 지역적 특성을 고려하여 지역별 시책을 수립·시행하여야 한다. 이 경우 그 시책의 수립·시행에 필요한 사항은 조례로 정하여야 한다.
④ 지방자치단체는 지역주민을 대상으로 통일교육을 하는 자에게 예산의 범위에서 필요한 재정적·행정적 지원을 할 수 있다.	④ 지방자치단체는 지역주민을 대상으로 통일교육을 하는 자에게 예산의 범위에서 필요한 재정적·행정적 지원을 하여야 한다.
⑤ (생략)	⑤ (현행과 같음)

(5) 통일교육 기본사항에 대한 심의기구의 신설

현 행
<삭제>

현행 「통일교육지원법」은 통일부장관이 어떠한 심의기구를 거치지 않고 통일교육 기본사항(「통일교육지원법」 제3조의2)과 통일교육기본계획의 수립(「통일교육지원법」 제6조)을 하도록 하고 있다. 통일부장관이 통일교육의 핵심적인 사항을 주도적으로 결정하는 행정체계를 취하고 있다.

이러한 행정체계의 변화는 2008년 12월 31일의 「통일교육지원법」 제3차 개정

와 통일부 사이의 협의가 필요한 사항이다.
42) 물론 조례를 제정하지 않고 통일교육지원법을 근거로 통일교육 예산을 배정할 수는 있다. 그러나 해당 지방자치단체의 현실과 특징을 반영한 조례 제정은 필요하다고 본다.

(2009년 2월 1일 시행)에서 "통일교육심의위원회"(구「통일교육지원법」제5조)가 폐지된 결과이다. 당시는 부처 중심의 책임행정체제를 확립하고 의사결정의 신속성을 높이기 위한 정부위원회 정비계획에 따른 것이라고 하나, 실제로는 통일교육 업무 추진체계를 정부 주도하에 두겠다는 의도로 보아야 할 것이다. 다른 교육지원 관련법의 경우, 법교육위원회(「법교육지원법」제4조), 경제교육관리위원회(「경제교육지원법」제8조의2), 인성교육진흥위원회(「인성교육진흥법」제9조), 문화예술교육지원위원회(「문화예술교육지원법」제8조) 등을 두고 있는 것처럼, 통일교육의 기본사항과 통일교육의 주요정책을 결정하는 별도의 심의위원회를 두는 것이 바람직하다고 본다.[43]

개정안을 제시하면 다음과 같다.

현 행	개 정 안
제5조<삭제>	제5조(통일교육심의위원회의 설치) ① 통일교육에 관한 기본정책 기타 중요사항을 심의하기 위하여 통일부에 통일교육심의위원회(이하 "위원회"라 한다)를 둔다.
	② 위원회는 위원장 1인 및 부위원장 2인을 포함하여 25인이내의 위원으로 구성한다.
	③ 위원회의 위원장은 통일부장관이 되며, 위원은 통일교육에 관한 학식과 경험이 풍부한 자중에서 통일부장관이 위촉하는 자(이 경우 위원중 7인은 국회의장이 추천하는 자로 한다), 대통령령이 정하는 관계 중앙행정기관의 차관급공무원 및 국무총리실 소속공무원중 당해 기관의 장이 지명하는 자가 된다.
	④ 위원회의 구성·운영 등에 관하여 필요한 사항은 대통령령으로 정한다.
	⑤ 위원회로부터 위임받은 사무를 처리하기 위하여 위원회에 실무위원회를 두며, 실무위원회의 구성·운영등에 관하여 필요한 사항은 대통령령으로 정한다.

(6) 통일교육기본계획(제6조) 수립시기의 보완

현 행
제6조(통일교육기본계획의 수립) ① 통일부장관은 통일교육을 효율적으로 추진하기 위하여 통일교육기본계획(이하 "기본계획"이라 한다)을 수립한다. ② 기본계획에는 다음 각 호의 사항이 포함되어야 한다. 1. 통일교육의 기본원칙·추진목표와 방향 2. 통일교육과 관련하여 각 부처 및 기관·단체의 협조에 관한 사항 3. 통일교육에 관한 국민의식 제고 4. 통일교육실태의 조사·평가 및 시정에 관한 사항 5. 통일교육에 관한 전문인력의 양성·지원에 관한 사항 6. 「초·중등교육법」 제19조제1항 각 호에 따른 교원에 대한 통일교육관련 전문성 강화에 관한 사항 7. 통일교육 관련 교재의 개발·보급에 관한 사항

---

43) 음선필, 앞의 논문, 14면.

8. 국내외 통일교육 기관 및 단체의 육성·지원에 관한 사항
9. 통일교육에 필요한 시설 및 장비의 확충·관리에 관한 사항
10. 통일문제 및 통일교육에 관한 연구의 진흥에 관한 사항
11. 통일교육 협력체제의 구축 및 운영에 관한 사항
12. 그 밖에 통일교육의 진흥을 위하여 필요한 사항
③ 통일부장관은 기본계획을 수립할 때에 미리 관계 중앙행정기관의 장과 협의하여야 한다.
④ 통일부장관은 기본계획을 수립할 때에 통일교육에 관한 학식과 경험이 풍부한 전문가의 의견을 들을 수 있다.

제6조의2(공공시설의 이용) 통일교육을 하는 자는 통일교육을 위하여 필요한 경우에는 공공시설을 그 본래의 용도에 지장이 없는 범위에서 대통령령으로 정하는 바에 따라 이용할 수 있다.

제6조의3(지역통일교육센터의 지정·운영) ① 통일부장관은 통일교육을 주된 목적으로 하거나 통일교육을 할 능력이 있다고 인정되는 기관·단체 또는 시설(이하 "기관등"이라 한다)을 지역통일교육센터로 지정할 수 있다.
② 지역통일교육센터로 지정된 기관등의 장은 그 지정된 내용 중 대통령령으로 정하는 중요 사항이 변경된 경우에는 통일부장관에게 그 사실을 신고하여야 한다.
③ 통일부장관은 지역통일교육센터로 지정된 기관등이 다음 각 호의 어느 하나에 해당할 때에는 그 지정을 취소할 수 있다. 다만, 제1호에 해당할 때에는 그 지정을 취소하여야 한다.
1. 거짓이나 그 밖의 부정한 방법으로 지정을 받았을 때
2. 통일교육을 할 능력이 크게 부족하다고 인정될 때
④ 통일부장관은 지역통일교육센터로 지정된 기관등이 다음 각 호의 어느 하나에 해당할 때에는 6개월 이내의 범위에서 기간을 정하여 업무정지를 명할 수 있다.
1. 제3조에 따른 통일교육의 기본원칙을 위반하여 통일교육을 하였을 때
2. 거짓이나 그 밖의 부정한 방법으로 경비지원을 받거나 지원받은 경비를 목적 외의 용도에 사용하였을 때
3. 제2항에 따른 변경신고를 하지 아니하였을 때
⑤ 통일부장관은 제3항에 따라 지역통일교육센터의 지정을 취소하려면 청문을 하여야 한다.
⑥ 그 밖에 지역통일교육센터의 지정 및 운영 등에 필요한 사항은 대통령령으로 정한다.

제6조의4(통일관의 지정 등) ① 통일부장관은 국민에게 북한 및 통일에 관한 정보를 제공하고 통일교육의 장으로 활용하기 위하여 통일관을 설치·운영하거나 북한 및 통일에 관한 교육·체험활동을 하는 시설을 통일관으로 지정할 수 있다.
② 제1항에 따라 통일관으로 지정받으려는 시설의 장은 시설, 예산, 인력, 교육운영 계획 등 대통령령으로 정하는 지정요건을 갖추어 통일부장관에게 지정을 신청하여야 한다.
③ 제1항에 따라 통일관으로 지정된 시설의 장(이하 "통일관장"이라 한다)은 제2항에 따른 지정요건 중 대통령령으로 정하는 중요 사항이 변경된 경우 통일부장관에게 그 사실을 통보하여야 한다.
④ 제1항부터 제3항까지에서 규정한 사항 외에 통일관의 지정신청 및 변경통보의 절차와 방법 등은 대통령령으로 정한다.

제6조의5(통일관에 관한 시정명령) 통일부장관은 통일관이 다음 각 호의 어느 하나에 해당하는 경우 기간을 정하여 통일관장에게 시정을 명할 수 있다.
1. 제3조에 따른 통일교육의 기본원칙에 위반되는 통일교육을 실시한 경우
2. 제6조의4제2항에 따른 지정요건을 충족하지 못하게 되거나 운영 의지를 명백히 상실하였다고 인정되는 경우
3. 제6조의4제3항에 따른 변경통보를 하지 아니한 경우

제6조의6(통일관의 지정취소 등) ① 통일부장관은 다음 각 호의 어느 하나에 해당하는 경우에는 통일관의 지정을 취소할 수 있다. 다만, 제1호에 해당하는 경우에는 그 지정을 취소하여야 한다.
1. 거짓이나 그 밖의 부정한 방법으로 통일관의 지정을 받은 경우
2. 제6조의5에 따른 시정명령을 받고도 정당한 사유 없이 정한 기간에 이를 이행하지 아니한 경우
② 통일부장관은 제1항에 따라 통일관의 지정을 취소하려면 청문을 하여야 한다.

> 제6조의7(공무원 등에 대한 통일교육의 실시) ① 중앙행정기관의 장, 지방자치단체의 장 및 「공공기관의 운영에 관한 법률」 제4조에 따른 공공기관의 장은 소속 공무원 및 직원 등에게 제2조제1호에 따른 통일교육을 실시하고, 그 결과를 통일부장관에게 제출하여야 한다.
> ② 통일부장관은 제1항에 따른 통일교육을 효과적으로 실시하기 위하여 필요한 교재를 개발·보급할 수 있다.
> ③ 제1항 및 제2항에서 규정한 사항 외에 통일교육의 방법 및 실시 시기 등 통일교육 실시에 필요한 사항은 대통령령으로 정한다.

현행 「통일교육지원법」 제6조는 통일부장관은 통일교육을 효율적으로 추진하기 위하여 통일교육기본계획을 수립한다고만 규정하고 있고, 이를 구체화하는 시행계획에 대하여는 규정하지 않고 있다. 다만, 통일부 통일교육원 자체적으로 2019년 3월 「통일교육기본계획(2019-2021) 및 2019년도 시행계획」을 발표하였다. 종래 매년 통일교육 기본계획을 수립하던 것을 기본계획은 3년, 시행계획은 매년 수립하는 것으로 개편하였다. 기본계획 수립연도(3년마다)에는 시행계획을 포함하여 수립하도록 변경하였다.

일반적으로 교육지원 관련법은 교육기본계획의 수립시기를 5년마다 하도록 관련법에 정하고 있다[44]. 그런데 「통일교육지원법」에는 구체적으로 규정하지 않고, 통일부 통일교육원 자체적으로 3년마다 통일교육기본계획을 수립하고 있다. 통일교육에 관한 기본계획으로서의 성격을 유지하고, 통일교육을 보다 안정적으로 추진하기 위해서는 통일교육지원법에 통일교육기본계획 수립시기를 규정하는 것이 바람직하다. 그 기간 역시 다른 교육지원 관련법과의 형평성 차원에서 5년으로 하는 것이 타당하다고 본다.[45] 5년 단위의 장기계획을 세워야 통일교육 계획자의 변동 또는 정권교체에 따른 불필요한 변화를 최소화하고, 안정적인 통일교육을 추진할 수 있기 때문이다. 통일교육의 기본방향은 국제정세 특히 남북관계에 따라 영향을 받을 수 있다. 그러나 적어도 기본계획에 포함되어야 할 내용은 통일에 이르는 과정뿐만 아니라 통일이후의 사회통합과정에 해당하는 사항들이어야 하므로, 통일교육의 기본계획은 5년 정도의 지속성과 일관성을 유지하는 것이 필요하다고 본다.[46]

개정안을 제시하면 다음과 같다.

---

[44] 예를 들면 인성교육 종합계획(「인성교육진흥법」 제6조), 문화예술교육 종합계획(「문화예술교육지원법」 제6조), 발명교육 기본계획(「발명교육의 활성화 및 지원에 관한 법률」 제4조) 등이다.

[45] 「통일교육지원법」을 근거로 제정된 「경기도 평화통일교육 활성화 조례」 제6조(평화통일교육계획의 수립)는 경기도 평화통일교육계획을 5년마다 수립·시행하도록 하고 있고, 조례 제7조(평화통일교육위원회)는 경기도 평화통일교육에 대한 주요사항을 심의하는 기구인 "평화통일교육위원회"를 두고 있는 점은 주목할 만하다.

[46] 음선필, 앞의 논문, 16면.

현 행	개 정 안
제6조(통일교육기본계획의 수립) ① 통일부장관은 통일교육을 효율적으로 추진하기 위하여 통일교육기본계획(이하 "기본계획"이라 한다)을 수립한다.	제6조(통일교육기본계획의 수립) ① 통일부장관은 통일교육을 체계적이고 지속적으로 실시하기 위하여 통일교육기본계획을 5년마다 수립·시행하여야 한다.
②. (생략)	②. (현행과 같음)
1,2,3,4,5,6,7,8,9,10,11. (생략)	1,2,3,4,5,6,7,8,9,10,11. (현행과 같음)
12. 그 밖에 통일교육의 진흥을 위하여 필요한 사항	12. 그 밖에 통일교육의 진흥과 **홍보**를 위하여 필요한 사항

(6-1) 지역통일교육센터의 지정·운영(제6조의3)과 통일교육위원협의회 운영

통일부는 지역별로 지역통일교육센터를 지정하고, 통일교육위원협의회를 운영하고 있다. 현행 「통일교육지원법」 상 통일교육의 가장 핵심 축 두가지가 바로 "지역통일교육센터"와 "통일교육위원협의회"이다

「통일교육지원법」 상 지역통일교육센터는 통일부장관이 지정[47]·운영하는 기관·단체이다(제6조의3). 그렇다면 지정의 법적 의미가 무엇일까? 현행법상 지정은 빈번하게 사용되는 용어 중 하나이다. 그러나 다양한 성격과 형태로 사용되고 있어 일관된 원칙을 찾기는 어렵다. 현행 지정 제도는 ① 허가·인가·특허로서의 지정[48], ② 행정업무의 부여로서의 지정[49], ③ 공용제한으로서의 지정[50], ④ 지원·육성대상 선정으로서의 지정[51], ⑤ 규제대상 선정으로서의 지정[52] 등으로 다양하게 사용되고 있고,[53] 여러 가지 성격이 혼합되어 규정되어 있는 경우도 있다.

지역통일교육센터는 행정업무의 부여를 위한 지정과 지원·육성 대상의 선정을 위한 지정의 의미를 동시에 지니고 있다고 볼 수 있다. 즉, 통일부 통일교육원의

---

[47] 지정 제도는 이론적으로 정립되어 있지 않을 뿐만 아니라 여러 가지 성격들이 지정이라는 같은 명칭으로 사용되고 있어 해석이나 운영상 논란이 될 수 있으므로 입법과정에서 지정 제도 도입을 확대하는 것은 문제가 있다.
[48] 「담배사업법」 제16조에 따른 담배소매인의 지정, 「공인중개사법」 제24조에 따른 부동산 거래정보망의 지정 및 운영, 「원자력안전법」 제35조의 핵연료주기사업의 허가 등이다.
[49] 「도로교통법」 제104조에 따른 자동차운전 전문학원의 지정, 「산업표준화법」 제13조에 따른 인증기관의 지정 등이다.
[50] 「지하수법」 제12조에 따른 지하수보전구역의 지정, 「문화재보호법」 제27조에 따른 보호물 또는 보호구역의 지정 등이다.
[51] 「가족친화 사회환경의 조성 촉진에 관한 법률」 제19조에 의한 가족친화지원센터의 지정, 「문화예술진흥법」 제7조에 따른 전문예술법인·단체의 지정, 「도서개발촉진법」 제4조에 따른 개발대상도서의 지정 등이다.
[52] 「독점규제 및 공정거래에 관한 법률」 제14조에 따른 상호출자 제한 기업집단 등의 지정 등이다.
[53] 이상윤, 「각종 지정제도의 분석과 개선방안 연구」, 한국법제연구원, 2012. 10. 31, 21면.

통일교육을 위한 수탁기관으로서의 성격과 통일부 차원의 통일교육 활성화를 위한 예산지원을 받고 있는 기관이다. 이를 위하여 통일부는 전국을 거점 지역별로 지역통일교육센터를 지정하여 운영하고 있다. 지정·운영의 목적은 통일교육 인프라가 중앙에 집중되어 있지만, 통일교육을 지방으로 확산시키기 위함에 있다.

그러나 2020년 종래 전국 17개 센터로 지정 운영[54]하던 지역통일교육센터를 전국 7개 광역 권역별 센터 체계로 개편하였다. 즉, △서울, △경인(경기·인천), △영남(대구·울산·경북·경남·부산), △호남(광주·전북·전남), △충청(세종·대전·충북·충남), △강원, △제주 지역으로 나누어 운영하고 있다.

종래 17개 지역통일교육센터로 운영할 때에도 지역 범위가 넓고, 예산과 인력 부족으로 어려움을 겪고 있었다. 이러한 점은 경기도 지역통일교육센터 1개로 운영하던 것을 경기남부와 경기북부 지역통일교육센터로 분리 운영한 것을 보아도 알 수 있다. 이러한 점에서 2020년 이후 개편된 경기도 전체와 인천광역시를 1개 권역인 경인통일교육센터로 운영하는 것이 타당한 것인지? 17개 센터 중심 운영의 한계를 극복해야 함에도 불구하고 17개 센터에서 7개 센터로 축소 개편한 것이다. 7개 센터의 예산은 종래 17개 센터의 예산을 통합하는 수준의 구조이기 때문에 통일교육 수혜자의 입장에서는 통일교육 수혜 범위에는 차이가 없고, 운영체계만 변경된 것이다. 문제는 이러한 운영체계가 과연 효율적이고 타당한가? 라는 점이다.

그리고 통일부는 「통일교육지원법」 제10조의2 및 「동법 시행령」 제8조에 따라 임기 2년의 통일교육위원을 위촉하고 있다. 이러한 통일교육위원은 지역별협의회가 있고, 이를 총괄하는 통일교육위원 중앙협의회가 별도로 존재한다. 지역별 통일교육센터는 주로 지역별로 통일관련 기본사업과 자율사업을 하고 있지만, 통일교육위원협의회는 그렇지 않다. 즉, 통일교육위원협의회는 통일부 장관이 위촉하는 통일교육위원 중심의 모임이다. 따라서 현행법은 통일교육의 지원과 활성화를 지역별 통일교육센터 지정과 지역별 통일교육위원협의회라는 조직의 2개 체제를 통해 운영하고 있다.

2020년 이전에는 지역별 통일교육센터장과 지역별 통일교육위원협의회가 법적 근거는 다르지만, 센터장과 협의회장은 겸직하고 있었다. 겸직이 타당한지에 대한 논란(즉, 행정체계 내지 조직 일원화 또는 이원화)이 있을 수 있었다. 왜냐하면 통일교육센터는 주로 지역별로 통일관련 기본사업 이외에 특화사업, 연합사업(이른바 자율사업)을 하고 있지만, 통일교육위원협의회는 통일부 장관이 위촉하는 통일교육위원 중심의 모임이기 때문이다.

---

[54] 종래 전국 17개 지역통일교육센터(중앙통일교육센터 제외)는 현행 「지방자치법」 제2조 제1호의 광역 단위 행정구역을 기준으로 지정한 것으로 보인다.

<2020년 서울통일교육센터 통일교육 사업 추진 사례>

기본사업	1. 통일강좌 2. 워크숍 3. 체험학습 4. 운영위·지역위 지원
특화사업	평화통일공모전 2. 온라인 뮤지컬 3. 온라인 교육·소통 언택트 사업 4. 평화소통 사업
연합사업	제5회 평화통일 축제 "하나온 페스티벌"

이러한 기구의 중복으로 인한 예산 및 업무의 비효율성으로 인해 지역통일교육센터를 폐지하고 통일교육위원과 통합하여 통일교육위원협의회로 일원화하려는 취지의 「통일교육지원법」 일부개정안이 의원입법[55])으로 발의된 적이 있으나 국회를 통과하지는 못했다. 두 기관의 법적 근거가 다름에도 사실상 동일한 기능을 수행함에 따라 별도로 예산을 편성하는 것이 불합리하다는 지적에 따른 것이다.[56]

그러나 현실적으로 2020년 이전 지역통일교육센터는 지역별 활동거점 및 인프라로서 역할을 담당하고 기본사업비와 자율사업비를 지원받고 있었다. 통일교육위원의 지역별 협의회는 인건비와 임차료 등 경상경비를 지원받고 있었다. 예산 자체가 소규모일 뿐만 아니라 단순히 예산사업의 중복성이라는 관점에서 지역통일교육센터를 폐지하는 것이 바람직한지에 대해서는 신중한 검토가 필요하다는 지적[57])에 따라 2020년 이전까지 지역통일교육센터 제도를 유지하고 있었다. 이러한 측면에서 지역 거점별로 효과적이고 효율적인 통일교육 업무수행을 위하여 지역통일교육센터와 통일교육위원협의회를 일원화하여 운영(겸직 운영)하는 것은 적절하다고 본다.

그러나 2020년 개편된 7개 권역별 지역통일교육센터에서는 상황이 다르다. 예를 들면, 영남통일교육센터는 대구·울산·경북·경남·부산 지역의 통일교육을 경남대학교에서 운영하고 있다. 따라서 경남지역에는 영남통일교육센터장 및 통일교육위원협의회장을 겸직 내지 일원화 하여 운영하는 것은 효율적이지만, 다른 지역, 예를

---

55) 2012. 12. 6. 정청래의원 등 10인에 의해 지역통일교육센터를 폐지하고자 하는 통일교육지원법 일부개정안이 입법발의가 된 적이 있었다.
56) 국회예산정책처(2013년 예산안 검토보고서) : 지역통일교육센터의 경우 실질적으로 지역별 통일교육위원협의회장에 의해 운영되고 있는 등 기구의 중복으로 인한 예산 및 업무의 비효율성에 대해 지적받은 바 있다.
57) 외교통일위원회 전문위원(이용준), 통일교육지원법 일부개정안 검토의견서, 2013. 4. 참조.

들면, 대구, 경북지역에서는 지역통일교육센터장은 영남통일교육센터장이 맡고, 대구, 경북 지역 통일교육위원협의회장은 다른 위원이 맡고 있어, 이원적으로 지역통일교육 사업을 운영하고 있다. 이와 같이 전국적으로 지역통일교육센터장과 통일교육위원협의회장이 일원화(겸직) 하는 지역과 이원화된 지역이 병존하는 구조이다. 종래 17개 센터 운영체계보다 7개 센터 운영체계가 효과적 내지 효율적이고, 합리적인가? 라는 점에 대해서는 논란이 있을 수 있다. 정책판단의 몫이겠지만, 지방자치 내지 지방분권, 지방화라는 시대 흐름과 역행하는 것은 아닌지? 검토가 필요한 부분이다.

현행 지역통일교육센터 설치의 기본취지는 타당하다고 본다. 문제는 운영조직과 지정기간의 문제이다.

일반적으로 지역통일교육센터는 센터장, 사무처장, 간사에 의해 소규모 사업예산으로 운영되고 있다. 통일교육 확산이란 측면을 고려하여 지역별 거점 센터 형식으로 운영되고 있다. 이런 거점 조직을 운영함에 있어서 사업비 예산 자체가 적을 뿐만 아니라 열악한 예산상 문제로 사무처장과 간사의 처우개선에 대한 목소리가 높다. 근본적으로는 이들의 처우개선과 사업예산 확충이 필요하다고 본다.

아울러 2년이란 센터 지정기간의 문제도 있다. 「통일교육지원법」 제6조의3 제3항에 의하면, 거짓이나 그 밖의 부정한 방법으로 지정을 받았을 때에는 취소하여야 하고(강제조치), 통일교육을 할 능력이 크게 부족하다고 인정될 때에는 그 지정을 취소할 수 있도록 하고 있다는 규정(임의조치)을 생각해 본다면, 지역통일교육센터의 지정·운영 기간을 좀 더 늘리는 운영의 묘를 강구해 볼 필요가 있다.[58] 법 개정을 통하여 센터 지정기간을 2년에서 3년이나 4년으로 연장하는 방안과 정책적 측면에서 센터 운영기간을 늘리는 방안이 필요하다.

(6-2) 공무원 등에 대한 통일교육의 실시(제6조의7)

정부(통일부)는 국가와 지방자치단체의 공무원 및 「공공기관 운영에 관한 법률」 제4조에 따른 공공기관 직원 등에 대하여는 2018년 9월 14일부터 통일교육을 의무화 하는 통일교육지원법을 개정하였다[59]. 2019년부터 본격적으로 시행된다. 통일과정에서 공무원의 역할이 크다는 점을 감안하면, 바람직한 법 개정이라 생각한다.

법 개정 당시 참고한 유사 입법례는 성희롱 예방교육, 성매매 예방교육, 성폭력

---

58) 소성규, 앞의 논문, 107면.
59) 2016. 11. 14. 20대 국회에서 황주홍 의원이 대표발의안 통일교육지원법 일부 개정안(안 제6조의4 신설)도 유사한 취지이다.

예방교육, 안전·보건교육, 소방안전교육, 개인정보보호교육, 교통안전교육, 실종·유괴의 예방·방지교육, 약물오남용 예방교육, 재난대비 안전교육, 학교폭력 예방교육, 장애이해 및 장애학생 폭력예방교육, 가정폭력 예방교육, 퇴직연금교육, 안전·보건교육, 건설업 기초안전·보건교육, 관리·책임자 등에 대한 교육이다.[60]

문제는 직장교육 사례를 그대로 통일교육에도 적용하고 있다는 점이다. 직장교육은 조직 내의 개인 간의 문제 내지는 조직과 개인 사이에서 발생할 수 있는 문제이다. 이러한 직장교육 사례를 참고는 할 수 있지만, 국가시책인 통일교육에 그대로 적용하고 있다는 점은 검토의 여지가 있다고 본다.

현재 의무 통일교육의 대상기관으로 지정된 기관들은 「통일교육지원법」 제6조의7에 따라 중앙행정기관의 장, 지방자치단체의 장 및 공공기관의 운영에 따른 법률 제4조에 따른 공공기관의 장은 통일교육을 실시할 의무를 지게 된다. 중앙행정기관은 「정부조직법」 등 법률에서 중앙행정기관임을 명시한 기관과 중앙행정기관임을 명시하지 않았으나 중앙행정기관에 준하는 기관을 의미한다. 지방자치단체는 지방자치법 등에 따른 시·도(17개), 시·군·구(226개), 행정시·자치구가 아닌 구(34개), 읍면동(3,500개), 출장소(78개)와 지방교육행정기관인 시도교육청(17개) 및 각 지역 교육청을 의미한다. 공공기관은 공공기관의 운영에 따른 법률 제4조에 따라, 2018년 기준 338개의 공공기관이 교육의무 대상기관이다.

교육방법은 매년 1회(1.1-12.31) 이상, 1시간 이상으로 하되, 그 내용은 통일교육지원법 제2조 제1호에 따라 자유민주주의에 대한 신념, 민족공동체 의식, 건전한 안보관을 바탕으로 '통일을 이룩하는 데 필요한 가치관과 태도를 기르는 교육'으로 구성되어 있다. 교육방식은 집합교육(대면강의, 시청각 교육), 사이버 강의, 기관 특성에 맞는 기타 방법 중 선택할 수 있도록 하고 있다.

‖ 예시 ‖ **통일교육의 내용**

과 목	내 용 요 소
통일 문제	· 통일의 의의와 필요성· 남북관계의 전개·국제질서와 한반도 통일 · 통일노력(통일방안 비교)·통일의 비전과 과제·남북관계와 대북정책 등
북한 이해	· 북한을 보는 시각·북한 분야별 실상(정치·외교·군사·경제·교육·문화 예술·주민생활 등)·북한 변화 전망 등

이러한 형태의 통일교육 방식이 과연 실효성이 있을까? 통일의 이해와 북한에 대한 이해도를 높이는 측면이 있는 것도 사실이다. 그러나 보다 더 실효성 있는

---

60) 소성규, 앞의 논문, 102면.

통일교육이 되기 위해서는 교육시간과 교육방법의 조정이 필요하다.

공무원 통일교육 의무화 조치에서 특히 논란이 되는 것은 공무원 통일교육을 실시하지 아니한 경우에 대한 제재조치가 없다는 점이다. 매년 중앙·지자체장 및 공공기관의 장에게 소속 공무원과 직원에게 매년 1회, 1시간 이상 통일교육을 실시하고 그 결과를 통일부장관에게 제출하도록 규정하고 있을 뿐, 이행하지 않을 경우 제재수단 등은 규정되어 있지 않다. 공무원 통일교육 실효성 확보를 위하여 「통일교육지원법」 개정을 통한 제재수단을 마련할 필요가 있다. 즉, 「남녀고용평등과 일·가정 양립지원에 관한 법률」에는 사업주가 년 1회 이상 성희롱 예방교육을 실시하지 아니할 경우, 500만원 이하의 과태료를 부과하도록 하고 있다(동법 제39조 제2항). 또한 「부패방지 및 국민권익위원회의 설치와 운영에 관한 법률」에는 공직자 부패방지교육을 하도록 하고(동법 제81조의2 제1항), 부패방지교육 실시 여부에 대한 점검을 실시하도록 하고 있다(동법 제81조의2 제2항). 아울러 점검 결과를 평가에 반영하도록 해당 기관·단체의 장에게 요구할 수 있도록 하고 있는 점은 참고할 만하다(동법 제81조의2 제3항)[61]. 오히려 공무원 통일교육의 실효성 확보를 위해서는 과태료 부과방법 보다는 「부패방지 및 국민권익위원회의 설치와 운영에 관한 법률」에 의한 공직자 부패방지교육 미이수에 대한 제재방법을 적용하는 방안이 적절할 수 있다.

통일부장관은 통일교육에 관항 교재의 개발·보급, 그 밖의 방법으로 통일교육을 활성화하여야 하고(「통일교육지원법」 제4조 제1항), 통일교육을 효과적으로 실시하기 위하여 필요한 교재를 개발·보급할 수 있도록 규정(「통일교육지원법」 제6조 제2항)하고 있다. 이러한 교재개발에서 지역별 특성에 맞게 교재개발을 할 수 있도록 통일교육 교재개발비 등을 일부 국가(통일부)가 부담하는 방안을 고려할 필요가 있다. 아울러 증가하는 통일교육 수요에 부합하게 통일부 차원의 통일교육 전문강사와는 별개로 지방정부 차원의 통일교육 전문강사를 배출하여야 할 것이다. 이를 위하여 해당 지역에서 통일교육을 실시할 수 있도록 전문강사 양성비용 등을 국가가 일부 부담하는 방안이 있다.

아울러 공공기관의 특성에 맞는 특화된 내지는 특성화된 통일교육이 필요하다고 본다.[62] 예를 들면, 집경지역 일부 시·군(경기도 양주시·포천시·동두천시·연천군)

---

[61] 1. 「정부업무평가 기본법」 제14조제1항 및 제18조제1항에 따른 중앙행정기관 및 지방 자치단체의 자체평가와 같은 법 제21조제1항에 따른 지방자치단체 합동평가
    2. 「공공기관의 운영에 관한 법률」 제48조제1항에 따른 공기업·준정부기관의 경영실적 평가
    3. 「지방공기업법」 제78조제1항에 따른 지방공기업의 경영평가
    4. 「초·중등교육법」 제9조제2항에 따른 시·도교육청평가

의 경우, "통일대비 전문행정인 양성과정"이란 특성화된 공무원 통일교육을 실시하고 있다. 이론교육과 현장체험으로 나누어, 이론교육에는 통일에 대비한 공무원으로서 갖추어야 할 역량교육에 방점을 두고, 남북한 비교에 주안점을 두고 있다.

<경기도 연천군 평화통일 전문행정인 양성과정, 2017년>

<경기도 양주시 통일대비 전문행정인 양성과정 이론교육 프로그램 예시, 2018년>

일시	시 간		강 사	주 요 내 용
00	1강	18:00-19:20	000 (000 교수)	[개 강 식] - 평화통일 대비 전문행정인 양성과정 목적 및 교육과정 안내 - 남북한 법제도 비교를 통한 통합방안 찾기
	2강	19:30~20:20	000 (000 교수)	남북한 정치체계 비교와 북한 통치구조의 이해
00	3강	18:00-19:20	000 (000 교수)	남북한 교육체계 비교
	4강	19:30~20:20	000 (000 영화연구소 대표)	남북한 영화 비교
00	5강	18:00-19:20	000 (前 000 총장)	남북한 언어비교와 통합방안
	6강	19:30~20:20	000 (000 교수)	남북한 행정체계 비교와 시사점

---

62) 일례로 지방자치단체별 상황이 다르겠지만 경기북부지역 접경지역 지방자치단체(양주시, 포천시, 연천군, 동두천시)의 경우, 대진대학교와 연계하여 해당 지방자치단체 공무원을 대상으로 특성화된 교육 프로그램인 "평화통일 대비 전문 행정인 양성과정"을 실시하고 있는 점이나 농식품공무원교육원의 경우, 남북농업협력의 이해 과정을 운영하거나, 경찰대학교의 경우, 학사학위과정 중 북한학 강의나 북한 경찰의 이해 등의 교과목 개설 등은 참고가 될 것이다(통일부 통일교육원, 「통일교육기본계획(2019-2021) 및 2019년도 시행계획」, 2019. 3, 38면).

00	7강	18:00-19:20	000 (000 교수)	북한의 문화재 정책과 남북 문화유산 협력
	8강	19:30~20:20	000 (000 교수)	남북한 사회복지 제도 비교 : 이슈와 쟁점
00	9강	18:00-19:20	000 (개성공업지구지원재 단 팀장)	개성공단의 남북통합 경험
	10강	19:30~20:20	000 (前 통일부 차관)	남북교류협력 및 평화통일 대비 공무원의 역할과 준비 [수 료 식]

현장체험은 1일 코스로 강화도, 김포, 파주, 고양, 연천, 철원, 서울 코스 등을 개발하여 시행하고 있다.[63] 특히 제주 2박3일(1박2일)"제주 4.3. 평화기행" 프로그램은 큰 호응을 얻고 있다. 제주"4.3. 사건"을 통해 한반도 평화를 둘러싼 국제정세와 남북 간 갈등, 남남 간 갈등해소 방안 토론을 통해 평화의 중요성을 인식하는 계기가 되기 때문이다.

<경기도 양주시 평화통일 전문행정인 양성과정, 2019년>

---

[63] 통일부 국립통일교육원은 2021년 「대한민국 평화기행」 발간을 통하여 지역별 현장체험 장소를 소개하고 있다. 즉 인천·경기·강원(경계의 모습은 안 가지가 아니다), 서울(길에서 만난 평화, 길에서 만난 통일), 충청·호남(쌀을 함께 나누는 게 평화다), 부산·대구·영남(강 따라 산 따라 평화의 관문으로), 제주(한라에서 백두까지, 불어라 평화바람)로 권역별 지역별 특성을 고려한 현장체험 장소를 안내하고 있다.

<제주 4.3. 평화기행 예시>

일 시		내 용	비 고
1일차	10:45	○ 김포 국내선 청사 2층 (집결 후 개별수속)	신분증 지참
	11:45-12:55	▷ 이동 (김포->제주)	중식
	15:00-18:00	○ 제주 4.3. 평화재단 이사장 특강 - "4.3.의 진실과 화해" ○ 제주 4.3. 평화기념관(4.3. 평화공원) - "4.3. 만나다" ○ 현장 토론회 ▷ 석식 및 소통의 시간	문화관광해설사
2일차	07:00-09:00	▷ 조식	
	09:00-12:00	○ 애월 하귀리 영모원 ○ 백조일손지묘 ○ 송악산	문화관광해설사
	12:00-13:00	▷ 중식	
	13:00-18:00	○ 추사관 ○ 만뱅디모역 ○ 곶자왈 숲(갈등 사례 토론)	문화관광해설사
	18:25-19:35	▷ 소통의 시간(석식 및 취침)	
3일차	07:00-09:00	▷ 조식	
	09:00-12:00	○ 낙선동 4.3. 성 ○ 너븐숭이 4,3 기념관 ○ 다랑쉬굴 ○ 성읍 민속마을	문화관광해설사
	12:00-13:00	▷ 중식	
	13:00-15:50	○ 해녀박물관	
	15:20-16:30	▷ 이동 (제주->김포)	
	해단식		

<경기도 파주 현장체험 예시>

시간	내용	비고
09:00-10:00	이동	
10:00-11:30 (90분)	오두산 통일전망대 견학	자율 견학
11:30-12:00 (30분)	이동	파주 DMZ
12:00-13:00	점심	
13:00~15:00(120분)	파주 DMZ 견학 (제 3땅굴 - DMZ영상관 - 도라산 전망대 - 도라산 역 관람)	
15:00-16:00	귀가	

<경기도 김포 현장체험 예시>

08:30-09:00	집합	
09:00-10:00	이동	
10:00-11:00	애기봉 전망대 관람 및 현장 강의	김포시, 재향군인회, 해병대2사단
11:00-12:00	평화누리길 2코스(조강리) 걷기 및 용강리 이동	경기관광공사
12:00-13:00	점심	용강리
13:00-15:00	민통선 마을 체험 및 난농원 방문 (두부 또는 농주 만들기, 민통선 트래킹)	용강리 김포농업기술센터
15:00-16:30	국제 조각공원 방문	김포시
16:30-18:00	귀가	

<서울 현장체험 예시>

시간	내용	비고
08:40-10:00	이동	
10:00-12:00	용산 전쟁기념관	해설사
12:00-12:30	이동	
12:30-13:30	점심	
13:30-15:00	경복궁 및 이동	해설사
15:00-17:00	서대문 형무소 역사관	자율관람
17:00-18:30	이동	

공무원 개인이 특성화된 통일교육 수강 의지가 있더라도 해당 조직이 프로그램 개발을 하지 않는다면 통일교육은 퇴색될 수밖에 없다. 통일부를 포함한 중앙부처 차원이나 해당 기관에서 특성화된 통일교육 프로그램 마련을 위해 연구하고 노력해야 할 것이다. 이를 위하여 「통일교육지원법」 제6조의7 제2항을 강행규정으로 개정하고, 기관별 특성에 맞는 교재개발을 위한 규정 개정을 검토할 필요가 있다.

공무원 통일교육이 실효성을 가지기 위해서는 현행 강사초청 위주의 강의중심에서 벗어나 자체 워크숍이나 세미나 참여, 동아리 활동, 통일 관련 유적지 현장체험 등 체험 위주 방법으로 교육형태가 변화되어야 할 것이다. 특히 「지방공무원교육훈련법」에 따라 시행 중인 상시 학습에 통일교육이 필수과정으로 포함된다면, 통일교육의 실효성은 더욱 배가되리라 본다.

개정안을 제시하면 다음과 같다.

현 행	개 정 안

제6조의7(공무원 등에 대한 통일교육의 실시) ① 중앙행정기관의 장, 지방자치단체의 장 및 「공공기관의 운영에 관한 법률」 제4조에 따른 공공기관의 장은 소속 공무원 및 직원 등에게 제2조제1호에 따른 통일교육을 실시하고, 그 결과를 통일부장관에게 제출하여야 한다.
② 통일부장관은 제1항에 따른 통일교육을 효과적으로 실시하기 위하여 필요한 교재를 개발·보급할 수 있다.
③ 제1항 및 제2항에서 규정한 사항 외에 통일교육의 방법 및 실시 시기 등 통일교육 실시에 필요한 사항은 대통령령으로 정한다.
	제6조의7(공무원 등에 대한 통일교육의 실시) ① (현행과 같음)
	② 통일부장관은 제1항에 따른 통일교육을 효과적으로 실시하기 위하여 전문강사를 양성하고 교재 및 교육프로그램을 개발·보급하여야 한다.
	③ 통일부장관은 매년 제1항에 따른 통일교육 실시 결과에 대한 점검을 하여야 한다.
	④ 통일부장관은 제3항에 따른 점검결과를 다음 각 호의 평가에 반영하도록 해당 기관·단체의 장에게 요구할 수 있다.
	  1. 「정부업무평가 기본법」 제14조 제1항 및 제18조 제1항에 따른 중앙행정기관 및 지방자치단체의 자체 평가
	  2. 「공공기관의 운영에 관한 법률」 제48조 제1항에 따른 공기업·준정부기관의 경영실적 평가
	⑤ 제1항에 따른 교육 내용·방법, 결과 제출 및 제3항에 따른 점검 등에 필요한 사항은 대통령령으로 정한다.

(7) 통일교육의 반영(제7조)

현 행
제7조(통일교육의 반영) 국가나 지방자치단체가 설립한 교육훈련기관 및 대통령령으로 정하는 사회교육기관을 설치·운영하는 자는 대통령령으로 정하는 바에 따라 교육훈련과정에 통일교육(제3조의2제1항에 따른 통일교육에 관한 기본사항을 포함한다)을 반영하도록 노력하여야 한다.

(8) 학교의 통일교육진흥과 통일교육 홍보규정 신설(제8조)

현 행
제8조(학교의 통일교육 진흥) ① 정부는 「초·중등교육법」 제2조에 따른 학교(이하 "초·중등학교"라 한다)의 통일교육을 진흥하기 위하여 노력하여야 한다. ② 통일부장관은 대통령령으로 정하는 바에 따라 통일교육(제3조의2제1항에 따른 통일교육에 관한 기본사항을 포함한다)이 초·중등학교의 교육과정에 반영될 수 있도록 국가교육위원회 또는 특별시·광역시·특별자치시·도 및 특별자치도 교육감(이하 "교육감"이라 한다)에게 요청할 수 있으며, 요청을 받은 국가교육위원회 또는 교육감은 교육과정에 통일교육을 반영하여야 한다. ③ 정부는 대학 등 「고등교육법」 제2조에 따른 학교를 설립·경영하는 자에게 통일문제와 관련된 학과의 설치, 강좌의 개설, 연구소의 설치·운영 등을 권장하여야 하며, 대통령령으로 정하는 바에 따라 통일에 관한 체험교육 및 강좌에 필요한 경비의 전부 또는 일부를 지원할 수 있다. ④ 통일부장관은 교육부장관과 협의하여 대통령령으로 정하는 바에 따라 매년 초·중등학교의 통일교육에 대한 실태조사를 실시할 수 있다. ⑤ 통일부장관은 대통령령으로 정하는 바에 따라 초·중등학교의 통일에 관한 체험교육 및 강좌에 필요한 경비의 전부 또는 일부를 지원할 수 있다.

「통일교육지원법」은 학교통일교육에 많은 비중을 두고 있다. 그러나 총론적으로는 강행규정화 하면서도 각론적으로 임의규정화 하여 자율적으로 실시할 수 있도록 규정하고 있다. 자율적인 것 같지만, 실제적으로는 애매모호한 측면이 있다. 기관별 특성과 자율을 강조하지만, 실제로는 그렇지 못한 측면이 있다. 이 규정 역시 일부 예산 소요가 문제가 되겠지만, 기관별 특성에 맞는 학교통일교육 진흥을 위한 강행규정 방안을 검토해 보아야 할 것이다.

아울러 통일교육에 대한 인식개선과 홍보를 위한 법적 근거 마련 규정이 필요하다. 현행 「통일교육지원법」 제8조는 실태조사와 각종 경비 지원에 관한 사항을 규정하고 있다. 통일교육의 실효성을 확보하기 위해서는 통일교육에 대한 인식개선과 홍보를 위하여 방송사업자의 독자적인 홍보영상 제작을 독려하고 이에 적극적으로 협조·지원할 법적 근거가 마련됨으로써 보다 적극적이고 실효성 있는 정책의 수립과 집행이 가능하도록 할 필요성이 있다. 그러나 반대론이 있을 수 있다. 즉, 방송통신위원회는 「방송법」 제73조 제4항 및 「동법 시행령」 제59조 제3항 및 제4항에 공익광고에 대해 이미 규정하고 있다. 이에 따라 각 부처에서 필요한 경우 공익광고를 제작하여 지상파방송사나 전광판방송 사업자 등을 통해 방송하고 있으므로 별도의 공익광고 관련 규정이 불필요하다는 의견이 있을 수 있다.

그러나 이와는 별도로 관련조항을 「통일교육지원법」에 규정할 경우 통일교육에 대한 이해를 증진하는 홍보영상의 필요성에 대한 관심이 제고될 수 있으므로 개별법에 관련 규정을 두는 것이 타당하다고 본다.

참고로 「결혼중개업의 관리에 관한 법률」, 「가정폭력방지 및 피해자보호 등에 관한 법률」, 「아동복지법」 등에서도 위와 유사한 조항이 규정되어 있다. 특히 2015. 12. 1. 개정된 「다문화가족지원법」에서 다문화가족의 이해증진을 위하여 홍보영상을 제작하고, 이것을 「방송법」 제2조 제3호에 따른 다른 방송사업자에게 배포하도록 하는 규정(「다문화가족지원법」 제5조)을 신설한 것은 「통일교육지원법」 개정에도 참고할 만하다[64]. 우리사회에 다문화가족의 이해증진을 알리기 위해 개별법인 「다문화가족지원법」에 홍보 규정을 신설한 점은 통일교육에 그대로 적용될 수 있다. 다문화가족에 대한 이해증진 못지않게 통일교육의 중요성을 알리는 것도 필요하기 때문이다.

개정안을 예시하면 다음과 같다.

---

64) 소성규, 앞의 논문, 104-105면.

현 행	개 정 안
제8조의2(학교의 통일교육 진흥) ①,②,③,④,⑤. (생략)	제8조의2(학교의 통일교육 진흥) ①,②,③,④,⑤. (현행과 같음)
<신설>	⑥ 통일부장관은 교육부장관과 협의하여 대통령령으로 정하는 바에 따라 초·중등학교의 통일교육 인식개선과 홍보를 위해 필요한 경비의 전부 또는 일부를 지원하여야 한다.
<신설> 제8조의3(홍보영상의 제작·배포·송출)	제8조의3(홍보영상의 제작·배포·송출) ① 통일부장관은 통일교육 등에 관한 홍보영상을 제작하여 「방송법」 제2조제3호의 방송사업자에게 배포하여야 한다.
<신설>	② 통일부장관은 「방송법」 제2조제3호가목의 지상파방송사업자에게 같은 법 제73조제4항에 따라 대통령령으로 정하는 비상업적 공익광고 편성비율의 범위에서 제1항의 홍보영상을 채널별로 송출하도록 요청할 수 있다.
<신설>	③ 제2항에 따른 지상파방송사업자는 제1항의 홍보영상 외에 독자적인 홍보영상을 제작하여 송출할 수 있다. 이 경우 통일부장관에게 필요한 협조 및 지원을 요청할 수 있다.

(9) 통일교육의 수강 요청 등, 통일교육 전문강사의 양성(제9조)

현 행
제9조(통일교육의 수강 요청 등) ① 통일부장관은 통일교육을 하는 자, 남북교류·협력사업에 종사하는 자, 통일대비업무에 종사하는 자, 그 밖에 통일교육을 받을 필요가 있다고 인정되는 자에게 통일교육을 받도록 요청할 수 있다. ② 통일부장관이 제1항에 따라 통일교육대상자를 선정하려면 미리 해당 행정기관 또는 단체의 장과 협의하여야 한다. 제9조의2(통일교육 전문강사의 양성) ① 통일부장관은 통일교육 전문과정을 개설하여 그 과정을 수료한 사람에게 통일교육 전문강사 자격을 부여할 수 있다. ② 통일부장관은 제1항에 따라 자격을 부여한 전문강사를 대상으로 재교육 등 지속적인 관리를 하여야 한다. ③ 제1항에 따라 개설되는 통일교육 전문과정의 운영 및 제2항에 따른 재교육 등에 관한 구체적인 사항은 통일부장관이 정한다.

(10) 통일교육위원 역할론(제10조의2)

현 행
제10조(통일교육협의회) ① 통일교육을 하는 자는 효율적인 통일교육을 위한 협의·조정, 그 밖에 상호 간의 협력증진을 위하여 통일부장관의 인가를 받아 통일교육협의회(이하 "협의회"라 한다)를 설립할 수 있다. ② 협의회의 조직과 운영 등에 필요한 사항은 대통령령으로 정한다. 제10조의2(통일교육위원) ① 통일부장관은 통일교육 활동을 통하여 대국민 통일의지와 역량을 강화함으로써 평화통일 기반조성에 기여하기 위하여 통일교육위원을 위촉한다. ② 통일부장관은 다음 각 호의 어느 하나에 해당하는 사람 중 성별을 고려하여 통일교육위원으로 위촉한다. 1. 각급 교육기관 및 지역사회에서 통일교육 활동에 적극 참여하고 있는 사람 2. 제9조의2에 따라 통일교육 전문과정을 수료한 사람 3. 그 밖에 통일문제에 관한 지식과 경험이 풍부한 사람으로 통일부장관이 인정하는 사람 ③ 통일교육위원은 다음 각 호의 활동을 수행한다.

> 1. 통일교육의 실시
> 2. 통일교육 관련 행사의 지원
> 3. 그 밖에 통일교육 활성화를 위한 사항으로 통일부장관이 필요하다고 인정하는 활동
> ④ 통일부장관은 통일교육위원에게 예산의 범위에서 통일교육 활동에 필요한 경비를 지원할 수 있다.
> ⑤ 이 법에 따른 통일교육을 실시하는 기관, 단체 등은 통일교육위원의 활동을 장려하기 위하여 각종 행정적 지원을 할 수 있다.
> ⑥ 통일부장관은 통일교육위원으로 위촉된 사람이 다음 각 호의 어느 하나에 해당하는 경우 해촉할 수 있다.
> 1. 제3조에 따른 통일교육 기본원칙에 위배되는 통일교육을 실시한 경우
> 2. 직무와 관련된 비위사실이 있는 경우
> 3. 직무태만, 품위손상, 그 밖의 사유로 인하여 위원으로 적합하지 아니하다고 인정되는 경우
> 4. 심신장애로 인하여 직무를 수행하기 어려운 경우
> 5. 위원 스스로 직무를 수행하는 것이 곤란하다고 의사를 밝히는 경우
> ⑦ 통일교육위원의 위촉 및 해촉 등에 필요한 사항은 대통령령으로 정한다.

통일교육 업무 추진체계에서 중앙정부(통일부)의 역할과 함께 통일부는 「통일교육지원법」상 통일교육위원을 위촉하여 통일교육 업무에 역할을 하도록 하고 있다. 즉, 통일부장관은 통일교육지원법 제10조의2에 따라 통일교육 활동을 통하여 대국민 통일의지와 역량을 강화함으로써 평화통일 기반조성에 기여하기 위하여 임기 2년의 통일교육위원을 위촉하고 있다.

문제는 헌법기관으로서의 민주평화통일자문회의 위원들과의 형평성 문제이다. 민주평화통일자문회의 위원의 위촉 근거는 「헌법」이고, 대통령이 임명한다. 반면에 통일교육위원은 「통일교육지원법」에 따라 통일부장관이 임명하고 있다. 「헌법」과 법률이란 위촉근거가 다르다고 하여 예산 및 제도적 지원에서 차이가 있는 것은 문제의 소지가 있다.

아울러 통일교육위원들은 그들의 정체성에도 의문을 제기하고 있다. 통일교육위원으로 위촉되는 사람은 "각급 교육기관 및 지역사회에서 통일교육 활동에 적극 참여하고 있는 사람, 제9조의2에 따라 통일교육 전문과정을 수료한 사람, 그 밖에 통일문제에 관한 지식과 경험이 풍부한 사람으로 통일부장관이 인정하는 사람"이다. 법적 표현상으로는 통일교육을 하는 위원 내지 통일교육 강사라고 생각할 수 있다. 실제 통일교육위원들의 추천과 위촉과정을 살펴보면 해당지역 각 분야에서 통일교육과 관련하여 훌륭하신 분들을 위촉하고 있다. 그러나 위촉 후 실제 일선에서 통일교육 관련 강의를 하는 사람들은 많지 않다. 통일부의 통일 관련 행사에 참여하거나 통일교육에 관한 의견을 건의하는 사람들 정도로 생각하고 있는 것 같다. 현실적으로는 통일교육자문위원 역할 정도로 여기고 있는 듯하다. 만약에 통일교육자문위원 정도의 역할이라면, 「통일교육지원법」 개정을 통하여 통일교육위원이란 명칭 대신에 통일교육자문위원으로 명칭을 변경하는 방안도 생각해 볼 수 있다. 만약 현재대로 통일교육위원이란 명칭을 사용한다면, 통일교육위원들이 통일교육에

보다 적극적으로 참여하고, 자기 역할을 할 수 있는 방안 마련이 필요하다.

한편 「통일교육지원법」에는 통일교육을 실시함에 있어서 그간 통일교육의 기본원칙에 위배되는 부적절한 교육을 실시하거나 교육수행에 문제가 있는 통일교육위원의 해촉 근거를 만들었다. 「통일교육지원법」에는 통일교육위원의 해촉 근거는 있지만, 통일교육위원들의 활성화를 위한 제도적 지원 규정은 제10조의2 제4항, 제5항의 임의규정 성격의 규정이 있는 정도이다. 실제 통일교육위원으로서의 역할을 다할 수 있는 법 규정 개정과 정책적 배려가 필요하다.

개정안을 제시하면 다음과 같다.

현 행	개 정 안
제10조의2(통일교육위원) ①,②,③. (생략)	제10조의2(통일교육위원) ①,②,③. (현행과 같음)
④ 통일부장관은 통일교육위원에게 예산의 범위에서 통일교육 활동에 필요한 경비를 지원할 수 있다.	④ 통일부장관은 통일교육위원에게 예산의 범위에서 적극적인 통일교육 활동과 역량강화를 위해 필요한 경비를 지원하여야 한다.

(11) 고발 등(제11조) : 통일교육에 대한 지원법으로서의 기능

현 행
제11조(고발 등) 통일부장관은 통일교육을 하는 자가 자유민주적 기본질서를 침해하는 내용으로 통일교육을 하였을 때에는 시정을 요구하거나 수사기관 등에 고발하여야 한다.

「통일교육지원법」제11조는 "통일교육을 하는 자가 자유민주적 기본질서를 침해하는 내용으로 통일교육을 하였을 때에는 수사기관에 고발하여야한다"는 규정을 두고 있다.

법 명칭에 나타나 있듯이 「통일교육지원법」은 통일교육에 대한 지원법으로서의 성격을 지니고 있다. 따라서 「통일교육지원법」의 취지에 위반하여 통일교육을 하는 자는 다른 관련법을 적용해 처벌이 가능하다. 통일교육 활성화 차원과 통일교육에 대한 지원법으로서의 기능을 다하기 위해서 「통일교육지원법」제11조는 삭제되어야 할 것이다.[65]

현 행	개 정 안
제11조(고발 등) 통일부장관은 통일교육을 하는 자가 자유민주적 기본질서를 침해하는 내용으로 통일교육을 하였을 때에는 시정을 요구하거나 수사기관 등에 고발하여야 한다.	제11조(고발 등) (삭제)

---

65) 같은 취지: 김창환, 앞의 논문, 50면 ; 김병연, 앞의 논문, 125-126면.

제3장
다문화시대와 통일교육 지원법[*]

Ⅰ. 통일교육의 개념과 현황

1. 통일교육의 개념

통일교육의 개념에 대한 규범적 정의는 「통일교육 지원법」 제2조 제1호에 규정되어 있다.[1] 동 조문은 통일교육을 '자유민주주의에 대한 신념과 민족공동체의식 및 건전한 안보관을 바탕으로 통일을 이룩하는 데 필요한 가치관과 태도를 기르도록 하기 위한 교육'으로 정의한다. 법률에서 사용하는 중요한 용어에 대한 정의 규정은 당해 법률의 내용과 방향을 정하고 일관되고 명확한 법률의 해석을 가능하게 하는바, 통일교육 지원법도 통일교육의 개념을 정의함으로써 법률의 해석과 적용에 불필요한 논란을 예방하고 그 일관성을 제고하고 있다.

통일교육에 대한 위와 같은 정의를 통해 통일교육 지원법이 현실에서 적용되는 구체적 모습이 결정된다. 또한, 동법은 통일교육을 '통일을 이룩하는 데 필요한 가치관과 태도를 기르도록 하기 위한 교육'으로 정의하므로, 통일의 내용 등에 따라 통일교육의 내용 등이 달라지게 될 것이다. 즉, 통일을 이해하고 추진하는 관점에 따라 통일교육의 구체적인 내용과 방식 등이 형성될 것이어서, 통일관에 대한 국민적 공감대를 형성하는 것이 무엇보다 중요하다고 본다. 그렇지 않을 경우 통일교육은 그 주체에 따라 서로 다른 내용으로 실시될 수 있어 통일을 위한 교육이 자칫 통일을 저해하는 결과를 초래할 수도 있게 될 것이다.[2]

한편, 1999. 8. 6. 시행되었던 제정 「통일교육지원법」은 통일교육을 '국민으로 하여금 자유민주주의에 대한 신념과 민족공동체의식 및 건전한 안보관을 바탕으로

---

* 본 장의 내용은 최성환, 다문화시대 통일교육의 법적 과제, 지역과 통일, 제1권 제1호(2021), 97-115면; 소성규 등, 통일교육과 통일법제를 이해하는 열두 개의 시선, 동방문화사, 2020, 369-392면을 수정·보완한 것임.
1) 법률에는 통상적으로 당해 법률에서 사용하는 용어의 뜻을 정하는 정의규정이 필요하다. 특히 당해 법률에서 사용하는 중요한 용어나 특수한 용어 등의 의미를 법률 자체에서 간결하고 명확하게 함으로써 법률의 해석 과정에서 의문이 발생하지 않도록 해야 한다. 이러한 정의규정을 통해 해석상의 논란을 미연에 방지하고 자주 사용되는 어려운 용어 등을 사전에 한 곳에서 설명함으로써 자칫 복잡해 질 수 있는 조문의 내용을 간결하게 정리할 뿐만 아니라 법률의 적용과정에서 발생할 수 있는 갈등과 분쟁을 예방할 수 있게 된다.
2) 음선필, 「통일교육 지원법」에 대한 입법론적 검토, 입법학연구, 제15집 제1호(2018.2.), 5면.

통일을 이룩하는데 필요한 가치관과 태도의 함양을 목적으로 하는 제반 교육'으로 정의하였다. 지금의 정의규정과 비교해보면 자유민주주의, 민족공동체의식, 건전한 안보관이 교육의 바탕이 된다는 점은 마찬가지이나, 교육의 대상으로 국민을 명시하였다는 점이 다르다.[3]

2. 통일교육의 법적 근거

1) 제정 및 제1차·제2차 개정 통일교육 지원법

통일교육의 법률적 근거는 현행「통일교육 지원법」이다. 동법은 1999. 2. 5. 제정된 이래 타법개정을 제외하고 지금까지 총 7회에 걸쳐 개정되었다.

동법의 연혁을 제정 및 개정이유 중심으로 살펴보면, "범국가적이고 체계적인 통일교육체계가 제도적으로 미비하므로 통일교육의 활성화를 위하여 통일교육기본계획 등을 수립하여 통일교육방향을 명확히 설정하고, 모든 국민으로 하여금 자유민주주의에 대한 신념과 민족공동체의식을 바탕으로 통일을 이룩하는데 필요한 가치관을 함양하도록 통일교육활동을 촉진·지원하기 위한 법적 기반을 마련"하기 위해 1999. 2. 5. 제정되고 같은 해 8. 6. 시행(법률 제5752호)된 이래, "국민들의 통일교육에 대한 무관심이 심화되고 부분적으로 무질서한 통일교육이 확산됨에 따라 통일교육체계를 정비하고 통일교육의 범국민적 확산을 위한 기반을 강화함으로써 통일교육을 활성화"하기 위해 2005. 1. 27. 개정, 같은 해 7. 28. 시행의 제1차 개정(법률 제7355호)을 거쳤으며, "부처 중심의 책임행정체제를 확립하고 의사결정의 신속성을 높이기 위한 정부위원회 정비계획에 따라 통일교육심의위원회를 폐지하고, 통일교육에 관한 기본사항, 통일교육기본계획 등을 관계 중앙행정기관과 협의하도록 하는 등 관련 절차를 정비하는 한편, …… 그 밖에 현행 제도의 운영상 나타난 일부 미비점을 개선·보완"하기 위해 2008. 12. 31. 개정, 2009. 2. 1. 시행의 제2차 개정(법률 제9287호)이 이루어졌다.

---

[3] 정부가 1997. 10. 30. 제안한 통일교육지원법 제정안에서는 통일교육을 '국민으로 하여금 자유민주주의에 대한 신념과 민족공동체의식을 바탕으로 통일을 이룩하는데 필요한 가치관을 함양하도록 하는 교육활동'으로 규정하고 있었다(안 제2조). 이에 대해, '국민'을 그 대상으로 하고 있어 북한의 주민과 해외에 거주하는 재외국민도 원칙적으로 통일교육의 대상에 포함되고, 통일의 추진과정 및 통일 이후의 국가운영의 기본이념으로 '자유민주주의'를, 통일국가의 진정한 완성은 '민족공동체'의 형성에 있다는 점을 분명히 하였으며, '통일을 촉진하고 준비하는데'라는 표현 대신 '통일을 이룩하는데'라는 표현을 사용하여 통일의 과정적 의미를 강조함으로써 통일 전후로 발생하게 될 여러 가지 교육문제(사회·문화통합 교육, 재사회화 교육 등)를 감안한 것으로 보인다는 평가가 있다. 소성규,「통일교육지원법」의 개정방향, 법과 정책연구, 제19집 제3호(2019.9.), 295면.

2) 제3차·제4차·제5차 개정 통일교육 지원법

　제3차 개정법률은 "지역 내 통일교육의 활성화를 위해 지방자치단체는 지역주민을 대상으로 통일교육을 하는 자에게 예산의 범위에서 필요한 재정적·행정적 지원을 할 수 있도록 하고, 통일교육의 성과를 높이기 위해 통일교육원에 통일교육 전문과정을 개설하도록 하며, 통일부장관은 통일교육활동을 통하여 국민 통일의지와 역량을 강화함으로써 평화통일 기반조성에 기여하기 위해 통일교육위원을 위촉하도록 하려는 것"을 이유로 2009. 10. 19.에 개정되어 2010. 4. 20. 시행(법률 제9800호)되었고, 제4차 개정법률은 "이 법에서 "특별시·광역시·도·특별자치도"를 인용하는 부분에 「세종특별자치시 설치 등에 관한 특별법」에 맞추어 "특별자치시"를 추가"하기 위한 이유로 2011. 7. 28. 개정, 2012. 7. 1. 시행(법률 제10972호)되었으며, 제5차 개정법률은 "통일교육과 관련된 정부예산은 지속적으로 증액되고 있으나, 현행법상 초·중등학교를 대상으로 하는 통일교육프로그램이 각 시·도교육청 및 각급 학교에서 자율적으로 운영되고 있어 교육내용의 질이나 통일성을 담보하기 어려운 상황인바, 통일부장관이 초·중등학교 통일교육에 대한 실태조사를 하도록 하고, 교육부장관 등에게 초·중등학교 교육과정에 통일교육을 반영하도록 요청한 경우 이를 반영하도록 의무화함으로써 통일교육의 질을 높이고, 보다 체계적인 통일교육기반을 마련"하기 위해 2013. 8. 13. 개정되어 2014. 2. 14. 시행(법률 제12040호)되었다.

3) 제6차·제7차 개정 통일교육 지원법

　"국민의 통일의지를 높이기 위하여 매년 5월 넷째 주를 통일교육주간으로 하고, 지방자치단체는 국가의 시책과 지역적 특성을 고려하여 지역별 시책을 수립·시행하도록 하는 한편, 통일부장관이 국민들에게 북한 및 통일에 관한 정보를 제공하고 통일교육의 장으로 활용하기 위하여 통일관을 설치·운영하거나 지정할 수 있는 법적 근거를 마련하고, 통일관이 통일교육의 기본원칙에 위반되는 통일교육을 실시한 경우 등에는 기간을 정하여 시정을 명할 수 있도록 하며, 시정명령을 받고도 정당한 사유 없이 지정된 기간 내에 이를 이행하지 아니한 경우 그 지정을 취소할 수 있도록 하고, 대학이나 전문대학 등 고등교육기관들에 대하여 통일 관련 학과의 설치, 강좌의 개설, 연구소의 설치·운영 등을 권장하며, 대통령령으로 정하는 바에 따라 통일에 관한 체험교육 및 강좌에 필요한 경비의 전부 또는 일부를 지원할 수 있도록 하려는 것"을 이유로 2018. 3. 13. 개정, 같은 해 9. 14. 시행되었던 제6차 개정 법률(법률 제15433호)을 거쳐, 제7차 개정 법률인 현행법(법률 제17822호)은 "국가 및 지방자치단체의 책무에 통일교육 장려의무를 규정하고, 현행

법에 통일교육 전문과정 개설기관으로 명시된 통일교육원을 삭제함과 동시에 통일교육 전문강사에 대한 지속적인 관리가 이루어질 수 있도록 통일부장관의 통일교육 전문강사 재교육 실시의무를 규정"하기 위해 2021. 1. 5. 개정·시행되고 있다.

4) 현행 통일교육 지원법의 주요 내용

이러한 변천을 거쳐 통일교육의 법적 근거로서 현재 유효하게 시행 중인 「통일교육 지원법」의 주요 내용으로는 앞서 살펴본 통일교육의 개념 규정과 함께, 통일교육의 기본원칙, 추진주체, 학교통일교육 및 사회통일교육의 진흥방안, 통일교육 전문강사의 양성·관리 등이 있다.

(1) 통일교육의 기본원칙

먼저, 동법은 제3조 제1항에서 "통일교육은 자유민주적 기본질서를 수호하고 평화적 통일을 지향하여야 한다."라고 하고 동조 제2항에서 "통일교육은 개인적·당파적 목적으로 이용되어서는 아니 된다."라고 하여, 자유민주적 기본질서 수호, 평화적 통일 지향, 개인적·당파적 이용 금지를 통일교육의 기본원칙으로 정하고 있다. 또한, 통일교육 기본원칙의 준수 및 그 현실적 규범력을 보다 강화하기 위해서 동법은 제11조에서 "통일부장관은 통일교육을 하는 자가 자유민주적 기본질서를 침해하는 내용으로 통일교육을 하였을 때에는 시정을 요구하거나 수사기관 등에 고발하여야 한다."라는 규정을 별도로 마련하고 있다.

(2) 통일교육의 추진주체

통일교육의 추진주체와 관련하여 동법은 제4조 제1항에서 "국가는 이 법에서 정하는 바에 따라 통일교육의 실시, 통일문제연구의 진흥, 통일교육에 관한 전문인력의 양성·지원, 통일교육에 관한 교재의 개발·보급, 그 밖의 방법으로 통일교육을 활성화하여야 한다."라고 하여 통일교육의 촉진을 위한 국가의 책무를 규정하고 있으며, 통일부장관은 통일교육을 하기 위한 기본사항을 정하고 통일교육을 효율적으로 추진하기 위한 통일교육기본계획을 수립하므로,4) 통일교육의 주체는 국

---

4) 통일교육 지원법 제3조의2(통일교육 기본사항) ① 통일부장관은 제3조의 기본원칙에 따른 통일교육을 하기 위한 기본사항을 정한다.
② 통일부장관은 통일교육에 관한 기본사항을 정할 때에 미리 관계 중앙행정기관의 장과 협의를 하여야 한다.
제6조(통일교육기본계획의 수립) ① 통일부장관은 통일교육을 효율적으로 추진하기 위하여

가로 볼 수 있다.5) 하지만, 동법은 제4조에서 "지방자치단체는 국가의 시책과 지역적 특성을 고려하여 지역별 시책을 수립·시행하여야 한다. 이 경우 그 시책의 수립·시행에 필요한 사항은 조례로 정할 수 있다."(동조 제3항), "지방자치단체는 지역주민을 대상으로 통일교육을 하는 자에게 예산의 범위에서 필요한 재정적·행정적 지원을 할 수 있다."(동조 제4항)라고 하여 통일교육 활성화를 위한 지방자치단체의 책무도 함께 규정하고 있고, 동조 제5항에서는 "국가 및 지방자치단체는 이 법에 따른 시책을 효율적으로 수행하기 위하여 상호협력체제를 구축하여야 한다."라고 하여 국가와 지방자치단체 간 상호협력의 필요성을 인정하고 있으므로, 지방자치단체도 통일교육의 주요 주체로 보아야 할 것이다.

(3) 학교통일교육 및 사회통일교육의 진흥방안

① 학교통일교육의 진흥방안

통일교육을 크게 학교통일교육과 사회통일교육으로 구분하여 보았을 때, 우선 학교통일교육의 진흥방안에 대해서는 동법은 제8조에서 관련 규정을 두고 있다. 동조 제1항은 "정부는 「초·중등교육법」 제2조에 따른 학교(이하 "초·중등학교"라 한다)의 통일교육을 진흥하기 위하여 노력하여야 한다."라고 하여 초중고교 등의 통일교육 진흥을 위한 정부의 노력을 규정하고, 동조 제2항은 "통일부장관은 대통령령으로 정하는 바에 따라 통일교육(제3조의2 제1항에 따른 통일교육에 관한

통일교육기본계획(이하 "기본계획"이라 한다)을 수립한다.
② 기본계획에는 다음 각 호의 사항이 포함되어야 한다.
  1. 통일교육의 기본원칙·추진목표와 방향
  2. 통일교육과 관련하여 각 부처 및 기관·단체의 협조에 관한 사항
  3. 통일교육에 관한 국민의식 제고
  4. 통일교육실태의 조사·평가 및 시정에 관한 사항
  5. 통일교육에 관한 전문인력의 양성·지원에 관한 사항
  6. 「초·중등교육법」 제19조제1항 각 호에 따른 교원에 대한 통일교육 관련 전문성 강화에 관한 사항
  7. 통일교육 관련 교재의 개발·보급에 관한 사항
  8. 국내외 통일교육 기관 및 단체의 육성·지원에 관한 사항
  9. 통일교육에 필요한 시설 및 장비의 확충·관리에 관한 사항
  10. 통일문제 및 통일교육에 관한 연구의 진흥에 관한 사항
  11. 통일교육 협력체제의 구축 및 운영에 관한 사항
  12. 그 밖에 통일교육의 진흥을 위하여 필요한 사항
③ 통일부장관은 기본계획을 수립할 때에 미리 관계 중앙행정기관의 장과 협의하여야 한다.
④ 통일부장관은 기본계획을 수립할 때에 통일교육에 관한 학식과 경험이 풍부한 전문가의 의견을 들을 수 있다.
5) 음선필, 「통일교육 지원법」에 대한 입법론적 검토, 입법학연구, 제15집 제1호(2018.2.), 6면.

기본사항을 포함한다)이 초·중등학교의 교육과정에 반영될 수 있도록 교육부장관 또는 특별시·광역시·특별자치시·도 및 특별자치도 교육감(이하 "교육감"이라 한다)에게 요청할 수 있으며, 요청을 받은 교육부장관 또는 교육감은 교육과정에 통일교육을 반영하여야 한다."라고 하여 학교의 정규 교과과정에 통일교육이 포함되는 것과 관련하여 통일부장관과 교육부장관 및 교육감 간의 협력관계를 규정하고 있으며, 동조 제3항은 "정부는 대학 등 「고등교육법」 제2조에 따른 학교를 설립·경영하는 자에게 통일문제와 관련된 학과의 설치, 강좌의 개설, 연구소의 설치·운영 등을 권장하여야 하며, 대통령령으로 정하는 바에 따라 통일에 관한 체험교육 및 강좌에 필요한 경비의 전부 또는 일부를 지원할 수 있다."라고 하여 대학에 대한 정부의 통일교육 권장의무 등을 규정하고 있다. 또한, 동조 제4항은 "통일부장관은 교육부장관과 협의하여 대통령령으로 정하는 바에 따라 매년 초·중등학교의 통일교육에 대한 실태조사를 실시할 수 있다."라고 하여 통일부장관의 실태조사 권한을, 동조 제5항은 "통일부장관은 대통령령으로 정하는 바에 따라 초·중등학교의 통일에 관한 체험교육 및 강좌에 필요한 경비의 전부 또는 일부를 지원할 수 있다."라고 하여 초중고교 통일교육에서의 필요 경비 지원을 규정하고 있다.

② 사회통일교육의 진흥방안

다음으로 사회통일교육의 진흥방안으로 동법은 제6조의3 제1항에서 "통일부장관은 통일교육을 주된 목적으로 하거나 통일교육을 할 능력이 있다고 인정되는 기관·단체 또는 시설을 지역통일교육센터로 지정할 수 있다."라고 하여 주민들의 통일문제에 대한 이해도 제고를 위해 지정·운영하는 지역통일교육센터에 관한 근거 규정을 두고 있으며, 제6조의2에서 "통일교육을 하는 자는 통일교육을 위하여 필요한 경우에는 공공시설을 그 본래의 용도에 지장이 없는 범위에서 대통령령으로 정하는 바에 따라 이용할 수 있다."라고 하여 사회통일교육 주체의 공공시설 이용요청 권한을 규정하고 있다. 또한, 제6조의7 제1항은 "중앙행정기관의 장, 지방자치단체의 장 및 「공공기관의 운영에 관한 법률」 제4조에 따른 공공기관의 장은 소속 공무원 및 직원 등에게 제2조 제1호에 따른 통일교육을 실시하고, 그 결과를 통일부장관에게 제출하여야 한다."라고 하여 공무원 등에 대한 통일교육의 의무적 실시를 규정하고, 제7조는 "국가나 지방자치단체가 설립한 교육훈련기관 및 대통령령으로 정하는 사회교육기관을 설치·운영하는 자는 대통령령으로 정하는 바에 따라 교육훈련과정에 통일교육(제3조의2 제1항에 따른 통일교육에 관한 기본사항을 포함한다)을 반영하도록 노력하여야 한다."라고 하여 사회교육기관 등이 기관 자체 교육훈련과정에 통일교육을 반영하도록 노력할 것을 규정하고 있으며, 제9조는 제1항은 "통일부장관은 통일교육을 하는 자, 남북교류·협력사업에 종사하는 자, 통일대비업무에 종사하는 자, 그 밖에 통일교육을 받을 필요가 있다고 인정되는 자에게 통일교육을 받도록 요청할 수 있다."라고 하여 통일부장관의 통일교육 수강 요청 권한을 규정하고 있다.

(4) 통일교육 전문강사의 양성·관리

마지막으로, 통일교육 전문강사의 양성 및 관리와 관련하여, 동법은 제9조의2 제1항에서 "통일부장관은 통일교육 전문과정을 개설하여 그 과정을 수료한 사람에게 통일교육 전문강사 자격을 부여할 수 있다."라고 하고, 제2항에서는 "통일부장관은 제1항에 따라 자격을 부여한 전문강사를 대상으로 재교육 등 지속적인 관리를 하여야 한다."라고 규정한다. 또한 동조 제3항에 따라 통일교육 전문과정의 운영 및 전문강사 재교육 등에 관한 구체적인 사항을 정하기 위하여 통일부 훈령(제617호)으로 「통일교육 전문과정 운영규정」이 2010. 6. 1.부터 시행 중에 있다.[6]

3. 통일교육의 현황

1) 중앙정부의 통일교육정책

통일교육의 현황을 통일부와 국립통일교육원의 교육 과정 및 운영 성과 등을 중심으로 살펴보면 다음과 같다.

(1) 통일부

① 평화지향적 통일교육 지속·확대

공직자, 교사, 통일단체, 각계 최고경영자, 지역 인사 및 DMZ 평화의 길 평화해설사 등을 대상으로 통일교육원 원내 6개 교육과정을 운영함으로써 대내·외 교육 대상이 확대·다변화되었고, 참여·소통형 수업 확대, 판문점·오두산전망대·강화도·하나원·DMZ 평화의 길 등 현장방문 다양화, 교육생 수요·만족도 반영을 주요 내용으로 교육 커리큘럼을 개편하였으며, 해외 학자를 초빙하고 북유럽 평화교육 기관과 협력하는 등 전반적으로 평화·통일교육의 양적·질적 역량이 제고되었다.

---

[6] 이상의 「통일교육 지원법」의 주요 내용에 관한 보다 자세한 내용은, 음선필, 「통일교육 지원법」에 대한 입법론적 검토, 입법학연구, 제15집 제1호(2018.2.), 5-8면 참조.

② 분야별 평화·통일교육 지원

통일부는 초·중·고등학교의 평화·통일교육 내실화와 통일교육 선도대학 확대 등 대학생 평화·통일교육 기반 확충을 통해 학교에서의 평화·통일교육을 보다 활성화하고 있다. 통일교육위원 및 지역통일교육센터의 역량을 강화하기 위해 지원하며, 지역 통일관의 전시환경을 개선하고 전시 콘텐츠를 보강하여 통일체험의 장으로서 기능을 강화하였다. 「공공부문 통일교육 운영에 관한 규정」(고시) 제정으로 공공부문 의무통일교육 체계를 구축하고, 2030세대 대상 새로운 형식의 통일공감대 형성 사업을 추진하는 등 분야별·세대별 맞춤형 교육을 지원하고 있다.

③ 다양한 평화·통일교육 자료 개발·보급

퀴즈북, 명사특강, 판문점 안내서, 뮤지컬과 통일, 평화인문 시리즈 등 다양한 소재와 세련된 디자인의 자료를 개발하여 평화·통일교육 도서의 대중화를 시도하였고, 웹기반 토크쇼, TV 특별 프로그램, 애니메이션, 학교 교과용 클립영상 등 대상별로 다양한 형식의 영상 자료를 제작·방영하는 등 평화·통일교육 콘텐츠를 다변화하였다.

2019년도부터 사이버교육 이수자가 급격히 늘어났고, 기존 공무원·교원 중심 교육과정에서 일반 국민의 참여를 확대하는 방향으로 교육과정을 재편성하고 콘텐츠를 강화하였으며, 뉴미디어 환경에 발맞춰 사이버교육 서비스의 제공을 확대하고 소통을 강화하는 등 사이버 평화·통일교육 확대가 이루어졌다.

<그림> 2020년 사이버 통일교육 이수현황[7]

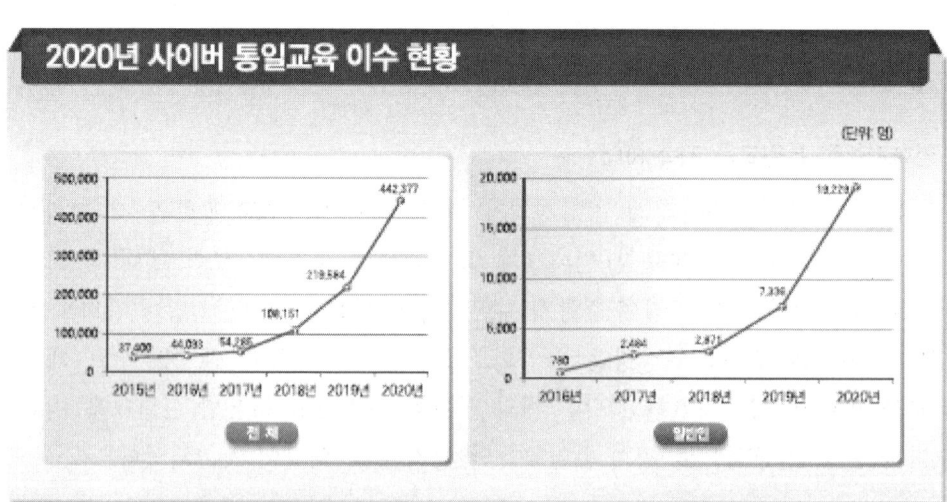

---

[7] 통일부, 2021 통일백서, 2021, 194면.

(2) 국립통일교육원

통일교육원은 2021년 교육목표를 '평화통일의 실현의지 함양', '건전한 안보의식 제고', '균형있는 북한관 확립', '평화의식 함양', '민주시민의식 고양'으로 제시하고, '평화·통일교육 확장', '차세대 전문인력 양성 본격화', '사회통합형 교육 도입', '온·오프라인 연계 시스템 개선·보완', '참여·소통형 수업 비중 확대' 등을 교육방향으로 설정하였다.[8] 통일교육원에서 운영하는 교육과정을 크게 나누어 보면, 통일미래 대비 전문인력을 양성하는 '통일정책지도자과정', '공직자통일교육과정', '통일미래기획과정', '차세대 통일전문가과정', 각계 CEO 및 주요 인사를 대상으로 우리사회의 통일공감대형성을 주도할 수 있는 지도자를 양성하는 '통일정책최고위과정', 공공기관·학교·사회에서 통일교육을 실시할 수 있는 전문성을 갖춘 강사를 양성하고 그 역량을 배양하는 '통일교육전문강사과정', 초·중등 교사, 교장·교감 등 관리자, 예비교사의 학교 통일교육 전문성을 제고하는 '학교통일교육과정', 통일교육위원, 시민단체 등 지역사회에 대한 공감대 확산 차원에서 각계인사를 대상으로 교육하는 '사회통일교육과정', 평화 통일 미래상과 비전에 대한 국제적 지지 기반을 확산하기 위한 '글로벌통일교육과정', 2030세대 등 다양한 대상의 교육기회를 확대하고 통일 공감대를 확산하기 위한 '특별교육과정' 등이 있으며,[9] 지난 1년간 각 교육과정별 운영성과는 아래의 표와 같다.

<표> 2020년 통일교육원 교육과정 및 교육인원[10]

교육과정		교육인원(명)
원내과정	전문과정	256
	공직자통일교육과정	1,410
	학교통일교육과정	341
	사회통일교육과정	367
	글로벌 통일교육과정	47
	특별교육과정	257
사이버통일교육과정		442,377
원외교육		393,723
계		838,778

---

8) 통일교육원, 2021 통일교육 운영계획, 2021, 6면.
9) 위의 자료, 7면.
10) 통일교육원, 2021년도 통일교육 시행계획, 2021, 11면.

<표> 2020년 통일교육원 교육과정별 상세 통계(원내 교육, 원외 교육)[11]

	교육과정	횟수	인원		교육과정	횟수	인원
전문과정	통일정책최고위과정	1	38	국제	해외신진학자반	1	47
	통일정책지도자과정	1	60		소 계	1	47
	통일미래기획과정	2	29	특별과정	통일정책 차세대과정	1	37
	통일교육전문강사과정	4	129		특별반	4	98
	소 계	8	256		평화해설사반	1	15
공직자과정	통일부공무원반	7	602		(기타과정)연찬반 등	3	107
	중견간부공무원반	3	63		소 계	9	257
	중견실무공무원반	2	84	사이버교육	공공과정(사이버)	11	389,478
	비상대비 업무담당반	2	41		교원과정	11	12,336
	남북교류협력담당반	1	22		2030과정	상시	22,556
	지자체공무원반	6	141		시민과정	상시	11,905
	경찰공무원반	4	110		방북교육과정	상시	418
	군인공무원반	2	78		경남교육청과정	상시	5,684
	공직자평화통일역량강화반	1	18		소 계	22	442,377
	공무원 교육기관 연계과정	2	239		원내교육 총계	101	445,055
	공공기관반	1	12	원외교육	찾아가는 학교통일교육	1,038	80,262
	소 계	31	1,410		통일 특강	105	7,115
교원과정	중등교장(감)	3	37		통일 강좌	429	3,594
	중등교사(기본)	3	74		참여체험형 통일교육	327	17,594
	중등교사(심화)	2	64		통일관 체험프로그램	15	25,370
	초등교장(감)	2	34		지역통일교육센터	599	234,607
	초등교사(기본)	5	89		통일교육협의회	201	12,377
	초등교사(심화)	2	29		(기타)사회단체 등	51	2,315
	예비교사반	1	14		해외전문가 초빙교수	19	347
	소 계	18	341		원내교수 출강	155	10,142
사회단체	통일교육위원반	7	245		원외교육 총계	2,939	393,723
	통일단체반	2	36	총 계		3,040	838,778
	종교단체반	1	29				
	하나센터반	2	57				
	소 계	12	367				

---

11) 위의 자료, 67면.

2) 지방자치단체의 통일교육정책

(1) 서울특별시

① 개관

각 지방자치단체는 통일교육 지원법을 지방자치단체의 정책환경에 맞게 수정한 통일교육 활성화 조례를 제정하여, 이를 토대로 지방자치단체 통일교육 기본 계획을 수립·시행하고 다양한 사업들을 추진하고 있다.

서울시는 2015. 4. 2.에 「서울특별시 평화·통일교육에 관한 조례」를 제정하였고, 서울시교육청도 2019. 5. 16.에 「서울특별시교육청 평화·통일 교육에 관한 조례」를 제정하였다. 서울시는 남북협력추진단에 남북협력담당관(남북협력정책팀, 사회문화교류팀, 통일문화조성팀)과 개발협력담당관(개발협력총괄팀, 개발사업팀, 경제협력지원팀, 서울평화포럼TF팀)의 2담당관 7팀을 두고 있는데, 서울특별시의 평화통일교육은 남북협력담당관 통일문화조성팀의 소관이다. 여기에서 매년 '서울특별시 평화통일교육 기본계획'을 수립하고, 제반 사업을 추진하고 있다.

2020년 기준 서울시의 평화통일교육 주요 사업으로는 시민참여형 평화·통일교육 공모사업, 자치구 평화·통일교육 지원사업, 평화·통일 가족캠프 운영, 공무원 국외 통일교육 아카데미, 서울시민이 만들어가는 평화·통일 사회적 대화, 함께 서울, 함께 평화 페스티벌, 평화·통일 시민아이디어 공모전, 평화·통일 청년리더 양성, 민간단체 통일기반조성사업 지원, 서울청년 평화경제 오픈랩 프로젝트 운영 등이 있다.

② 시사점

서울시는 최근 유행하는 유튜브 및 팟캐스트 등 트렌드 매체를 활용하여 다채로운 평화통일교육을 추진하였다. 그로 인해 서울시 평화통일교육에는 연극, 유튜브 제작 등 일회성이 아닌 지속가능한 프로그램들이 등장하기 시작하였다.

평화통일교육 프로그램 참여자들이 직접 체험을 통하여 기존의 생각을 바꾸는 계기가 된 점 등도 큰 성과로 꼽을 수 있겠다. 이에 대한 대표적인 예가 바로 종로구의 '통일공감' 사업이다. 2019년도 서울특별시의 평화통일교육 공모사업의 우수사례들은 대부분 체험과 참여를 통한 공감프로그램이 대부분이었다.

서울시의 이러한 결과들은 최근의 평화통일교육이 강의실에서 강사의 일방적인 강의로 진행되는 것에서 탈피하여, 수요자들이 직접 참여하고 느끼는 교육으로 진화되고 있음을 보여주고 있다.

(2) 인천광역시

① 개관

　인천광역시는 2011년 10월 24일 「인천광역시 통일교육 활성화 조례」를 제정하였으며, 2012년에 인천광역시 통일교육 기본계획을 수립·시행하였다. 2018년 10월 기존 「인천광역시 남북교류협력 조례」를 「인천광역시 평화도시 조성에 관한 조례」[12]로 전부 개정하면서 인천시의 통일교육 활성화 조례를 폐지하고 통일교육 활성화에 관한 내용을 동 조례 제5장에 편입시켰다.

　인천광역시는 다른 광역시도와는 달리 인천광역시가 보조금 사업과 공모 사업을 진행하고, 그 외의 평화통일교육 관련 사업들은 통일부에서 주관하는 '인천통일+(플러스) 센터'와 함께 추진하는 이중적 체계를 갖고 있는 게 특징이다.

　2019년 기준 인천시가 직접 실시하는 평화통일교육 주요 사업으로는, 찾아가는 통일강좌, 남북교류 워크숍, 남북경협과 개성공단의 이해 특강, 중·고등학생 대상 평화·통일 참여형 교육프로그램 운영, 9.19. 평양공동선언 1주년 기념 명사특강, 인재개발원 주관 통일교육 사업 등이 있다.

② 시사점

　인천광역시는 전국에서 유일하게 '인천통일+(플러스) 센터'를 운영하고 있는 지역이다. 따라서 이 센터가 어떠한 조직 형태와 사업 내용, 그리고 역할을 수행하는지를 살펴보면 향후 정부(통일부)가 각 지역에서 어떠한 평화통일교육 정책추진의 틀(체계)을 구축해 나갈지를 가늠하는 잣대가 될 수 있다.

　센터는 민간(통일교육센터/하나센터), 정부(통일부), 지자체(인천광역시)와 평화통일네트워크를 원만하게 구축하고 있는 것으로 평가된다. 센터는 인천광역시, 인천지역 평화통일 민간단체 등과 네트워크를 구축하고 정보 공유 및 공동사업을 발굴한다. 인천지역 내 다양한 기관과 협업체계 구축하여 프로그램 실행하고 있으며, 인천광역시, 인천광역시교육청, 인천광역시 인재개발원 등과의 협업을 통해 지역 맞춤형 평화통일교육을 추진한다.

---

12) 인천광역시 평화도시 조성에 관한 조례 제1조(목적) 이 조례는 인천광역시를 국제적인 평화도시로 발전시키고, 「남북교류협력에 관한 법률」, 「남북관계 발전에 관한 법률」 및 「통일교육 지원법」 등 남북평화 정착을 위한 법령의 시행에 필요한 사항을 규정함을 목적으로 한다.

	지방자치단체			교육청		
	조례명	제정일자	개정일(최근)	조례명	제정일자	개정일(최근)
서울특별시	서울특별시 평화·통일교육에 관한 조례	2015.4.2.	2017.1.5.	서울특별시교육청 평화·통일 교육에 관한 조례	2019.5.16.	-
부산광역시	부산광역시 평화·통일교육 활성화 조례	2019.9.25.	-	부산광역시교육청 통일교육 활성화에 관한 조례	2018.4.4.	-
인천광역시	인천광역시 평화도시 조성에 관한 조례	2004.11.8.	2018.10.8.	인천광역시교육청 평화·통일교육 활성화 조례	2019.9.23.	2019.9.23.
세종특별자치시	세종특별자치시 통일교육 활성화 조례	2019.1.30.	-	세종특별자치시교육청 평화·통일교육 진흥에 관한 조례	2019.9.30.	-
경기도	경기도 평화통일교육 활성화 조례	2011.4.7.	2019.11.12.	경기도교육청 통일교육 활성화 조례	2016.1.4.	2019.4.29.
				경기도교육청 남북교육교류협력에 관한 조례	2015.11.4.	2019.3.13.
강원도	강원도 통일교육·문화 활성화 조례	2016.12.30.	-	강원도교육청 평화통일교육 활성화 조례	2019.3.8.	-
충청남도	충청남도 남북교류협력 및 통일교육 활성화에 관한 조례	2011.11.10.	2018.12.31.	충청남도교육청 통일교육 활성화에 관한 조례	2016.6.8.	-
전라북도	전라북도 평화통일교육 활성화 지원 조례	2016.12.30	-	전라북도교육청 평화통일교육 활성화 지원조례	2016.9.30.	-
전라남도	전라남도 평화통일교육 활성화 조례	2011.10.20.	2017.11.2.	전라남도교육청 평화통일교육 활성화 조례	2019.1.3.	-
경상북도	경상북도 평화통일교육 활성화 조례	2018.12.27.	-	경상북도교육청 남북교육교류협력에 관한 조례	2018.12.31.	-
광주광역시	광주광역시 통일교육 활성화 조례	2011.9.15.	2018.12.15.	-	-	-
대전광역시	대전광역시 통일교육 활성화 조례	2015.12.18.	-	대전광역시교육청 통일교육 활성화 조례	2017.12.29.	-
제주특별자치도	제주특별자치도 통일교육 활성화 조례	2016.5.13	-	제주특별자치도교육청 통일교육 활성화 조례	2016.5.16.	-
충청북도	-	-	-	충청북도교육청 통일교육 진흥 조례	2018.11.9.	-
경상남도	-	-	-	경상남도교육청 평화·통일교육 활성화 조례	2019.2.8.	-
울산광역시	-	-	-	-	-	-

(3) 강원도

① 개관

강원도는 '강원도 통일교육·문화 활성화 조례'를 2016. 12. 30.에 제정하였고, 평화통일교육의 담당 부서는 평화지역발전본부 남북교류과이다.

강원도 평화통일교육은 지역통일교육센터와 주로 협력하여 추진하고 있으며, 남북교류협력을 주 사업으로 추진하는 단체인 남북강원도교류협력협회와 협력하여 추진하는 사업도 있다.

통일교육원의 지역통일교육센터 기본사업의 일환으로, 강원지역통일교육센터와 협력하여 주제에 따른 전문가를 초청하여 특강을 추진하는 방식으로 진행하는 사업인 '열린통일강좌'가 강원도 평화통일교육 주요 프로그램이다.

② 시사점

강원도는 평화통일교육보다는 남북교류협력에 무게를 두고 그동안 사업을 추진해 왔다는 것이 특색이다.

앞으로는 평화통일교육 사업에도 보다 많은 관심과 노력을 기울이고자 하고, 지역의 평화통일교육 민간단체 설립 및 지원 방안도 강구하고 있으며, 외부 전문연구기관 및 전문가들과의 협력사업도 다양하게 시도하고 있다.[13]

<표> 광역지방자치단체 및 교육청 통일교육 조례 제정 현황[14]

(2020년 5월 15일 기준)

	지방자치단체			교육청		
	조례명	제정일자	개정일(최근)	조례명	제정일자	개정일(최근)
서울특별시	서울특별시 평화·통일교육에 관한 조례	2015.4.2.	2017.1.5.	서울특별시교육청 평화·통일 교육에 관한 조례	2019.5.16.	-
부산광역시	부산광역시 평화·통일교육 활성화 조례	2019.9.25.	-	부산광역시교육청 통일교육 활성화에 관한 조례	2018.4.4.	-
인천광역시	인천광역시 평화도시 조성에 관한 조례	2004.11.8.	2018.10.8.	인천광역시교육청 평화·통일교육 활성화 조례	2019.9.23.	2019.9.23.
세종특별자치시	세종특별자치시 통일교육 활성화 조례	2019.1.30.	-	세종특별자치시교육청 평화·통일교육 진흥에 관한 조례	2019.9.30.	-

---

13) 지방자치단체 통일교육정책에 관한 이상의 내용은, 소성규 등, 경기도 평화통일교육 중장기 계획 수립, 경기도 연구용역보고서, 2020, 108-121면.
14) 위의 보고서, 34-37면.

경기도	경기도 평화통일교육 활성화 조례	2011.4.7.	2019.11.12.	경기도교육청 통일교육 활성화 조례	2016.1.4.	2019.4.29.
				경기도교육청 남북교육교류협력에 관한 조례	2015.11.4.	2019.3.13.
강원도	강원도 통일교육·문화 활성화 조례	2016.12.30.	-	강원도교육청 평화·통일교육 활성화 조례	2019.3.8.	-
충청남도	충청남도 남북교류협력 및 통일교육 활성화에 관한 조례	2011.11.10.	2018.12.31.	충청남도교육청 통일교육 활성화에 관한 조례	2016.6.8.	-
전라북도	전라북도 평화통일교육 활성화 지원 조례	2016.12.30	-	전라북도교육청 평화통일교육 활성화 지원조례	2016.9.30.	-
전라남도	전라남도 평화통일교육 활성화 조례	2011.10.20.	2017.11.2.	전라남도교육청 평화통일교육 활성화 조례	2019.1.3.	-
경상북도	경상북도 평화통일교육 활성화 조례	2018.12.27.	-	경상북도교육청 남북교육교류협력에 관한 조례	2018.12.31.	-
광주광역시	광주광역시 통일교육 활성화 조례	2011.9.15.	2018.12.15	-	-	-
대전광역시	대전광역시 통일교육 활성화 조례	2015.12.18.	-	대전광역시교육청 통일교육 활성화 조례	2017.12.29.	-
제주특별자치도	제주특별자치도 통일교육 활성화 조례	2016.5.13	-	제주특별자치도교육청 통일교육 활성화 조례	2016.5.16.	-
충청북도	-	-	-	충청북도교육청 통일교육 진흥 조례	2018.11.9.	-
경상남도	-	-	-	경상남도교육청 평화·통일교육 활성화 조례	2019.2.8.	-
울산광역시	-	-	-	-	-	-

(4) 경기도[15]

① 통일교육 체계적·적극적 추진

「통일교육 지원법」은 통일교육의 대상별 유형에 대하여 학교통일교육과 공무원 등에 대한 통일교육을 규정하고, 민간단체 등을 통하여 사회통일교육을 할 수 있도록 규정하고 있다. 이에 따라, 경기도는 사회통일교육, 공무원 통일교육, 학교통일교육과 더불어 「경기도 평화통일교육 활성화 조례」에 근거하여 이주배경

---

[15] 위의 보고서, 45-48면.

도민 대상 통일교육도 추진하고 있다.

경기도는 그동안 경기도 평화협력국 평화기반조성과 통일교육지원팀이 중심이 되어 경기도

31개 시·군은 물론 경기도 소속기관인 경기도인재개발원, 통일부 통일교육원, 경기도교육청, 통일부 통일교육원이 지정한 경기남부 통일교육센터, 경기북부 통일교육센터, 그리고 도내 평화통일교육 민간단체 등과 체계적으로 협업하여 평화통일교육을 실시해오고 있다.

사회통일교육 분야에서 경기도는 통일부 통일교육원의 지정을 받은 경기남부 통일교육센터, 경기북부 통일교육센터에 예산을 지원하여 교육을 실시하고 있고, 그 밖에 평화통일 관련 각종 사회단체에 교육 실시를 위한 보조금을 지원하고 있다. 공무원 통일교육 부분에서 경기도는 경기도 자체 통일교육은 물론 31개 시·군과 연계한 통일교육, 통일부 통일교육원, 경기도 소속 경기도인재개발원과 연계한 프로그램을 운영하고 있고, 학교통일교육의 경우에는 경기도교육청 조례를 중심으로 경기도교육청, 각 지역 교육지원청과 연계하여 도내 2,382개 학교(2019년 기준 초등학교 1,277개, 중학교 630개, 고등학교 475개)의 151만 642명(2018년 기준)의 학생들을 대상으로 실시하고 있다.

② 통일교육 필요성의 명확한 인식

경기도는 접경지역으로서의 특수한 지역적 특성 고려, 평화통일기조 및 남북교류협력 강화, 북한이탈주민 지원 등 평화통일교육의 필요성을 명확히 인식하고, 도민, 공무원, 초중고 학생 및 대학생을 대상으로 하는 평화통일교육 정책을 꾸준히 추진하고 있다.

경기도의 평화통일 교육정책은 중앙정부의 지침을 맹목적으로 추진하는 것이 아니라 자발적이고 주도적 성격을 갖고 있어 타 시·도와 비교하여 우수한 실적을 내고 있다. 통일부의 '2018 통일교육 기본계획'에 따르면, '소속 공무원 대상 통일교육 실시 현황', '소속 교육훈련기관의 통일교육 실시 현황' 등에 있어서 경기도는 우수한 평가를 받았다.

③ 맞춤형 교육 및 연계성 강화

경기도인재개발원은 통일대비 기본소양 과정과 통일대비 역량전문 과정을 운영하고, 통일부 통일교육원은 기본소양 과정, 심화 과정, 역량강화 과정을 운영한다.

경기도 평화기반조성과 통일교육지원팀는 국외통일교육 사업을 담당하고, 통일교육 관련 도내 민간단체를 통해 공감통일교육사업을 추진하고 있으며, 그 지원 규모를 점차 확대하고 있다. 경기도는 이러한 통일교육과정 및 사업 간의 연계성

강화를 지향한다.

④ 민관 협력체계 구축

경기도는 경기도교육청, 통일부와 함께 '공감 통일교육 업무협약'을 체결(2015. 12.)하여 도민과 학생 대상 통일교육의 내실화를 도모하고 있으며, 통일교육원(통일부), 인재개발원(경기도) 등과의 교육 협력체제 구축을 바탕으로 공무원 대상 평화통일교육을 실시하고 있다. 나아가, 도내 지역통일교육센터 지원, 민간공모사업 추진, 도내 민간 통일교육기관과의 협업체계 구축 등 평화통일교육을 위한 민관 인프라를 확충하였다.

⑤ 인력양성, 법제도 정비와 재원 확보

경기도는 30명 내외의 도내 대학생들을 대상으로 연 1회 국외 연수프로그램(항일 투쟁지역, 북·중·러 접경지역 등)을 실시함으로써 평화통일에 대한 인식 제고 및 역량 배양을 통한 차세대 통일교육인력을 양성하고 있다.

통일교육 추진체계, 인력양성, 예산확보 및 민관협력에 관한 제도적 근거인 「경기도 평화통일교육 활성화 조례」를 2019년 1월 14일 전부 개정하였으며, 평화통일교육 예산의 상당 부분을 남북교류협력기금으로 충당함에 따라 2019년 9월 기준 총 392억 8천 900만원을 조성하여 2018년 8월에 비해 약 250억원 가량의 기금을 더 확보하는 성과를 거두었다.

<표> 2020년 경기도 평화통일교육계획 총괄표[16]

구분	과정명	교육기관	목표인원	기간	비고
계			20,000명		
민간 통일 교육	소계		8,000명		
	민간 통일교육단체 지원	민간단체	3,000명	3~12월	민간공모
	지역통일센터 통일교육 지원	지역 통일교육센터	2,000명	3~12월	통일교육포럼 한반도평화캠프
	공감학교 통일교육	경기도교육청 및 민간단체	5,000명	연중	교육청 협력사업 대학생(북중러)
공무원 통일 교육	소계		10,000명		
	기본 소양과정	道인재개발원	80명	3일	2회/년
		통일교육원	80명	3일	2회/년
	심화과정	道인재개발원	20명	10일	2회/년
		통일교육원	80명	5일	1회/년
	통일 미래지도자 과정	통일교육원	4급 1명	12월	인사과 선발

---

16) 위의 보고서, 43-44면에서 재인용.

역량강화과정	통일교육원	40명	3일	1회/년
국외 통일교육 아카데미	독일	30명	12일	국내사전·사후교육 3일 포함
	북·중·러	30명	11일	
도, 시·군 순회 공무원 통일교육	경기도	7,000명	2~12월	31개 시·군

II. 통일교육에서의 다문화주의의 의의

1. 다문화주의의 개념과 유형

1) 다문화주의의 개념

다문화주의(multiculturalism)라는 개념이 등장한 지는 그리 오래되지 않았다. 하지만 오늘날 다문화적 사회 현상이 세계적으로 급속히 확산됨에 따라 다문화주의라는 개념은 너무나 다양한 분야와 현상들에 적용되면서 활발히 사용되고 있다.

다문화주의는 1970년대 캐나다, 호주, 미국 등을 중심으로 민족과 집단 간의 문화갈등 문제와 관련하여 논의된 이념으로,[17] 최근에는 장애인과 소수자 집단의 문제까지 확대되어 다양하고 폭넓은 의미를 지니게 되었으며, 1990년대 이후부터 소수자 정의의 문제에서 사회통합의 문제로 그리고 시민적 덕성과 정치적 안정성이라는 주제까지 그 논의가 심화되고 확장되어 왔다.[18] 다문화사회에서 서로 간의 문화를 존중하고 그 차이를 인정하며, 소수문화, 비서구문화 등 여러 이질적인 유형의 문화를 제도권 안으로 수용하자는 의미를 내포하는 등 결국 문화적 다양성을 존중하자는 이념인 다문화주의는 현대 세계 사회에서 각 나라의 정치·경제·문화·사회·교육 등의 분야에서 정책 기조로 발현되고 있고, 다문화주의라는 용어는 하나의 사회문화적 코드 나아가 이데올로기로 받아들여지고 있으며, 다문화주의로의 지향[19]은 오늘날 별다른 의문 없이 당연한 것으로 인식되고 있는 실정이다.[20]

---

[17] "다문화주의는 1970년대 캐나다가 다문화주의 정책을 공식적으로 시행하면서부터 본격적으로 자리잡기 시작했다. …… 다문화주의는 국민통합을 위한 동화주의의 한계를 극복하기 위한 문화갈등해소이론으로 등장했다. 그동안 동화주의라는 이름 아래 소외되어 왔던 소수문화의 공존과 소수집단의 사회적 권리를 인정하면서 문화와 정체성의 다양화에 따른 사회갈등을 해소하려는 목적이 있다. 이렇게 된 데는 이민·유학생·노동력 등의 국제적 이동 및 국제결혼·난민·망명자 등의 증가와 함께 선(先)주민과의 갈등이나 다양한 소수자 권리의 자각이 보편화된 세계추세 때문이다. 그러다 보니, 다문화주의의 의미는 기존의 민족주의적 정서에 도전하거나 근대성에 대한 인식론적 도전 혹은 세계화에 따른 부작용의 해결 등의 차원에서 주목받고 있다." 김창근, 다문화주의와 만난 한반도 통일론, 교육과학사, 2013, 26-27면.

[18] 박형빈, 통일교육에서 민족주의와 다문화주의, 윤리교육연구, 제31집(2013.8.), 216면.

2) 다문화주의의 유형

이와 같은 의의를 가지는 다문화주의를 여러 가지 유형으로 구분하여 생각해 볼 수 있다. 다문화주의의 유형을 구분하는 견해로는 대표적으로, 다문화주의를 온건 다문화주의, 강경다문화주의, 시장 다문화주의로 구분하는 견해와 자유주의적 다문화주의, 조합적 다문화주의, 급진적 다문화주의로 구분하는 견해 등이 있다.[21] 전자는 다문화주의의 논의 영역, 주안점, 가치 등을 기준으로 다문화주의를 나눠 보는 견해이고, 후자는 기존의 이념적 측면과 다문화주의가 지향하는 내용과 의도하는 결과 등에 따라 다문화주의 논의를 구분하는 견해라고 할 수 있을 것이다. 다문화주의는 폭넓고 다양한 영역에서 사용되어 그 개념을 일의적으로 정의하기 어려운바, 학자들마다 상이한 이러한 다문화주의 유형 구분 논의는 다문화주의를 보다 상세하고 깊이 있게 이해하기 위한 이론적 논의들로 볼 수 있다.

2. 다문화시대의 민족주의와 다문화주의

1) 민족주의

민족주의란 민족의 독립과 통일을 그 실체적 내용으로 하는 사상으로서 19세기 이래 근대 국가형성의 기본원리가 되고 있는 정치이념이다.[22] 민족주의는 그 필수적 개념요소인 '민족', '독립', '통일'이 가진 의미의 개방성으로 인해 시대와 상황에 따라 변용을 거듭해 왔다.

즉, 민족주의란 일의적이고 객관화된 개념이 아닌 유연하고 다의적으로 해석될 여지가 많은 개념이다 보니,[23] 그 전개 양상이 다양한 형태로 표출되었다. 민족주

---

19) 이와 관련하여, 오늘날 우리 사회가 이념적인 측면에서는 다문화사회를 지향하고 있다고 볼 수 있으나 정책적인 측면에서는 다문화주의에 대해 유보적인 태도를 보이고 있다는 시각이 있다. 이에 대한 자세한 내용은, 소성규, 결혼이민자 인식조사를 통한 다문화가족 법제도의 개선방향 -포천시 사례를 중심으로-, 법과 정책연구, 제10집 제2호(2010.8.), 481-483면 참조.
20) 박형빈, 통일교육에서 민족주의와 다문화주의, 윤리교육연구, 제31집(2013.8.), 216면.
21) 다문화주의의 유형에 관한 자세한 내용은, 위의 논문, 218-220면; 유재덕, 기독교 통일교육의 새로운 모색: 다문화주의를 중심으로, 기독교교육논총, 제42집(2015.6.), 245-250면 참조.
22) 김창근, 다문화시대의 '통일 민족주의'와 통일교육, 윤리연구, 제77호(2010), 141면.
23) "민족주의 개념이 다양한 것은 범위가 한정되어 있지 않고 그것을 이루는 바탕 또한 광범위하기 때문이다. 민족주의라는 용어는 영어의 nation과 -ism이 결합되어 생성되었다. 특히 민족주의가 다양한 형태로 표출되는 것은 nation이라는 단어 자체가 지니고 있는 다의적인 면에서 기인한다. nation에는 민족 외에도 국가, 국민이라는 뜻도 내포되어 있기 때문이다. nation을 일단 민족으로 이해한다 하더라도 혈통, 언어, 전통에 입각한 문화적 개념의 의미에서 민족주의는 대체로 민족적 열정, 민족적 개성을 나타내는 의미로 사용되고 있는 것이

의는 일반적으로 크게 세 가지의 유형으로 나누어 볼 수 있는데, 프랑스혁명을 통해 등장한 시민권 중심의 '국가민족', 혈연과 계통을 강조하는 독일식의 '문화민족', 제3세계 등지에서 식민 지배로부터 민족의 해방을 목적으로 하는 '저항민족' 등이 그것이다.[24] 하지만, 민족주의가 가진 개념의 다양성에도 불구하고 다양한 유형의 민족주의를 모두 관통하는 공통의 특징적 요소들도 존재한다. 자본주의, 공산주의, 전체주의, 제국주의 등 다른 이념들과 융합되어 존재해 왔다는 점, 언어, 종교, 문화, 혈통 등 민족을 구성하는 객관적 요인에 따라 그 양상이 다르게 나타났다는 점, 근대 민족국가의 형성을 이념적으로 뒷받침하였으며 때로는 민족국가 형성을 앞에서 끌고 나가기도 했던 이념이라는 점 등이 다양한 모습의 민족주의에서 공통적으로 찾아볼 수 있는 속성이라고 할 수 있다.[25]

2) 다문화주의

문화적 다양성을 인정하고 존중하자는 다문화주의는 앞서 본 바와 같이 오늘날의 다문화시대에 별다른 의문 없이 당연한 이념으로 받아들여지고 있으나, 민족주의와 마찬가지로 그 쓰임에 따라 다양한 개념과 유형으로 설명될 수 있다. 하지만 다문화주의의 진정한 가치 내지 공통적으로 지향하는 바는 다음과 같이 살펴볼 수 있다.

우선, 다문화주의란 자유주의 이론 내에서 다문화주의의 가능한 수용 범위가 어디까지인지에 대한 고민으로 보아야 하므로, 자유주의의 범주 내에서 공동체를 보호하기 위해 자유주의적 맥락을 과거보다 확장해 나가는 데에 그 진정한 가치가 있다.[26] 다음으로, 다문화주의는 근대 이후 추구되어 온 '정치적·문화적으로 동질한 국민만들기' 속에 가려져 있던 다문화의 의미를 드러내고 조화 방안을 찾아가는 등 동질한 국민성에 대한 반성에 그 진정한 가치가 있다.[27] 마지막으로, 다문화주의는 다원주의적 접근을 통해 어떠한 정체성과 이익을 증진시킬 것인지에 관한 구체적인 문제를 해결해야 하는바, 궁극적으로 휴머니즘에 기초한 새로운 시민공동체의 형성을 모색하는 것에 그 진정한 가치가 있다.[28]

기 때문에 그 민족이 가지고 있는 공통적·보편적 특성을 말하는 것이다." 한주희, 제7장 통일과 통합을 위한 민족주의와 다문화주의의 공존 가능성 모색 -대학생들의 통일교육 현장으로의 활용-, 민족사상, 제8권 제2호(2014.8.), 201면.
24) 김창근, 다문화시대의 '통일 민족주의'와 통일교육, 윤리연구, 제77호(2010), 141면.
25) 위의 논문, 141-142면.
26) 위의 논문, 143-144면.
27) 위의 논문, 144면.
28) 위의 논문, 144면.

3) 양자의 조화

이상으로 살펴본 기존의 민족주의와 다문화주의적 이념은 남북한의 통일과 통합을 실현하기 위한 통일교육에 있어 모두 일정한 한계를 지닌다. 다문화시대라 하더라도 통일의 당위성과 필요성 등을 효과적으로 설명하는 민족주의는 전적으로 배제되어야 할 이념이 아니고, 다문화주의를 바탕으로만 한 통일교육은 신뢰성, 책임성, 지속성 등에서 문제가 발생할 수 있다. 이에 따라 열린 민족주의, 신민족주의, 시민 민족주의 등과 같은 민족주의의 변형적 개념들도 등장하고 있는 실정인바, 다문화시대의 통일교육을 위해 민족주의와 다문화주의의 조화 방안에 대해 숙고할 필요가 있다.

3. 통일교육에서의 다문화주의의 필요성

1) 다문화사회로의 급속한 변화

오늘날 우리 사회가 다문화사회로 급속히 변화되고 있다는 점은 다양한 인종과 민족의 문화를 인정하고 존중하는 다문화적 관점에서 통일교육이 재구성될 필요성이 있음을 보여준다. 과거의 통일교육은 국내외 통일환경의 변화와 남북관계, 정부의 통일정책, 국민의식의 변화 등에 기초하여 시기별로 그 성격과 내용을 달리해 왔는바,[29] 앞으로의 통일교육은 다문화시대에 걸맞게 민족과 혈통을 중시하는 관점만이 아닌 서로 다른 문화를 인정하고 존중하는 다문화주의를 반영하는 방향으로 그 개념이 확장되어야 할 것이다.[30]

비교적 최근에 등장한 다문화주의적 관점이 반영된 통일교육은 이미 현재의 통일교육의 중요한 특징으로 자리잡아 가고 있다. 다문화주의적 관점에서는 남북한 간의 통일문제를 기본적으로 타자와의 평화적 공존의 문제로 인식하여 분단 이후 현재까지 서로 다른 발전과 변화를 이룩해 온 다른 사회와의 통합의 문제로 이해하므로, 이러한 관점에서는 통일교육을 나와 다른 타자와 공존하며 편견과 차별을 줄이기 위한 훈련으로 이해한다.[31] 다문화주의적 관점이 반영된 통일교육은 타자와의 평화적 공존과 갈등의 사전 예방을 강조하므로, 이로 인해 다문화이해교육, 평화교육, 갈등해결교육 등 세계 각국에서 실시하고 있는 관련 교육프로그램들이

---

[29] 통일교육의 변화와 전개에 관한 상세한 논의는, 조정아, 통일교육의 쟁점과 과제, 통일정책연구, 제16권 2호(2007), 286-287면 참조.
[30] 선봉규, 다문화시대 통일교육의 현황 및 과제, 한국지방정부학회 학술대회 논문집, 2017, 5-6면.
[31] 함택영 등, 남북한 평화체제의 건설과 통일교육: 연합제와 낮은 단계의 연방제의 수렴을 중심으로. 국가전략, 제9권 4호(2003), 54면.

우리나라의 통일교육에 적용될 수 있는 가능성이 생기게 될 것이다.32)

2) 통일교육 지침에서의 다문화적 관점

이러한 관점은 「통일교육 지원법」 제3조의2 33)에 근거하여 발간되는 통일부 통일교육원의 통일교육 지침에서도 찾아볼 수 있다. 과거 통일교육원의 통일교육 지침서에서는 '열린 민족주의'의 중요성을 제시하며, "통일은 단순히 분단 이전 상황으로 되돌아가는 것이 아니라, 더 나은 미래의 삶을 창조하기 위하여 자유민주주의와 시장경제, 인간의 존엄과 가치 존중 등을 기반으로 하는 새로운 민족공동체를 형성하는 과정이다. 민족공동체를 형성하기 위한 통일교육은 북한 주민을 더불어 살아갈 대상이자 민족공동체의 동등한 구성원으로 인식하는 것에서 출발해야 한다. 이와 함께 민족 지상주의와 같은 편협한 민족주의에 빠지지 않도록 주의해야 한다. 우리가 지향하는 민족공동체는 단순히 혈연에 기초한 폐쇄적인 민족주의가 아니라, 다른 민족과 그들의 문화도 존중하는 열린 민족주의에 바탕을 두고 있는 것이다."라고 한 바 있다.34)

현재의 통일교육 지침에서는 한반도 통일은 민족문제이자 국제문제라고 하면서 "분단 극복과 통일은 일차적으로 남북한 당사자 간의 대화와 교류협력 등을 통해 달성해야 할 민족적 과제이다. 그러나 한반도 분단의 과정은 주변국들의 개입 속에 진행되었고, 따라서 분단의 극복과 통일문제는 '민족문제'이자 '국제문제'라는 이중적 성격을 띠고 있다. 남북 분단은 제2차 세계대전의 종식과 함께 미소 양국의 한반도 분할 점령에 의해 비롯되었고, 북한의 남침으로 시작된 6·25전쟁을 통해 민족 간 갈등, 대립이 심화됨으로써 공고화되었다. 그러므로 한반도 통일은 남북 분단의 극복뿐만이 아니라 동북아시아의 냉전구조 해체 및 평화체제의 구축 등과도 관련된 문제이다. 여기에 더해 북한의 핵과 미사일 및 인권문제 등은 북한만이 아닌 지역적·국제적인 사안이 되고 있다. 이러한 현실에서 통일은 한반도에만 한정된 문제가 아닌 동북아시아와 국제사회 전반의 평화와 공동번영을 추구하는 차원에서 접근할 필요가 있다."라고 하거나,35) 통일을 통해 구성원 모두의 자유·인권·평등·복지 등 인류 보편적 가치를 추구하는 국가를 건설해야 한다고 하면

---

32) 위의 논문, 54면.
33) 제3조의2(통일교육 기본사항) ① 통일부장관은 제3조의 기본원칙에 따른 통일교육을 하기 위한 기본사항을 정한다.
　② 통일부장관은 통일교육에 관한 기본사항을 정할 때에 미리 관계 중앙행정기관의 장과 협의를 하여야 한다.
34) 통일교육원, 2016 통일교육 지침서, 2016, 9-10면.
35) 통일교육원, 평화·통일교육: 방향과 관점, 2018, 10-11면.

서 "통일의 이유에는 민족사적 당위성에서부터 현실적인 필요성까지 다양하겠지만 통일은 무엇보다 분단의 현 상황보다 더 평화롭고 풍요로운 환경 속에서 인간다운 삶을 보장받기 위한 것이다. 이런 점에서 우리가 지향하는 통일 국가는 자유민주적 기본질서와 시장경제를 근간으로 삼아 구성원 모두의 자유와 인권, 평등과 복지 등 보편적 가치가 존중되고 보다 풍요로운 삶을 영위할 수 있는 민족공동체이어야 한다. 더 나아가 통일된 민족공동체는 세계화, 다문화 시대에 걸맞게 다른 민족을 배척하지 않고 함께 공존공영을 추구하는 열린 사회를 지향해야 한다."라고 하여 통일교육의 중점방향으로서 국제적, 다문화적 관점이 반영되어야 함을 강조하고 있다.[36]

Ⅲ. 다문화시대 통일교육지원법의 개정방향

1. 통일교육의 개념요소로서 보편성의 수용

다문화시대의 통일교육을 위해서는 우선, 통일교육의 개념을 보편성의 요소를 반영하여 재구성할 필요가 있다. 통일교육을 통해 이루고자 하는 이상적인 미래는 남북한의 주민, 재외동포 및 다양한 배경의 이주민들을 모두 포함하여 통일 이후의 국가 번영을 공동체의 구성원들과 함께 어떻게 이룰 것인가에 있으므로, 통일교육의 개념을 통일 전후의 대한민국과 직간접적으로 연결되어 서로 영향을 주고받는 다양한 주체들의 평화와 번영을 이루기 위한 교육으로 확장해야 하는 것이다.[37]

기존의 개념요소들을 포함한 이러한 통일개념의 확장은 공동체의 모든 구성원들을 대상으로 미래의 평화와 번영을 이루기 위한 효과적인 전략으로 통일을 논의하는 것이므로 교육 대상자들에게 보다 실제적인 교육이 될 수 있다고 본다. 다문화사회로 급속히 변화되는 오늘날의 현실 상황에서 통일의 당위성과 필요성을 단편적으로 설명하고 설득하는 과거의 교육방식은 곧 한계에 직면하게 될 것이다. 공동체 구성원들 모두를 교육 대상자로 하고 그들로 하여금 통일을 자신의 문제로 인식하게 해 줄 수 있는 교육이 필요하다.

보편성이 확보된 통일교육에 있어서도 독일 정치교육의 이념적 토대이자 원칙으로 제시된 '주입식 교육 금지 원칙', '논쟁의 투명성 원칙', '수요자 지향성 원칙' 등의 보이텔스바흐 합의(Beutelsbacher Konsens)의 원칙은 여전히 중요하다. 보편성 개념이 확보된 통일교육에 회의적이거나 반대의 견해를 가진 교육의 대상자들과

---

36) 위의 자료, 16면.
37) 김병연, 통일교육 관련 법 규범의 문제점과 개선 방향, 윤리교육연구, 제56집(2020.4.), 271면.

의 활발한 논쟁이 이루어질 수 있도록 통일교육의 목적과 내용 등이 수정되어야 할 것이다.38) 오늘날 통일의 과정 속에 있는 우리의 현실적 모습과 통일 후의 대한민국의 미래상을 직시하여 이를 바탕으로 통일교육의 콘텐츠들이 적절히 재구성된다면 교육의 대상자들은 북한과의 통일이 가지는 여러 문제들에 더욱 관심을 가지고 교육에 적극적으로 참여할 수 있다고 본다.

또한, 앞서 본 바와 같이 통일교육의 개념이 과거 법률의 개정을 통해 이미 변화된 적도 있다.39) 교육 대상을 국민으로 한 명시적 언급이 삭제된 것으로, 이는 교육의 대상을 대한민국 국적자로 한정하지 않겠다는 입법자의 의지를 간접적으로 표명한 것으로 해석할 수도 있을 것이며, 시대와 상황의 변화에 따라 통일교육의 개념도 그에 맞게 수정·보완될 필요가 있음을 보여준 예라고도 하겠다.

2. 통일교육의 기본원칙으로 다문화주의의 반영

통일교육 지원법 제3조를 개정하여 다문화주의를 통일교육의 기본원칙으로 도입하여야 한다. 동조는 현재 자유민주적 기본질서 수호, 평화적 통일 지향, 개인적·당파적 이용 금지를 통일교육의 기본원칙으로 규정하고 있는데,40) 이에 더하여 다문화주의를 시대에 맞는 새로운 교육원칙으로 반영할 필요가 있다고 본다.

통일교육은 남한과 북한이 오랫동안 민족공동체를 이루어 살아오는 과정에서 형성된 공통점은 물론 사회 변화 과정에서 새롭게 공동체의 구성원이 된 다문화 이주민과의 조화로운 삶의 중요성도 강조해야 한다.41) 오늘날의 변화된 사회상을 법률에서 적극 반영하면서 국내 거주 이주민 등 다양한 배경의 공동체 구성원들을 배려하고 포용할 수 있음을 보여주어야 하는 것이다. 또한, 남과 북의 분단이 장기간 지속되면서 서로 간의 이질성이 갈수록 심화되고 있는 상황임을 고려한다면, 다른 문화적 배경을 가진 사람들에 대한 배타적 태도를 갖지 않도록 하는 것은 통일교육이 추구하는 기본 방향이자 교육과정에서 다루어야 할 주요 내용이 되어야 할 것이다.

물론 민족주의 내지 민족공동체의 의식은 여전히 통일교육에 있어 핵심 가치이

---

38) 위의 논문, 272면.
39) Ⅱ. '1. 통일교육의 개념' 참조.
40) 통일교육 지원법 제3조(통일교육의 기본원칙) ① 통일교육은 자유민주적 기본질서를 수호하고 평화적 통일을 지향하여야 한다.
  ② 통일교육은 개인적·당파적 목적으로 이용되어서는 아니 된다.
41) 김병연, 통일교육지원법의 쟁점과 개정방안 연구 -제2조 정의, 제3조 통일교육의 기본원칙 조항을 중심으로-, 도덕윤리과교육, 제58호(2018.2.), 126면.

다. 다문화주의를 통일교육의 새로운 기본원칙으로 반영하자는 주장은 민족주의를 배제하자는 것이 아니다. 오늘날 세계 각국에서 살고 있는 재외동포들이 공통적으로 갖고 있는 한민족의 정서는 남한과 북한의 분단을 별다른 것으로 생각하지 못하고 살아가는 사람들에게는 찾아볼 수 없는 매우 강력한 힘을 가지고 있는바, 통일문제에 관한 논의에서 민족공동체의 의식은 통일의 당위성과 필요성 등에 있어 효과적인 논의 전제이자 핵심적인 소재일 수밖에 없는 것이다.42) 따라서 다문화주의의 강조로 인해 혹시라도 있을지 모를 통일교육에서의 민족주의 존폐론은 불필요하다고 본다. 결국, 통일교육의 기초로서 민족주의의 가치와 정서는 필요하므로, 다문화시대의 공존과 소통을 위한 기제로 민족주의가 새롭게 자리매김하기 위해서는 다문화시대에 걸맞게 다양한 민족과 문화의 관점을 수용할 수 있도록 민족주의 내지 민족국가 중심의 사고를 수정·보완하는 등 기존의 종족적이고 배타적인 의미가 아닌 보다 개방적이고 보편적인 의미로 민족주의의 개념을 재구성하여야 할 것이다.43)

결론적으로, 다문화시대에 우리 민족만이 중심이 되는 통일 논의는 곧 폐쇄적이고 배타적인 것으로 치부되어 통일의 추진과정에서 주변국과의 조화를 깨뜨리고 외교적 갈등을 초래할 수가 있는바,44) 대한민국 통일의 국제적인 공감대 형성을 위해서라도 통일교육의 기본원칙으로서 다문화주의를 강조하고 민족주의 역시 다문화적 관점을 반영하여 그 의미를 재구성하는 것이 필요하다고 할 것이며, 이를 통해 한반도 통일의 우호적 환경 조성이 가능해질 수 있다고 하겠다.

3. 통일교육의 전문강사로서 다문화이주민의 활용

다문화시대의 수요자 맞춤형 통일교육을 위해서는 결혼이민자, 북한이탈주민 등 국내에 거주하는 다문화이주민을 통일교육의 전문강사로서 육성·관리하는 방안도 검토하여야 한다.

예컨대, 전문강사로서 북한이탈주민의 경우만 하더라도, 자신이 체험한 북한 체제와 북한주민의 인권 실태 등을 바탕으로 생동감 있는 교육을 진행함으로써 통일의 필요성과 시급성을 알리고, 북한에 대한 단편적이고 피상적인 이해가 아닌 보다 객관적이고 실제적인 이해를 도와줄 것이다.45) 또한, 통일교육에 참여하여

---

42) 위의 논문, 127면.
43) 김창근, 다문화시대의 '통일 민족주의'와 통일교육, 윤리연구, 제77호(2010), 153-154면.
44) 위의 논문, 154면.
45) 음선필, 「통일교육 지원법」에 대한 입법론적 검토, 입법학연구, 제15집 제1호(2018.2.), 24면.

전문적인 훈련을 받은 북한이탈주민은 자기와 같은 처지에 있는 북한이탈주민을 대상으로 남한 사회에 대한 적응훈련을 직접적으로 도울 수 있을 것이고, 나아가 통일 이후에는 통일 전 북한 거주 주민들을 대상으로 실질적인 남북통합을 위한 교육도 실시할 수 있는 최적의 자원이 될 것이다.[46] 결국, 북한이탈주민을 통일교육의 전문강사로 활용한다면, 보다 깊이 있고 현실감 있는 통일교육이 실시될 수 있을 것이고, 남한과 북한의 통일과 통합을 위한 중요한 자원을 미리 확보할 수 있을 것이며, 북한이탈주민 집단에 자존감을 심어줄 뿐만 아니라 전문강사로서 북한이탈주민을 포함한 북한이탈주민 전체의 남한 내 신속한 정착을 돕는 방안이 될 수 있을 것이다.[47]

북한이탈주민의 경우 남한과 북한의 통일과 통합 등을 위한 직접적 역할을 할 수 있으나 그 외의 다문화이주민의 경우에도 통일 분위기 조성과 통일 후 대한민국의 번영을 위한 다양한 역할을 충분히 해낼 수 있다고 본다. 통일은 남한과 북한 간의 민족문제만이 아니라 국제문제이고, 남북한의 주도적 노력과 함께 국제사회의 지지와 협력이 필요한 문제임을 간과해서는 안 될 것이다.[48]

다문화이주민을 통일교육의 전문강사로 양성하고 관리하기 위해서는 우선 현행 통일교육 지원법에 다문화이주민의 전문강사 육성에 관한 근거 규정을 명문화할 필요가 있다. 동법은 현재 '통일교육에 관한 전문인력의 양성·지원에 관한 사항'을 통일교육기본계획에 필수적으로 포함시켜야 한다거나 통일교육 전문강사 자격 부여 및 재교육 등에 관한 일반적인 내용만을 규정하고 있을 뿐, 북한이탈주민을 포함한 다문화이주민을 통일교육 전문강사와 관련하여 별도로 특정해서 언급하고 있지 아니하다.[49] 이에, 동법 제6조 제2항, 제9조의2 또는 제10조의2에 별도 조항 등의 신설을 통해 통일교육 전문인력 내지 전문강사에 다양한 배경의 다문화이주민이 일정 비율로 포함되어야 함을 명시할 필요가 있다.[50]

---

46) 위의 논문, 24면.
47) 위의 논문, 24면.
48) 자세한 내용은, 통일교육원, 평화·통일교육: 방향과 관점, 2018, 10-11면 참조.
49) 앞서 언급한 바 있는 통일부의 훈령인 「통일교육 전문과정 운영규정」도 이와 마찬가지로 전문강사로서의 다문화이주민에 대한 규정은 별도로 마련되어 있지 아니하다.
50) 참고로, 다문화시대 통일교육을 위한 정책방안으로 다문화가족을 위한 통일교육 프로그램 개발이 필요하다는 주장이 있다. 소성규, 통일교육 활성화를 위한 법제도 개선방안, 법과 정책연구, 제17집 제2호(2017.6.), 113면; 소성규, 「통일교육지원법」의 개정방향, 법과 정책연구, 제19집 제3호(2019.9.), 323면. 동 견해는 통일교육이 통일을 이룩하기 위한 교육만이 아니라 통일 이후의 사회통합을 위한 교육이라면, 북한이탈주민을 대상으로 한 특별한 통일교육 프로그램 개발에도 관심을 가져야 할 것인데, 북한이탈주민 가족들의 남한사회 정착과 사회통합을 위한 '북한이탈주민 가족 캠프' 등이 그 예가 될 수 있다고 한다.

제2부
민주시민교육

제4장
민주시민교육과 헌법

Ⅰ. 민주시민교육의 의의

1. 민주시민교육의 개념

민주시민교육은 일본에서는 공민교육, 영국에서는 시민성교육, 미국에서는 시민교육, 독일에서는 정치교육으로 일컬어지고 있다. 우리나라에서는 그동안 민주시민교육은 정치교육이라는 이름 하에서 진행되어 왔던 것으로서, 국민의 정치에 대한 인식개선이라고 볼 수 있다. 즉 정치교육이란 정치적 문제를 해결할 수 있는 능력을 키우는 교육으로서 정치에 대한 지식, 기술, 태도, 가치 및 신념을 배우고 가르치는 교육을 의미하였다. 그러나 최근에는 정치교육이라는 용어보다는 민주시민교육이라는 용어를 사용하는 것이 더 적합하다고 보는 견해가 많으며, 이러한 견해를 주장하는 이는 기존의 정치교육의 문제점을 해소하고 민주시민교육을 활성화하기 위해서는 더욱 용어선택을 잘 하여야한다고 보고 있다.[1]

독일에서는 '민주시민교육'을 '정치교육(Politische Bildung)'이라는 단어로 사용하고 있다. 독일에서 '교육'을 의미하는 'Erziehung' 대신에 '교양'이라는 의미에 가까운 'Bildung'을 사용하고 있는 것은 'Erziehung'은 인간의 외적 행동과 태도에 작용하는 훈육의 의미를 가지지만, 'Bildung'은 인간의 인격을 도야하는 노력의 의미를 가지고 있기 때문이다. 그리고 미국에서는 'civic education' 또는 'citizenship education'즉 '시민교육'이란 단어로 사용하고 있다.[2]

독일이나 미국에서의 용례를 보면, '교양'이란 단어를 사용하여 '민주시민교양' 혹은 '시민교양'으로 표현한다면, 국어사전적 의미로 충분하지 않다. 또한 시민이란 단어에는 '공적인', '공동체적인' 또는 '정치적인'이라는 의미를 담아 내지 못하기 때문에 이러한 의미를 포함시킬 수 있는 적절한 수식어가 필요하다. 이러한 측면에서 본다면 '민주'라는 의미를 추가하고, '시민'과 '교육'이라는 단어를 합하여 '민주시민교육'이라는 단어를 사용하는 것이 적합하다.

그동안 국회에 제출된 민주시민교육을 위한 지원 11개의 법안들도 <표 1>에서

---

[1] 진시원·홍익표·오승호, 「시민주권과 민주시민교육」, 부산대학교출판문화원, 2021, 87면.
[2] 김선택 외 3인, 「시민교육의 기초로서의 헌법」, 푸블리우스, 2020.3.30. 4-7면.

보는 바와 같이 모두 '민주시민교육'이라는 용어를 사용하고 있다.

표 75 민주시민교육 관련 법안 목록

의안번호	제안일자	의안명	의결일자	비고
2109084	2021-03-24	학교민주시민교육촉진법안(민형배의원 등 14인)		계류중
2105818	2020-11-27	민주시민교육지원법안(한병도의원 등 12인)		계류중
2102063	2020-07-16	학교민주시민교육법안(박찬대의원 등 12인)		계류중
2100054	2020-06-01	민주시민교육지원법안(남인순의원 등 18인)		계류중
2023728	2019-11-12	학교민주시민교육법안(이철희의원 등 12인)	2020-05-29	임기만료폐기
2019019	2019-03-07	민주시민교육 지원에 관한 법률안(소병훈의원 등 10인)	2020-05-29	임기만료폐기
2002333	2016-09-19	민주시민교육지원법안(남인순의원 등 12인)	2020-05-29	임기만료폐기
1913924	2015-02-05	민주시민교육지원법안(남인순의원 등 13인)	2016-05-29	임기만료폐기
1913768	2015-01-22	민주시민교육지원법안(이언주의원 등 12인)	2016-05-29	임기만료폐기
176774	2007-06-05	민주시민교육지원법안(이은영의원등 15인)	2008-05-29	임기만료폐기
150785	1997-10-31	민주시민교육지원법안(박명환의원등 11인 외 50인)	2000-05-29	임기만료폐기

국회에 제안되었거나 제안되어 있는 법률안의 민주시민교육의 정의규정을 보면, 대략 4가지로 정리할 수 있다. 먼저 2015년, 2016년 및 2020년에 제안되었던 남인순의원안과 2019년 소병훈의원안은 "'민주시민교육'이란 모든 국민이 민주주의 사회의 구성원으로서 가지는 권리와 의무에 기초하여 일상생활의 각 영역에서 민주주의를 실현하는데 필요한 자질과 역량을 기를 수 있도록 하는 모든 형태의 교육을 말한다."라고 정의하고 있다.[3]

그리고 2019년 이철희의원안과 2020년 박찬대의원안은 "민주시민교육"을 "민주주의의 기본원리와 제도를 이해하고 그 가치를 존중하며 자신의 권리와 의무에 대하여 충분히 인식하고 타인을 이해하고 배려하는 등 민주시민의식을 높여 공동체적 삶의 질 향상을 위하여 비판적으로 사고하고, 적극적으로 사회에 참여할 수 있도록 하는 것을 목적으로 하는 교육을 말한다."로 정의하였으며,[4] 2020년 한병도의원안은 민주시민교육을 "모든 국민이 헌법적 가치에 기초하여 일상생활의 각

---

[3] 2015년 민주시민교육지원법안(남인순의원 등 13인 발의) 제2조 제1호: 2016년 민주시민교육지원법안(남인순의원 등 12인 발의) 제2조 제1호: 2019년 민주시민교육 지원에 관한 법률안(소병훈의원 등 10인 발의) 제2조 제1호: 2020년 민주시민교육지원법안(남인순의원 등 18인 발의) 제2조 제1호.

[4] 2019년 학교민주시민교육법안(이철희의원 등 12인 발의) 제2조 제1호: 2020년 학교민주시민교육법안(박찬대의원 등 12인 발의) 제2조 제1호.

영역에서 민주주의를 실현하는 데 필요한 자질과 역량을 기를 수 있도록 하는 모든 형태의 교육을 말한다."라고 규정하고 있다.[5] 또한 2021년 민형배의원안은 "사회 구성원들이 민주주의의 가치를 존중하고 그 기본원리와 제도를 이해하며 민주적 시민역량을 높여 공동체적 삶의 향상을 위하여 보다 적극적으로 참여할 수 있게 하려는 교육 활동을 말한다."라고 정의하고 있다.[6]

따라서 관련 법안들을 종합하여 보면, 민주시민교육은 국민들에게 민주시민이 될 수 있도록 교육시키는 것이며, 민주시민은 민주주의를 체득(體得)한 국민으로서 '민주시민이 지녀야 할 역량'을 가진 시민으로 양성하는 것이다.

즉 민주시민이란 민주주의에 관한 지식과 가치관을 가지고 있으며, 스스로 인식하지 않고 있지만, 이미 민주주의를 실천하고 있는 시민을 의미하며, 이러한 민주시민이 될 수 있는 방향으로, 이러한 민주시민이 될 수 있는 지식을, 이러한 민주시민이 될 수 있는 절차를 함양시키는 교육이 민주시민교육이다.

민주시민교육은 정치교육으로부터 한걸음 더 나아가서 발전된 모습으로 거듭나기 위하여 민주시민교육을 학습자 중심으로 전환하여야 한다. 민주시민교육을 정치를 이해하고자 하는 다양한 지식을 체득시키는 것으로부터 학습자의 역량을 개발하는 교육으로 발전시킬 필요가 있다. 이러한 학습자 역량강화의 측면에서 민주시민교육을 정의한다면, 첫째, 자신이 주권자임을 인식하고, 주권자로서의 태도를 지닌 시민을 양성하는 교육 둘째, 치자와 피치자의 동일성을 실현하는 교육 셋째, 비지배적 지배, 즉 지배를 하지만, 비지배적으로 지배하는 태도, 치자로 참여하지만, 피치자의 입장을 견지하는 태도를 가르키는 교육, 넷째, '민주적인 공동체를 만드는 교육을 의미한다고 볼 수 있다.[7]

표 76 민주시민교육의 정의에 대한 다양한 견해들

구 분	민주시민교육의 내용
정치교육의 의미에서의 민주시민교육	- 민주시민을 양성하는 교육 - 민주시민이 지녀야 할 역량 즉, 민주주의와 관련된 지식, 기술, 태도, 가치, 신념을 키우는 교육 - 민주주의에 대한 지식을 지니고 민주적인 가치와 태도를 체화하고 민주주의를 향한 자신의 신념을 실천하는 민주시민을 양성하는 교육
학습자 역량 중심의 민주시민교육	- 시민을 유권자가 아니라 주권자로 만드는 교육 - 주권의 명백한 소유자이자 실질적인 행사자로서의 시민을 양성하는 교육 - 시민들 수동적인 피치자가 아니라 치자이자 피치자로 만드는 교육 - 치자이든 피치자든 간에 시민들 간의 특권과 기득권을 배제한 동등성 확보를 공동체

---

5) 2020년 민주시민교육지원법안(한병도의원 등 12인 발의) 제2조 제1호.
6) 2021년 학교민주시민교육촉진법안(민형배의원 등 14인 발의) 제2조 제2호.
7) 진시원·홍익표·오승호, 전게서, 87-95면.

	운영의 핵심 준칙으로 삼는 시민을 육성하는 교육 - 치자로서 공동체 공동의 일에 침여할 때도 '비지배적 지배'를 견지하는 태도를 지닌 시민을 양성하는 교육 - 민주적인 시민 뿐 아니라 민주적인 공동체로 만드는 교육

출처: 진시원·홍익표·오승호, 전게서, 95면.

2. 민주시민교육의 구성요소

1) 민주

   민주시민교육이 지향해야할 목표지점이 바로 민주(民主)이다. 정치교육을 민주시민교육의 핵심으로 보았을 때에도 역시 정치교육의 핵심요소는 민주주의였다.[8] 민주는 역사적·경험적으로 보았을 때, 거대한 그릇으로서 많은 사회구성원들의 의사를 모을 수 있다. 그리고 우리 사회 어디에서나 볼 수 있는 공기와도 같다. 다만, 민주주의를 가장(假裝)한 반민주주의를 양질(良質)의 민주주주의인 혹은 진정(眞正)한 민주주의로 인식의 오류를 범할 수도 있다. 이를 구별할 수 있는 능력을 가져야 하는 것도 민주시민교육의 목적에 포함되는 것이다. 한편 민주주의는 사회구성원의 의사뿐만 아니라, 많은 국가들의 의사들도 한 곳에 모을 수 있을 정도로 큰 그릇이다. 그런 거대한 그릇을 한마디로 표현하기는 어렵지만, 다소 추상적일지라도 서로가 이해할 수 있는 수준의 묘사는 할 수 있다. 이러한 민주주의를 세 가지 측면으로 설명함으로써 정의를 대신할 수 있다.

   첫째, 민주주의는 민(民)이 주(主)인 주의(主義)로서 국민이 나라의 주인인 이념이며, 시민이 사회의 주인인 이념이다. 전제주의나 권위주의를 부정하는 사상으로서 민(民)을 구성하는 개개인의 가치를 최고로 인식하는 이념이다. 이러한 이념을 정치적으로 인식한다면 민주주의이고, 권리의무관계로 구성된 법학의 입장에서 인식한다면 국민주권주의라고 할 수 있다.

   둘째, 민(民)은 주(主)로서 국민(國民)이나 시민(市民)으로서 국가와 사회의 의사결정과정에 직접이든 간접이든 참여하고 의사결정과정을 스스로 지배하게 된다. 즉 치자와 피치자의 동일성을 갖는다. 직접 결정하는 방식을 선택하는 것도 민(民)이 스스로 선택할 것이며, 간접결정 방식을 선택하는 것도 민(民)이 스스로 선택하는 것이다. 그리고 스스로 결정한 사항에 대하여 자발적인 구속을 즐겁게 받아들인다. 이를 우리는 직접민주주의 혹은 간접민주주의라고 한다.

---

[8] 허영식 지음, 「민주시민 교육의 방법」, 서울: 학문사, 1997. 14면.

셋째, 민주주의는 과정과 결과를 모두 포섭하는 민주주의이다. 주권자들의 의사결정 과정에서도 민주주의는 실현되어야 하며, 결정된 내용 즉 구성원의 의사도 민주주의 이념을 만족하여야 한다. 전자를 절차적 민주주의라고 하며 후자를 실질적 민주주의라고 한다. 의사결정 과정에서 구성원 개개인의 의견이 존중되어야 하며, 자유롭고 독립적인 지위에서 완전한 정보를 바탕으로 최적의 상태에서 의사결정을 할 수 있는 환경이 보장되는 것이 절차적 민주주의를 충족하는 것이다. 이러한 민주주의적 환경과 절차가 제도화되어 있어야 한다. 그리고 그러한 절차를 경유하여 결정된 결과로서의 시민의 의사는 내용면에서도 전체 구성원들의 의사와 일치하여야 한다. 물론 구성원 전체와 구성원 개개인 모두에게 유익한 의사를 찾기는 상당히 어려우며, 그러한 의사결정이란 이상적이라고 하겠지만, 다수결의 원칙과 소수보호의 원칙을 충실히 반영하여 의사결정하여야 하며, 이를 우리는 실질적 민주주의를 충족한다고 한다. 의사결정의 과정과 내용이 민주적이어야 하며, 절차적 민주주의와 실질적 민주주의를 모두 충족시킬 때 우리는 민주주의가 실현된다고 할 수 있다.

민주시민교육의 최종 종착점인 민주는 민주주의를 의미하며, 민주시민교육의 민주주의는 세계 혹은 국가를 구성하고 있는 사회구성원들이 삶 자체에 능동적으로 참여하며, 어떠한 간섭도 받지 않는 독립적이고 자유로운 상태에서, 모든 관련 정보를 취득하고 이를 종합하여 의사결정을 내리는 상태를 의미하며, 민주주의를 체득한 시민이 스스로, 주체적으로 교육을 수행해 나가는 것이 민주시민교육에 있어서의 민주이다.

2) 시민

(1) 국민과 시민의 구별

시민은 사민사회의 중심이며, 국민은 국가의 중심 개념이다. 자유주의와 개인주의 성향인 강한 사회에서는 시민이라는 단어를 선호하며, 공동체와 단체를 중시하는 사회에서는 국민이라는 단어를 선호할 것이다. 국가와 사회의 관계에 관한 논의는 상당히 오래되었으며, 국가가 먼저냐 사회가 먼저냐에 대한 논쟁은 보는 시각에 따라 다르다. 씨족 사회, 부족 사회 등 국가라는 형태가 나타나기 전에 사회가 나타났을 것이지만, 당시의 사회는 오늘날의 사회와 다를 것이다. 사회구성원들이 주인된 지위에서 상호 대등한 지위를 향유하는 그런 사회와 국민주권 또는 민주주의를 신봉하는 국가는 사실상 동일한 몸체로 구성되어 있다. 즉 사회와 국가는 동일한 인류 집단인 것이다. 그렇지만, 국가권력(통치권), 영토 그리고 국적을 전제로 하여 논의를 전개한다면 국가로 보아야 할 것이며, 구성원들이 국가의 테두리 안에서 활동하는 현실을 인정하면서도 국가의 권위에 의한 것이 아니라, 구성원들의 주체적이고 자발적인 활동으로 소속된 집단을 이끌어간다면, 그것은 국가가 아니라 사회인 것이다. 시민의 활동이 자유의지를 중시 여기며 대등한 상호관계를 핵심으로 본다면, 시민이 소속된 집단은 사회로 표현하여야 할 것이다. 그러므로 국가와 사회를 하나로 보는 일원론(一元論), 국가와 사회를 분리하여 구분하는 이원론(二元論) 그리고 국가와 사회가 하나이면서도 구분되는 역할을 할 때도 있음을 인정하는 교차적(交叉的) 이원론(二元論)으로 설명할 수 있다.

(2) 현대사회와 시민

국민이라는 개념은 국가의 탄생과 함께 등장한 용어이며, 근대 국민국가에서 정착된 개념이지만, 현대사회는 다양하고 전문화되어 가고 있다. 이러한 현대사회에서는 근대로부터 출발한 국민이라는 용어만으로는 역동적이고 빠른 속도로 발전되어 가는 사회를 수용하기에는 부족하다. 이러한 현대사회에 적합한 시민성을 "세계화와 지역주의, 지방분권자치, 다문화 현상이 지구적 차원에서 확산되고 있는 포스트모던 시기에 맞는 개인의 정체성은 개인-가족 구성원-지방시민(부산시민)-국가 국민(대한민국 국민)-지역시민(동북아 시민)-세계 시민 등으로 이어지는 다원 정체성"으로 설명할 수 있다.9)

현대사회는 절대주의, 권위주의, 이성주의, 획일성 그리고 대서사의 긍정을 특징으로 하는 모더니즘 사회의 끝자락에 와 있다. 사회가 동일화적 경향을 부정하고 다양성을 긍정하며, 대화와 타협을 중시하는 포스트모더니즘 사회로 전개되어 가고 있기에 이러한 특성에 적합한 시민성을 정의하여야 한다. 개성, 자율, 다양성 및 대중성을 중시하는 포스트모던 사회는 구성원 상호간의 대화와 소통을 요구하고 있으며, 스스로 상호작용을 통한 변화와 타협을 요구하고 있다.10)

(3) 민주시민으로서의 시민

국가 보다는 사회라는 개념에 적합하고, 포스트모던 사회에 적합한 시민이 어떠한 시민이어야 하는가는 민주시민교육의 내용과 범위를 획정하는 중요한 기준이

---

9) 진시원·홍익표·오승호, 전게서, 182면.
10) 권의섭, "포스트모던 시대 인성교육의 방향과 실천", 「철학논총」 제87권. 새한철학회, 2017.1, 65-66면.

다. 민주시민으로서의 시민은 어떠한 모습의 시민성을 가져야 하는가를 규명한다면, 민주시민교육의 내용과 범위를 확정할 수 있으며, 민주시민교육의 방법을 찾을 수 있을 것이다.

민주적 시민성은 자신이 속한 공동체를 책임지기 위하여 도덕적 책임, 인격, 정직, 성실, 자제력, 근면 등의 가치를 추구하는 개인적 책임성을 가져야 하며, 공적 문제와 지역사회의 사회적 삶에 대한 적극적으로 참여하며, 사회적 이슈에 대하여 비판적·구조적으로 분석하며, 긍정적 변화를 선도하고, 사회 속에서 끝임 없이 정의(Justice)를 추구하는 인성을 가져야 한다.[11]

또한 민주시민으로서의 시민은 민주주의를 이해하고, 민주주의를 실천할 수 있는 능력과 각오를 가지고 있어야 한다. 인류의 역사에서 민주주의는 긍정적인 영향만을 끼친 것은 아니다. 고대 그리스의 민주주의가 효시로서 사회발전의 원동력으로 묘사되고 있지만, "수천 년 동안 민주주의란 단어는 무지하고 질투심이 강한 군중들에게 정치권력을 맡김으로써 혼란과 무정부 상태를 초래할 수 있는 위험한 것"으로 인식되기도 하였다. 그러나 17-18세기를 경유하면서 발생한 영국, 미국 그리고 프랑스에서 시민혁명이 이어지면서 민주주의가 보편적 공동선으로 인식되기 시작하였다.[12] 특히 영국의 명예혁명기의 존 로크(1632-1704)는 자연법사상을 바탕으로 성선설적 입장에서 인간관을 피력하였다. 그에 따르면 자연상태의 인간은 자유롭고 평등하며, 인간사회는 초원에서 평화롭게 생활하는 양들의 사회와 같다고 하였으며, 이 사회는 선한 인간들이 타인에 대한 배려와 존중, 타협을 통하여 함께 살아가는 민주주의 사회를 표현하였다.

한편 토크빌은 현대의 민주주의가 '다수의 이익'을 보호하는 장치로서 다수의 모든 계획을 열렬히 지지하며, 모든 권위가 다수를 위하여 존재하는 것을 허용하고 있다고 비판하였다. 그러나 그는 미국에서의 민주주의의 성공은 "질서, 세력 균형, 진정한 자유, 권리에 대한 깊고 진정한 존중의 원칙을 받아들이는 것" 등에 의하여 이루어졌다고 한다. 민주주의가 지니는 가장 큰 약점은 다수의 횡포라고 전제하고 이를 극복할 수 있는 과제를 몇가지 제시하였다. 그는 최우선과제로는 참

---

[11] Biesta, G, 2011, Learning Democracy in School and Society: Education, Lifelong and the Politics of Citizenship, RotterdamL Sence Publishers, 28-31면; Westtheimer, J. & Kahne, J. 2004, "What Kind of Citizen? The Politics of Educating for Democracy". American Educational Research Journal, 41(2), 237-269면. 심성보, "한국 민주시민교육의 현황과 ", 「한국 근현대사에서 민주시민교육의 현황과 전망」, 계명대학교 한국학연구원 편, 대구 : 계명대학교, 2020,102면에서 재인용.

[12] 고 원, "시민혁명과 근대 민주주의의 탄생 : 영국의 시민혁명(전자자료)", 민주화운동기념사업회, 2008, 6면.

다운 자유를 실천하는 시민성이라고 하였으며,[13] 그외에도 중앙집권화된 권력이 존재하는 미국이지만, "타운(town), 자치기구, 카운티 등을 통해 놀랄 만큼 정교하게 권력이 배분"된 분권화, 사회의 균형을 유지하는 사법관들과 사회의 지배권을 시민들이 갖도록 제도화한 배심원제도 등을 들었다.[14]

민주주의 사회로서의 현대사회는 다원주의적이며, 다수와 소수가 공존하고, 개방적이고 합리적이며, 법치주의와 공익을 추구하는 사회이다.[15] 이러한 민주주의 사회에서 민주시민으로서의 시민은 자연권으로서의 인간의 존엄성과 평등권을 가진 시민들이 평화로운 사회를 지탱하는 질서로서의 민주주의에 대한 지식을 가지고 있어야 하며, 민주주의를 실천하기 위한 적극적 참여의 자세를 가지고, 행동화·실천화할 수 있는 능력과 태도를 갖추어야 한다.[16] 또한 민주시민으로의 시민은 협동정신, 개방정신, 자율정신, 참여 정신, 공익의식, 책임의식 등의 핵심적인 가치를 체득하고 있어야 한다.[17]

"'시민'이란 절대 군주 체제 하의 복종이 전제되는 '신민(臣民)'이나 지배 체제에 순응케 하기 위한 '공민', 국가 개념이 전제되는 국가의 구성원으로서의 '국민'과는 구별되는 개념이다. '인민(人民)'은……공화국의 구성원 전체 집단을 뜻한다. '국민'이란 말이 국가성을 표사하는 데 반해 인민은 초국가적 의미를 가진다. 한편 '민족(民族)'은 인종적·지역적으로 기원을 같이하거나 같다고 믿으며, 역사적 운명과 언어와 같은 문화적 전통을 공유하는 사회 집단을 뜻한다. 그리고 '민중(民衆)'이란 국가나 사회를 구성하고 있는 많은 사람들 흔히 피지배 계급으로서의 일반 대중을 뜻한다. '공중(公衆)'은 근대 시민사회의 일정한 재산과 교양을 가진 시민으로 공민(公民)의 별칭이다.……'대중(大衆)'은……유권자의 양적 증가라는 긍정적인 측면과 함께 유권자의 질적 저하 가능성이라는 부정적인 측면을 동시에 지니고 있다. 그러므로 현대 사회에 있어서 대중은 한편으로는 비합리적이며 충동적인 군중이 될 가능성도 있지만, 다른 한편으로는 이성적인 공중으로 될 가능성도 함께 가지고 있는 이중적인 성격을 지닌 집단이다."[18]

---

13) 장효민, "진정한 자유를 구현하는 시민성 실천 방안: 미국 민주주의에 대한 토크빌의 분석을 중심으로", 윤리교육연구 27권, 한국윤리교육학회, 2012, 258면.
14) 장효민, 상계논문, 260-261면.
15) 배한동 지음, 「민주시민교육론(How to create democratic citizens)」, 대구: 경북대학교 출판부, 2006, 7-12면.
16) 배한동, 상계서, 7면.
17) 배한동, 상계서, 5면.
18) 배한동, 상계서, 6-7면.

3) 교육

(1) 민주시민교육에서의 교육의 의의

민주시민이 지녀할 역량을 교육시키는 민주시민교육에는 정답이 없다. 정답이 제공될 수 있는 교육도 아니며, 정답을 찾도록 강요하는 교육도 아니며, 정답을 찾아가는 길이 정해져 있는 것도 아니다. 민주시민교육은 민주주의가 어떠한 것인지? 민주 시민이 어떤 시민인지? 이러한 질문에 대한 다양한 지식과 정보를 제공하고, 학생들은 스스로 그러한 지식과 정보를 바탕으로 독립적·객관적으로 사고하고, 구성원들과 소통과 공감을 유지하며, 가치중립적 균형을 갖고 자신에게 맞는 고유(固有)한 정체성을 찾아갈 수 있는 능력을 체득하게 만드는 교육이다.[19]

민주시민교육은 한쪽 방향으로 지식과 정보를 주입하여 자신의 사고영역이 황폐화되는 우를 범하여서는 안되며, 민주시민은 스스로 항상 사회적 문제와 공적인 문제에 대하여 비판적 의식을 가지고, 적극적으로 사고하는 품성과 능력 및 자질을 갖출 수 있도록 지원하고 그러한 환경을 제공하는 것이다. 특정 이념에 매몰되거나, 특정 가치에 순종하고 복종하는 사회구성원을 양성하는 것이 아니라, 비판적이고 참여적이며, 개방적인 사고의 소유자를 양성하는 것이며, 양보와 타협 그리고 조화를 중시여기는 민주시민의 역량을 교육시키는 것이다.[20]

민주시민에게 제공되는 정보는 민주시민들의 능동적인 참여에 의하여 생산된 결과물들이며, 이들이 다양한 과정을 통과하여 교육에 제공되어 또 다른 정보를 생산하게 되며, 이러한 다양성을 지닌 정보는 민주시민교육의 내용을 채우게 된다. 정보는 어떠한 특정 이념에 복무하는 것이 아니며, 사회 구성원들의 합의와 조종의 산물이기도 하다.

객관적이고 중립적인 정보는 민주시민교육의 장에 제공되고, 사회 구성원은 영유아 보육에서부터 유아교육, 초등교육, 중등교육, 고등교육 그리고 사회교육에 이르기까지 제공된 정보를 바탕으로 스스로 교육과정 속에서 자율적으로 사고하고 비판할 수 있는 능력, 참여하고 소통할 수 있는 능력, 개방성과 다양성을 수용할 수 있는 자질을 갖출 수 있도록 양성되어 져야 한다. 이러한 능력과 자질은 주입적인 것이 아니라 주체적이어야 한다. 민주시민교육은 영유아보육의 단계에서부터 성인의 사회교육에 이르기까지 민주시민이라는 지향점을 가지고 진행되어져야 하며, 전 교육과정에서 시민으로서의 존엄성과 평등이 보장되어야 한다. 영유아보육 단계에

---

19) 진시원·홍익표·오승호, 전게서, 202면.
20) 권의섭, 전게논문, 74면.

서부터 사회교육에 이르기까지 교육은 통합적으로 진행되어야 한다. 6세 미만의 영유아의 보육은 건강과 안전이 우선되겠지만, 자신의 존엄성과 가치를 인식하고 자율적이고 독립적이며 상호 소통과 타협이 가능하도록 교육되어져야 한다. 점차 성장하면서 유아교육, 학교교육 그리고 사회교육으로 나아가면서 스스로 자율성과 독립성을 깨닫고, 민주시민으로서의 자질을 함양할 수 있도록 다양한 환경을 제공하고, 자율적 선택과 그에 따른 책임의식 속에서 협동정신, 개방정신, 자율정신, 참여정신, 공익의식, 책임의식 등의 핵심적인 가치를 체득하도록 하여야 한다.

(2) 교육의 내용

민주시민교육은 정답 없는 교육이다. 학교에서의 교과 중심의 교육이 아니라, 전체 교과에 널리 스며들어 있는 교육이며, 특정 가치나 주제를 교육하는 것이 아니라 개방적이고 포괄적인 내용으로 구성되는 교육이며, 가르치는 교육이지만, 가르치기보다는 스스로 선택하고 결정하는 교육이다. 교실과 같은 일정한 장소에서 소통과 화합 및 타협을 배우기도 하지만, 사회현실이나 노동현실 나아가 정치의 장에서도 배울 수 있다. 전부(全部)는 전무(全無)가 될 수도 있지만, 모든 교과목과 교육과정에 스며들어 있어야 하는 교육이다.[21]

민주시민교육은 지식의 전수나 주입이 아니라, 지식과 정보를 재조직하고, 재구성하여 자신의 것으로 체득하는 과정이며,[22] 정의 실현, 민주주의와 국민주권주의, 법치주의와 권력분립, 중앙집권과 지방분권의 조화, 인간의 존엄성과 평등의 원칙, 인간으로서의 자유와 권리 등을 인식하고 체득하여 생활화하는 교육이 되어야 한다.

특히, 이러한 교육의 내용은 정치적으로 중립을 유지하여야 한다. 민주시민교육의 정치적 중립의 일례로서 보이텔스바흐 합의의 원칙을 들 수 있다. 1960년대 독일 학생운동의 여파로 좌우파의 대립이 격심하였으며, 대립은 학교교육에도 나타나서 좌파는 정치교육을 사회변혁의 기제로 삼고자 하였으며, 우파는 서독체제의 유지와 홍보의 수단으로 삼고자 하였다. 이러한 사회현상은 1970년대를 지나며, 독일 정치교육에 있어서 정치적 중립성이 강하게 요구되었으며, 이러한 요구에 부응하여 1976년 몇 몇 학자들이 모여 '보이텔스 바흐 합의의 원칙'을 수립하였다.[23]

---

[21] 학교시민교육전국네트워크, 「학교에서 시작하는) 민주시민교육」, 해냄에듀, 2020, 197-198면
[22] 교육정책디자인연구소 시민모임, 「학교, 민주시민교육을 실천하다! : 선거, 혐오, 미디어… 학교가 실천해야 할 시민교육의 거의 모든 것」, 서울 : 맘에드림, 2020, 42면.
[23] Nel Noddings/ Laurie Brooks 공저, 정창우/ 김윤경 옮김, 「논쟁 수업으로 시작하는 민주시민교육 : 비판적 사고와 시민성 교육을 위한 안내서[Teaching controversial issues : the case for critical thinking and moral commitment in the classroom(c.2017)]」, 서울: 풀빛, 2018, 7면.;

보이텔스 바흐 합의의 원칙은 강제성 금지의 원칙, 논쟁성 유지의 원칙, 정치행위능력 강화원칙의 세가지 원칙으로 구성되어 있다. 강제성 금지의 원칙은 강압적인 교화와 주입의 금지를 의미하며, 논쟁성 유지의 원칙은 수업이나 어떠한 학습에서도 논쟁상황은 여과없이 노출되어야 한다는 것이며, 정치적 행위능력강화 원칙은 시민 스스로 자신의 정치적 상황과 이해관계를 바탕으로 판단하고 실천하는 능력을 배양하여야 한다는 원칙이다.[24)]

논쟁성의 원칙은 학문이나 정치에서 일어나는 논쟁은 교육의 장에서도 그대로 논쟁으로 드러나야 한다는 것으로서 이 원칙은 강압금지의 원칙과 함께 주입과 교화를 금하는 중요한 원칙으로 작용한다. 이들 세 원칙을 최초에 기술한 벨링의 회의록 '보이텔스바흐식 합의? 전문가 대화의 정리'의 내용을 그대로 소개하면 다음과 같다.

"1. 강압 금지, 교사가 자신이 원하는 견해를 – 어떤 방식으로든 – 학생이 받아들이도록 강제하고 그것을 통해서 학생의 '자립적인 판단 형성'을 방해하는 것은 허용되지 않는다. 바로 이 지점이 정치교육과 교화를 가르는 경계선이다. 교화는 – 일반적으로 수용되는 – 민주주의 사회에서 교사가 수행해야 하는 역할과 일치할 수 없으며, 학생의 성숙이라는 목표 설정과도 일치할 수 없다.

2. 학문과 정치에서 논쟁적인 것은 수업에서도 또한 논쟁적으로 나타나야 한다. 이 요구는 위헤엇 언급한 요구와 밀접히 연관되어 있다. 왜냐하면 서로 다른 입장이 무시되고 선택 간으성이 폐기되고 대안이 언급되지 않는다면, 그것이 바로 교화로 가는 길이기 때문이다. 교사는 심지어 교정 기능을 수행해야 하지 않을까라는 질문이 생긴다. 다시 말해, 교사가 학생들(과 정치교육 행사 참가자들)에게 그들 각각의 고유한 절치 사회적 출신 배경으로 인해 낯선 입장과 대안을 특별히 부각시켜 주어야만 하는 것은 아닌지 물어야 한다.

3. 학생은 정치 상황과 자신의 고유한 이익 상태를 분석할 수 있도록 안내되어야 한다. 아울러 학생은 자신의 이익을 위해 당면 정치 상황에 영향을 줄 수 있는 수단과 방식을 찾도록 안내되어야 한다. 그런 목표 설정은 행동 능력을 매우 강조한다."[25)]

---

24) Nel Noddings/ Laurie Brooks 공저, 상게서, 8면.; 진시원·홍익표·오승호, 전게서, 206면.
25) 심성보 [외]지음, 「보이텔스바흐 합의와 민주시민교육 : 이념 갈등과 정치적 대립을 뛰어넘는 교육은 어떻게 가능한가?」, 북멘토, 2018, 85-86면

(3) 민주시민교육의 함정

정치적 중립성을 견지하며, 다양하고 포괄적으로 전개될 민주시민교육은 교육의 왜곡에 의한 함정에 빠져들 수도 있다. 첫째 기성 정치체제를 정당화하는 수단으로 기능할 위험이 있다. 둘째, 정치공학적 접근에 대응과 방법이 희생당할 위험이 있다. 셋째, 일반적으로 교육의 핵심인 '문화'가 왜곡되면서 교육도 함께 왜곡될 우려가 있다. 이러한 함정으로부터 민주시민교육을 보호하기 위한 해결책으로는 민주시민교육의 정치관련성을 인정하는 것에서 출발하고 항상 당파성을 벗어난 정치적 중립성을 견지하여야 한다. 그리고 글로벌화와 전지구적 현상을 수용하여 세계화와 글로벌화로부터 발생하는 문화적 지체현상을 주시하여야 하며, 이의 장기화를 회피하여야 한다. 또한 특정 문화에 치우치지 않는 보편주의적인 윤리관에서 출발하여야 한다.26)

Ⅱ. 민주시민교육에서의 헌법적 쟁점

1. 국가와 사회의 관계

1) 논의의 종류

국가와 사회와의 관계에 관한 논의는 일원론, 이원론, 다원론으로 구별될 수 있다. 일원적(一元的) 국가론은 사회학적 국가론, 경제학적 국가론(맑스 Marx, 엥겔스 Engels), 법학적 국가론(켈젠 H. Kelsen), 국가유기체론(기에르케, Gierke)을 들 수 있으며, 이원적(二元的) 국가론은 옐리네크(G. Jellinek)의 존재(Sein)와 당위(Sollen)에 입각한 국가법인설을 들 수 있다. 다원적(多元的) 국가론을 주장한 학자는 라스키(Lask), 콜(Cole), 맥키버(MacIver) 등이 있다.

2) 이원론에서의 출발

국가와 사회와의 관계에 대한 인식은 이원론에서 출발하여 최근에 일원론이 등장하게 되었다. 국가권력과 통치대상인 국민의 구별에서 출발한 이원론적 인식은 홉스(T. Hobbes)의 복종계약론, 알투지우스(Althusius)의 이중계약론, 로크(Locke)의 위임계약론, 루소(Rousseau)의 사회계약론 등이 있었으며, 당시에는 사회는 다수의

---

26) 김선택 외 3인, 전게서., 6-8면.

피지배를 상정하고 있었다. 이후 프랑스혁명(1789년)을 거치며 19세기 중엽을 전후하여 이원주의는 체계화되었다. 즉 시민들의 참정권이 점차 확대되면서 다수의 시민이 사회의 중심이 되는 시민사회가 오늘날의 대중사회로 발전하면서 헤겔(Hegel), 쉬타인(L. v. Stein), 그나이스트(R. v. Gneist), 몰(R. v. Mohl) 등에 의하여 체계화되었다. 그러나 19세기 후반에서 20세기 초에 이르러 국민주권주의가 보편화되면서 일원론이 -8956----등장하여 치자와 피치자의 동일성(同一性)을 강조하게 되었으며, 국가권력의 담당자와 피지배자가 국민임을 강조하는 원리로서 국가의 국민과 사회구성원의 시민의 분리에서 점차 하나로 통합되어 가는 과정을 거치게 되었다.

3) 일원론의 등장

일원론으로서의 통합은 스멘트(R. Smend)의 동화적 통합과정론을 근거로 하여, 엠케(H. Ehmke)와 헤세(K. Hesse) 등이 주장하였다. 그러나 일원론은 민주주의와 사회국가적 요청에 따른 국가기능의 다양화와 진지화의 경향에 부합하지 못하며, 뵈켄포르테(E. W. Böckenförde)의 비판에 따르면, '치자와 피치자의 동일성'이라는 형식 논리적 민주주의이론은 전체국가적 경향과 상통한다고 한다.

4) 이원론의 일반화

이원론은 이상주의적 이원론과 법실증주의적 이원론 그리고 교차적 이원론으로 구별하여 설명할 수 있다. 이상주의적 이원론은 19세기의 이상주의자들의 이론으로서 국가와 사회를 단절의 관계로 보지는 않았지만, 대립관계로 보는 문제점이 있다. 헤겔(Hegel)은 국가를 논의의 중심으로 삼았으며, 칸트(Kant), 피히테(Fichte), 훔볼트(W. v. Humbolt) 등은 사회를 중심으로 논하였다. 법실증주의적 이원론은 역시 Sein(사회)과 Sollen(규범질서)의 구별에서 출발한 옐리네크의 사회학적 국가관(단체적 통일체)과 법학적 국가관(국민의 사단)이 있다. 그리고 교차(交叉) 관계적 이원론은 국가와 사회의 본질적 차이를 전제로 하면서도 국가와 사회의 조직적이고 기능적인 교차관계를 강조하는 입장(input과 output의 이론)이다. 교차적 이원론의 학자들 중 헤르조그(Herzog), 크뤼그(H. Krüger) 등은 국가중심의 교차관계(Output-Modell)를 주장하였으며, 이슨제(Isensee)는 사회중심의 교차관계(Input-Modell)를 주장하고, 헬러(H. Heller), 뵈켄포르데(E. W. Böcken förde) 등은 양면적 교차관계(Input과 ouput의 균형적 Modell)를 주장하였다. 결국 국가와 사회는 상호영향에 의하여 기능을 발휘할 수 있는 이원적인 것이지만, 상호영향의 방법과 정도를 결정하는 것은 헌법을 비롯한 법질서의 과제이며 시민사회는 국가를 부정하는 것이 아니라, 주권, 영토 및 국민으로 구성된 국가의 실체를 인정하고, 사안에 따라서는 국가의 영역 내에서 혹은 영역을 초월한 초국가적으로 참여하고 결정하는 역할을 수행하고 있다.

2. 정의와 공익

1) 정의론

고대(古代) 아리스토텔레스(Aristoteles)는 정의(正義)를 일반적 정의와 특수적 정의로 분류하고, 특수적 정의를 실현형태에 따라 배분적 정의와 평균적 정의로 구분하였다. 배분적 정의는 상대적 평등과 상통하는 개념으로서 각자의 능력에 따른 분배를 의미하, 평균적 정의는 절대적 평등을 의미하는 것으로서 각자의 개성을 고려하지 않고, 모든 사회구성원들을 동등하게 대우하는 것으로 설명하고 있다. 아리스토텔레스는 법이 추구하는 이념이 정의(正義)이므로 아테네에서 법이 잘 준수된다면 정의는 실현될 것이며, 이것을 일반적 정의라고 하였다. 그리스의 정의사상과 달리 중세(中世)에는 신(神) 앞에서 만의 평등을 강조하였으나, 근대에 이르러서는 루소와 로크의 자연법사상에 영향을 받아, 국가권력에 대한 만인의 평등으로 발전하였다.

- 아리스토텔레스의 정의론 -

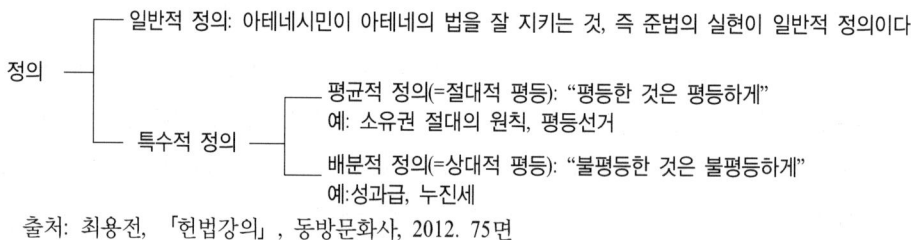

출처: 최용전, 「헌법강의」, 동방문화사, 2012. 75면

2) 공익

(1) 공익의 개념

민주시민에게 공익은 개인의 권리와 함께 조정과 중재의 대상이다. 시민사회에서 공익을 위하여 개인의 이익이 침해되어서도 안되지만, 개인의 이익 앞에서 공익이 훼손되어서도 안된다. 공익은 다수결의 원칙으로부터 소수를 보호할 수 있는

기능을 하며, 정의와 함께 공동선으로서 사회를 지탱하는 중추적 기능을 한다.

공익(公益)은 공공복리, 공공이익, 공공복지, 공공성, 공영성 등으로 표현되고 있으며, "공동이익 또는 모든 사람이 공통으로 갖는 이익"을 의미한다. 공익과 유사한 의미를 갖지만, 공공복리(公共福利)는 공적으로 승인된 제 이익의 묶음 또는 다양한 이익이 집적된 것을 의미하는 특징을 가진다. 공익의 개념은 상대적이고 다원적이며 추상적 특징을 가진다. 그리고 불확정 개념으로서 사회구성원에게 직접 이익을 부여하기보다 간접적으로 이익을 주는 것이며, 구체적으로 그 수혜대상을 특정하기도 곤란하다. 그러므로 공익의 개념은 사회정의의 원리 및 보호원리 그리고 이해조정원리로서의 기능하여야 한다.

시민사회에서의 공익개념의 판단은 구체적인 상황 속에서 다양한 정보와 제 이익을 조사하고, 상호간의 비교형량을 통하여 충분한 토론과 참여의 과정에서 결정되어져야 하며, 간혹 대의기관에의하여 실정법으로서 법률에 명시적으로 구체화될 수도 있다. 공익의 개념이 명문 규정에 명시된 경우에는 부득이 해당 법률의 규정에 따라서 판단하여야 한다.

(2) 토지법제에서의 공익

현대 국가에서 공익과 사익의 경계가 가장 모호한 분야가 토지행정분야이다. 토지는 사유재산의 대상, 소유권의 대상, 지대가치 추구의 대상이며, 비대체성, 공급의 제한성, 인구증가에 따른 지속적 수요의 증가성 등의 특성을 가진다. 이러한 특징을 가진 토지에 대한 제한의 근거는 공익의 고려이며, 토지에 관한 권리 제한의 근거로서의 공익은 공공복리, 국토의 효율적 이용, 지역사회의 건전한 발전, 환경보전 등으로 구체화된다.

토지는 공익과 사익의 양면성을 가지고 있기에 공공재와 사유재의 성격이 공존하고 있다. 그러므로 대립관계의 해소와 조정이 필요하다. 헌법상 토지에 대한 공익과 사익에 대한 규정을 보면, 헌법 제23조에서 재산권 보장, 재산권행사의 공공복리 적합의무, 공공필요에 의한 재산권의 침해를 인정하고 있으며, 토지의 공공성과 사유성으로 인하여 타 재산권 보다 강력한 규제가 필요하다.

헌법 제23조 ①모든 국민의 재산권은 보장된다. 그 내용과 한계는 법률로 정한다.
② 재산권의 행사는 공공복리에 적합하도록 하여야 한다.
③ 공공필요에 의한 재산권의 수용·사용 또는 제한 및 그에 대한 보상은 법률로써 하되, 정당한 보상을 지급하여야 한다.

(3) 토지영역에서의 공익과 사익의 조정

토지에 대한 공익과 사익의 충돌의 경우, 최종적인 판단은 헌법재판소의 결정과 대법원의 판결에 의하여 결정되며, 헌법재판소와 대법원은 대체로 토지재산권이 규제에 대한 공익을 우선시하는 입장을 취하고 있다.

표 77 헌법재판소 판례에 나타난 공익과 사익 및 판단기준

구 분	내 용
공 익	투기억제, 거래상한가통제, 개발이익배제, 법적 안정성, 지가안정, 토지공급확대, 공익사업수행, 조세형평, 국민경제안정, 토지의 효율적 이용과 관리, 자연환경보전, 지역의 균형 발전 등
사 익	재산권보장, 직업선택의 자유, 거주이전의 자유, 사적자치의 원칙 등
판단기준	과잉금지, 명확성, 본질적 내용 침해금지, 신뢰보호, 소급입법금지의 원칙

표 78 대법원 판례에 나타난 공익과 사익 및 판단기준

구 분	내 용
공 익	도시의 무질서한 확장 방지, 자연환경보전, 건전한 생활환경 확보, 군사시설의 보호, 군사작전의 원활한 수행, 토지투기장지, 토지의 효율적인 이용촉진, 국민경제의 건전한 발전, 공평한 택지소유 유도, 택지의 공급촉진 및 국민주거생활 안정
사 익	재산권보장, 거주이전의 자유, 직업선택의 자유
판단기준	정당보상, 본질적 내용침해금지, 과잉금지, 포괄적 위임금지, 소급입법금지, 조세법률주의, 평등원칙

3. 민주주의

1) 민주주의의 의의

(1) 개념

민주주의(民主主義)는 다의적(多義的) 개념으로서 정치원리로 보거나(좁은 의미), 생활원리(넓은 의미)로 볼 수도 있으나, 좁은 의미로 이해하여 민주주의는 '국민의 정치참여에 의해서 자유·평등·정의실현이라는 인류사회의 기본가치를 실현시키려는 국민의 통치형태'라고 할 수 있다.

(2) 민주주의의 이해

① 넓은 의미의 민주주의

민주주의를 보편적 개념으로 받아들여서 생활의 실천원리로서 파악하고 비정치적 생활영역에 까지 확대적용(예: 민주화, 경제민주주의, 대학민주주의, 경영민주주의 등)하려는 경향으로서 60년대 이후 뚜렷해졌다. 이는 민주주의의 형식원리(다수결원칙)에 따라 이해관계인의 적극적인 참여와 발언권 내지는 결정참여권을 쟁취하려는 것이다. 시민사회는 넓은 의미의 민주주의를 선호하는 경향을 가지고 있다.

② 좁은 의미의 민주주의

민주주의를 특정한 정치원리로서 받아들여, 이를 정치형태(정치방식)으로 이해하기도 하고, 정치적 목적(정치적 내용)로 이해하기도 하며, 대부분의 헌법학자들은 민주주의를 좁은 의미로 즉 정치원리로 보고 있으며, 시민사회도 좁은 의미의 민주주의를 경우에 따라 목적과 절차로서 받아들이고 있으며, 특히 민주시민교육에 있어서의 민주의 핵심은 좁은 의미의 민주주의를 의미한다고 할 수 있다.

2) 민주주의 본질

(1) 초기 민주주의이론

초기민주주의이론은 '국가권력의 주체가 국민인 통치형태'를 민주주의이론의 핵심으로 파악하였으며, 헤로도트(Herdot)의 일인통치·소수통치와 대립된 '전체국민의 통치형태'에서 기원을 찾을 수 있다.

민주주의이론은 이후 플라톤과 아리스토텔레스, 루소와 쉬예스에 의하여 발전되었다. 플라톤(Platon)은 '자유의 원리를 실현시키는 통치형태'가 '민주국'이라고 하여 '자유'와 민주주의를 접목하였다. 아리스토텔레스(Aristotelles)는 '국가적 후견으로부터의 자유'를 강조하고 이는 국민 모두가 평등하게 국사(國事)에 참여함으로써 실현될 수 있다고 생각하였으며, 즉 '평등'한 정치참여를 강조하고 '평등'한 정치참여가 자유실현의 수단이라고 판단하였다. 쉬예스(Sieyès)는 그의 대의제민주주의이론을 통하여 1776년 미국독립이후 민주주의의 제도화에 기여하였으며. 루소(Rousseau)는 사회계약론과 총의론을 기본으로 한 '자기통치적 직접민주주의'를 주장하였고, 국민주권이론을 정립한 현대민주주의이론의 정신적 아버지가 되었다. 이후 자유주의사상에 바탕을 둔 권력분립이론과 결합되어 현대 정치제도에 많은 영향을 미쳤다.

그러나 초기 민주주의학자들은 '국가'란 인간을 떠나서 존재할 수 없음에도 불구하고 선재(先在)하는 국가권력을 전제로 하고 있으며, 국가란 인간의 정치적 활동단위이며, 국가권력도 사회의 조직과정에서 창설되는 것에 불과한 것이라고 하였다. 그리고 그들은 '국민'을 인격화하여 '행위능력'을 인정하고 국가권력을 소유·행사한다고 봄으로써 '국민'에게 무제한의 권력을 부여하여 인권론이나 권력분립론과 조화될 수 없도록 하였다. 선재하는 국가권력에는 민주시민들이 권력을 함께 공유할 여지를 허용하지 않았으나, 점차 국민이나 시민들이 주권자로의 역할과 활동 영역을 넓혀가면서, 일부 시민들의 참여가 허용되기 시작하였다.

(2) 본질론의 두 흐름

① 정치형태(정치방식)으로 보는 견해(경험적·기능적 접근론)

민주주의를 정치과정 또는 정치방식으로 이해하는 입장으로, 정치과정의 결과가 가변적(可變的)이라는 상대적(相對的) 민주주의의 경향을 띠고 있다. 그리고 국민에 의한 통치와 지배를 중시하여 이를 기준으로 민주정치와 전제정치를 구별하였다. 루소의 '치자 피치자 동일성이론'을 바탕으로 칼 쉬미트(C. Schmitt)에 의하여 계승되었으며, 한스 켈젠(H. Kelsen)은 '민주주의는 국민에 의한 정치(government by the people)'라고 하여 민주주의의 내용이 임의로 상대화될 수 있다는 상대적 민주주의로 발전되었다. 이들 주장의 본질적 요소로는 국민에 의한 국민의 지배, 다수결원칙, 정치과정의 자유와 공개성 등을 들 수 있다.

그러나 정치적 과정만을 중시하고 결과의 내용의 합치여부를 경시하여, 시민 자신의 이익과 배치되는 결과가 나오더라도 절차가 정당하면 정당성을 인정하게 되는 박수민주주의, 인민민주주의로 흐를 위험이 있으며, 전체와 개인의 이해관계를 동일시하고 사회 전체의 '유일하고도 통일된 전체의사'를 의제(擬制)함으로서 중앙집권화된 권력에 대한 통제와 시민의 자유와 권리 보장의 문제를 논의할 수 없고 다원주의를 부정하는 전체주의적(全體主義的) 위험성을 갖고 있다. 즉 '국민의 자기통치'는 국가권력의 창설과 그 행사의 정당성을 국민의 의사에 귀착시킬 수 있는 통치형태로 보아야 하는 것이다.

② 정치이념(목적·내용)으로 보는 견해(고전적·규범적 접근론)

민주주의를 실현되어야 할 특정한 정치적 이념이나 목적으로 인식하는 견해로서, 막스 아들러(Max Adler)는 '민주주의는 국민을 위한 정치'라고 하였다. 이념이나 목적이 무엇이냐에 관하여 '자유(自由)'라고 보는 견해(자유민주주의: 시민민주주의)와 평등(평등민주주의: 사회민주주의)이라고 보는 견해가 대립되어 있으며, 자유·평등·정의라고 보는 견해도 있다.

그러나 특정 목적의 실현을 위하여서는 수단과 방법을 경시하는 위험성이 있다. 즉 국민전체의 복지실현 혹은 경제적 기회균등의 실현을 표방하는 것이라면 폭력적·자의적 지배일지라도 용납되어야 한다는 모순이 있다. 민주주의를 정치이념으로 보는 경우에는 상대적으로 정치방식으로 보는 견해에 비교하여 민주시민의 역할이 좁아지며, 민주시민교육도 위축되는 경향을 가지게 된다.

③ 실질적 민주주의론

실질적 민주주의론은 민주주의의 이념과 목적을 설정하고(실질적 요소), 이를 실현하기 위한 수단을 강조하며(형식원리), 이러한 수단이 제도적으로 성공하기 위한 정신적 자세(생활철학)를 요구한다. 민주주의의 실질적 요소는 국민주권·자유·평등·정의이며, 민주주의는 이를 실현시키기 위하여 창안된 통치형태라고 한다. 그리고 이러한 실질적 요소를 국민의 정치참여에 의하여 실현시키려는 통치형태가 민주주의이므로 국민의 정치참여를 위한 수단으로서 법질서, 국민투표 및 선거제도, 복수정당제도, 다수결원칙, 소수보호, 인권보장, 권력분립제도, 사법권독립, 헌법재판제도, 지방자치제도, 공무원의 정치적 중립성(민주주의의 형식적 요소)등을 든다. 나아가 민주주의의 실질적요소와 형식원리를 실현·유지하기 위하여서는 사랑, 관용, 공명심, 책임감, 대아적(大我的) 자세, 순수성, 사리사욕을 초월하는 생활태도, 협상의 자세 등 윤리적·도덕적 철학이 실천되어야 한다고 한다. 민주시민교육의 실체로서의 민주주의는 실질적 민주주의론을 전제로 구성되어야 하며, 목적과 수단의 양 측면에서 모두 시민의 주권적 참여가 이루어져야 한다.

3) 민주주의의 유형

(1) **자유민주주의와 사회민주주의**

자유와 평등의 이념 중 '자유'의 실현을 중시하면 자유민주주의, '평등'을 중시하여 '자유'에 우선시키면 사회민주주의(평등민주주의)라고 할 수 있다. 자유민주주의(自由民主主義)는 자유주의와 민주주의의 양자가 결합된 정치원리로서, 이때의 자유주의는 국가권력의 간섭을 배제하고 개인의 자유와 자율을 옹호하고 존중할 것을 요구하는 사상으로 받아들이고 있다. 사회민주주의(社會民主主義)란 자유민주주의를 부정하거나 배격하는 것이 아니라 자유민주주의를 전제로 하면서 사회정의와 국민복지의 실현을 위하여 자유의 체계에 적절한 제한이 가해지는 민주주의

즉 자유민주주의를 전제로 하여 실질적(實質的)인 평등(平等)을 지향(指向)하는 민주주의의 한 유형이다. 사회민주주의라는 용어는 시대의 추이에 따라 변동하여 때로는 정반대의 의미로 쓰여 지기도 하였다. 즉 19세기 후반부터 제1차세계대전 까지는 '공산주의'와 동의어로 사용되었으며, 볼셰비키혁명 후에는 볼셰비키가 공산당으로 용어를 바꾸자 공산당을 반대하는 사회주의로서 민주주의와 동의어로 사용하였다. 그리고 제1차세계대전 후의 독일에서는 수정마르크스주의를 의미하였으며, 나찌의 탄압을 받았으며, 제2차세계대전 후에는 사상적 의미를 상실하였으나, 현대에 이르러 각국에서 정당의 기본강령으로 선택되었다.

(2) 절대민주주의와 제한민주주의

절대민주주의는 국민의 의사에 절대적인 가치를 부여함으로써 '국민의 의사'를 제외한 어떠한 객관적인 가치도 인정하지 않는 이데올로기로서 국민주권을 자유·평등·정의 보다 우선시하고, '다수결원칙'을 가장 중요한 내용으로 하며, '가치중립성'과 '가치의 상대성'을 중시한다. 정치적 후진국의 민주주의는 대부분 절대민주주의 성격을 띠고 있다.

제한민주주의란 제한민주주의 예로는 정책결정에 참여할 수 있는 국민의 범위가 제한되는 정치원리이다. 직접민주주의에서 고대 희랍국가, 스위스를 들 수 있으며, 대의민주주의(간접민주주의)가 연방국가원리나 입헌군주제에 의하여 그 기능이 제약되는 예로서는 스페인을 들 수 있다.

4) 우리헌법상 민주주의의 보장수단

(1) 적극적 보장

우리헌법은 민주주의의의 내용이 되는 제도를 채용하고 있으며, 자유로운 의사형성과 표현을 보장하고 의회제도와 정치과정을 공개하고 있다. 특히 국민주권을 선언하고 직·간접적인 민주주의 제도, 민주적 공무원제도, 복수정당제와 정당활동의 보장 등을 통하여 민주주의를 구현하고 있다. 경제적·사회적 민주주의와 국제평화주의, 권력분립주의, 법치주의 등도 자유주의 등과 결합하여 민주주의구현에 중요한 기초를 제공하고 있다.

⑵ 소극적 보장

민주주의의 보장을 위한 소극적 보장 즉 전투적·방어적 민주주의에 해당하는 다양한 제도를 두고 있다. 국가에 의한 민주주의의 침해를 방어하기 위하여 탄핵제도, 해임건의, 위헌법률심사, 헌법소원, 저항권행사 등이 있으며, 정당에 의한 침해를 방어하기 위하여 위헌정당해산제도를 두고 있고, 국민으로부터 민주주의를 보장하기 위하여 형법, 국가보안법, 각종 행정법규를 두고 있다.

4. 민주적 기본질서

1) 의의

⑴ 연혁과 현행헌법규정

민주적(民主的) 기본질서란 자유(自由)와 평등(平等)을 기본이념으로 하며, 자유민주적 기본질서와 사회민주적 기본질서를 포함하고 있다. '민주적 기본질서'는 1919년 바이마르헌법의 '상대주의'의 원리로 부터 자유를 보호하기 위하여 본(Bonn)기본법에서 처음으로 등장한 개념이며, 우리나라는 제2공화국헌법 제13조 2항에서 '헌법의 민주적 기본질서'로 처음 규정하였다. 현행헌법은 전문('자율과 조화를 바탕으로 자유민주적 기본질서를 더욱 확고히 하여'), 제1조 제1항('대한민국은 민주공화국이다'), 제4조('대한민국은 통일 지향하며, 자유민주적 기본질서에 입각한 평화적 통일정책을 수립하고 이를 추진한다'), 제8조 제2항('정당은 그 목적·조직·활동이 민주적이어야 하며)과 제4항('정당의 목적이나 활동이 민주적 기본질서에 위배될 때에는') 그리고 제32조 제2항('국가는 근로의 의무의 내용과 조건을 민주주의원칙에 따라 법률로 정한다') 등에서 규정하고 있다.

⑵ 법적성격

민주적 기본질서는 헌법의 기본적 구성원리이며, 헌법 및 법령의 해석기준, 헌법개정의 한계, 인권 보장의 한계(인권의 제한사유), 평화통일의 지표, 재산권의 내용과 한계 등의 성격을 갖는다.

2) 민주적 기본질서의 내용

(1) 민주적 기본질서의 내용

민주적 기본질서는 대한민국의 정치적(政治的) 기본질서로서 민주주의(民主主義)의 헌법질서적 표현이며, 국민주권주의, 복수정당제, 지방자치제, 국민의 국정참여, 다수의 지배와 소수자의 보호, 정치적 활동의 자유와 정치적 인권 보장, 국민의사의 다원화 인정, 국가로부터 자유로운 여론의 형성 등을 구체적 내용으로 하고 있다.

한편 민주적 기본질서를 자유민주적 기본질서와 사회민주적 기본질서로 구분하여 보면, 먼저, 자유민주적 기본질서란 자유주의를 강조하는 민주주의 질서로서 민주적 기본질서와 법치적 기본질서를 가미한 것이라고 할 수 있으며, 자유민주적 기본질서는 민주적 기본질서의 내용 외에 법치적 기본질서로서 인권(자유권)보장, 권력분립, 의회주의, 사법과 행정의 합법성(형식적 법치주의), 사유재산제와 시장경제질서를 기본으로 하는 경제질서, 사법권독립, 국가권력의 예측가능성 등을 추가로 들 수 있다. 또한 사회민주적 기본질서는 실질적 평등을 강조하는 민주주의로서 민주적 기본질서와 사회정의(社會正義)·복지주의(福祉主義)의 실현을 그 목적으로 하는 것으로 자유주의를 인정하면서 사회적 정의와 사회복지의 실현을 위하여 자유에 대한 어느 정도의 제한을 인정하는 것이다. 사회민주적 기본질서의 내용으로는 생존권적 인권 보장, 국제평화주의(대외적 생존권 확보), 사회적 시장경제질서, 실질적 법치주의 등을 들 수 있다.

(2) 민주적 기본질서와 타 조항과의 관계

민주적 기본질서를 저촉규정으로 한 가장 대표적인 조항인 헌법 제8조 제4항의 '민주적 기본질서'와 관련하여 민주적 기본질서의 개념에 대한 견해가 갈려있다. 첫째 민주적 기본질서를 자유민주적 기본질서로 보는 견해에 따르면, 헌법 제1조 제1항의 '민주'의 개념은 자유민주주의와 사회민주주의를 포함하는 내용이나, 헌법 제8조 제4항의 '민주적 기본질서'는 자유민주적 기본질서만을 의미한다고 주장하고 있다(통설). 둘째 자유민주적 기본질서와 사회민주적 기본질서로 보는 견해는 민주적 기본질서는 사회적 법치주의를 배격하는 개념은 아니라고 하며, 민주적 기본질서를 자유민주적 기본질서로만 해석하는 것은 민주주의의 이념을 자유와 평등만으로 국한하려는 사고이며 복지와 사회정의의 요소를 무시한 것이라고 한다.

따라서 민주적 기본질서는 자유민주적 기본질서와 사회민주적 기본질서를 내포하는 상위개념 내지 공통개념이라고 한다.

> 헌법 제1조 ①대한민국은 민주공화국이다
> 헌법 제8조 ④정당의 목적이나 활동이 민주적 기본질서에 위배될 때에는 정부는 헌법재판소에 그 해산을 제소할 수 있고, 정당은 헌법재판소의 심판에 의하여 해산된다.

그리고 민주적 기본질서가 헌법 제37조 제2항의 법률유보의 목적과 어떠한 관련을 갖는가에 대하여 견해가 갈려있다. 첫째 민주적 기본질서는 헌법유보의 내용이 되는 것이므로 헌법 제37조 제2항과는 그 차원을 달리한다는 견해도 있으며, 둘째 질서유지에 포함시켜야 한다는 견해도 있고, 셋째 국가안전보장에 포함시켜야 한다는 견해도 있다. 세 번째 견해가 다수설이라고 하겠다.

> 헌법 제37조 ②국민의 모든 자유와 권리는 국가안전보장·질서유지 또는 공공복리를 위하여 필요한 경우에 한하여 법률로써 제한할 수 있으며, 제한하는 경우에도 자유와 권리의 본질적인 내용을 침해할 수 없다.

독일연방헌법재판소: 민주적 기본질서란 모든 폭력적 지배와 자의적 지배를 배제하고, 그때 그때의 다수의 의사와, 자유 및 평등에 의거한 국민의 자기결정을 토대로 하는 법치국가적 통치 질서를 의미한다. 따라서 민주적 기본질서의 개념요소로는 독재체제의 부정, 자유·평등의 보장, 다수결의 원칙, 국민의 자율성, 법치주의를 들 수 있다.

▶ 헌재판례: 자유민주적 기본질서를 부정하며, 인민민주주의를 지향하는 북한 공산정권을 지지하면서 미군정기간 공권력의 집행기관인 경찰과 그 가족, 제헌의회의원선거 관련인사·선거종사자 또는 자신과 반대되는 정치적 이념을 전파하는 자와 그 가족들을 가해하기 위하여 무장세력을 조직하고 동원하여 공격한 행위까지 무제한적으로 포용하는 것은 우리 헌법의 기본원리인 자유민주적 기본질서와 대한민국의 정체성에 심각한 훼손을 초래한다. 이러한 헌법의 지향이념에다가 제주4·3특별법이 제정된 배경 및 경위와 동법의 제정목적, 그리고 동법에 규정되고 있는 '희생자'에 대한 개념인식을 통하여 보면 수괴급 공산무장병력지휘관 또는 중간간부로서 군경의 진압에 주도적·적극적으로 대항한 자, 모험적 도발을 직·간접적으로 지도 또는 사주함으로써 제주4·3사건 발발의 책임이 있는 남로당 제주도당의 핵심간부, 기타 무장유격대와 협력하여 진압 군경 및 동인들의 가족, 제헌선거관여자 등을 살해한 자, 경찰 등의 가옥과 경찰관서 등 공공시설에 대한 방

화를 적극적으로 주도한 자와 같은 자들은 '희생자'로 볼 수 없다(헌재 2001.09.27, 2000헌마238, 판례집 제13권 2집, 383 제주4·3사건진상규명및희생자명예회복에관한특별법의결행위취소등)

3) 민주적 기본질서의 침해에 대한 보장

(1) 민주적 기본질서의 침해양태

민주적 기본질서의 침해는 생명권의 박탈, 인격권의 경시 등 인간의 존엄성을 침해하는 것, 민주주의를 배척하고, 1인정치나 과두정치를 택하는 것, 부정한 선거제도나, 일당제도의 도입과 정치적 자유를 침해하려는 비공개적인 정치과정, 권력집중적인 인민공화제를 택하거나 정부의 독선, 법치주의의 배제, 사법권독립의 침해, 부익부빈익빈의 자유를 실시하려는 자 등의 양태로 나타날 수 있다.

(2) 침해에 대한 보장

민주적 기본질서의 침해의 주체로는 국가기관과 정당 또는 국민을 예상할 수 있다. 국가기관의 침해에 대하여는 헌법재판소의 위헌법률심사와 국회의 탄핵소추와 헌법재판소의 탄핵심판, 그리고 초실정법적인 저항권이 있다. 정당에 의한 민주적 기본질서의 침해에 대해서는 위헌정당해산심판이 있다. 헌법 제8조 제4항에 의하면, 정당의 목적이나 활동이 민주적 기본질서에 위배될 때에는 정부가 헌법재판소에 위헌정당해산심판을 제소하고 헌법재판소의 심판에 의하여 위헌정당은 해산된다. 또한 헌법의 최후수호자인 국민이 오히려 민주적 기본질서에 위배되는 행위를 할 수 있으며, 이러한 경우에는 헌법이나 국가보안법 및 기타 법률에 의하여 형벌이 가하여짐으로써 민주적 기본질서를 보호할 수 있다.

4) 우리헌법상 구현내용

(1) 직접적 구현

민주적 기본질서는 주권재민(主權在民)을 그 특징으로 하고 있기에, 우리 헌법도 제1조 제2항에서 국민주권을 선언하고 있으며, 국민주권주의를 실현하는 제도로써 간접민주제(제41조 제1항와 제67조), 직접민주제(제72조와 제130조 제2항)등을 규정하고 있으며(국민주권 선언), 민주정치는 인간의 자유, 안전, 행복 그리고 평등을 보장하는 것을 그 목표로 하므로, 우리 헌법도 전문 및 제2장 국민의 권리와 의무에서 평등권, 자유권적 인권, 생존권적 인권, 청구권적 인권, 참정권 등을 보장하고 있다(기본적 인권의 보장). 그리고 국가권력기관이 그 정당성을 제공해 준 국민에게 책임을 져야 마땅하기에, 정부는 국민에 대하여 책임을 지는 민주적 책임정치를 규정하고 있다(정부의 책임성). 또한 민주주의는 의견과 이익의 다양성 위에 존재하고 있으므로, 국가정당제나 단일정당제는 민주주의 원칙에 위배된다. 즉 복수정당제만이 정치과정의 공개성, 의견의 다양성, 정권의 평화적 교체를 보장하기 때문에, 이것은 민주적 기본질서의 중요한 요소가 되고 있다(복수정당제와 정당활동의 자유).

표 79 민주적 기본질서에 관한 헌법조문

조 문	내 용
제1조	② 대한민국의 주권은 국민에게 있고, 모든 권력은 국민으로부터 나온다.
제41조	① 국회는 국민의 보통·평등·직접·비밀선거에 의하여 선출된 국회의원으로 구성한다.
제67조	① 대통령은 국민의 보통·평등·직접·비밀선거에 의하여 선출한다.
제72조	대통령은 필요하다고 인정할 때에는 외교·국방·통일 기타 국가안위에 관한 중요정책을 국민투표에 붙일 수 있다.
제130조	② 헌법개정안은 국회가 의결한 후 30일 이내에 국민투표에 붙여 국회의원선거권자 과반수의 투표와 투표자 과반수의 찬성을 얻어야 한다.

(2) **자유주의와 결합한 민주주의의 구현**

권력분립의 원리는 자유주의의 요청이며 민주주의의 절대적 요소는 아니라 하더라도, 자유주의와 결합된 자유민주주의에 있어서는 결정적 의의를 가지며(권력분립주의), 법치주의는 권력분립의 원리와 함께 자유주의의 원리로 발달되어온 자유민주주의의 구성요소이다. 이러한 법치주의가 민주주의의 요소로 인정될 수 있는 것은 국민총의의 표현인 법에 의한 지배라는 점이 강조되기 때문이다. 오늘날 사회적 법치주의의 이념이 등장하고 있어 사회민주주의의 구성요소로서도 인정되고 있다(법치주의).

(3) **기타**

국제사회에서 민주주의를 확보하기 위하여는 국제평화주의가 요청된다. 오늘날 국제평화주의는 서구 민주주의의 공통적인 현상이며, 전쟁의 금지와 평화의 보장은 국제적 민주주의의 보장을 위하여 불가결한 것이다(국제평화주의). 또한 국민의 인권에 대한 사법적(司法的)보장은 법치주의의 근본적 요청이며, 이를 위하여 사법권의 독립이 요구되어진다. 사법권의 독립은 입헌민주주의적 법치국가의 초석이며, 시민적 법치국가의 중요한 조직적 징표이다(사법권의 독립). 민주주의 원리는 정치적 영역에서 뿐만 아니라 경제적·사회적 영역에서도 보장되어야 한다. 이러한 사회적 정의와 안전에 관한 원리를 사회국가원리라고 하며, 이는 사회민주적 기본질서의 요소가 되고 있다. 우리 헌법도 제10조, 제34조, 제119조 제2항에서 이 사회국가 원리를 규정하고 있다(경제적·사회적 민주주의).

표 80 사회민주적 기본질서에 관한 헌법조문

조문	내용
제10조	모든 국민은 인간으로서의 존엄과 가치를 가지며, 행복을 추구할 권리를 가진다. 국가는 개인이 가지는 불가침의 기본적 인권을 확인하고 이를 보장할 의무를 진다.
제34조	① 모든 국민은 인간다운 생활을 할 권리를 가진다. ② 국가는 사회보장·사회복지의 증진에 노력할 의무를 진다. ③ 국가는 여자의 복지와 권익의 향상을 위하여 노력하여야 한다. ④ 국가는 노인과 청소년의 복지향상을 위한 정책을 실시할 의무를 진다. ⑤ 신체장애자 및 질병·노령 기타의 사유로 생활능력이 없는 국민은 법률이 정하는 바에 의하여 국가의 보호를 받는다. ⑥ 국가는 재해를 예방하고 그 위험으로부터 국민을 보호하기 위하여 노력하여야 한다.
제119조	② 국가는 균형있는 국민경제의 성장 및 안정과 적정한 소득의 분배를 유지하고, 시장의 지배와 경제력의 남용을 방지하며, 경제주체간의 조화를 통한 경제의 민주화를 위하여 경제에 관한 규제와 조정을 할 수 있다.

5. 방어적 민주주의

1) 의의 및 성격

(1) 의의

방어적(防禦的) 민주주의란 민주주의의 이름으로 민주주의 그 자체를 파괴하거나 자유의 이름으로 자유 그 자체를 말살하려는 민주적·법치국가적 헌법질서의 적에 대하여 자신을 효과적으로 방어하고 그와 투쟁하기 위한 방어적·자기수호적 민주주의를 말한다.

(2) 성격

방어적 민주주의는 민주주의와 인권의 본질을 수호하고자하는 기능을 가지고 있으며, 이는 가치구속적 민주주의관의 산물로서 가치상대주의적 헌법관에서는 부인될 수 있다. 그러나 방어적 민주주의는 헌법의 최고규범성과 실효성을 보장하며, 헌법의 적으로부터 사전예방적으로 헌법을 수호할 수 있는 유효한 수단이며(헌법수호의 수단), 다수의 횡포로부터 실질적 민주주의의 이념을 보호할 수 있는 장치이다(소수자 보호).

2) 전개과정

(1) 이론

방어적 민주주의론의 사상적 기원은 프랑스혁명 당시의 생쥐스트(Saint-Just)의 '자유의 적에게는 자유가 없다'라는 구호에서 찾을 수 있다. 또한 독일에서는 다수결에 의한 형식적 절차에 집착하고 불가침의 내용과 가치가 무시되면서 나찌(Nazi)의 집권이 나타나고 바이마르(Weimar) 공화국이 붕괴되었다. 이러한 경험을 겪으면서 민주주의의 상대주의적 가치중립성에 대한 자제(自制)와 한계(限界)를 인식하면서, 이에 대한 반성으로 1930연대 말, 뢰벤스타인(K. Löwenstein), 만하임(K. Manheim)의 전투적 민주주의론이 주창되었다.

(2) 입법례

방어적 민주주의를 실현하는 제도로서 나타난 대표적인 것이 위헌정당해산제도(본기본법 제21조 제2항)와 인권실효제도(본기본법 제18조)이다. 인권실효제도는 특정인 또는 특정조직이 헌법적 가치질서를 파괴하기 위한 오도된 목적으로 인권을 악용하는 경우에 헌법법원에서 헌법상 보장된 인권을 상실시킴으로서 헌법질서의 적으로부터 헌법을 수호하려는 제도이다.

(3) 독일연방헌법법원판례

독일연방헌법법원의 방어적 민주주의에 관한 판결로는 1952년 10월 23일 사회주의국가당(SRP) 위헌판결(최초판결), 1956년 8월 17일 독일공산당(KPD) 위헌판결, 1970년 2월 18일 군인판결, 1970년 12월 15일 도청판결, 1975년 5월 22일 급진주의자판결이 있다.

3) 한계

방어적 민주주의는 민주주의의 본질을 침해해서는 안되며, 국민주권·법치국가·사회국가·평화국가 등의 원리의 본질을 침해해서도 안되며, 소극적·방어적이어야 하며, 적극적·공격적이어서는 과잉금지의 원칙을 위배하기 쉽다.

4) 한국헌법상의 방어적 민주주의

(1) 헌법상의 원리

우리헌법상 방어적 민주주의의 한 형태로 볼 수 있는 것은 국가형태로서의 민주공화국, 위헌정당의 강제해산제도, 인권 제한 사유 등을 들 수 있다.

(2) 판례

헌법재판소와 법원은 우리헌법이 민주주의를 최고이념으로 하고 이를 수호하기 위하여 '방어적 민주주의'의 이념을 수용하고 있는 것을 전제로 많은 판결을 내렸다. 특히 최근 헌법재판소는 위헌정당해산심판제도가 바로 '방어적 민주주의' 이념의 한 요소라고 판시하였다.

▶ 헌재판례: 헌법 제8조 제4항은 …… 민주주의를 파괴하려는 세력으로부터 민주주의를 보호하려는 소위 '방어적 민주주의'의 한 요소이고, 다른 한편으로는 헌법 스스로가 정당의 정치적 성격을 이유로 하는 정당금지의 요건을 엄격하게 정함으로써 되도록 민주적 정치과정의 개방성을 최대한으로 보장하려는 것이다(헌재 1999. 12. 23. 99헌마135, 경찰법 제11조 제4항 등 위헌확인).

6. 국민주권론

1) 의의

(1) 개념

국민주권(國民主權)이란 주권이 '이념적 통일체로서 전체국민'에게 있음을 의미한다. 헌법의 기본원리로서 헌법·법령해석의 기준이 되며, 헌법개정의 한계이다. 국민주권사상은 전제군주정하에서 항의적(抗議的)·투쟁적(鬪爭的) 이데올로기로서 발전하였으며, 알투지우수(J. Althusis)가 제창한 후, 로크(J. Locke)와 루소(J. J. Rousseau) 등에 의하여 발전하였다. 이 사상은 1776년 6월 버어지니아 인권선언 제2조, 7월의 미국의 독립선언, 1787년 미연방헌법에서 성문화되었고(미국), 프랑스의 인권선언과 1791년 프랑스 헌법에서도 채택되었다(프랑스).

(2) **주권개념의 학설**

주권을 헌법제정권력과 동일시하는 견해에 따르면, 주권을 국정에 있어서 국가의사를 전반적 최종적으로 결정할 수 있는 힘, 즉 최고의 국가의사 결정권으로 본다(다수설). 한편 주권을 국정의 최종적 권위로 보아 국가정치에 있어서 방향을 최종적으로 결정하는 권위 또는 권력이며, 헌법제정 행위 기타 국가권력을 정당화시키는 권위로서 헌법제정권력과 통치권 등을 내포한다고 주장한다.

(3) **주권개념 실재부인설**

국민을 떠나 선재(先在)하는 주권이라는 실체는 존재할 수 없으며, 주권은 인권과 같은 구체적 내용을 지닌 권리가 아니므로 주권(主權)이라는 개념 자체를 부인하는 견해도 있다. 주권개념실재부인론에 따르면, 국민주권주의는 주권과 국가권력을 정당화시켜주는 정당화논리라는데 의의가 있으며, '국민'은 '관념의 크기'에 불과하다고 보며 하나의 기관으로 보지 않는다. 즉, 주권 자체를 국민(nation)주권과 인민(people)주권으로 분류할 수 없다고 한다.

2) 주권론의 발전(주권의 소재에 의한 분류)

(1) **군주주권(君主主權)**

군주주권론자로는 보댕(J. Bodin)과 홉즈(T. Hobbes)를 들 수 있다. 보댕은 국가론에서 주권론을 이론화(주권과 통치권의 구별, "국가에 관한 6편")하였으며, 주권은 신의(神意)의 대행자인 군주에게 귀속된다고 하였다. 홉즈는 절대군주정을 가장 이상적인 통치체제라고 찬양하였다. 무정부상태와 '만인에 의한 만인의 투쟁상태'의 극복을 위하여 계약에 의한 통치단체의 조직과 통치단체의 공권력이 필요하며, 이 공권력은 자연인으로서의 군주가 담당하여야 하고, 인간은 본성이 악하기 때문에 이 계약은 취소가 불가능하다고 하며, 저항권을 부인하였다.

(2) 국민주권(國民主權)

국민주권론자는 알투지우스(J. Althusis), 로크(J. Locke), 루소(J. J. Rousseau)를 들 수 있다. 알투지우스는 국가성립의 근거로 계약(契約)을 들었다. 그는 국가는 이중계약(二重契約)에 의하여 구성되며, 통합계약(統合契約)을 통하여 국가가 형성되고, 통치계약(統治契約)에 따라 통치자가 통치권을 행사한다고 주장하였다. 로크는 시민사회의 구성은 사회계약(社會契約)에 의거하며, 근본법인 헌법을 제정하기 위하여 입법기관이 있어야 하고 이 기관이 최고의 권력을 가진다고 하였다. 이 입법기관(立法機關)의 권력은 인민(人民)이 신탁(信託)한 것이며, 이 신탁은 해제가 가능하므로 국민은 저항권(抵抗權)을 가지며, 진정한 의미의 주권자는 전체인민이어야 한다고 하였다. 루소는 사회계약설과 더불어 인민주권론을 이론적으로 완성하였다. 그는 총의론을 바탕으로 모든 국민은 자신의 권리를 행사할 수 있다고 주장하며, 인민전체의 권력은 모든 권력의 원천이고, 전체시민이 통치자라야 한다고 하였다(치자와 피치자의 동일성). 국민개인은 이중적(二重的) 지위 즉, 피치자로서의 지위와 주권자의 지위를 동시에 가지며, 피차자로서의 지위는 개별의사의 주체로서 주권자에 대한 복종자로서의 지위이고, 주권자의 지위는 일반의사의 구성부분으로서의 주권자로서의 지위라고 하였다.

(3) 국가주권(國家主權)

국가주권론은 19세기 독일에서의 군주주권론과 국민주권론의 대립을 지양하고자 한 타협이론(妥協理論)으로 나타났으며, 그 논리적 전제는 국가법인설(國家法人說)이다. 국가주권론의 선구자들은 그로티우스(H. Grotius), 헤겔(G. Hegel), 라반트(P. Laband) 등이며, 엘리네크(G. Jellinek)가 체계화하고 완성하였다.

3) 현대적 국민주권론('국민'의 범위에 의한 분류: 국민개념 2분설)

(1) '국민'의 기능

오늘날에는 주권의 주체인 국민의 범위를 어떻게 잡느냐에 따라 주권론은 두 가지로 설명할 수 있다. 먼저, 넓은 의미의 국민으로서 '이념적 통일체의 전체국민'을 상정할 수 있으며, 그 안에 내포되어 있는 좁은 의미의 국민 즉 '유권자로서의 전체국민'을 설정할 수 있다. 이때 '이념적 통일체로서의 전체국민'의 개념은 국가권력의 정당성의 근거(정치적 이념 선언)가 되며, '유권자로서의 전체국민'은 국가

의사나 국가정책을 전반적·최종적으로 결정하는 국민(규범적 원리 의미)이 된다.

(2) 국민(nation)주권과 대의제

국민(nation)주권의 이론은 쉬예스(Siéyès)에 의하여 주장된 주권론으로서, 자본주의국가 헌법의 대부분에 영향을 미쳤다. 여기서의 주권의 주체인 국민은 '의제(擬制)된 전체로서의 국민'이며, 대의제(代議制)의 기초원리가 되었다. 이 이론에 의하면, 국민과 대표자의 관계는 무기속위임(명령적 위임의 배제)이며, 따라서 교양과 능력을 가진 엘리트에 의한 엘리트정치와 제한선거가 가능하고, 주권의 주체와 행사자가 불일치하며, 권력분립을 통치구조의 필수요소로 한다.

(3) 인민(people)주권과 직접민주정

인민(people) 주권론은 루소(Rousseau)에 의하여 주장되었으며, 근대 일부 프랑스헌법과 사회주의헌법에 영향을 미쳤다. 이 이론에서는 주권의 주체가 '현실적인 개개인의 집단으로서 유권자 전체집단'을 의미하며, 직접민주제의 이론적 기초가 된다. 즉 각 유권자는 '1/유권자의 수'만큼의 주권을 보유하고 행사한다, 이 이론에 의하면, 국민과 대표자와의 관계는 기속위임(명령적 위임)에 의하여 대리되며, 유권자국민은 평등한 주권을 나누어 가지므로 주권의 주체와 행사자가 일치하고, 인민의 주권이 제한되는 제한선거와 제한정치를 인정하지 않는다. 그리고 이 논리에 의하면, 국가권력은 확고한 인민의 의사인 총의(總意)에 기속되어 권력집중이 당연시된다.

4) 우리나라 헌법상 국민주권의 행사방법

우리헌법은 국민주권주의를 실현하기 위하여 간접민주제를 원칙으로 하고 직접민주제를 가미한 제도를 도입하고 있다. 직접민주제도로는 중요정책에 대한 국민투표(제72조), 헌법개정에 대한 국민투표(제130조) 제도를 두고 있으며, 간접민주제도로는 국회의원 선거제도(제41조), 대통령선거제도(제67조) 등을 통한 대의제를 통치구조의 중요원리로 채택하고 있다. 이외에도 권력분립, 인권보장(제2장), 정당제도(제8조), 지방자치제(제8장), 국민주권주의를 바탕으로 한 대통령의 의무, 인권보장을 위한 법치주의, 직업공무원제(제7조), 헌법재판소(제6장) 등을 통하여 국민주권주의를 실현하고 있다. 다만, 직접민주제의 중요제도인 국민발안제는 제1공화국 제2차개헌에서 신설하였다가 제4공화국에서 폐지되었으며, 국민소환제는 우리 헌법이 택한 바가 없다.

표 81 간접/직접민주제에 관한 헌법조문

구 분	조 문	내 용
간접 민주제	제41조	① 국회는 국민의 보통·평등·직접·비밀선거에 의하여 선출된 국회의원으로 구성한다.
	제67조	① 대통령은 국민의 보통·평등·직접·비밀선거에 의하여 선출한다.
직접 민주제	제72조	대통령은 필요하다고 인정할 때에는 외교·국방·통일 기타 국가안위에 관한 중요정책을 국민투표에 붙일 수 있다.
	제130조	② 헌법개정안은 국회가 의결한 후 30일 이내에 국민투표에 붙여 국회의원선거권자 과반수의 투표와 투표자 과반수의 찬성을 얻어야 한다.

▶ 헌재판례: 국민주권주의와 자유민주주의의 최고의 가치규범임을 선언: 우리 헌법의 전문과 본문의 전체에 담겨있는 최고 이념은 국민주권주의와 자유민주주에 입각한 입헌민주헌법의 본질적 기본원리에 기초하고 있다. 기타 헌법상의 제원칙도 여기에서 연유되는 것이므로 이는 헌법전을 비롯한 모든 법령해석의 기준이 되고, 입법형성권 행사의 한계와 정책결정의 방향을 제시하며, 나아가 모든 국가기관과 국민이 존중하고 지켜가야 하는 최고의 가치규범이다. …(중략)… 헌법 제1조는 "대한민국은 민주공화국이다" "대한민국의 주권은 국민에게 있고 모든 권력은 국민으로부터 나온다"라고 하여 국민적 합의로 국가권력을 조직하고 그 국민의 인권을 최대한으로 보장한다(헌법 제10조)는 국민주권론의 원칙을 채택하여 국민에게 선언하고……(헌재 1989. 9. 8. 88헌가6, 국회의원선거법 제33조, 제34조의 위헌심판).

7. 법치주의

1) 의의

(1) 개념

　법치주의(法治主義)란 모든 국가적 활동과 국가공동체적 생활은 국민의 대표기관인 의회가 제정한 법률에 근거를 두고 법률에 따라 이루어져야 하며(합법성), 그 법의 내용도 정당하여야 한다(정당성)는 원리이다. 따라서 국가권력의 조직과 작용은 법에 기하지 않으면 안되며, 법은 국민의 의사를 반영하는 것이어야 하고, 국가권력의 조직과 작용의 적법성은 사법부에 의하여 심사되지 않으면 안된다는 원리이다.

(2) 역사적 전개

① 형식적 법치주의에서 실질적 법치주의로 발전

법치주의는 형식적(形式的) 법치주의에서 출발하여 최근에는 실질적(實質的) 법치주의로 발전하였다. 형식적(근대 시민적) 법치주의가 권력분립, 의회법률주의, 위임입법의 제한, 합법성 등을 중시한 반면, 실질적(현대 사회적) 법치주의는 합법성(合法性) 뿐만 아니라 정당성을 강조하였다. 즉 법내용의 정당성(正當性)도 합법성과 함께 강조하고 있다.

② 영국에서의 '법(法)의 지배(支配)'의 원리

영국에서의 법치주의는 '법의 지배'원리의 발전과정을 거치며 전개되었다. 17세기 경 군주적 대권(大權)의 절대성에 반대하여 일반법(Common Law)의 우위성이 주장되었는 바, 에드워드 코크(E. Coke)경이 1610년 보햄판결(Dr. Bonham's Case)에서 '국왕은 신과 법 아래에 있다'고 주장한 것이 대표적이다. 이후 명예혁명에 의하여 제도적으로 정착되었으며, 법원리로도 확립되었다. 19세기에 이르러 다이시(A. V. Dicey)에 의하여 이론적으로 체계화되었다. 그는 「헌법학서설(1885)」에서 법의 지배원리를 '왕권에 대한 법의 우위로 출발 → 보통법원의 우위 발전 → 의회주권주의에 도달'을 주장하였다.

그리고 영국헌법의 특징으로 법의 지배는 개인의 권리와 자유를 확보하기 위한 '절차법적인 측면'에 중점을 두었으며, 이 원리는 미국에서 법원에 의한 위헌법률심사제 내지 사법권의 독립으로 전개되었다.

③ 독일에 있어서의 법치국가론

법치국가는 경찰국가나 관료국가에 대립하는 개념으로서 18세기 말의 대표적 학자로 쉬타인(L. v. Stein), 마이어(O. Mayer), 쉬탈(F. J. Stahl) 등을 들 수 있으며, '법률우위의 원칙'과 '행정의 합법률성' 등을 기초로 하는 이론이다. 쉬탈은 법치국가를 시민적 자유를 보장하기 위한 방법 내지 법기술적 성격으로 파악하였으며, 마이어는 법치국가를 '법률우위의 원칙'특히 행정의 법률적합성의 원리를 바탕으로 이해하고, 쉬미트(C. Schmitt)는 법치국가는 국가권력의 제한과 통제의 원리, 시민적 자유의 보장과 국가권력의 상대화체계를 구성요소로 한다고 하였다.

2) 법치국가의 내용과 실질적 법치주의

(1) 내용

법치주의원리는 권력분립의 기초로 하여 국민의 자유와 권리의 확보를 목적으로 하는 원리이다. 구체적 내용은 의회주의와 법률의 우위, 행정의 합법률성(행정은 법률의 존재를 근거로 그에 의거하여 행하여져야 한다), 법률에 의한 재판(사법도 법률의 존재를 전제로 법률에 따라 행해져야 한다)등 이다.

한편 법치주의원리는 적극적으로는 국가권력 발동의 근거(법의 제1차적 기능)가 되며, 소극적으로는 자유주의국가에서 가장 중요시되는 국가권력을 제한하고 통제(법의 제2차적 기능)하는 기능을 한다.

(2) 형식적 법치주의와 실질적 법치주의

① 형식적법치주의(形式的法治國家, 근대 시민적 법치주의)

형식적 법치주의는 행정과 재판이 법률에 적합하도록 행해질 것을 요청할 뿐 법률의 목적이나 내용을 도외시함으로써 법률은 개인의 권리보장 보다 억압의 수단으로 악용되는 위기를 초래하였으며, 제2차대전 후 독일 등 파시즘 제국이 패망한 후에 실질적 법치주의로 대체되었다. 형식적 법치주의에서는 권력분립, 의회법률주의, 위임입법의 제한 등을 주요내용으로 한다.

② 실질적 법치주의(實質的法治國家, 현대 사회적 법치주의)

실질적 법치주의란 정의실현을 내용으로 하는 법에 의거한 통치원리를 기반으로 하는 국가원리로서 법적 안정성의 유지, 인간의 존엄성 보장, 실질적 평등을 기초로 법률의 목적과 내용도 정의에 합치하는 정당한 것이어야 한다는 원리를 이념적 근거로 하며, 인간의 존엄성과 실질적 평등 그리고 합법성뿐만 아니라 정당성을 강조하는 특징을 갖는다.

3) 민주주의와 법치주의의 관계

(1) 대립요소

기능적 측면에서 법치주의는 정적·기능을 하나, 민주주의는 동적·개혁적 기능을 한다. 그리고 국가원리로서 법치주의는 국가의 기능·조직을 법우선의 원칙에 따라 형성·조절함으로써 국민의 실질적인 자유·평등·사회정의를 실현하고자 하는 국가의 기능형태적 원리이나, 민주주의는 국민주권과 국민의 정치적 자유·평등·사회정의를 실현하기 위한 국가의 통치형태적 원리이다.

(2) **상호보완관계**

민주주의는 정권의 정기적인 교체를 이념적 전제로 하지만, 법치주의는 정기적인 정권교체로 인한 국가질서의 동요를 막고 이를 제도적으로 안정시키려는 안정성과 계속성을 속성으로 하기 때문에 상호보완관계에 있다.

4) 우리헌법상 법치주의의 구현

우리 헌법은 법치주의를 구현하기 위하여 성문헌법주의(경성헌법주의), 인권의 보장(실질적 법치주의)과 적법절차조항, 권력분립, 위헌법률심판(법률의 정당성을 담보), 행정권에 대한 포괄적 위임입법의 금지, 국가권력행사의 예측가능성 및 법적 안정성 및 신뢰보호의 원칙, 행정의 합헌성·합법률성과 사법적 통제(헌법 제107조) 등의 제도화하고 있다. 그러나 법치주의의 예외로서 긴급재정·경제처분 및 긴급명령권(제76조), 계엄선포권(제77조)과 포괄적 위임입법을 부분적으로 허용하고 있다.

▶ 헌재판례1. 적법절차조항은 법치국가의 당연한 원리를 강조하고 주의를 불러일으키기 위한 것에 불과하다(헌재 1989. 9. 29. 89헌가86).
▶ 헌재판례2. 예측가능성 원칙 내지 신뢰보호의 원칙은 법적 안정성을 추구하는 자유민주주의 법치국가헌법의 기본원칙이며, 헌법의 법치국가에 관련된 모든 법조항의 근거이다(헌재 1992. 10. 1. 92헌마68·76).

Ⅲ. 민주시민의 권리인 인권

1. 시민의 권리의 역사

1) 인권사상의 발달

고대 그리스(Greece)철학은 개인을 국가공동체의 단순한 분자로 보았으나, 스토아(Stoa)철학에 이르러 고전적 자연법(自然法)이론이 등장하며, 키케로(Cicero)에 의하여 자유(自由)에 바탕을 둔 국가론이 정립되었다. 그러나 중세에는 신(神) 중심의 기독교사상이 지배하였으며, 토마스 아퀴나스(Thomas von Aquin), 루터(M. Luther), 캘빈(Calvin)등이 대표적 학자이다. 특히 이들의 이론은 근대 자유주의 인권사상을 중심으로 한 자연법이론의 사상적 배경이 되었다. 근대 이후 천부의 인간고유의 권리를 강조하는 자연법사상(혹은 신자연법사상)이 보편화되었으며, 대표적인 학자는 그로티우스(H. Grotius), 로크(J. Locke), 푸펜도르프(S. Pufendorf), 라이프니쯔(V. Leibniz), 볼프(Ch. Wolff) 등 이다.

2) 인권 사상의 체계화

(1) 고전적 인권의 발전

고전적(古典的) 인권은 군주의 양해 하에 군주의 권력행사에 대하여 일정한 제약을 가하려는 것에 그친 것이며, 국민의 국가에 대한 적극적인 권리를 인정한 것은 아니었다. 고전적 인권의 역사는 영국을 중심으로 발달하였으며, 당시의 문헌으로는 1215년 대헌장(Magna Charta), 1628년 권리청원(Petition of Rights), 1647년 국민협정(Agreement of Rights), 1679년 인신보호법(Habeas Corpus Act) 및 1689년 권리장전(Bill of Rights)이 있다. 1215년 마그나 카르타는 '신체의 자유'를 최초로 규정하였으며, 적법절차(Due process)의 기원으로서 근대적 인권선언의 고전(古典)이라 할 수 있다. 1628년의 권리청원은 인신의 자유보장과 의회의 승인없는 과세금지, 적법절차와 인신보호(구속적부심사)를 규정하였으며, 1647년 국민협약은 '종교의 자유'를 최초로 규정하였으며, 1649년 국민협약은 '언론의 자유'를 최초로 규정하였다. 1674년의 인민협정은 종교·양심의 자유, 평등권, 신체 및 병역의 강제로 부터의 자유를, 1679년 인신보호법은 인신보호영장제도에 의한 구속적부심사의 제도화, 1689년 권리장전은 청원권, 언론의 자유, 형사절차의 보장, 국왕은 의회의 동의 없이 법률의 효력을 정지하거나 상비군을 설치하거나 조세를 부과할 수 없도록 하는 규정을 두었었다.

(2) 근대적 인권의 발전

① 의의

근대적(近代的) 인권은 18세기의 자연법(自然法)사상을 기초로 천부불가양(天賦不可讓)의 권리선언, 국가는 소극적 기능만이 인정된 시민적 법치국가(야경국가,

질서국가) 그리고 국가권력(國家權力)에 대한 자유권(自由權)의 보장이 특색이며, 미국, 프랑스, 독일을 중심으로 발전하였다.

② 미국

미국의 인권 역사는 영국으로부터의 독립전쟁 과정에서 근대적 의미의 인권개념이 형성되었다. 버지니아 권리장전(1776년 6월)은 천부적 자연권으로서 생명과 자유를 누릴 권리, 재산의 소유와 저항권 등을 규정하고. 그 후 미국 각주와 외국 성문헌법의 모델이 되었다. 독립선언서(1776년 7월)는 생명, 자유 및 행복추구의 권리를 천부의 권리로 선언하였으며, 연방헌법(1787년)은 제정당시에는 권리장전이 포함되지 않았으나, 일부 주(州)의 요구에 의하여 인권을 내용으로 하는 10개의 수정조항이 증보(增補)되면서 현재의 모습이 되었다.

③ 프랑스

프랑스는 계몽사상 하에서 프랑스혁명을 거치며 인권을 성문화하였으며, '인간과 시민의 권리선언(1789년)'에서 자유, 재산, 안전 및 억압에 대한 저항권을 선언하고, 소유권을 신성불가침의 권리로 규정하였다. 당시의 지배적 국가사상은 자유방임적 야경국가 사상이었다.

④ 독일

독일의 인권사상은 다소 늦어 졌지만, 사회적 인권을 최초로 규정한 것을 특징으로 한다. 프랑크푸르트헌법(1849년)에서 처음으로 인권을 명문화하였으나, 시행되지는 못하였으며, 바이마르헌법(1919년)에 이르러 사회적 인권을 세계 최초로 규정하는 등 이상적인 인권체계를 갖추었다. 그러나 나찌정권의 출현으로 인권보장은 후퇴하였으며 1949년 '본 기본법'에 이르러 인권보장이 현실화되었다.

(3) 인권보장의 현대적 전개

① 인권선언의 사회화(社會化)

1919년 바이마르 헌법이 사회적 인권에 관한 조항을 세계 최초로 규정하면서, 사회적 인권을 중심으로 한 사회국가적 원리는 제2차 세계 이후에 자본주의(資本主義)를 근간으로 한 헌법에 계승되었다. 사회국가원리는 자유국가의 원리를 토대로 하는 대부분의 헌법에 보완하는 형태로 반영되었다. 한편, 1918년 소련(레닌) 헌법은 노동권과 그 외의 사회적 인권을 규정하면서, 신체의 자유, 주거의 불가침, 서신 등과 같은 개인적 영역의 자유권이 제외되었다. 이러한 경향은 사회주의(社

會主義)를 채택한 국가의 헌법에 계승되었다.

② 자연법사상의 부활

제2차 세계대전 이후 나찌즘(Nazism)과 파시즘(Facism)에 의한 인권탄압에 대한 반성으로 자연법(自然法) 사상이 부활하였으며, 특히 1948년 세계인권선언은 인권의 천부인권성을 강조하였다.

③ 인권선언의 국제화(國際化)

인권보장은 현대에 이르러 국제화의 흐름으로 각종 국제인권선언이 탄생하였다. 1948년 세계인권선언, 1959년의 유럽인권규약 그리고 1966년의 국제인권규약 등이 출현하였으나, 법적 구속력이 없다는 아쉬움이 있다. 1948년의 세계인권선은 제1조에서 '모든 인간은 태어나면서 자유이고 존엄과 권리에 관하여 평등하다'고 규정하고 있다.

3) 우리나라의 인권 보장사

우리나라 헌법의 인권 보장의 역사를 각 공화국헌법별로 보면, 제1공화국헌법은 개별적 법률유보조항(法律留保條項)을 둠으로써 실정법적(實定法的) 권리성(법률유보조항)이 강하였으며, 또한 우리 헌정사에서 사회국가적 성격이 가장 강한 헌법이었다. 제2공화국헌법인 1960년헌법은 개별적(個別的)인 법률유보조항을 상당 부분 삭제하고 또한 일반적 법률유보조항에서 '그 제한은 자유와 권리의 본질적(本質的)인 내용을 훼손하여서는 아니되며'(제28조 제2항)라고 하여 천부인권적·자연권적 성격을 강화함으로써 인권 보장의 확대 강화경향을 띄었다. 제3공화국헌법인 1963년헌법에서는 인간의 존엄과 가치조항(제10조), 직업선택의 자유(제13조) 그리고 인간다운 생활할 권리(제30조) 등 사회적 인권을 신설하였으며, 구헌법 제18조에 규정하고 있던 사기업(私企業) 근로자(勤勞者)의 이익배분 균점권(均霑權)을 삭제하였다. 제4공화국헌법인 1972년헌법은 권위주의(權威主義) 체제의 강화와 함께, 개별적 법률유보조항을 부활시키고 본질적 내용침해 금지규정을 삭제시킴으로써 인권의 법적 성격을 다시 실정권화하고 구속적부심제를 폐지하는 등 인권보장을 후퇴시켰다. 제5공화국헌법인 1980년헌법은 다시 개별적 법률유보규정을 대폭 줄이고 인권의 본질적 내용 침해금지규정을 부활하는 등 기본적 인권의 자연권성 내지 천부인권적 성격을 명확히 하였다. 그리고, 죄형법정주의·연좌제 금지·구속적부심사제도 규정 등의 절차적 보장을 강화하고, 행복추구권, 사생활의 비밀과 자유, 환경권 등의 새로운 인권을 추가하였다. 현행헌법인 제6공화국 1987년헌법은 적법절차조항, 본인에의 구속이유고지와 가족에의 구속이유·일시·장소 등의 통지, 언론·출판에 대한 허가·검열금지, 집회·결사의 허가금지, 구속적부심사청구권의 전면적 인정, 형사피해자의 법정진술권, 형사보상의 대상으로서 형사피의자에 대한 불기소처분 추가, 범죄피해자에 대한 국가구조청구권, 대학의 자율성, 최저임금제 도입, 노인·청소년 및 신체장애자의 복지향상, 국가의 재해예방 대책강구, 주택개발과 쾌적한 주거생활권, 여자의 권익향상과 모성보호 등을 추가하여 오늘에 이르고 있다.

2. 인권의 갈등

1) 의의

인권의 갈등(葛藤)에는 경합(경쟁)과 충돌(상충)의 경우가 있다. 인권의 경합(競合)은 동일한 인권 주체가 여러 가지 인권을 동시에 주장하는 경우로서, 집회에 참가하여 연설을 하는 경우에는 집회의 자유와 연설의 자유가 경합되고 있다. 그리고 인권의 충돌(衝突)은 서로 다른 인권 주체들이 서로 다른 인권을 주장하는 경우로서 사무실을 임대한 정당이 설치한 플랜카드를 주인이 철거를 요구한 경우에, 임대인은 재산권 보호를, 정당은 정치적 표현의 자유를 주장할 수 있으므로 이는 인권의 충돌에 해당한다.

2) 인권의 경합

(1) 의의

인권의 경합(경쟁)문제는 제한의 가능성이 상이(相異)한 여러 인권을 단일의 인권주체가 동시에 대국가적(對國家的)으로 주장하는 경우에 발생한다. 그러나 유사경합(類似競合, 부진정경합)의 경우에는 인권의 경합으로 오해할 수도 있다. 즉, 하나의 행위가 조문형식상 여러 인권의 보장대상이 되는 것으로 보이나, 그들 개별 인권들이 갖는 목적과 보장하고자 하는 내용 등과 행위의 목적에 비추어 볼 때 상호 모순과 충돌이 일어나지 않는 경우는 인권의 경합이 아니다. 예를 들면, 학문적 표현이나 예술적 수단 등을 이용한 선전광고행위는 영업의 자유(제15조)와 재산권(제23조)과 학문예술의 자유(제22조)가 경합적으로 보이나, 선전광고행위가 학문예술의 자유에 해당하는 전형적인 행위가 아니므로 실질적으로는 학문예술의 자유와 무관하다.

(2) 경합의 유형

인권의 경합의 유형은 다양하게 나타난다. 먼저, 시위참가자의 체포·구속의 경우에는 정치적 집회의 자유와 의사표현의 자유가 경합관계에 있으며, 둘째 정치단체에 가입한 교사의 해임의 경우에 교사가 주장할 수 있는 인권은 결사의 자유와 직업수행의 자유 및 수업권(授業權) 등이며, 이들이 경합관계에 놓인다. 셋째 직업음악가의 연주회나 성직자의 설교 제한의 경우에, 예술의 자유와 종교의 자유 및 직업수행의 자유가 경합되며, 재산적 가치있는 예술품의 강제철거의 경우에는 예술의 자유와 재산권이 경합된다. 그리고 신문배달자동차의 압수의 경우에는 언론의 자유와 재산권이 경합하는 예를 들 수 있다.

(3) 해결이론

인권 경합의 해결이론는 최약효력설과 최강효력설 그리고 제3설이 있다. 최약효력설(最弱效力說)은 보장정도가 약한 즉 제한 가능성이 큰 인권을 우선적으로 보장함으로써 인권 보장의 전체적 보장 정도를 강화시킨다는 취지에서의 주장이나, 이는 인권의 최대보장이라는 헌법정신에 역행한다는 비판을 받고 있다(독일의 소수설). 그리고 최강효력설(最强效力說)은 경합된 인권 중 가장 중요시되는 인권 또는 효력이 가장 강한 인권을 우선적으로 보장함으로써 인권의 최대보장이라는 이념에 합치시키려는 주장이다(독일 다수설). 그리고 제3설의 주장을 보면, 인권의 경합의 경우에는 첫째 직접관련인권을 우선 적용하여야 하며, 둘째 관련성이 동일할 경우 가장 강력한 인권을 우선 적용하여야 한다고 한다. 그러나 관련성과 효력이 동일할 경우 관련인권 전부를 적용하여야 한다는 견해도 있으며, '일반적 법률유보' 아래에서는 인권 효력의 우열 판단기준으로서 인권주체의 의도(Intention)와 인권을 제한하는 공권력의 동기(Motivation)를 감안하여 인권의 효력이 가능하면 강화되는 방향으로 해결하여야 한다는 견해도 있다(시위에 대한 해산명령의 경우에, 시위참가자의 발언내용이 해산명령의 이유일 수도 있으며, 전염병예방 등의 사회질서 유지가 해산명령의 이유가 될 수 있으므로, 각각의 경우에 따라 인권보장을 주장하는 근거가 상이하다).

3) 인권의 충돌

(1) 충돌문제발생의 이론적 배경

고전적 이론인 인권의 주관적 공권성만 주장한다면 인권의 충돌은 고려의 대상이 아니다. 그러나 인권의 양면성, 인권의 객관적 법질서성 그리고 인권의 제3자적 효력을 인정한다면, 인권의 충돌문제가 제기된다. 일부학자는 인권의 제3자적 효력은 사인상호간의 인권의 침해의 경우 발생하는 문제이고, 인권의 충돌은 국가권력을 매개로 하여 상호 대립하는 상황에서 국가권력이 사인상호간에 개입하는 경우에 발생하는 문제라 하여 차이점을 설명하기도 한다.

(2) 개념

인권의 충돌(상충)문제는 상이한 인권 주체(복수의 인권주체)가 서로 충돌하는 권익을 실현하기 위하여 국가에 대해 각각 대립되는 인권의 적용을 주장하는 경우에 발생한다. 여기서도 유사충돌(類似衝突, 부진정충돌) 개념에 유의하여야 한다. 한 행위가 당해 인권규정의 보호범위를 벗어 난 경우 인권충돌의 문제는 발생하지 않는다. 즉, 연극배우가 무대에서 연극 중 정말로 살인을 한 경우로서 이는 예술의 자유를 주장한다고 하여 배우의 예술의 자유와 생명권이 충돌된다고 볼 수는 없는 것이다.

(3) 유형

인권이 충돌되는 경우로는, 첫째 전세입주자의 프랭카드설치의 정치적 의사표현의 자유와 건물소유주의 사유재산권의 상호 충돌, 둘째 편집장·발행인의 언론의 자유와 편집사원·평기자의 언론의 자유의 상호 충돌, 셋째 문학작품에서 개인의 사생활에 관한 사항을 구체적으로 언급함으로서, 작가의 예술의 자유와 개인의 사생활의 자유(독일 Mephisto판결: 인간의 존엄성과 예술의 자유 충돌, 문학작품 속에서 개인의 사생활을 구체적으로 언급)의 충돌, 넷째 언론기관이 특정인의 과거 범죄사건을 보도함으로써 보도의 자유와 인격권의 충돌(독일 Lebach판결: '인격권'과 '보도의 자유'의 충돌, 언론기관이 특정인의 과거범죄사건을 보도) 다섯째 사원채용에서 있어서 특정인을 배제함으로서 고용자의 계약의 자유와 피고용자의 평등권의 충돌 등이 있으며, 이외에도 독일기본법상의 병역의무와 집총거부권, 양심상의 이유로 인한 계약불이행, 종교적 양심 때문에 자(子)의 수혈거부 등이 있다.

(4) 해결이론

① 독일의 인권 충돌 관계 해결이론

독일에서의 인권 충돌의 경우 그 해결을 위하여 제시된 이론은 입법형성의 자유

영역이론, 인권 서열이론(비교형량이론), 실제적 조화이론(규범조화석 해석), 규범영역의 분석이론이 있다. 입법형성(立法形成)의 자유영역(自由領域) 이론은 인권충돌 문제를 해결할 역할은 입법형성의 과제로 입법자의 임무이므로 헌법해석으로는 해석이 불가하다는 입장이며, 인권 서열(序列) 이론은 인권간의 서열을 규정하고 상호 비교형량(比較衡量)하여 우위의 인권을 우선적용하려는 이론으로서 국내에는 '비교형량 이론'으로 소개되었다. 실제적 조화이론은 충돌하는 인권들 모두의 본질적 내용을 훼손하지 아니하면서 그 효력을 최적화(最適化)할 수 있도록 인권을 조화(調和)시켜야 한다는 이론으로서 국내에는 '규범조화적(規範調和的) 해석'으로 소개되었다. 이 이론에 의하면, 먼저 충돌하는 인권들을 비례적으로 제한하여 모든 인권들이 조화를 이루도록 하여야 하며(비례적 제한의 원칙), 그래도 해결이 되지 않는다면, 대안(代案)을 모색(摸索)하고(대안제시 원칙), 대안도 제시될 수 없다면, 부득이 몇몇 인권을 희생시키되, 희생되는 인권에 대해서는 과잉금지(過剩禁止)의 원칙이 적용되어야 한다(과잉금지원칙). 규범영역의 분석이론은 인권충돌의 궁극적인 판단기준을 헌법자체에서 구하며, 인권의 해석을 통하여 인권의 규범영역(規範領域)을 분석(分析)하고 이에 따라 비전형적인 인권행사방식은 당해 인권의 내용으로부터 배제해 버림으로서 인권의 충돌을 해결하려는 이론이다.

② 우리나라의 해결이론

우리나라에서 주장되는 이론은 이익형량(利益衡量)의 방법과 규범조화적(規範調和的) 해석의 두 가지가 있다. 첫째 이익형량의 방법(허, 김은 입법의 자유영역이론과 서열이론을 분리설명)은 무제한 인권은 존재하지 않으며 인권에도 위계질서가 있다는 것을 인정하고, 인권의 충돌 시에는 효력의 우열(優劣)을 결정하여야 하며, 이는 헌법적 가치질서에 대한 형성기능을 하며, 법형성의 과제라고 하였다. 우열이 결정되면, 상위인권 우선원칙, 인격적 가치 우선의 원칙 그리고 자유 우선의 원칙이 적용되어야 한다. 즉 상위인권은 하위인권에 우선되며, 인격적·정신적인권이 경제적 인권에 우선되며, 자유가 평등에 우선되고, 공익이 사익에 우선된다는 것이다. 그러나 이 견해는 결국 취사선택이라는 문제에 귀결된다는 비판이 있다. 둘째로 규범조화적 해석(허, 김은 실제적 조화이론으로 설명)은 헌법의 통일성(統一性)을 유지하면서 충돌하는 인권 모두의 최대한 기능과 효력을 나타낼 수 있는 조화의 방법을 추구하는 해석방법으로서 구체적 방법으로는 과잉금지원칙, 대안식 해결방법, 최후수단억제 원칙에 따라 해결하며, 이때의 판단기준은 목적분석, 적합성, 필요성 등을 들 수 있다. 우리나라 헌법재판소와 대법원은 인권 충돌시의 해결방법으로 규범조화적 해석방법, 인권서열이론, 이익형량의 방법을 택하고 있다.

▶ 헌재판례 1. 인권충돌에 대한 헌법재판소의 견해: 인권의 충돌이란 상이한 복수의 인권주체가 서로의 권익을 실현하기 위해 하나의 동일한 사건에서 국가에 대하여 서로 대립되는 인권의 적용을 주장하는 경우를 말하는데, 한 인권주체의 인권행사가 다른 인권주체의 인권행사를 제한 또는 희생시킨다는 데 그 특징이 있다. 이와 같이 두 인권이 충돌하는 경우 그 해법으로는 인권의 서열이론, 법익형량의 원리, 실제적 조화의 원리(= 규범조화적 해석) 등을 들 수 있다. 헌법재판소는 인권충돌의 문제에 관하여 충돌하는 인권의 성격과 태양에 따라 그때그때마다 적절한 해결방법을 선택, 종합하여 이를 해결하여 왔다. 예컨대, 국민건강증진법시행규칙 제7조 위헌확인 사건에서 흡연권과 혐연권의 관계처럼 상하의 위계질서가 있는 인권끼리 충돌하는 경우에는 상위인권우선의 원칙에 따라 하위인권이 제한될 수 있다고 보아서 흡연권은 혐연권을 침해하지 않는 한에서 인정된다고 판단한 바 있다(헌재 2004. 8. 26. 2003헌마457, 판례집 16-2, 355, 361 참조). 또, 정기간행물의등록등에관한법률 제16조 제3항 등 위헌여부에 관한 헌법소원 사건에서 동법 소정의 정정보도청구권(반론권)과 보도기관의 언론의 자유가 충돌하는 경우에는 헌법의 통일성을 유지하기 위하여 상충하는 인권 모두가 최대한으로 그 기능과 효력을 발휘할 수 있도록 하는 조화로운 방법이 모색되어야 한다고 보고, 결국은 정정보도청구제도가 과잉금지의 원칙에 따라 그 목적이 정당한 것인가 그러한 목적을 달성하기 위하여 마련된 수단 또한 언론의 자유를 제한하는 정도가 인격권과의 사이에 적정한 비례를 유지하는 것인가의 관점에서 심사를 한 바 있다(헌재 1991. 9. 16. 89헌마165, 판례집 3, 518, 527-534 참조)(헌재 2002헌바95·96(병합), 2003헌바9(병합), 노동조합및노동관계조정법 제81조 제2호 단서 위헌소원).

▶ 헌재판례 2. 합리적 조화의 원칙과 비례원칙 그리고 과잉금지원칙의 적용례: 당해 사업장에 종사하는 근로자의 3분의 2 이상을 대표하는 노동조합의 경우 단체협약을 매개로 한 조직강제[이른바 유니언 샵(Union Shop) 협정의 체결]를 용인하고 있는 노동조합및노동관계조정법 제81조 제2호 단서는 단체협약을 매개로 하여 특정 노동조합에의 가입을 강제함으로써 근로자의 단결선택권과 노동조합의 집단적 단결권(조직강제권)이 충돌하는 측면이 있으나, 이러한 조직강제를 적법·유효하게 할 수 있는 노동조합의 범위를 엄격하게 제한하고 지배적 노동조합의 권한남용으로부터 개별근로자를 보호하기 위한 규정을 두고 있는 등 전체적으로 상충되는 두 인권 사이에 합리적인 조화를 이루고 있고 그 제한에 있어서도 적정한 비례관계를 유지하고 있으며, 또 근로자의 단결선택권의 본질적인 내용을 침해하는 것으로도 볼 수 없으므로, 근로자의 단결권을 보장한 헌법 제33조 제1항에 위반되

지 않는다(헌재 2005. 11. 24. 2002헌바95·96, 2003헌바9(병합) 노동조합및노동관계조정법 제81조 제2호 단서 위헌소원).

▶ **헌재판례** 3. 인권서열이론의 예: 당해 사업장에 종사하는 근로자의 3분의 2 이상을 대표하는 노동조합의 경우 단체협약을 매개로 한 조직강제[이른바 유니언 샵(Union Shop) 협정의 체결]를 용인하고 있는 노동조합및노동관계조정법 제81조 제2호 단서는 노동조합의 조직유지·강화를 위하여 당해 사업장에 종사하는 근로자의 3분의 2 이상을 대표하는 노동조합(이하 '지배적 노동조합'이라 한다)의 경우 단체협약을 매개로 한 조직강제[이른바 유니언 샵(Union Shop) 협정의 체결]를 용인하고 있다. 이 경우 근로자의 단결하지 아니할 자유와 노동조합의 적극적 단결권(조직강제권)이 충돌하게 되나, 근로자에게 보장되는 적극적 단결권이 단결하지 아니할 자유보다 특별한 의미를 갖고 있고, 노동조합의 조직강제권도 이른바 자유권을 수정하는 의미의 생존권(사회권)적 성격을 함께 가지는 만큼 근로자 개인의 자유권에 비하여 보다 특별한 가치로 보장되는 점 등을 고려하면, 노동조합의 적극적 단결권은 근로자 개인의 단결하지 않을 자유보다 중시된다고 할 것이고, 또 노동조합에게 위와 같은 조직강제권을 부여한다고 하여 이를 근로자의 단결하지 아니할 자유의 본질적인 내용을 침해하는 것으로 단정할 수는 없다(헌재 2005. 11. 24. 2002헌바95·96, 2003헌바9(병합), 노동조합및노동관계조정법 제81조 제2호 단서 위헌소원).

▶ **규범조화적 해석례** 4. 언론의 자유는 바로 민주국가의 존립과 발전을 위한 기초가 되기 때문에 특히 우월적인 지위를 지니고 있는 것이 현대 헌법의 한 특징이다. 그러나 다른 한편 모든 권리의 출발점이 동시에 그 구심점을 이루는 인격권이 언론의 자유와 서로 충돌하게 되는 경우에는 헌법을 규범조화적으로 해석하여 이들을 합리적으로 조정하여 조화시키기 위한 노력이 따르지 아니할 수 없고, 이는 각 나라의 역사적 전통과 사회적 배경에 따라 조금씩 다른 모습을 보이고 있다. ……이와 같이 두 인권이 서로 충돌하는 경우에는 헌법의 통일성을 유지하기 위하여 상충하는 인권 모두가 최대한으로 그 기능과 효력을 나타낼 수 있도록 하는 조화로운 방법이 모색되어야 할 것이고, 결국은 이 법에 규정한 정정보도청구제도가 과잉금지의 원칙에 따라 그 목적이 정당한 것인가 그러한 목적을 달성하기 위하여 마련된 수단 또한 언론의 자유를 제한하는 정도가 인격권과의 사이에 적정한 비례를 유지하는 것인가의 여부가 문제된다 할 것이다. ……정정보도청구권은 반론권의 하나로서 과잉금지에 위배되지 않는다(헌재 1991. 9.1 6. 89헌마165, 정기간행물등록에관한법률제16조 제3항, 제19조 제3항의 위헌법률심판).

▶ **대법원 판례**: 구 헌법(1980. 12. 27. 개정) 제20조, 제9조 후단의 규정 등에 의하면 표현의 자유는 민주정치에 있어 최대한의 보장을 받아야 하지만 그에 못지 않게 개인의 명예나 사생활의 자유와 비밀 등 사적 법익도 보호되어야 할 것이므로, 인격권으로서의 개인의 명예의 보호와 표현의 자유의 보장이라는 두 법익이 충돌하였을 때 그 조정을 어떻게 할 것인지는 구체적인 경우에 사회적인 여러가지 이익을 비교하여 표현의 자유로 얻어지는 이익, 가치와 인격권의 보호에 의하여 달성되는 가치를 형량하여 그 규제의 폭과 방법을 정하여야 한다(대판 1988. 10. 11. 85다카29, 위자료등).

3. 인간의 존엄과 가치

1) 헌법규정과 개념

(1) 헌법규정

현행 제10조는 '모든 국민은 인간으로서의 존엄과 가치를 가지며, 행복을 추구할 권리를 가진다. 국가는 개인이 가지는 불가침의 기본적 인권을 확인하고 이를 보장할 의무를 진다' 규정하고 있으며, 독일의 본(Bonn)기본법의 영향으로 제3공화국헌법(5차개헌, 1962년헌법)에서 신설하였다. 1962년헌법은 제8조에서 '모든 국민은 인간으로서의 존엄과 가치를 가지며, 이를 위하여 국가는 국민의 기본적 인권을 최대한 보장할 의무를 진다'고 처음 규정하였다가 1980년헌법 제9조에서 현행헌법과 동일하게 수정되어 오늘에 이르고 있다.

(2) 연혁

인간의 존엄성에 대한 헌법규정은 제1차대전 후에 등장한 현대복지국가헌법, 제2차대전 후의 자연권사상의 부활과 실질적 법치주의 등장에 영향을 받아 등장하였으며, 이데올로기적 기초는 미국독립선언(1776년)과 프랑스혁명(1789년)에서 찾을 수 있다. 제2차대전 이후 명문화된 것은 영·미헌법제도가 아닌 대륙법계 국가(독일·일본·이탈리아)의 영향이라고 볼 수 있으며, 국제연합헌장, 국제인권규약, 고문방지협약, 집단학살방지 및 처벌조약(일명 Genocide협약), 일본헌법(1947), 독일기본법(1949), 터키헌법 등에서 입법례를 볼 수 있다.

(3) **개념**

인간의 존엄과 가치가 무엇인가에 대한 견해는 인간 일반에게 고유한 가치로 인정되는 존귀함 즉 인격성을 의미한다는 견해(제1설), 인격의 내용을 이루는 윤리적 가치로 보는 견해(제2설), 인격 그 자체로써 인간의 독자적 평가를 의미하는 총체적 평가라는 견해(제3설)가 있다. 이는 결국 인간은 인격주의에 대응하는 인간(사회 속의 인간)을 의미하며, 존엄성은 인격의 내용을 그리고 인간의 가치는 인간에 대한 총체적 평가를 의미한다고 볼 수 있다. 즉 인간은 절대적 가치를 지닌 존재로서 목적적 존재이지 수단적 존재가 아니라는 것이다.

헌법규정들에 나타나는 인간의 모습은, 윤리적 가치에 의하여 징표되는 인간상이며, 불가양·포기불능의 고유한 윤리적 가치의 주체이면서 동시에 사회구성원으로서 고유한 인격 내지는 개성의 신장을 통하여 사회공동생활을 책임있게 형성해 나갈 자주적 인간의 모습이다.

2) 법적 성격

(1) **법적 성격**

인간의 존엄과 가치는 객관적인 헌법원리를 규범화한 것이며(헌재 1992. 10. 1. 91헌마31), 주관적 공권성을 갖기 보다는 헌법상의 기본원리로서, 피라밋의 정점처럼 인권보장의 목적으로 최고의 가치적인 콘센서(Konsens)에 해당하므로(허), 헌법에 규정된 다른 인권들은 결국 인간의 존엄과 가치를 보장하기 위한 수단이라는 것이다.

그리고 인간의 존엄과 가치는 최고규범성(근본규범성)과 최고원리의 헌법적 지위를 가지므로, 인간 우선의 원리로서 국가적·국민적 활동의 실천목표이자 모든 국가작용의 정당성의 판단기준으로서 국가작용의 목적이며 기속규범적 성격을 가진다. 또한 우리 헌법 제10조는 반전체주의적 이념을 선언한 것이며, 인권의 해석기준, 인권제한 입법의 한계(인권의 본질적 내용에 해당), 헌법개정의 한계, 재판규범으로서의 역할을 한다. 따라서 타인권에 의한 구제가 불가능할 때 인간의 존엄과 가치를 근거로 구제할 수 있다(보충성원리 적용).

또한 인간의 존엄과 가치는 초국가적 자연권으로서 우리사회의 가치적인 공감대에 해당하며, 인권의 핵(核)에 해당하는 것으로서, 법률로써 인권을 제한하는 경우에도 침해할 수 없는 기본적 내용에 해당한다(인권제한의 한계). 한편 주관적 공권성을 부정하는 견해들도 인간의 존엄과 가치의 대국가적 방어권성은 인정하고 있다(대국가적 방어권성).

(2) 인권성에 대한 학설

인간의 존엄과 가치의 인권성 인정여부에 대한 견해가 나뉘어있다. 부정설은 인간의 존엄과 가치는 모든 인권의 전제가 되는 기본원리를 선언한 것으로 보며(공감대적 가치, 이념적·정신적 출발점이며 구성원리; 허), 긍정설은 인간의 존엄과 가치를 개별적·구체적 권리로 인정하고, 모든 인권은 제10조에서 파생된 권리이며, 제37조 제1항은 제10조를 전제로 하고 있으며, 제10조는 주인권이며, 협의의 존엄권도 보장한다고 보고 있다. 절충설은 인간의 존엄과 가치는 헌법원리가 규범화한 것으로 보고 있으나, 결국 인권성은 부인하고 있다.

(3) 소결론

이러한 견해들을 종합해보면, 인간의 존엄과 가치는 포괄적 인권이며, 동시에 객관적 법원리로서 인권 보장의 이념적 기초로 파악하는 것이 바람직하다고 하겠다.

▶ 헌재판례1. 헌법 제10조는 모든 인권보장의 종국적 목적(기본이념)이라 할 수 있는 인간의 본질과 고유한 가치인 개인의 인격권과 행복추구권을 보장하고 있다(헌재 1990. 9. 10. 89헌마82).
▶ 헌재판례2. 인간으로서의 존엄과 가치를 핵으로 하는 헌법상의 인권보장이 다른 헌법규정을 기속하는 최고의 헌법원리임을 규정하고 있다(헌재 1992. 10. 1 91헌마31).
▶ 헌재판례3. '헌법이념의 핵심인 인간의 존엄과 가치'를 규정하고 있다고 한다(헌재 1992. 4. 14. 90헌마82).
▶ 헌재판례4. 헌재는 인간의 존엄과 가치는 적극적 권리가 아니라고 판시(헌재 1995. 7. 21. 93헌가14 국가유공자예우에관한법률 제9조등의 위헌법률심판).

3) 주체

인간의 존엄과 가치는 자연권성을 가지므로, 모든 국민(정신병자, 범죄인 포함)과 무국적자를 포함한 외국인과 태아(胎兒)나 사자(死者)도 주체가 된다. 그리고 법인은 자연인이 아니므로 인간으로서의 존엄과 가치를 가질 수 없는 존재이다.

4) 내용

(1) 의의

인간의 존엄과 가치의 내용은 생명권, 자기결정권, 일반적인격권, 알 권리, 읽을 권리, 들을 권리, 평화적 생존권 등을 들고 있기도 하나(김), 여기서는 자기결정권, 일반적 인격권과 평화적 생존권만 설명하고자 한다.

(2) 자기결정권

자기결정권(自己決定權)은 인격적 자율권이라고도 하며 헌법재판소는 성적자기결정권을 인정하였으며, 대법원은 존엄사에 대한 자기결정권을, 독일판례는 정보에 대한 자기결정권을 인정하였다.

헌법재판소는 '개인의 자기운명결정권에는 성적자기결정권이 포함된다'고 하였다. 미혼 선남선녀가 성적 상대를 선택하는 것은 자유이지만, 일방당사자에게 배우자가 있는 경우에는 제36조 제1항의 '국가의 혼인·가족제도 보호의무'에 의하여 처벌할 수 밖에 없으며, 쌍벌주의(남녀 모두 처벌)를 택하고 있으므로 인간의 존엄과 가치로부터 파생된 자기결정권을 침해한 것도 아니며, 평등권을 침해한 것도 아니라 하여 간통죄를 합헌으로 결정하였다(헌재 1990. 9. 10. 89헌마82).

대법원은 환자의 수술과 같이 신체를 침해하는 의사의 진료행위에 대한 환자의 동의는 '헌법 제10조에서 규정한 개인의 인격권과 행복추구권에 의하여 보호되는 자기결정권을 보장하기 위한 것'이라고 하였으며, '회복불가능한 사망의 단계에 이른 후에 환자가 인간으로서의 존엄과 가치 및 행복추구권에 기초하여 자기결정권을 행사하는 것으로 인정되는 경우에는 특별한 사정이 없는 한 연명치료의 중단이 허용될 수 있다'고 하여 자기결정권에 기초한 '무의미한 연명치료의 중단'을 인정하였다(대판 2009. 5. 21. 2009다17417).

독일에서는 판례로 자기결정권이 확립되었으며, 특히 Reproduction의 자기결정권(어린이를 가질 것인가에 대한 결정), Life-style의 자기결정권(흡연, 음주, 도발 등의 자유결정-합리적 제한은 인정)이 있다. 다만, 생명·신체의 처분에 대한 자기결정권(수혈거부, 의료거부)은 아직 논란의 여지가 크다. 미국의 경우에는 존엄사(尊嚴死)의 자기결정권에 대하여, 회생불능상태의 환자의 생명유지장치제거에 대한 자기결정권은 무의미하므로 양친·신부·병원의 윤리위원회의 대리판단에 의하여 해결될 수도 있다고 한다.

▶ 헌재판례 1. 자기결정권에 대한 헌재결정

자기결정권의 구체적인 형태는 다양하다. 헌법재판소는 '개인의 인격권·행복추구권에는 개인의 자기운명결정권이 전제되는 것이고, 이 자기운명결정권에는 성행위여부 및 그 상대방을 결정할 수 있는 성적자기결정권이 또한 포함되어 있으며, 간통죄의 규정이 개인의 성적자기결정권을 제한하는 것임은 틀림없다. 그러나 개인의 성적 가지 결정권도 국가적·사회적 공동생활의 테두리 안에서 타인의 권리·공중도덕·사회윤리·공공복리 등의 존중에 의한 내재적 한계가 있는 것이며, 따라서 절대적으로 보장되는 것은 아니다 라고 하고 있다(헌재 1990. 9. 10. 89헌마82).

▶ 헌재판례 2. 간통죄 관한 헌재결정

① 헌법재판소는 '개인의 자기운명결정권에는 성적자기결정권이 포함된다'고 하였으며, 미혼 선남선녀의 성적상대의 선택은 자유이나 일방당사자가 배우자가 있는 경우 제36조 1항의 '국가의 혼인·가족제도 보호의무'에 의하여 처벌할 수밖에 없으며, 쌍벌주의(남녀 모두 처벌)를 택하고 있으므로 인간의 존엄과 가치로부터 파생된 자기결정권을 침해한 것도 아니며, 평등권을 침해한 것도 아니라 하여 간통죄를 합헌으로 결정하였다(헌재 1990. 9. 10. 89헌마82).

② 배우자있는 자의 간통행위 및 그와의 상간행위를 처벌하는 형법 제241조의 위헌 여부신판에서 위헌의견인 재판관이 4인, 헌법불합치의견인 재판관이 1인이어서 위헌결정을 위한 심판정족수에 이르지 못한다고 하여 합헌결정을 하였다. 합헌의견은 성적자기결정권, 사생활의 비밀과 자유를 침해한다고 볼 수 없다고 하였으나, 위헌의견은 과잉금지원칙에 위반하여 성적자기결정권과 사생활의 비밀과 자유를 제한하는 것으로 위헌이라고 하였으며, 헌법불합치의견은 단순히 도덕적 비난에 그쳐야 할 행위 또는 비난가능성이 없거나 근소한 행위 등에 까지 형벌을 부과하여 법치국가적 한계를 넘어 국가형벌권을 행사한 것으로서 헌법에 합치되지 아니한다고 주장하였다(헌재 2008. 10. 30. 2007헌가17·21, 2008헌가7·26, 2008헌바21·47 형법 제241조 위헌제청 등).

▶ 헌재판례 3. 혼인빙자간음죄(형법 제304조)의 위헌여부에 대한 판례변경

① 이 사건 법률조항은 사회적 약자인 여성의 성적자기결정권을 보호하려는 정당한 목적이 있고, 남성을 자의적으로 차별하여 처벌하는 것이라고 단정하기도 어려우며, 차별의 기준이 그 목적의 실현을 위하여 실질적인 관계가 있고, 차별의 정도도 적정한 것으로 보여지므로 평등원칙에 위반된다고 볼 것도 아니다(헌재 2002. 10. 31. 99헌바40, 형법 제304조 위헌소원).

② 이 사건 법률조항은 남녀 평등의 사회를 지향하고 실현해야 할 국가의 헌법

적 의무(헌법 제36조 제1항)에 반하는 것이자, 여성을 유아시함으로써 여성을 보호한다는 미명 아래 사실상 국가 스스로가 여성의 성적자기결정권을 부인하는 것이 되므로, 이 사건 법률조항이 보호하고자 하는 여성의 성적자기결정권은 여성의 존엄과 가치에 역행하는 것이다.……이 사건 법률조항은 목적의 정당성, 수단의 적절성 및 피해의 최소성을 갖추지 못하였고 법익의 균형성도 이루지 못하였으므로, 헌법 제37조 제2항의 과잉금지원칙을 위반하여 남성의 성적자기결정권 및 사생활의 비밀과 자유를 과잉제한하는 것으로 헌법에 위반된다(헌재 2009. 11. 26. 2008헌바58, 형법 제304조 위헌소원).

(3) 일반적인격권

일반적 인격권은 명예권, 성명권, 초상권 등을 포함하고 있다. 모든 인간은 사회적 명예를 침해당하지 않을 권리를 가지며 당사자의 동의 없이 신문, 잡지, 선전 팜플렛, 영화, TV 등이, 초상 사진을 게제 할 수 없다. 또 타인에 의하여 개인의 성명권이 남용된 경우에는 일반적 인격권의 침해가 된다(일반적 인격권을 김철수교수는 헌법 제10조의 내용으로 보지만, 권영성교수와 독일판례는 이를 제17조의 사생활의 비밀의 내용으로 본다).

(4) 평화적 생존권과 기타의 권리

평화적 생존권은 평화상태를 향유할 수 있는 권리를 말한다. 이는 구체적으로는 침략전쟁의 부인과 국제법규의 준수를 말하며 이러한 권리를 침해한다는 것은 전쟁에의 공포를 야기시키고 침략전쟁을 기도하는 것이 된다. 헌법재판소는 2003년 평화적 생존권이 헌법 제10조와 제37조 제1항에 의하여 도출된다고 판시하였으나(헌재 2003. 2. 23. 2005헌마268), 2009년 판례에서 판례를 변경하여 평화적 생존권을 부인하고 있다(헌재 2009. 5. 28, 2007헌마369).

알 권리란 일반적으로 접근할 수 있는 정보원으로부터 방해받지 않고 듣고 보고 읽을 자유와 권리이다. 이러한 권리의 헌법상 근거조항에 대해 헌법 제10조에서 구하는 입장(김철수, 미국헌법)과 제21조의 표현의 자유에서 구하는 입장(독일기본법, 우리나라 헌법재판소)이 있다.

※ 평화적 생존권에 대한 헌재의 판례변경

▶ 헌재판례 1. 오늘날 전쟁과 테러 혹은 무력행위로부터 자유로워야 하는 것은 인간의 존엄과 가치를 실현하고 행복을 추구하기 위한 기본 전제가 되는 것이므

로 헌법 제10조와 제37조 제1항으로부터 평화적 생존권이라는 이름으로 이를 보호하는 것이 필요하며, 그 기본 내용은 침략전쟁에 강제되지 않고 평화적 생존을 할 수 있도록 국가에 요청할 수 있는 권리라고 볼 수 있다. 그런데 이 사건 조약들은 미군기지의 이전을 도모하기 위한 것이고, 그 내용만으로는 장차 우리 나라가 침략적 전쟁에 휩싸이게 된다는 것을 인정하기 곤란하다. 그러므로 이 사건에서 평화적 생존권의 침해가능성이 있다고 할 수 없다(헌재 2006. 2. 23, 2005헌마268, 대한민국과 미합중국간의 미합중국군대의 서울지역으로부터의 이전에 관한 협정 등 위헌확인).

▶ 헌재판례 2. 청구인들이 평화적 생존권이란 이름으로 주장하고 있는 평화란 헌법의 이념 내지 목적으로서 추상적인 개념에 지나지 아니하고, 평화적 생존권은 이를 헌법에 열거되지 아니한 인권으로서 특별히 새롭게 인정할 필요성이 있다거나 그 권리내용이 비교적 명확하여 구체적 권리로서의 실질에 부합한다고 보기 어려워 헌법상 보장된 인권이라고 할 수 없다. 종전에 헌법재판소가 이 결정과 견해를 달리하여 '평화적 생존권을 평화적 생존을 할 수 있도록 국가에 요청할 수 있는 권리'라고 판시한 2003. 2. 23. 2005헌마268 결정은 이 결정과 저촉되는 범위 내에서 이를 변경한다(헌재 2008. 5. 28, 2007헌마369, 2007년 전시증원연습 등 위헌확인).

※ 무의미한 연명치료중단에 대한 판례

▶ 대법원판례: 환자의 동의는 헌법 제10조에서 규정한 개인의 인격권과 행복추구권에 의하여 보호되는 자기결정권을 보장하기 위한 것으로서, 환자가 생명과 신체의 기능을 어떻게 유지할 것인지에 대하여 스스로 결정하고 진료행위를 선택하게 되므로, 의료계약에 의하여 제공되는 진료의 내용은 의료인의 설명과 환자의 동의에 의하여 구체화된다.……[다수의견]이미 의식의 회복가능성을 상실하여 더 이상 인격체로서의 활동을 기대할 수 없고 자연적으로는 이미 죽음의 과정이 시작되었다고 볼 수 있는 회복불가능한 사망의 단계에 이른 후에는, 의학적으로 무의미한 신체 침해 행위에 해당하는 연명치료를 환자에게 강요하는 것이 오히려 인간의 존엄과 가치를 해하게 되므로, 이와 같은 예외적인 상황에서 죽음을 맞이하려는 환자의 의사결정을 존중하여 환자의 인간으로서의 존엄과 가치 및 행복추구권을 보호하는 것이 사회상규에 부합되고 헌법정신에도 어긋나지 아니한다. 그러므로 회복불가능한 사망의 단계에 이른 후에 환자가 인간으로서의 존엄과 가치 및 행복추구권에 기초하여 자기결정권을 행사하는 것으로 인정되는 경우에는 특별한 사정이 없는 한 연명치료의 중단이 허용될 수 있다(대판 2009. 5. 21. 2009다17417, 무의미한 연명치료장치제거 등).

5) 타 조항과의 관계

(1) 제37조 제1항과의 관계

헌법 제37조 제1항은 '국민의 자유와 권리는 헌법에 열거되지 아니한 이유로 경시되지 아니한다'고 규정하고 있기에, 동 조항과 제10조의 인간의 존엄과 가치규정의 상호관계에 대한 견해가 나뉘어있다. 제10조의 인간의 존엄과 가치를 전국가적 천부인권으로 보는 견해는 인권의 포괄성을 규정한 제37조 제1항을 단순한 주의규정으로 해석하며(주의적 규정설), 제10조의 인간의 존엄과 가치를 실정법상의 권리로 보는 견해는 인권의 포괄성은 직접 제37조 제1항에서 창설된다고 해석하기도 한다(창설적 규정설). 그러나 양자는 통합적 관계 내지 상호보완적 관계로 보는 것이 타당하며(Dürig), 제10조는 포괄적 인권이며, 객관적 법원리로서 인권보장의 근본이념에 해당하며, 제37조 제1항도 인권의 자연권성을 재확인하여 헌법상 나열되지 아니한 인권도 동조로부터 개별적 인권으로 도출될 수 있다는 것이다. 그리고 제10조의 인간의 존엄과 가치는 인권제한의 한계이자 본질적 내용침해여부의 판단기준이 되므로 제37조 제2항의 '본질적 내용'에 해당하며, 또한 제10조(인간의 존엄과 가치)는 모든 인권보장의 궁극적 목적조항이며, 그 외의 인권조항은 그 목적을 달성하기 위한 수단조항이라고 하겠다.

6) 효력

(1) 인간의 존엄과 가치의 보장수단

제10조를 보장하기 위한 주요수단으로서 헌법 제11조에서 제36조까지 개별적 인권을 규정하고 있으며(적극적 보장), 기타 명시되지 아니한 인권은 제10조로부터 도출될 수 있다. 즉 생명권, 일반적 행동의 자유, 저항권, 평화적 생존권 등이 명시적 규정은 없지만, 구체적이고 개별적인 인권으로 인정될 수 있다. 또한 제10조의 인간의 존엄과 가치를 보장하기 위한 소극적 수단으로서 집단추방, 대량학살, 고문, 노예, 화인, 박해, 추방, 권리박탈, 강제노역, 잔인하고 가혹한 형벌, 형사절차에서 진실발견을 위한 화학적·물리적 수단의 사용, 혼인의 강제나 제한 등의 금지 등이 있다.

(2) 효력

인간의 존엄과 가치는 직접적으로 모든 국가권력을 구속하는 대국가적 효력과,

침해된 경우에 무효소송 혹은 손해배상책임을 청구할 수 있는 직접적인 대사인적 효력을 갖는다고 본다.

(3) 제한과 한계

인간의 존엄과 가치 및 행복추구권은 모든 인권의 본질적 내용에 해당하므로 입법권은 절대로 침해할 수 없으며, 헌법개정권력과 헌법제정권력도 이를 부정할 수 없다. 인간실험은 명백히 위헌이며, 사형제도나 거짓말 탐지기에 의한 자백강요 등도 그 위헌성이 강하다(상대방의 동의와 일정한 조건 하에서 거짓말 탐지기의 사용은 허용될 수도 있다).

▶ **헌재판례 1.** '형벌을 가중하는 특별법의 제정에 있어서도 형벌위협으로부터 인간의 존엄과 가치를 존중하고 보호하여야 한다는 헌법 제10조의 요구와 그에 따른 입법상의 한계'가 있는 것이다(헌재 1992. 4. 28. 92헌바24).

▶ **헌재판례 2.** 법원이⋯교육·개선을 위한 보호감호라는 미명 아래, 이름만 다를 뿐 자유형과 같은 내용의 처벌에 다름없는 보호감호제도를 두어 형 집행 후 중첩적으로 집행하도록 하는 것은 너무 가혹하고 위협적이어서 인간의 존엄과 가치를 존중하는 헌법의 이념(헌법 제10조)에 반한다(헌재 1992. 4. 14. 88헌가5·8, 89헌가44; 헌재 1989. 9. 29. 89헌가86).

▶ **독일판례:** 독일의 많은 판례에서 ① 혼인의 직접적인 제한을 내용으로 하는 조항뿐 아니라, 혼인의 간접적 제한을 내용으로 하는 조항인 독신조항, ② 교도소에서의 과밀수용, ③ 양형(量刑) 시에 일반 위하사상을 고려한 일벌백계주의, ④ 은밀한 녹음, ⑤ 타인의 성명도용, ⑥ 명예훼손, ⑦ 수형자의 인물과 죄상 및 사생활 공개 등은 인간의 존엄성을 침해하는 것이라고 보고 있다.

4. 행복추구권

1) 헌법규정과 개념

(1) 헌법규정과 연혁

행복추구권은 1776년 버지니아 권리장전과 1776년 미국독립선언에서 기원하며, 존 로크(J. Locke)의 영향을 받았다. 우리 헌법은 미국헌법의 영향을 받아서 제5공화국헌법(제8차개헌, 1980년헌법)에서 제10조 제1항에 추가되었다. 1962년헌법은 제8조에서 '모든 국민은 인간으로서의 존엄과 가치를 가지며, 이를 위하여 국가는 국민의 기본적 인권을 최대한 보장할 의무를 진다'고 처음 규정하였다가, 1980년 헌법 제9조에서 '모든 국민은 인간으로서의 존엄과 가치를 가지며 행복을 추구할 권리를 가진다. 국가는 개인이 가지는 불가침의 기본적 인권을 확인하고 이를 보장할 의무를 진다'로 수정하였다.

(2) **개념**

행복추구권은 사적 행복과 공적 행복을 모두 즐길 권리(육제적·정신적·물질적 행복을 포함)로 개념정의를 하기도 하며, 권리성을 부인하는 입장에서는, 당위적인 삶의 지표로 보고 있다.

2) 법적 성격

(1) **인권성의 부인**

행복추구권은 '권(權)'이라는 표현에도 불구하고 권리성이 있는 것이 아니라, 기본원리로 보아 독자적 인권성을 부인하는 견해가 있다(허). 인간의 존엄과 가치를 실현하기 위한 이상적인 사회통합분위기를 추구하기 위한 국민의 당위적인 삶의 지표를 분명히 밝혀 놓은 것으로 인식하며, '처음부터 규범화의 대상이 될 수 없는' '당연한 사항'을 '인간의 존엄과 가치에 함께 규정한 것 자체'가 문제가 있다고 주장하고 있다.

(2) **인권성 인정**

행복추구권은 법원리가 아닌 구체적 권리 혹은 포괄적 권리로 보는 견해로서 다수설이기도 하며, 헌법재판소도 행복추구권을 독자적 권리로 보고, 이로부터 일반적 행동자유권, 개성의 자유로운 발현권 등 개별적이고 구체적인 권리를 도출하고 있다.

▶ 헌재판례 1. '무혐의자에 대한 군검찰관의 기소유예처분'을 평등권·재판을 받을 권리 그리고 행복추구권을 침해한 것이라고 하여, 행복추구권을 구체적 권리의 하나로 파악하고 있다(헌재 1989. 10. 27. 89헌마56).

➡ 헌재판례 2. 헌법 제10조는 모든 인권보장의 종국적 목적(기본이념)이라 할 수 있는 인간의 본질과 고유한 가치인 개인의 인격권과 행복추구권을 보장하고 있으며, 간통죄의 처벌규정을 개인이 가지는 인간의 존엄과 가치 및 행복추구권이나 신체의 자유 및 평등의 원칙에 반하는 것이 아니라고 한다(헌재 1990. 9. 10. 89헌마82).

3) 주체와 내용

(1) 주체

행복추구권의 주체는 모든 국민과 외국인이 인정되며, 법인은 제외된다.

(2) 구체적 내용

행복추구권의 구체적 내용으로는 생명권, 신체불훼손권, 자유로운 활동과 인격발전에 관한 권리, 평화적 생존권, 휴식권, 수면권, 일조권, 스포츠권 등을 들 수 있다.

➡ 헌재판례 1. 헌법재판소는 화재로 인한 재해보상과 보험가입에 관한 법률 제5조 1항에 대한 헌법소원사건(질적 일부위헌)에서 행복추구권에는 일반적 행동자유권과 개성의 자유로운 발현권이 포함되어 있으며, 사법상의 계약자유의 원칙은 일반적 행동자유권으로부터 도출된다고 보고 있다. 일반적 행동자유권에는 적극적으로 자유롭게 행동하는 것은 물론 소극적으로 행동하지 않을 자유, 즉 부작위의 자유도 포함되는 것으로, 법률행위의 영역에 있어서는 계약을 체결할 것인가의 여부, 체결한다면 어떠한 내용의, 어떠한 상대방과의 관계에서, 어떤 방식으로 계약을 체결하느냐 하는…계약자유의 원칙도 여기의 일반적 행동자유권으로부터 파생되는 것이라 할 것이다(헌재 1991. 6. 3. 89헌마204; 헌재 1992. 4. 14. 90헌바23).

➡ 헌재판례 2. 당구를 통하여 자신의 소질과 취미를 살리고자 하는 소년에 대하여 당구를 금하는 것은 헌법상 보장된 행복추구권의 한 내용인 일반적인 행동자유권의 침해가 될 수 있을 것이다(헌재 1993. 5. 13 92헌마8).

4) 효력과 제한

(1) 효력

행복추구권은 모든 국가권력을 구속하고(대국가적 효력), 사인 간에도 직접 적용이 가능하며(대사인적 효력), 침해행위배제청구, 침해예방청구가 가능하다.

(2) 한계와 제한

행복추구권도 타인의 행복추구권을 방해하지 않는 한도에서 인정되며(내재적 한계), 역시 제37조 제2항에 의해 제한도 가능하다.

5. 평등권과 평등의 원칙

1) 의의와 연혁

(1) 의의

평등권은 소극적으로는 국가에 의하여 불평등한 취급을 받지 않을 권리를 의미하며, 적극적으로는 국가에 대하여 평등한 취급을 요구할 수 있는 권리로 본다. 우리 헌법은 전문(前文), 제11조, 제119조 제2항(경제질서에 있어서의 평등구현)에서 직접 평등권을 규정하고 있으며, 사회적 인권(제31조 제1항, 제32조 제4항, 제36조 제1항), 선거에 있어서의 평등(제41조 제1항, 제67조 제1항), 지역간의 균형 있는 발전(제123조 제2항) 등을 통하여 평등을 실현하고자 한다.

▶ 헌재판례: 헌법 제11조 제1항은 기회평등 또는 평등의 원칙을 선언하고 있는 바, 평등의 원칙은 국민의 인권보장에 관한 우리 헌법의 최고 원리로서 국가가 입법을 하거나 법을 해석 및 집행함에 있어 따라야 할 기준인 동시에, 국가에 대하여 합리적 이유 없이 불평등한 대우를 하지 말 것과 평등한 대우를 요구할 수 있는 모든 국민의 권리로서 국민의 인권 중의 인권인 것이다(헌재 1989. 1. 25. 88헌가7).

(2) 연혁

평등사상의 근원은 아리스토텔레스(Aristoteles)의 정의론에서 찾을 수 있다. 평등

사상의 중심은 고대 그리스(Greece)에서는 정의사상, 중세에는 '신 앞의 평등', 근대에는 형식적·정치적 평등이었다. 근대의 평등은 기회균등과 자유경쟁(버지니아 권리장전, 미국 독립선언, 프랑스 인권선언)을 중시하여 자유의 평등, 법률 적용의 평등, 평등한 참정권 등이 주를 이루었다. 그러나 현대에 이르러 실질적·경제적 측면에서의 평등이 강조되면서, 평등의 중심은 생존의 평등, 경제적·사회적 평등으로 발전하였다.

2) 법적 성격과 주체

(1) 법적 성격

① 일반적 평등원칙의 법적 성격

헌법 제11조가 규정한 평등의 원칙은 헌법의 최고원리, 객관적 법질서의 구성요소, 헌법해석과 입법의 기준, 헌법개정의 한계로서의 성격을 갖는다.

② 평등권의 법적 성격

평등권은 인권실현의 방법적 기초로서, 모든 인권에 공통적으로 적용되는 포괄적(包括的) 인권이며, 주관적 공권성과 객관적 법질서로서의 이중적(二重的) 성격을 가지며, 이외에도 근본규범성, 자연권성, 천부인권성을 갖는다.

평등권의 주관적 공권성의 인정여부에 대해서는 견해가 나뉘어있다. 주관적 공권성을 부인하는 객관적 법원칙설에 따르면, 평등권은 권리가 아니라 일반적인 평등원칙을 선언한 것으로서 인권보장을 위한 최고 권리인 동시에 객관적인 법질서의 구성요소로서 자연법원리라고 본다. 그러나, 주관적 공권성을 인정하는 견해는 평등권을 독자적인 주관적 권리로써의 성격을 가짐을 인정하고 있다.

평등권은 국가탄생 이전에 이미 자연상태에서 생래적으로 부여되어 있는 초실정법적인 자연권이며, 근본규범성을 가지므로 민주국가의 근본원리이고, 헌법해석의 기준이 되며, 헌법개정의 한계로 본다.

③ 평등권의 규범적 의미

스위스연방법원은 '평등은 정의를 뜻하고 정의에 반하는 것은 자의(恣意)'라고 하였다. 평등권 실현여부의 판단기준은 영미법에서는 합리성의 원칙을, 대륙법계에서는 자의금지의 원칙을 들고 있으나, 결국은 평균적인 동시대인의 법감정으로 판단하여야 한다. 우리 헌법재판소는 헌법상의 평등을 상대적 평등으로 보고 있다.

▶ 헌재판례: 헌법 제11조 제1항의 평등의 원칙은 결코 일체의 차별적 대우를 부정하는 절대적 평등을 의미하는 것이 아니라 법의 적용이나 입법에 있어서 불합리한 조건에 의한 차별을 하여서는 안된다는 것을 뜻한다.…… 헌법이 보장하는 평등의 원칙은…법적 가치의 상향적 실현을 보편화하기 위한 것이지 불평등의 제거만을 목적으로 하향적 균등까지 수용하는 것은 아니다(헌재 1990. 6. 25. 89헌마107, 토지수용법 제46조 제2항의 합헌결정).

(2) 주체

평등권은 모든 국민에게 적용되나, 외국인에 대해서는 상호주의에 의하여 보장되며, 법인(법인격 없는 법인 포함)에게도 인정된다. 외국인의 경우에는 원칙적으로는 인정되지 않으나 입법정책상 필요한 경우에만 인정하여야 한다는 부정설과 명문규정과 관계없이 당연히 인정되나 일정한 제한을 가할 수 있다고 보는 긍정설이 있다.

3) 내용

(1) 법 앞의 평등(일반적 평등의 원칙)

① '법'의 의미

헌법, 법률, 명령, 규칙 등의 성문법뿐 아니라 불문법을 포함한 일체의 법을 의미한다.

② 법 '앞에'의 의미

법 앞에 평등하다는 것은 법의 정립과 적용 그리고 집행을 모두 포함한다. 즉, 사법권, 집행권 그리고 입법권을 모두 구속한다. 다만, 입법권의 구속여부를 긍정하느냐 부정하느냐에 따라 법평등설(입법 구속설)과, 법적용평등설(입법 비구속설)이 있으나, 법의 적용은 물론 법의 정립도 구속되므로 전자가 타당하다(헌재 1992. 4. 28. 90헌마24).

▶ 헌재판례: 특정범죄가중처벌등에관한법률 제5조의3 제2항 제1호에서 과실(過失)로 사람을 치상하게 한 자가 구호행위를 하지 아니하고 도주하거나 고의로 유기함으로써 치사의 결과에 이르게 한 경우에 살인죄와 비교하여 그 법정형을 더 무겁게 한 것은 형벌체계상의 정당성과 균형을 상실한 것으로서 헌법 제10조의 인

간으로서의 존엄과 가치를 보장한 국가의무와 헌법 제11조의 평등의 원칙 및 헌법 제37조 제2항의 과잉입법금지의 원칙에 반한다(헌재 1992. 4. 28. 90헌바24).

③ '평등'의 의미

평등을 어떠한 의미로 보느냐에 따라, 절대적 평등설과 상대적 평등설이 있으나, 대법원과 헌법재판소의 판례와 다수설은 상대적·비례적 평등을 긍정하다. 그리고 정치적 영역에서는 절대적 평등을, 경제적 영역에서는 상대적 평등이 요구된다.

- 역평등의 문제 -

미국에서는 차별을 어떠한 기준에 의거하여 하느냐와 차별로써 국가가 달성하고자 하는 입법목적의 내용이 무엇이냐에 따라 보다 세분된 사법심사기준을 적용하고 있다. 차별이 정당화되려면 ① 차별을 통하여 국가가 달성하고자 하는 목적이 단순히 합법·정당함에 그치지 아니하고 필요불가결한 것이어야 하고, ② 이러한 목적을 달성하기 위하여 국가가 선택한 수단으로서의 차별이 목적의 달성에 직접적으로 기여하여야 하며, ③ 목적달성에 필요한 최소한의 범위 내에서 인권을 제한하는 수단을 선택하여야 한다. 또한 미국에서는 우선처우론(theory of preferential treatment)이라는 것이 있다. 미국연방대법원의 일련의 판례를 통하여 발전된 우선처우론은 경제적·사회적 약자(생활무능력자·여성·노약자·미성년자·소수민족 등)에 대하여 인도주의적 입장에서 특별대우나 특별급여(생계비지급·심야작업금지와 생리휴가·복지보조금지급·중노동금지 등)를 함으로써 실질적 평등을 실현하고자 하는 현대적 평등보호원리라고 할 수 있다. 그후 그에 대한 역평등론(reverse discrimination)이 제기되기도 하였다. 우선처우론이 상대적으로 백인이나 남성에게 역차별을 가져와 불평등을 초래하였기 때문이다. 우선처우론에 관한 판례로는 Kahn v. Shevin, 416 U.S. 351(1974), Schlesinger v. Ballard, 419 U.S. 498(1975)등이 있고 역차별론을 주장한 판례로는 Regents of University of Califonia v. Bakke, 438 U.S. 265(1978), Fullieove v. Keltznicke, 448 U.S. 238 (1980)등이 있으며, 미연방대법원은 지금까지 우선처우론을 재확인하면서 이를 지지하고 있다.

---

(2) 차별금지의 사유

① 의의

제11조 제1항의 '누구든지 성별·종교 또는 사회적 신분에 의하여 정치적·경제적·사회적·문화적 생활의 모든 영역에 있어서 차별을 받지 아니한다'는 규정은 열거규정(列擧規定)이 아닌 개괄규정(槪括規定)으로서, 동 규정에서 제시한 차별금지사유와 영역은 단지 예시적인 것일 뿐이므로 그 이외의 사유일지라도 그것이 불합리한 것이라면, 그것으로 차별하여서는 안된다(통설).

② 성별·종교 또는 사회적 신분

'성별에 의한 차별금지'는 법률상 인격평등을 의미하며, 합리적·생리적 차별은 인정하고 있다. 강간죄에 있어서 행위객체를 부녀(婦女)로 한정한 것(대판 1967. 2. 28. 67도1)은 위헌성이 제기되기도 하나 남녀평등에 위배되지 않는 것으로 판시하고 있다. 이외에도 여성에게 생리휴가 인정, 남자에게만 병역의무 부여 등도 합리적 차별의 예이며, 여성의 혼인퇴직제나 남계혈족위주의 동성동본금혼(헌재 1997. 7. 16. 95헌가6) 등은 위헌의 예이다

'종교에 의한 차별 금지'는 특정종교 또는 종교의 유무에 의한 차별을 금지하는 것이다. 그리고 '사회적 신분에 의한 차별금지'는 선천적 신분은 물론 후천적 신분까지 포함하여 차별을 금지하는 것으로 본다. 다만, 후천적 신분은 귀화인, 전과자, 파산자, 사용인, 공무원, 노동자, 부자, 빈자, 학생 그리고 상인 등을 의미하므로, 이를 포함하여 차별을 금지하는 것은 '평등'의 의미를 '상대적 평등'으로 봄으로서 그 의미가 없다고 보기도 한다. 그러나 존(尊)·비속(卑屬)의 지위는 사회적 신분이 아닌 자연적 신분으로서 차별이 가능하다고 보는 것이 다수설이며, 헌법재판소의 입장이다. 헌법재판소는 존속살해죄의 가중처벌을 사회의 가치질서와 문화에 의하여 정당화되면 합리적인 차별이라고 하여 합헌으로 결정하였다(헌재 2002. 3. 28. 2000헌바53).

▶ 헌재판례: 헌법재판소는 상속세법 제29조의4의 제2항에 대한 위헌심판사건에서 배우자 및 직계존비속간의 부담부증여에 대한 증여세과세가액산정에 있어 수증자가 부담할 채무액을 비공제하는 것은 증여당사자 사이의 특수한 신분관계가 있다는 이유로 차별한 것이므로 위헌이라고 하였다(90헌가69).

(3) **차별금지의 영역**

① 정치적 영역

선거권, 피선거권 그리고 공무담임권에서의 평등을 의미한다. 헌법재판소는 선거구 인구편차의 합헌적 기준을 국회의원선거구는 3:1, 지방의회선거구는 4:1로 구별하여 제시하면서, 가장 중요한 요소인 인구비례의 원칙 외에도 국회의원이냐 지방의회의원이냐의 구별에 따른 지역대표성과, 도농(都農) 간의 인구편차 등을 합리적으로 참작하여 결정하여 한다고 하였다(제2편 제2장 Ⅱ. 2. (2) 참조).

▶ 헌재판례: 헌법재판소는 국회의원선거법 제33조에 대한 위헌심판사건에서 정당추천 후보자와 무소속 후보자의 기탁금을 1:2의 차등을 둔 것은 평등권 위반이라고 결정한 바 있으며, 국회의원선거법 제55조의3에 대한 헌법소원사건에서 정당후보자에게 정당연설회를 허용하고 2종의 소형인쇄물을 더 배부할 수 있도록 한 것은 평등권위반이라고 하였다(92헌마37).

② 경제적 영역

고용(동일자격 동일취업), 임금(동일직종 동일임금), 담세율(동일소득 동일납세) 등에서의 평등을 의미한다.

▶ 헌재판례 1. 헌법재판소는 금융기관의연체대출금에관한특별조치법 제5조의2에 대한 위헌심판에서 연체대출금에 관한 경매절차에서 법원의 경락허가결정에 대하여 항고하고자 하는 자에게 경락대금의 절반을 공탁하도록 한 것은 합리적 이유 없이 은행을 우대한 것으로 위헌이라고 하였다(89헌37).

▶ 헌재판례 2. 헌법재판소는 금융기관의연체대출금에관한특별조치법 제7조의3에 대한 위험심판에서 회사정리절차 진행 중에도 금융기관은 정리계획에 따른 변제를 거부하고 성업공사를 통하여 경매신청을 할 수 있도록 한 것은 일반채권자에 비하여 금융기관에게 특권을 부여한 것으로 위헌이라고 하였다(89헌가98).

▶ 헌재판례 3. 헌법재판소는 회사정리법 제240조 제2항에 대한 위헌심판사건에서 정리채권자가 정리회사의 보증인에 대하여 원래 내용의 채무의 이행을 구할 수 있도록 한 것은, 정리 회사의 갱생을 유지하기 위한 것이므로 합헌이라고 하였다(91헌가8).

▶ 헌재판례 4. 헌법재판소는 소송촉진등에관한특례법 제6조에 대한 위헌법률사건에서 국가에 대한 재산권청구의 판례에서 가집행(假執行)을 금지(禁止)한 것은 국가를 합리적 이유 없이 우대하는 것이므로 위헌이라고 하였다(88헌가7).

▶ 헌재판례 5. 헌법재판소는 국세기본법 제35조 제1항 제3호에 대한 위헌심판사건에서 국세 등을 1년 우선 적용하도록 한 것은 위헌이라고 하였으며, 이 결정에서는 '…으로 부터 1년'이라는 부분만 무효화 시켰다(89헌가95).

③ 사회적영역

주거, 여행, 공공시설 이용 등에서 차별을 금지한다.

▶ 헌재판례 1. 헌법재판소는 변호사법 제10조 제2항에 대한 위헌심판사건에서 재직기간이 적은 변호사의 개업지를 제한하는 것은 재직기간에 따른 차별로 위헌이라고 하였다(89헌가102). 변호사법 제10조(개업신고 등) 판사, 검사, 군법무관 또는 변호사의 자격이 있는 경찰공무원으로서 판사, 검사, 군법무관 또는 경찰공무원의 재직기간이 통산하여 15년에 달하지 아니한 자는 변호사의 개업 신고 전 2년 이내의 근무지가 속하는 지방법원의 관할구역 안에서는 퇴직할 날로부터 3년간 개업할 수 없다. 다만, 정년으로 퇴직하거나 대법원장 또는 대법관이 퇴직하는 경

우에는 그러하지 아니하다.

▶ 헌재판례 2. 헌법재판소는 1980년해직공무원의보상등에관한특별조치법 제4조에 대한 헌법소원사건에서 특별채용의 대상을 6급 이하의 공무원에게만 허용하는 것을 합헌이라고 하였다(92헌마 21). 헌법재판소는 동법 제2조에 대한 헌법소원심판에서 보상대상자를 공무원에 한정하고 정부산하기관임직원을 제외하고 있는 것은 합헌이라고 하였다(90헌바22).

④ 문화적 영역

교육, 문화, 공보 등에서의 평등을 의미하며, 시험성적에 의한 입학과 같이 능력에 따른 차별대우는 가능하다. 그러나 교육에서의 인종간 격리는 위헌이다.

▶ 헌재판례: 국·공립사범대학 등 출신자를 교육공무원인 국·공립학교교사로 우선하여 채용하도록 규정한 교육공무원법 제11조 제1항은 사립사범대학졸업자와 일반대학의 교직과정이수자가 교육공무원으로 채용될 수 있는 기회를 제한 또는 박탈하게 되어 결국 교육공무원이 되고자 하는 자를 그 출신학교의 설립주체나 학과에 따라 차별하는 결과가 되는 바, 이러한 차별은 이를 정당화할 합리적인 근거가 없으므로 헌법상 평등의 원칙에 어긋난다(헌재 1990. 10. 8. 89헌마89).

(4) 평등권의 구현형태

① 특권(特權) 제도의 금지

가) 사회적 특수계급제도의 부인

헌법은 귀족제도나 노예제도와 같은 봉건적 제도를 인정하고 있지 않으며 또한 어떠한 형태로도 이를 창설할 수 없다(제11조 제2항). 다만 영전(榮典)에 수반되는 연금 등의 보훈제도나 전직대통령에 대한 예우는 특수제도의 금지에 반하지 않는다고 본다.

나) 영전일대의 원칙

헌법은 영전의 세습(世襲)을 금하고 있으며, 어떠한 특권도 따르지 아니함을 규정하고 있다. 다만 훈장에 수반되는 연금이나 유족에 대한 보훈까지 금하는 것은 아니다. 영전의 세습제나 영전의 특권화를 배제함으로써, 특권계층의 발생을 예방하고 있다. 공무원이 외국정부로부터 영전을 받을 경우에는 대통령의 허가를 얻어야 한다.

② 개별적 평등권의 제도화

헌법이 제11조 이외에도 규정하고 있는 개별적 평등권으로는 평등선거의 원칙(제41조 제1항, 제67조 제1항), 교육의 기회균등(제31조 제1항), 혼인과 가족생활에서의 양성의 평등(제36조), 여성근로자의 차별대우금지(제32조 제4항), 경제적 복지의 평등(제119조) 등이 있다.

4) 효력과 제한

(1) **효력**

① 대국가적 효력

평등권은 입법권·행정권·사법권을 구속하며(대국가적 효력), 사법관계(私法關係)에 있어서는 간접적용설(공서양속설)이 인정되고 있다. 다만 입법권의 구속여부에 대해서는 논의의 여지는 있으나, 입법권도 구속된다는 것이 오늘날의 통설이다.

② 입법권의 구속여부

입법권의 구속여부에 관한 학설로는 입법권은 구속되지 않으나, 법을 적용(適用)함에 있어서 평등할 것을 요구한다는 입법비구속설(법적용평등설)과 입법권도 구속되므로 법의 내용까지도 평등하여야 한다는 입법구속설(법평등설)이 있다. 실질적 법치주의와 실질적 평등을 추구하는 현대 민주주의이념에 의하면, 입법권도 구속되는 법평등설이 타당하다. 헌법재판소도 평등권은 입법권을 기속하며, 인권제한 입법의 한계로 보고 있다. 독일 헌법재판소도 '조세관계법률처럼 국민에게 부담을 과하거나 재산권을 제한하는 내용의 법률을 제정하는 경우에는 입법권자의 형성의 자유도 상당히 좁아진다'고 판시하고 있다.

- 평등권이 입법권을 기속한다고 한 판례 -

▶ 헌재판례 1. 소송촉진등에관한특례법 제6조 제1항 단서의 위헌결정(헌재 1989. 1. 25. 89헌가7),

▶ 헌재판례 2. 금융기관의 연체대출금에관한특별조치법 제5조의2의 위헌결정(헌재 1989. 5. 24. 89헌가37)

▶ 헌재판례 3. 국회의원선거법 제33조, 제34조의 위헌여부(헌재 1989. 9. 8. 88헌가6): 헌법불합치결정

(2) 제한

① 헌법에 의한 제한

헌법규정에 의한 평등권의 제한은 헌법제정권자가 내린 헌법정책적 결정이며, 평등권의 헌법적 한계(限界)에 해당된다. 정당국가화 경향의 표현으로서 채택된 위헌정당해산제도(제8조 제4항)와 정치자금보조금지원(제8조 제3항)은 일반결사에 비교하면 정당(政黨)의 특권(特權)이기도 하지만, 한편으로는 정당활동에 대한 제한적 기능을 함으로서 일반결사와의 불평등을 초래하기도 한다. 그리고 헌법기관의 통치기능을 위한 제한으로서 대통령의 형사상 특권(제84조), 국회의원의 불체포특권(제44조)과 면책특권(제45조), 현역군인의 문관임명제한(제86조 제3항, 제87조 제4항)이 있으며, 직업공무원제도를 위한 제한으로서 주요방위산업체에 종사하는 근로자의 단체행동권의 제한(제33조 제3항)과 공무원의 노동삼권 제한(제33조 제2항), 특수신분관계의 원활한 기능을 위한 제한으로서 군인·군무원의 국가배상청구권의 제한(제29조 제2항), 군사법원에 의한 군인의 재판받을 권리에 대한 제한으로서 특별법원의 설치(제110조), 사회정책적 배려로서 국가유공자의 보호조항(제32조 제6항) 등이 있다.

② 법률에 의한 제한

국가공무원법에 의한 공무원의 겸직금지, 정당가입 제한, 거주지 제한이 있으며, 형의 집행 및 수용자의 처우에 관한 법률에 의하면 재소자(在所者) 등에 대한 통신 및 신체의 자유 제한, 공직선거법에 의하면 범죄자와 선거범죄에 대한 공무담임권 제한, 출입관리법과 외국인토지법에 의한 외국인의 체류 및 출국의 제한과 토지나 주식소유의 제한 등이 있다.

6. 자유권

1) 자유권의 개요

(1) 의의와 연혁

① 의의

자유권은 타인의 자유 또는 권리를 해하지 않는 한 국가권력에 의하여 각인의 자유로운 활동을 간섭 또는 구속 받지 않는 권리로서 소극적·방어적 권리이다. 우리 헌법의 자유권은 크게 인신(人身)에 관한 자유권, 사회적·경제적 자유권, 정신적 자유권으로 구분할 수 있다.

② 연혁

자유권은 왕의 권력으로부터 전취(戰取)한 자유로서 그 근원은 영국의 대헌장(1215), 권리청원(1628), 권리장전(1689)에서 찾을 수 있다. 근대에 이르러 천부불가양(天賦不可讓)의 권리로서 미국독립선언(1776), 프랑스의 인권선언(1789)에 명문화되었으며, 한때 나찌즘이나 파시즘 등의 전체주의 국가에 의하여 유린되는 자유권 유린의 역사를 가지고 있지만, 제2차 세계대전 이후 자유권의 천부인권성이 강조되면서, 자유권에 대한 사회적 제약성이 강조되고 정치적 자유에서 경제적 자유보장으로 중심이 이동되었다.

(2) **법적 성격과 주체와 효력**

① 법적 성격

자유권은 포괄적 권리, 자연권, 소극적 공권, 직접적 효력을 갖는 권리이며, 인간의 권리이다. 자유권의 자연권성에 대해서 견해가 나뉘어있다. 자유는 전국가적(前國家的)일 수 있으나 자유권은 실정법상의 권리에 불과한 것으로 보며, 자연권성을 부인하고 실정권성을 주장하는 학자도 있으나(실정권설), 자유권은 국가에 의하여 새로이 창설(創設)된 권리가 아니라 천부적(天賦的)·전국가적(前國家的) 권리로서 인간이 당연히 누리는 권리이므로 자연권으로 보아야 한다(자연권설). 그러나 자유권을 절대적(絕對的) 자유권이라는 견해가 있기는 하지만, 자연권으로서의 자유권도 무제한적(無制限的)인 것은 아니다. 국민총의의 표현인 법률에 의해 필요한 경우에 제한이 가능한 상대적(相對的) 인권으로 보는 자연권설이 다수설이다.

그리고 포괄적 권리성에 대해서도 실정권설은 자유권에 관한 개별적 규정은 예외적인 것으로 해석하고 헌법에 규정되지 않은 자유권은 인정하지 않는다, 그러나 자연권설은 자유권에 관한 개별적 규정은 예시적(例示的)인 데 불과하며, 실정법규정의 유무(有無)를 불문하고 자유권을 인정하여야 하며, 헌법 제37조 제1항은 자유권의 포괄성을 선언한 것이라고 본다. 물론 자연권설이 다수설이다.

자유권의 소극적(消極的) 성격에 대해서는 대체로 견해가 일치하고 있다. 즉, 소극적 공권으로서 위법한 침해에 대하여 제거를 청구할 수 있고, 그에 대한 일정한 구제수단을 갖는다고 보는 것이 통설이다. 그러나 자유권도 켈젠(H. Kelsen)과 같이 반사적(反射的) 이익(利益)으로 보는 견해도 일부 있다.

② 주체와 효력

자유권은 내·외국인 모두 포함하는 자연인의 권리이다. 그리고 신체의 자유, 정신적 자유 등은 자연인에게만 인정되나 사회적·경제적 자유는 법인에게도 인정된다.

자유권은 헌법규정만을 가지고 직접 적용할 수 있는 구체적이고 현실적인 권리로서 모든 국가기관을 구속한다.

2) 자유권의 종류

(1) 인신에 관한 자유권

① 생명권

생명권(生命權)에 관한 명문규정은 없지만, 인간의 존엄성을 실현시키기 위하여 여러 가지 인권이 보장되는 헌법질서 내에서는, 명문규정과 관계없이 당연히 보장된다고 보는 것이 우리나라의 통설과 판례이며, 헌법적 근거로는 인간의 존엄성 존중과 인권의 불가침을 규정한 헌법 제10조와 신체의 자유를 규정한 헌법 제12조 제1항에서 찾는다. 생명의 법적(法的) 개념은 자연과학적·의학적 개념과는 동일하지 않다.

② 신체를 훼손당하지 아니할 권리

우리나라 헌법상 명문규정은 없지만, 제10조, 제12조 제1항에서 그 근거를 찾고 있다. 입법례로는 서독기본법 제2조 제2항이 있다. 신체를 훼손(毁損) 당하지 아니할 권리는 신체의 건강뿐만 아니라 완전성을 훼손당하지 않을 권리로서, 체형(절단형, 태형), 거세(去勢), 일방적 불임시술, 수형자에 대한 의학적 실험, 모발의 절단, 마취제의 주입 등은 신체를 훼손당하지 아니할 권리를 침해하는 행위로서 금지된다.

> 헌법 제10조 모든 국민은 인간으로서의 존엄과 가치를 가지며, 행복을 추구할 권리를 가진다. 국가는 개인이 가지는 불가침의 기본적 인권을 확인하고 이를 보장할 의무를 진다.
> 헌법 제12조 ①모든 국민은 신체의 자유를 가진다. 누구든지 법률에 의하지 아니하고는 체포·구속·압수·수색 또는 심문을 받지 아니하며, 법률과 적법한 절차에 의하지 아니하고는 처벌·보안처분 또는 강제노역을 받지 아니한다.

③ 신체의 자유

현행헌법 제12조 제1항은 '모든 국민은 신체(身體)의 자유를 가진다'고 규정하고 헌법 제12조 제2항에서 제7항, 제13조, 제27조, 제28조 등에서 구체적인 내용을 규정하고 있으며, 구속이유 등의 고지·통지를 받을 권리(제12조 제5항), 구속적부심사의 전면적 인정(제12조 제1항), 형사피해자의 법정진술권(제27조 제5항), 형사피해자의 국가구조청구권(제30조) 등이 있다.

신체의 자유란 신체의 보전(保全) 및 활동(活動)의 자유를 말한다. 신체활동의 자유란 자기가 원하는 곳을 방문하고 거기에 체재할 수 있는 자유이다. 헌법은 신체의 완전성과 신체활동의 임의성을 보호하기 위하여 인신에 관한 인권을 보장하고 있으며, 이러한 목적을 위한 구체적인 방법을 제12조, 제13조 및 제27조 등에서 정하고 있다. 이를 실체적(實體的) 보장, 절차적(節次的) 보장, 피의자(被疑者)·피고인(被告人)의 권리로 설명할 수 있다.

> 헌법 제12조 ①모든 국민은 신체의 자유를 가진다. 누구든지 법률에 의하지 아니하고는 체포·구속·압수·수색 또는 심문을 받지 아니하며, 법률과 적법한 절차에 의하지 아니하고는 처벌·보안처분 또는 강제노역을 받지 아니한다.
> ②모든 국민은 고문을 받지 아니하며, 형사상 자기에게 불리한 진술을 강요당하지 아니한다.
> ③체포·구속·압수 또는 수색을 할 때에는 적법한 절차에 따라 검사의 신청에 의하여 법관이 발부한 영장을 제시하여야 한다. 다만, 현행범인인 경우와 장기 3년 이상의 형에 해당하는 죄를 범하고 도피 또는 증거인멸의 염려가 있을 때에는 사후에 영장을 청구할 수 있다.
> ④누구든지 체포 또는 구속을 당한 때에는 즉시 변호인의 조력을 받을 권리를 가진다. 다만, 형사피고인이 스스로 변호인을 구할 수 없을 때에는 법률이 정하는 바에 의하여 국가가 변호인을 붙인다.
> ⑤누구든지 체포 또는 구속의 이유와 변호인의 조력을 받을 권리가 있음을 고지받지 아니하고는 체포 또는 구속을 당하지 아니한다. 체포 또는 구속을 당한 자의 가족등 법률이 정하는 자에게는 그 이유와 일시·장소가 지체없이 통지되어야 한다.
> ⑥누구든지 체포 또는 구속을 당한 때에는 적부의 심사를 법원에 청구할 권리를 가진다.
> ⑦피고인의 자백이 고문·폭행·협박·구속의 부당한 장기화 또는 기망 기타의 방법에 의하여 자의로 진술된 것이 아니라고 인정될 때 또는 정식재판에 있어서 피고인의 자백이 그에게 불리한 유일한 증거일 때에는 이를 유죄의 증거로 삼거나 이를 이유로 처벌할 수 없다.
> 헌법 제13조 ①모든 국민은 행위시의 법률에 의하여 범죄를 구성하지 아니하는 행위로 소추되지 아니하며, 동일한 범죄에 대하여 거듭 처벌받지 아니한다.
> ②모든 국민은 소급입법에 의하여 참정권의 제한을 받거나 재산권을 박탈당하지 아니한다.
> ③모든 국민은 자기의 행위가 아닌 친족의 행위로 인하여 불이익한 처우를 받지 아니한다.
> 헌법 제27조 ⑤형사피해자는 법률이 정하는 바에 의하여 당해 사건의 재판절차에서 진술할 수 있다.
> 헌법 제28조 형사피의자 또는 형사피고인으로서 구금되었던 자가 법률이 정하는 불기소처분을 받거나 무죄판결을 받은 때에는 법률이 정하는 바에 의하여 국가에 정당한 보상을 청구할 수 있다

(2) 사회적·경제적 자유권

① 거주이전의 자유

우리 헌법은 제14조에서 '모든 국민은 거주(居住)·이전(移轉)의 자유를 가진다'고 규정하고 있다. 거주·이전의 자유는 1919년 바이마르(Weimar)헌법에서 최초로

규정하였으며, 이는 자기가 원하는 곳에 주소나 거소를 설정하고, 이전하며, 자기 의사에 반하여 주거지를 옮기지 않을 자유이다. 그리고 거주·이전의 자유의 법적 성격은 인간존재의 본질적 자유(자유로운 인간교섭을 하게 되고 인격형성에 기여)에 해당하며, 인신의 자유(인간의 이동의 자유를 보장), 정신적 자유(집회·결사의 자유와 밀접한 관계), 경제적 자유(직업선택의 자유와 밀접한 관계)로서의 성격을 갖는다.

② 직업선택의 자유

우리 헌법은 제15조에서 '모든 국민은 직업선택의 자유를 가진다'고 규정하고 있으며, 이는 1919 바이마르(Weimar)헌법에서 최초로 규정하였으며, 우리나라는 제5차개헌인 1962년헌법에서 처음으로 규정하였다. 직업선택의 자유는 자유주의 및 자본주의와 함께 인정된 것이다. 미국, 이탈리아, 중국 등은 명문규정을 두고 있지 않으며, 일본헌법과 바이마르헌법은 거주·이전의 자유와 동일한 조문에서 규정하고 있다.

직업선택의 자유란 자기가 원하는 직업을 선택하고 이에 종사할 수 있는 자유를 의미한다. 직업이란 생활의 기본적 수요를 충족하기 위하여 행하는 계속적이고 공공에 해를 끼치지 않는(윤락녀, 밀수군 등의 활동은 헌법상 보호되는 직업이 아니다) 경제적 소득활동(단순한 취미활동은 직업이 아니다)을 의미한다. 따라서 직업의 개념적 요소로는 생활수단성, 계속성, 공공무해성을 들 수 있다. 이상의 요건을 충족하는 경우에는 헌법에 의하여 보호된다.

③ 주거의 자유

우리 헌법은 제16조에서 '모든 국민은 주거(住居)의 자유를 침해받지 아니한다. 주거에 대한 압수나 수색에는 검사의 신청에 의하여 법관이 발부한 영장을 제시하여야 한다'고 규정하고 있다. 주거의 자유란 자기의 주거를 공권력이나 제3자로부터 침해당하지 않는 것을 의미한다. 인간의 사생활 공간에 대한 보호가 선행되지 않고는 사생활의 내용에 대한 보호도 기대하기 어려우므로(사생활의 공간적 보호), 주거의 자유는 사생활의 비밀과 자유를 지키기 위한 불가결의 기초가 된다. 주거의 자유는 사생활의 비밀과 자유와 중복되는 것이지만, 후자가 더 넓은 개념이라고 볼 것이다.

④ 사생활의 비밀과 자유

우리 헌법은 제17조에서 '모든 국민은 사생활의 비밀과 자유를 침해받지 아니한다'고 규정하고 있으며, 제8차개헌인 제5공화국헌법(1980년헌법)에서 신설되었다.

사생활의 자유는 1890년 Warren과 Brandeis의 "The Right to Privacy"라는 논문이 발표된 이래 미 대법원판결에 의해 독립적 권리로서 확립되었다. 한국, 이집트, 스페인 및 포르투칼 등에서 명문규정을 가지고 있다. 독일은 일반적 인격권에 포함하고 있으며, 일본은 인간의 존엄과 가치 및 행복추구권에 편입하고, 미국은 1970년 사생활보호법률과 1974년 프라이버시법(1984년개정)에서, 영국은 1984년 정보보호법에서 이를 보호하고 있다.

사생활비밀의 자유를 프라이버스(Privacy)권과 동일한 것으로 파악하는 경향이며(프라이버시권의 내용에는 통신의 비밀, 인격권, 초상권, 성명권, 명예권, 주거의 자유 등이 포함되므로 동일시할 수 없다는 견해도 있음), 소극적으로는 사생활을 함부로 공개당하지 아니하고 사생활의 평온과 비밀을 요구할 수 있는 법적 보장을 의미하며(소극적 의미), 적극적으로는 자신에 관한 정보를 관리·통제할 수 있는 법적 능력을 의미하고(적극적 의미), 인격권(人格權)의 일부를 구성한다.

우리 헌법상 사생활의 비밀과 자유의 불가침규정은 사생활자유권의 목적조항(目的條項)이며, 제16조의 주거의 불가침과 제14조의 거주·이전의 자유, 제18조 통신의 불가침 등은 그 실현수단이기도 하다. 따라서 사생활의 비밀의 자유는 자유권적 성격, 인격권적 성격, 일신전속적 권리, 적극적 권리성(청구권적 성격)을 가진다.

⑤ 통신의 자유

우리 헌법은 제18조에서 '모든 국민은 통신의 비밀을 침해 받지 아니한다'고 규정하고 있으며, 이는 건국 이래 계속되어 온 규정이다. 헌법 제18조는 통신의 비밀의 불가침을 직접적인 목적으로 하는 통신의 자유를 보장하기 위한 규정이며(권영성), 나아가 인격권을 내용으로 하는 사생활의 비밀과(헌법 제17조) 표현의 자유(제21조)를 보장하기 위한 수단이라고 하겠다.

⑥ 재산권의 보장

우리헌법은 재산권의 보장에 대하여 헌법 제23조에서 재산권보장에 관하여 기본내용을 규정하고, 재산권을 보장을 더욱 충실히 하기 위하여, 제13조 제2항에서는 '소급입법에 의한 재산권의 박탈금지', 제23조에서는 '무체재산권(無體財産權)의 보장', 제120조에서는 '광업권 등의 특허(特許)', 제121조에서는 '농지 소작제의 금지', 제122조에서는 '국토에 관한 제한과 의무' 그리고 제126조에서는 '사영기업(私營企業)의 국·공유화와 그 경영의 통제·관리' 등을 규정하고 있다.

재산권보장은 근대초기에는 자유방임사상을 배경으로 한 재산권의 신성불가침성을 강조하였으나, 근대이후 자본주의 발전에 따른 사회적 모순이 발생함으로써 수정자본주의가 대두되고, 이에 따라 바이마르 헌법에서 최초로 재산권행사의 공공복리적합성을 규정하게 되었다.

> 헌법 제23조 ①모든 국민의 재산권은 보장된다. 그 내용과 한계는 법률로 정한다.
> ②재산권의 행사는 공공복리에 적합하도록 하여야 한다.
> ③공공필요에 의한 재산권의 수용·사용 또는 제한 및 그에 대한 보상은 법률로써 하되, 정당한 보상을 지급하여야 한다.
> 헌법 제13조 ②모든 국민은 소급입법에 의하여 참정권의 제한을 받거나 재산권을 박탈당하지 아니한다.
> 헌법 제120조 ①광물 기타 중요한 지하자원·수산자원·수력과 경제상 이용할 수 있는 자연력은 법률이 정하는 바에 의하여 일정한 기간 그 채취·개발 또는 이용을 특허할 수 있다.
> 헌법 제121조 ①국가는 농지에 관하여 경자유전의 원칙이 달성될 수 있도록 노력하여야 하며, 농지의 소작제도는 금지된다.
> 헌법 제122조 국가는 국민 모두의 생산 및 생활의 기반이 되는 국토의 효율적이고 균형있는 이용·개발과 보전을 위하여 법률이 정하는 바에 의하여 그에 관한 필요한 제한과 의무를 과할 수 있다
> 헌법 제126조 국방상 또는 국민경제상 긴절한 필요로 인하여 법률이 정하는 경우를 제외하고는, 사영기업을 국유 또는 공유로 이전하거나 그 경영을 통제 또는 관리할 수 없다.

⑦ 소비자의 권리

우리 헌법은 소비자의 직접적 권리를 보장하지 않고, 제124조에서 '국가는 건전한 소비행위를 계도하고 생산품의 품질향상을 촉구하기 위한 소비자보호운동을 법률이 정하는 바에 의하여 보장한다'고 정하여 소비자 보호운동을 보장하고 있다. 따라서 제124조에서 소비자의 권리에 대한 직접적 근거를 찾고 있으며, 간접적으로는 제23조 제1항(재산권보장), 제34조 (인간다운 생활할 권리), 제36조 제3항(보건권) 등으로부터 도출하고 있다. 그리고 그 이념적 기초로는 제10조의 인간의 존엄과 가치에서 찾고 있으며, 보조적으로 헌법 제37조 제1항 '국민의 자유와 권리는 헌법에 열거되지 아니한 이유로 경시되지 아니한다'에서 찾기도 한다.

소비자의 권리의 개념은 소비자보호법에 따르면, 소비자가 스스로 안전과 권익을 위하여 향유하는 기본적인 권리라고 볼 수 있다.

> 헌법 제124조 국가는 건전한 소비행위를 계도하고 생산품의 품질향상을 촉구하기 위한 소비자보호운동을 법률이 정하는 바에 의하여 보장한다.
> 헌법 제23조 ①모든 국민의 재산권은 보장된다. 그 내용과 한계는 법률로 정한다.
> 헌법 제34조 ①모든 국민은 인간다운 생활을 할 권리를 가진다.
> 헌법 제36조 ③모든 국민은 보건에 관하여 국가의 보호를 받는다.
> 헌법 제10조 모든 국민은 인간으로서의 존엄과 가치를 가지며, 행복을 추구할 권리를 가진다. 국가는 개인이 가지는 불가침의 기본적 인권을 확인하고 이를 보장할 의무를 진다.
> 헌법 제37조 ①국민의 자유와 권리는 헌법에 열거되지 아니한 이유로 경시되지 아니한다.

(3) 정신적 자유권

① 양심의 자유

우리 헌법은 건국헌법이래 제12조 제1항에서 '모든 국민은 신앙과 양심의 자유를 가진다'고 규정하여 왔으나, 제5차개헌인 1962헌법에서 신앙의 자유와 분리 독립하여 오늘에 이르고 있으며, 현행헌법 제19조는 '모든 국민은 양심의 자유를 가진다'고 규정하고 있다. 1850년의 프로이센 헌법이 양심의 자유를 종교의 자유의 내포로 보았으나, 1919년 바이마르 헌법은 양심의 자유의 독립성 인정한 예와 비교될 수 있다.

양심의 자유는 정신적(精神的) 자유의 모체로서, 개인의 내면적·정신적 자유로 가장 적게 제한 받는 최상급의 인권이며, 절대적 인권이다.

② 종교의 자유

제헌헌법은 제12조에서 '모든 국민은 신앙과 양심의 자유를 가진다. 국교는 존재하지 아니하며 종교는 정치로부터 분리된다'고 규정하였다가, 제5차개헌인 1962년헌법(제3공화국헌법)에서 신앙을 종교로 용어를 변경하고 양심의 자유를 분리하면서 제16조에서 '① 모든 국민은 종교의 자유를 가진다. ② 국교는 인정되지 아니하며, 종교와 정치는 분리된다'고 규정하여 오늘에 이르고 있다. 현행헌법은 제22조에서 이를 규정하고 있다.

종교의 자유는 자유권 중에서 선구적 역할을 하며, 초국가적 성질을 가진 자연권개념의 성립에 원동력이 되었다. 종교의 자유는 영국의 국민협정(1647년, 1649년)에서 최초로 인정된 후 미국의 여러 주의 인권선언, 프랑스 인권선언 중에서 인정되었다.

③ 학문예술의 자유

제헌헌법은 '모든 국민은 학문과 예술의 자유를 가진다. 저작자, 발명가와 예술가의 권리는 법률로써 보호한다'고 규정하였으며, 현행헌법은 제1항은 '모든 국민은 학문과 예술의 자유를 가진다'고 하고 제2항은 '저작자·발명가·과학기술자와 예술가의 권리는 법률로써 보호한다'라고 규정하고 있다. 우리 헌법은 제헌헌법에서 부터 학문과 예술의 자유를 보장하며, 또한 저작자와 발명가 그리고 예술가의 권리를 법률로써 보호하고 있다. 그리고 현행헌법에서 '과학기술자'를 추가하였다.

④ 언론출판의 자유

언론·출판의 자유는 사상 또는 의견을 언론·문자 등으로 다수에게 발표하는 자유를 보장하는 것이며, 언론(言論)에는 담화, 토론, 연설, 방송 등 구두(口頭)에 의한 표현을 의미하며, 출판(出版)은 문서, 사진, 도화(圖畵),조각 등 문자 및 상형(象形)에 의한 표현을 의미한다. 즉, 의사표현의 매개체는 어떠한 형태이건 제한 없이 언론·출판의 자유의 보호대상이 된다(헌재 2008. 10. 30, 2004헌가18)

현행 헌법은 언론·출판의 자유에 대한 개별적 법률유보도 삭제하여 제21조 제1항에서는 '모든 국민은 언론·출판의 자유와 집회·결사의 자유를 가진다'고 규정하고 있으며, 특히 제2항에서 '언론·출판에 대한 허가……는 인정되지 아니한다'고 하여 허가제를 금지하고 있다. 그리고 제3항에서는 통신과 방송의 시설기준을 법정하도록 하고 있으며, 제4항에서는 언론의 책임과 내재적 한계를 명확히 하고 있다.

언론·출판의 자유는 주관적 공권인 동시에 제도적 보장이며, 인간으로서 존엄과 가치를 유지하고 자유로운 인격발전을 위한 전제원리이며 동시에 민주주의 정치의 발전을 위한 불가결한 전제이다.

> 헌법 제21조 ①모든 국민은 언론·출판의 자유와 집회·결사의 자유를 가진다.
> ②언론·출판에 대한 허가나 검열과 집회·결사에 대한 허가는 인정되지 아니한다.
> ③통신·방송의 시설기준과 신문의 기능을 보장하기 위하여 필요한 사항은 법률로 정한다.
> ④언론·출판은 타인의 명예나 권리 또는 공중도덕이나 사회윤리를 침해하여서는 아니된다. 언론·출판이 타인의 명예나 권리를 침해한 때에는 피해자는 이에 대한 피해의 배상을 청구할 수 있다.

⑤ 집회결사의 자유

현행헌법은 제21조 제1항에서 '모든 국민은……집회·결사의 자유를 가진다'고 규정하여 집회·결사의 자유를 보장하고 제2항에서 '……집회·결사에 대한 허가는 인정되지 아니한다'고 하여 집회·결사의 허가제를 금지하고 있다. 영국에서는 1871년에 노동조합법에서 노동자들의 단결권을 보장하고 미국은 남북전쟁 이후 결사의 자유의 함께 법리를 형성하였으며, 독일은 1850년 프로이센헌법과 1919년 바이마르 헌법에서 규정하였다.

집회·결사의 자유는 다수인이 공동목적을 가지고 회합 또는 결합하는 자유로서 넓은 의미의 표현의 자유의 한 형태이며, 언론·출판의 자유에 대한 보완적 기능을 하고, 민주정치 실현에 불가결의 전제로서 매스미디어의 독점에 대한 소수 국민의 의사발표수단으로서 중요한 의미를 갖는다.

집회·결사의 자유는 개인적 공권이며 대국가적인 권리이기도 하며, 제도적 보장의 성격을 아울러 갖는다.

7. 청구권

1) 개요

(1) 의의

청구권은 국민이 국가에 대하여 적극적으로 일정한 행위를 요청하거나 국가의 보호를 청구할 수 있는 권리를 말한다. 인권을 보장하기 위하여 헌법상 특히 인정된 인권을 말하며, 절차적(節次的) 인권, 고전적(古典的) 수익권(受益權) 또는 인권을 보장하기 위한 인권이라 한다.

(2) 법적 성격

① 자유권과의 구별

청구권은 '국가로부터의 자유'를 의미하는 자유권(自由權)과 달리 '국가에 대한 청구'를 그 내용으로 하는 주관적 공권이며, 원칙적으로 국가내적인 권리이다. 이와 같이 자유권은 개인의 자유영역에 대한 국가권력의 간섭이나 침해를 배제하는 방어적 권리로서 소극적 권리인 반면, 청구권은 자기의 권리나 이익을 확보하기 위하여 일정한 국가행위를 요구할 수 있는 적극적 권리이다.

② 사회적 인권과의 구별

청구권은 자유권과 더불어 인권 역사에서 가장 오래된 인권 중의 하나이나, 사회적(社會的) 인권은 20세기 헌법에서 볼 수 있는 새로운 유형의 인권이다. 청구권은 헌법의 규정만으로 구체적·현실적 권리가 발생하는 것으로서, 법률의 규정이 있어야 비로소 효력이 발생하는 사회적 인권과 구별된다. 또한 헌법이 청구권에 대하여 법률유보 조항을 두고 있으나, 이는 사회적 인권과 같은 인권형성적 법률유보가 아니라, 권리의 형성 자체는 헌법에 의하여 직접 발생하나 그 구체적인 절차나 방법 등을 법률로써 구체화 시킨다는 것을 의미한다(인권구체화적 법률유보).

③ 참정권(參政權)과의 구별

청구권은 국가에 대하여 일정한 행위나 급부 또는 보호를 요구할 수 있는 적극적인 권리인 반면, 참정권은 국민이 직접 또는 간접으로 국가의 의사형성에 참여하거나 공무를 담임할 수 있는 능동적 권리이다.

2) 청구권의 종류

(1) 청원권

현행헌법 제26조 제1항은 '모든 국민은 법률이 정하는 바에 의하여 국가기관(國家機關)에 문서(文書)로 청원(請援)할 권리를 가진다' 그리고 제2항은 '국가는 청원에 대하여 심사(審査)할 의무(義務)를 진다'고 규정하고 있다. 이는 전제군주시대에 군주의 자의적(恣意的)인 권력행사에 대한 국민의 이익을 청구하기 위한 수단(1689년 영국의 권리장전, 1919년 바이마르헌법)으로서 나타났으며, 오늘날에는 의회제도·사법제도의 발달에 따라 권리구제수단으로서의 의미보다 국민의 의사나 희망을 개진하는 수단으로서 중요시되고 있다.

청원권은 국민이 국가기관에 대하여 의사나 희망을 개진할 수 있는 권리로서, 국민의 관심사와 이해관계를 처리해 줌으로써 국가기관(특히 국회)의 신임을 유지하고, 청원형식으로 제기된 행정의 비리와 부조리를 근거로 국회가 대정부통제 기능을 원활히 수행할 수 있으며, 엄격한 형식과 절차에 의한 행정적·사법적인 권리구제수단에 의하지 않고서 권리구제를 받을 수 있는 수단으로서의 기능을 가진다.

그리고 청원권은 국가기관의 행위에 의해 권리 또는 이익이 반드시 침해됨을 요하지 아니하며, 국가기관의 행위의 적법여부나 당·부당 여부도 불문하며, 제3자나 공공의 이익을 위해서도 청원할 수 있는 특성을 갖는다.

(2) 재판청구권

재판청구권은 고대의 자력구제(自力救濟) 및 근대초기의 전제군주에 의한 자의적 재판으로부터 국민의 자유와 권리를 보장해 주기 위하여 등장하였으며, 1215년 대헌장(Magna Karta), 1789년 프랑스 인권선언, 1791년 프랑스 헌법에서 규정하기 시작하였다.

우리 헌법은 제27조에서 '모든 국민은 헌법과 법률이 정한 법관에 의하여 법률에 의한 재판을 받을 권리를 가진다(제1항). 군인 또는 군무원이 아닌 국민은 대한민국의 영역 안에서는 중대한 군사상 기밀·초병·초소·유독음식물공급·포로·군용물에 관한 죄 중 법률이 정한 경우와 비상계엄이 선포된 경우를 제외하고는 군사법원의 재판을 받지 아니한다(제2항). 모든 국민은 신속한 재판을 받을 권리를 가진다. 형사피고인은 상당한 이유가 없는 한 지체없이 공개재판을 받을 권리를 가진다(제3항). 형사피고인은 유죄의 판결이 확정될 때까지는 무죄로 추정된다(제4

항). 형사피해자는 법률이 정하는 바에 의하여 당해 사건의 재판절차에서 진술할 수 있다(제5항)'라고 규정하고 있다.

(3) 형사보상청구권

헌법은 제28조에서 형사피의자 또는 형사피고인으로서 구금(拘禁)되었던 자가 법률이 정하는 불기소(不起訴) 처분을 받거나 무죄판결을 받은 때에는 법률이 정하는 바에 의하여 국가에 정당(正當)한 보상을 청구할 수 있도록 정하고 있으며, 이는 1848년 독일의 프랑크푸르트(Frankfurt)헌법 이래 다수헌법에서 규정하고 있다.

형사보상청구권(刑事補償請求權)이란 형사피의자 또는 형사피고인으로 구금되었던 자가 불기소 처분이나 무죄판결을 받을 경우에 그가 입은 정신적·물질적 손실을 청구할 수 있는 권리를 의미하며, 이 청구권은 법률이 정하는 바에 따라 행사되는 것이지만 그것은 청구절차나 범위에 관한 것이고 청구권 그 자체는 헌법규정에 의하여 직접효력을 발생한다.

(4) 국가배상청구권

우리 헌법은 제29조 제1항에서 '공무원의 직무상 불법행위로 손해를 받은 국민은 법률이 정하는 바에 의하여 국가 또는 공공단체에 정당한 배상을 청구할 수 있다. 그러나 공무원 자신의 책임은 면제되지 아니한다'고 하여 국가배상청구권을 인정하고, 제2항에서는 '군인, 공무원, 경찰공무원 기타 법률로 정한 자가 전투·훈련 등 직무집행과 관련하여 받은 손해에 대하여는 법률이 정하는 보상 이외에 국가 또는 공공단체에 공무원의 직무상 불법행위로 인한 배상은 청구할 수 없다'고 하여 특수신분에 있는 국민에게는 국가배상청구권을 제한하고 있다(이중배상청구 제한).

근대국가 초기에는 국가 무책임의 원칙이 지배하였기에 국가배상청구권이 인정될 수 없었으나, 프랑스에서 학설과 판례로 인정되면서, 국가책임의 인정이 보편되면서, 독일의 바이마르헌법 제131조(1919), 미국의 연방불법행위배상청구권(1946), 영국의 소추법(1947) 등에 규정되기에 이르렀다.

국가배상청구권이란 국민이 공무원의 직무상 불법행위로 손해를 입은 경우에 그 배상을 국가나 공공단체에 청구할 수 있는 권리이다. 국가배상책임은 국가무배상책임사상의 포기(抛棄)와 국가와 사회의 이원론을 기초로 하여 국민의 보호가치 있는 생활영역을 인정하는 것을 이념기초로 하며, 이는 국가가 공법의 영역에서도 일방적인 시혜자(施惠者)가 아니라 국민의 기본권 가치를 실현시켜야 할 수임자(受任者)로서의 기능을 하여야 된다는 기초 위에 있다.

(5) 손실보상청구권

헌법 제23조 제3항 '공공필요에 의한 재산권의 수용·사용 또는 제한 및 그에 대한 보상(補償)은 법률로써 하되, 정당한 보상을 지급하여야 한다'고 하여 보상(補償)이 있는 공용침해(公用侵害)를 규정하면서, 국민에게는 손실보상청구권(損失補償請求權)을 인정하고 있다.

손실보상청구권은 공용수용·공용사용·공용제한 등 적법한 공권력의 행사로 말미암아 재산상 특별한 희생을 당한 자가 공평부담의 견지에서 국가에 대하여 재산적 손실의 전보(塡補)를 청구할 수 있는 청구권적 기본권의 하나이다. 손실보상청구권을 보상이 없는 재산권의 제약을 의미하는 제23조 제1항(재산권보장), 제23조 제2항(재산권행사의 사회귀속성이론)등에서 찾기도 하나, 제23조 제1항과 제2항은 재산권의 보장과 사유재산제를 의미하므로 직접적 근거규정으로 보기는 어렵고, 헌법 제11조의 평등권(공평부담의 원칙)과 함께 손실보상청구권의 간접적 근거규정으로 볼 수 있다.

그리고 손실보상청구권과 손해배상청구권(헌법 제29조)은 행정상의 사후구제수단이며, 행정상의 손해전보제도이고, 사회국가이념에 봉사하는 제도라는 공통점이 있기도 하나, 손실보상청구권은 적법(適法)한 공권력의 행사로 인한 재산적 손실을 구제하기 위한 권리인 반면에 손해배상청구권은 위법(違法)한 공권력의 행사로 인한 손해를 구제받기 위한 권리라는 점에서 큰 차이점이 있다.

(6) 범죄피해자의 국가구조청구권

헌법 제30조는 '타인의 범죄행위(犯罪行爲)로 인하여 생명(生命)·신체(身體)에 대한 피해를 받은 국민은 법률이 정하는 바에 의하여 국가에서 구조를 받을 수 있다'고 규정하고 있으며, 동규정은 제9차개헌인 1987년 현행헌법에서 신설되었으며, 구체적인 입법으로 1987년 범죄피해자구조법이 제정되었다.

연혁을 보면, 1963년에는 뉴질랜드(New Zealand)가 형사재해보상법을 제정하였고, 미국, 오스트레일리아(Australia), 캐나다(Canada), 스위스(Switz), 서독, 일본에서도 법률을 제정하였으며, 헌법에 명문으로 규정한 나라는 없다.

8. 참정권

1) 개요

(1) 의의

참정권이란 국민이 국가기관으로서 공무에 참가할 수 있는 권리이다. 즉 개개 국민이 '국가기관으로서의 국민'의 자격으로 선거인단이나 투표인단의 구성원의 자격으로 선거에 참가하거나 투표하는 권리이며, 이는 근원적인 권리로서 국가의 부분기관으로서의 투표 또는 공무를 집행하는 권리와 구별하여야 한다.

(2) 법적 성격

참정권은 옐리네크의 지위이론에 따르면, 능동적 지위에서 갖는 능동적인 권리이며, 공법상의 권리인 공권(公權)으로서 불가양(不可讓)·불가침(不可侵)의 권리로서 대리(代理)가 불가능한 일신전속적(一身專屬的) 권리이다. 또한 국가내적인 권리 내지 국민의 권리이다.

(3) 참정권의 의무성

참정권은 권리인 동시에 도의적 의무성을 띤다. 그러나 우리나라에서는 투표의 자유와 기권의 자유를 인정하고 있으며, 선거법에서 선거권불행사에 대한 처벌규정이 없기 때문에 법적 의무로 보기 힘들다는 견해가 있다. 그러나 공무원으로서의 공무집행에는 법적 의무의 부과가 가능하다.

2) 참정권의 종류

(1) 선거권

헌법 제24조는 '모든 국민은 법률이 정하는 바에 의하여 선거권을 가진다'고 규정하여 선거권(選擧權)의 연령에 대한 규정을 삭제하여 법률에 위임하였다. 선거권은 국민이 국가기관을 구성하는 공무원을 선거하는 권리로서 간접민주정(대의제)을 실현하기 위한 필수요소로서, 공무적인 성질을 가지는 동시에 공법상의 주관적 권리로서의 성질을 가진다.

(2) 공무담임권

헌법 제25조는 '모든 국민은 법률이 정하는바에 의하여 공무담임권을 가진다'고 정하여고 있다. 공무담임권은 행정부·사법부·입법부·지방자치단체 기타 공공단체의 직무를 담당할 수 있는 권리이다.

공무담임권은 피선거권과 공무원피임용권이 있다. 피선거권의 연령은 국회의원과 지방의회의원 및 지방자치단체장은 25세 이상, 대통령은 국회의원피선거권이 있고 40세에 달한 자이며, 1980년헌법인 제5공화국헌법은 제42조에서 '대통령으로 선거될 수 있는 자는 국회의원의 피선거권이 있고, 선거일 현재 계속하여 5년이상 국내에 거주하고 40세에 달하여야 한다. 이 경우에 공무로 외국에 파견된 기간은 국내거주기간으로 본다'고 규정하여 국내거주(國內居住)요건을 두었으나, 현행헌법에서는 삭제하였다. 공무원피임용권은 헌법 제7조, 국가공무원법 및 지방공무원법 등에서 정하고 있다.

> 헌법 제7조 ①공무원은 국민전체에 대한 봉사자이며, 국민에 대하여 책임을 진다.
> ②공무원의 신분과 정치적 중립성은 법률이 정하는 바에 의하여 보장된다.

(3) 국민투표권

국민투표권은 직접민주정치의 한 형태로서 간접민주정치를 보완하기 위한 것이며, 레퍼렌덤(Referendum)과 플레비시트(Plebiscite)가 있다. 레퍼렌덤은 입법사항·헌법사항에 대한 투표제도로서, 국민이 헌법규정에 따라 입법과정에 직접 참가하는 권리이다. 플레비시트는 신임투표제로서 개인의 통치나 영토의 변경에 대하여 임시적으로 표결에 붙이는 경우이다.

현행헌법은 제72조에서 '대통령은 필요하다고 인정할 때에는 외교·국방·통일 기타 국가안위에 관한 중요정책을 국민투표에 붙일 수 있다'고 하여 외교·국방·통일 기타 국가안위에 관한 중요한 정책에 대한 국민투표부의권을 대통령에게 부여하였다. 이는 전형적인 플레비시트로 볼 수 있다. 그러나 헌법재판소는 대표자의 신임여부를 묻는 것은 선거의 형태로 이루어져야 한다고 하여 대통령의 국민투표부의권을 신임투표적 성격을 배제하고 국가정책이나 법안에 대한 결정권으로 판시하였다(헌재 2004. 5. 14. 2004헌나1). 그리고 제130조 제2항은 '헌법개정안은 국회가 의결한 후 30일 이내에 국민투표에 붙여 국회의원선거권자 과반수의 투표와 투표자 과반수의 찬성을 얻어야 한다'고 규정하고 있는 바, 이는 레프렌덤을 의미한다.

⑷ 국민발안권

국민발안권은 국가의 중요사항에 대하여 직접 국민이 제안하는 권리로서, 법률안이나 헌법개정안 또는 국민투표실시안 등을 발의하는 경우가 있다.

우리 헌정사에 국민발안제가 도입된 적이 있으나, 제4공화국헌법(1972년헌법)인 제7차개헌에서 폐지된 이후 지금까지 존재하지 않고 있다. 제2차개헌인 1954년헌법(제1공화국헌법) 제7조의2에서 국가안위에 관한 중대사항에 대한 국민투표의 발의권(국민발안)을 신설하였으나, 제5차개헌헌법인 1962년헌법(제3공화국헌법)에서 폐지되었다. 그리고 헌법개정안의 국민발안은 1954년헌법에서 신설되었다가 제7차개헌인 1972년헌법(제4공화국 유신헌법)에서 폐지되었다.

9. 사회권

1) 개요

⑴ 의의

사회권의 기원은 1919년 바이마르(Weimar)헌법에서 찾을 수 있으며, 현대입헌주의헌법의 중요한 특색이 되었다. 사회권은 제1차 세계대전 이후 실질적 평등사상을 배경으로 하여 나타났으며, 이는 자본주의의 심화에 따른 빈익빈 부익부 현상에 대하여 최저한의 인간다운 생활을 보장하기 위한 수단으로 강조하게 되었다. 그러나 사회권의 실현에는 국가재정의 뒷받침이 필요하다는 문제점을 안고 있다.

바이마르헌법 제151조 제1항은 "경제생활에 질서는 모든 국민에게 인간다운 생활을 보장하여 주기위하여 정의의 원칙에 합치하여야 한다. 이 한계 내에서 개인의 경제적 자유는 보장된다."고 규정하였다.

⑵ 사회권의 법적 성격

① 사회권 충족의 불완전성

사회권의 실현에는 국가재정의 충족이라는 걸림돌로 인한 실현가능성의 불완전함을 도외시할 없다. 그러므로 사회권을 보장하기 위한 노력은 국가의 경제력의 정도에 따른 완충적 시기가 필요하였다. 즉 사회권의 중요성에 비하여 국가의 경제력이 미치지 못함으로써, 헌법상의 사회권규정을 단지 입법방침 내지는 정치적 공약에 불과한 것으로 보는 견해(입법방침설)가 지배적이었던 시기가 있었다. 점차 국가재정이 허용되면서 사회권의 실현 강도가 커지면서 법적 권리성을 인정하게 되었다. 그러나 법적 권리로 인정하더라도 헌법규정이 직접적 효력을 갖는가의 여부에 따라 다시 추상적 권리설과 구체적 권리설로 구분된다. 한편 사회권의 구체적 권리성을 인정하더라도 국민적 수요에 미치지 못하는 한계가 있기에, 이를 불완전한 권리로 설명하기도 한다.

② 입법방침규정설

사회권의 규정은 사회정책적 목표 내지 정치적 강령을 선언한 것이며, 이는 입법방향의 제시나 입법자의 정치적 입법의무를 부과하는 정도에 불과하다는 견해이다. 국회는 입법에 대한 법적 책임을 지지 않는 것이다. 즉 사회권의 실현은 국가의 사회·경제적 역량에 따라야 하므로 경제력이 미치지 못하면 사회정책의 기본방향(Program) 내지는 정치적 공약에 불과한 것이다. 이러한 견해에서는 법적 권리가 되기 위한 구체적 입법이 없다면, 사회권규정은 단지 프로그램적 규정에 지나지 않는 것이다. 따라서 이 견해에 따르면 사회권은 재판상 청구나 입법부작위위헌확인소송의 청구가 인정될 수 없다.

③ 법적 권리설

사회권을 법적 권리로서 받아들여지더라도 사법적(司法的) 방법에 의하여 강제될 수 없는 한계가 있음을 인정하는 견해가 추상적 권리설이다. 그러나 추상적 권리설도 역시입법조치(구체적 법률제정)가 수반되어야 효력이 발생됨을 인정하고, 사회권보장의 국가적 의무는 헌법적 의무에 불과한 것으로 본다.

그러나 사회권의 권리구제소송의 유형으로부터 구체적 권리성을 주장하기도 한다. 사회권을 보장하는 법률이 존재하지 않을 경우(진정입법부작위)에는 입법부작위위헌확인의 헌법소원의 제기가 가능하며, 불충분한 법률이 존재하는 경우(부진정입법부작위)에는 적극적 헌법소원과 위헌법률심판의 제기도 가능하다. 그리고 위헌적인 법률이 있을 때에도 헌법소원(직장알선청구권 혹은 생계비지급청구권을 확인하여 줌)이 가능하며, 헌법재판제도상 적극적 헌법재판권의 행사로서 헌법불합치 혹은 입법촉구결정의 방법에 의하여 실현될 수도 있다.

또한 구체적이고 충분한 입법의 내용이 있을 때에는 구체적 권리로서 국가의 이행의 청구도 가능하다. 이처럼 사회권 규정은 재판규범성이 있으며, 사법적(司法的) 구제의 대상이 될 수 있으므로 직접적 효력을 인정할 수 있다. 그러므로 사회권의 구체적 권리성은 인정될 수 있으며, 다만, 인정범위의 문제만이 남는다(구체적 권리설의 입장).

모든 헌법규정은 재판규범이 되며, 절대적 빈곤층과 사회적 빈곤층에게는 사회권의 보장이 가장 절실하고, 국가의 과제·목표가 사회국가 혹은 복지국가이므로 당연한 논리적 귀결이다.

그리고 자유권적 측면에서 국가적 침해행위의 배제를 요구할 수 있으며, 생존권적 측면에서 입법태만에 대한 헌법재판소의 위헌확인이 가능하고 구체적 입법에 의하여 그 내용이 결정되며, 국가에 대하여 사회권을 구체화할 입법적 의무를 부과하기도 한다. 이처럼 사회권은 자유권적 측면과 생존권적 측면을 동시에 갖는 복합적·다측면적 구조이다.

2) 사회권의 종류

(1) 인간다운 생활할 권리

인간다운 생활할 권리는 1919년 바이마르(Weimar)헌법에서 처음 규정하였으며, 이후에 세계인권선언과 경제적·사회적·문화적 권리에 관한 국제규약 등에 등장하였다. 인간다운 생활할 권리는 현대복지국가이념의 실현을 위하여 불가결한 요소이며, 사회권의 근본이념이자 총칙적 규정이며, 헌법개정의 한계로서 기능한다.

> 헌법 제34조 ①모든 국민은 인간다운 생활을 할 권리를 가진다.
> ②국가는 사회보장·사회복지의 증진에 노력할 의무를 진다.
> ③국가는 여자의 복지와 권익의 향상을 위하여 노력하여야 한다.
> ④국가는 노인과 청소년의 복지향상을 위한 정책을 실시할 의무를 진다.
> ⑤신체장애자 및 질병·노령 기타의 사유로 생활능력이 없는 국민은 법률이 정하는 바에 의하여 국가의 보호를 받는다.
> ⑥국가는 재해를 예방하고 그 위험으로부터 국민을 보호하기 위하여 노력하여야 한다.

(2) 사회보장수급권

사회보장수급권은 사회적 위험(신체장애 질병, 노령, 실직 등)으로 말미암아 보호를 요하는 상태에 있는 개인이 인간다운 존엄에 상응한 인간다운 생활을 영위하기 위하여 국가에 대해 일정한 내용의 적극적 급부를 요구할 수 있는 권리를 말한다. 사회보장수급권은 헌법 제34조 제1항에서 도출되는 기본권이라는 견해도 있으며, 헌법에 직접적 명문규정이 없으므로, 헌법상의 기본권이 아니라 사회보장기본법에서 인정하는 법률상의 권리라고 보기도 한다.

건국헌법은 생활무능력자에 대한 국가적 보호를 규정(제19조 '노령·질병 기타 근로능력의 상실로 인하여 생활유지의 능력이 없는 자는 법률이 정하는 바에 의하여 국가의 보호를 받는다')한 바 있으며, 1962년헌법(제3공화국헌법)에서 처음으로 인간다운 생활을 할 권리를 신설(제30조 제1항 '모든 국민은 인간다운 생활을 할 권리를 가진다.' 제2항 '국가는 사회보장의 증진에 노력하여야 한다.' 제3항 '생활능력이 없는 국민은 법률이 정하는 바에 의하여 국가의 보호를 받는다')하여 현행헌법에 이르고 있다.

> 사회보장기본법 제9조(사회보장을 받을 권리) 모든 국민은 사회보장 관계 법령에서 정하는 바에 따라 사회보장급여를 받을 권리(이하 "사회보장수급권"이라 한다)를 가진다.

(3) 교육받을 권리

교육을 받을 권리를 광의(廣義)로 보면, 학생의 수학권(修學權)과 학부모의 교육기회제공청구권 그리고 교사의 수업권(授業權)을 포함하나, 협의로 보면 수학권에 대한 국가의 방해배제와 국가의 적극적 배려를 요구할 수 있는 권리로 파악할 수 있다.

교육에 관한 권리는 1815년에서 부터 1830년간에 제정된 독일 각주의 헌법에서 처음 등장하였으며, 생존권적 측면에서의 헌법적 규정은 1919년 바이마르(Weimar)헌법에서 처음 규정하였다.

> 헌법 제31조 ①모든 국민은 능력에 따라 균등하게 교육을 받을 권리를 가진다.
> ②모든 국민은 그 보호하는 자녀에게 적어도 초등교육과 법률이 정하는 교육을 받게 할 의무를 진다.
> ③의무교육은 무상으로 한다.
> ④교육의 자주성·전문성·정치적 중립성 및 대학의 자율성은 법률이 정하는 바에 의하여 보장된다.
> ⑤국가는 평생교육을 진흥하여야 한다.
> ⑥학교교육 및 평생교육을 포함한 교육제도와 그 운영, 교육재정 및 교원의 지위에 관한 기본적인 사항은 법률로 정한다.

(4) 근로의 권리

근로의 권리는 근로자가 스스로의 선택으로 근로관계를 형성·유지하고 국가에 대하여 근로기회 제공을 요구할 수 있는 권리이다. 17·18세기 자연법론의 개인주의적 사회관에 있어서는 근로의 권리를 천부적 권리로서 자유권의 일종으로 인식하였으나, 1919년 바이마르(Weimar)헌법에 이르러서는 최초로 국가의 능동적 보호를 내용으로 하는 근로의 권리를 규정하였으며, 이는 자본주의경제의 이념적 기초로서 기능하며, 복지·노동정책의 지표가 되었다.

> 헌법 제32조 ①모든 국민은 근로의 권리를 가진다. 국가는 사회적·경제적 방법으로 근로자의 고용의 증진과 적정임금의 보장에 노력하여야 하며, 법률이 정하는 바에 의하여 최저임금제를 시행하여야 한다.
> ②모든 국민은 근로의 의무를 진다. 국가는 근로의 의무의 내용과 조건을 민주주의원칙에 따라 법률로 정한다.
> ③근로조건의 기준은 인간의 존엄성을 보장하도록 법률로 정한다.
> ④여자의 근로는 특별한 보호를 받으며, 고용·임금 및 근로조건에 있어서 부당한 차별을 받지 아니한다.
> ⑤연소자의 근로는 특별한 보호를 받는다.
> ⑥국가유공자·상이군경 및 전몰군경의 유가족은 법률이 정하는 바에 의하여 우선적으로 근로의 기회를 부여받는다.

(5) 근로자의 노동3권

단결권, 단체교섭권, 단체행동권으로 구성된 근로자의 노동3권은 근로자의 인간다운 생활의 보장과 실질적인 평등 회복을 위하여 1919년 바이마르(Weimar)헌법에서 최초로 등장하였다. 노동3권은 자유권적 성격과 사회권적 성격을 함께 가지고 있으며(헌재 1998. 2. 27. 94헌바13), 노동3권의 주체는 사용자를 제외한 근로자(공무원인 노동자 제외) 및 근로자집단(예: 실업 중에 있는 자, 백화점의 점원, 일반공무원, 은행의 행원, 병원의 간호사 등과 노동조합 또는 쟁의단)에게 인정된다.

> 제33조 ①근로자는 근로조건의 향상을 위하여 자주적인 단결권·단체교섭권 및 단체행동권을 가진다.
> ②공무원인 근로자는 법률이 정하는 자에 한하여 단결권·단체교섭권 및 단체행동권을 가진다.
> ③법률이 정하는 주요방위산업체에 종사하는 근로자의 단체행동권은 법률이 정하는 바에 의하여 이를 제한하거나 인정하지 아니할 수 있다.

(6) 환경권

환경권의 보장은 소극적으로는 불결한 환경의 예방 또는 배제를 요구할 수 있는 권리로 볼 수 있으며, 적극적으로는 청정한 환경을 보전하고 조성하여 줄 것을 국가에 요구할 수 있는 권리라고 할 수 있다. 환경의 개념에 대하여 '자연환경'만을 의미한다고 보는 견해(협의설), 자연환경과 생활환경을 포함한다고 보는 견해(광의설)와 자연환경과 생활환경뿐 아니라 사회문화적 환경까지 포함한다고 보는 견해(최광의설)가 있다. 환경정책기본법은 자연환경과 생활환경을 포함하는 광의설을 택하고 있다. 최광의설에 의할 경우에는 환경권보장의 실효성이 희석될 우려가 있으므로 협의설을 택하는 것이 타당하다. 그리고 교육환경의 보호는 헌법 제31조의 교육권, 의료환경의 보호는 제36조 제1항의 보건권, 그리고 쾌적한 주거환경에 대해서는 헌법 제34조의 사회보장제도 등으로부터 보장의 범위를 정할 수도 있다.

환경권은 1960년대 이후 세계 각국에서 명문화되었으며, 우리나라는 제8차개헌인 제5공화국헌법(1980년헌법)에서 처음 신설하였으며, 현행헌법은 환경권과 주거환경권 등을 규정하고 있다. 환경권을 구체화하기 위하여 미국에서는 1969년 국가환경정책법을 제정하였으며, 우리나라는 1963년에 공해방지법이 제정되었다. 동법은 1977년 환경보전법이 제정되어 대체되었으며(단일법주의시대), 1990년대에 이르러 환경보전법은 환경정책기본법으로 대체되고, 그 외에도 각종환경관련법률(대기환경보전법, 수질환경보전법, 소음·진동규제법, 유해물질관리법, 환경오염피해분쟁조정법 등)들이 제정되었다(복수법주의시대).

> 헌법 제35조 ①모든 국민은 건강하고 쾌적한 환경에서 생활할 권리를 가지며, 국가와 국민은 환경보전을 위하여 노력하여야 한다.
> ②환경권의 내용과 행사에 관하여는 법률로 정한다.
> ③국가는 주택개발정책등을 통하여 모든 국민이 쾌적한 주거생활을 할 수 있도록 노력하여야 한다

(7) 혼인·가족 생활 및 보건권

혼인과 가족제도에 대한 최초규정은 1919년 바이마르(Weimar)헌법에서 비롯되었다. 헌법은 혼인·가족제도의 지배원리로서 인간의 존엄과 양성의 평등 그리고 민주주의원리를 들었으며, 양성평등의 일부일처제의 제도적 보장과 국가침해행위에 대한 주관적 공권성을 인정하고 있다.

헌법 제36조 제1항('혼인과 가족생활은 개인의 존엄과 양성의 평등을 기초로 성립되고 유지되어야 하며, 국가는 이를 보장한다')은 헌법원리를 선언한 원칙규범이고, 제도보장이며 대국가적 직접효력을 인정하는 기본권이다.

헌법은 제36조 제2항에서 '국가는 모성의 보호를 위하여 노력하여야 한다'고 규정하고 있으며, 동 규정은 국가적 노력의무와 함께 모성의 국가적 보호청구권도 아울러 포함하고 있다. 여기서의 "모성"이란 임산부와 가임기(可姙期) 여성을 말하며 이러한 모성의 건강보호를 위하여 모자보건법과 근로기준법이 있다.

헌법 제36조 제3항은 "모든 국민은 보건에 관하여 국가의 보호를 받는다."라고 보건권(保健權)을 보장하고 있는 바, 보건권이란 국민이 자신과 가족의 건강을 유지하는 데 필요한 국가적 급부배려를 요구할 수 있는 권리로서, 이는 제1차세계대전 이후인 1919년 바이마르헌법(가족의 순결과 건강에 대한 국가적 차원에서의 지원을 규정)에서 등장하였으며, 건국헌법이 제20조에서 '혼인은 남녀동권을 기본으로 하며 혼인의 순결과 가족의 건강은 국가의 특별한 보호를 받는다'고 규정하면서 오늘날까지 이어지고 있다.

Ⅳ. 민주시민교육과 정치제도

1. 정당제도

1) 정당의 의의

(1) 정당의 개념

정당법 제2조에 따르면, 정당(政黨)은 국민의 이익을 위하여 책임있는 정치적 주장이나 정책을 추진하고, 공직선거의 후보자를 추천·지지함으로써 국민의 정치적 의사형성에 참여함을 목적으로 하는 국민의 자발적 조직이므로, 정당은 민주적 기본질서를 긍정하고 조직적·계속적 단체로서 고정성과 항구성을 가져야 한다.

(2) 정당의 입법례

정당은 영국에서의 토리(Tories)당과 휘그(Whigs)당의 다툼에서 기원하였으며, 헌법상 정당조항이 등장한 것은 제2차대전 이후인 1949년 서독헌법(세계최초규정 동 헌법 제21조, 1967년에 정당법 제정)과 1948년의 이탈리아헌법(정당가입의 자유 규정), 1958년의 프랑스 제5공화국헌법을 들 수 있다.

2) 정당의 발전

(1) 트리펠(Triepel)의 주장

트리펠은 정당발전단계를 적대시(敵對視) 단계 → 무시(無視) 단계 → 승인(承認) 단계 → 헌법편입단계의 4단계로 설명하였다. 이를 도표로 보면 <표-9>와 같다.

표 82 트리펠의 정당발전단계론

단　　계	내　　　　　용
적대시단계	① 미국헌법기초자: 정당은 부분이익의 대변자로서 인식 　→ 당시 미헌법(1787년)에 정당조항을 두지 않았다. ② 프랑스 혁명지도자: 국민주권원리와 모순되는 원리로 인식 ③ 루소(Rousseau)의 명망가적 정치론: 정치는 유명인(지도자)이 하는 것이므로 정당단체조직은 불필요하다고 하였다. ④ 독일: 관료정치적 사상 즉, 국정운영은 관료의 독점물로 인식
무시단계	근대의회주의의 발달초기

승인단계 (합법화)	1919년바이마르(Weimar)헌법에서 승인: 정당 난립(亂立)
헌법편입단계	서독의 바텐지방헌법에서 세계최초로 규정하였다. 이외에도 브라질, 에콰도르 등에서 헌법에 명문의 규정을 두었다.

(2) 라이프홀쯔(G. Leibholz)의 정당국가론

라이프홀쯔는 정당국가론을 주창하였는 바, 19세기의 의회주의·대의정치(의회제민주주의)가 20세기 정당정치·국민투표(정당제민주주의)로 변질되었다고 하였으며(양자의 관계를 대립과 갈등관계로 인식), 정당국가화경향의 특징으로는 의회제민주주의에서 정당제민주주의로 변질, 개인본위선거에서 정당본위선거로, 권력분립도 행정부 중심에로의 권력집중화, 다수당의 의사와 국민의 일반의사의 동일시 등을 들었다.

(3) 대의제민주주의와 정당제민주주의의 비교

정당의 발전에 따른 대의제(의회제) 민주주의와 정당제 민주주의의를 비교하면 아래 표와 같다.

표 83 대의제 민주주의와 정당제 민주주의의 비교

구분	대의제(의회제) 민주주의	정당제 민주주의
국민	① 국민은 하나의 가상적 가치체계 즉 이념적 통일체를 의미 ② 유권자집단은 간헐적인 선거에 의하여 투표에 참가	① 국민은 그 자체가 하나의 현실적인 행동통일체를 의미 ② 정당이 중개체역할
의원의 지위	① 의원은 독자적 가치의 담당자 ② 의원의 독자성과 그 자유가 본질적 요소 ③ 무기속위임의 원칙 존중	① 의원총회의 정치적 병사 ② 의원의 정당에의 종속이 그 본질적 요소 ③ 무기속위임의 명목화
의회	의회는 공개된 장소에서의 자유로운 토론과 반대와 타협에 의한 유일한 정치적 결단의 무대	의회는 다만 정당의 의원총회를 통하여 이미 준비된 정당의 결정을 확인하는 확인적 장소로 변질
토론의 성격	의회에서의 토론성격이 창조적이며 구성적 성격	의회에서의 토론성격이 정치적선전의 성격으로 변질
선거의 성격	① 국민대표의 선출 ② 국가기관 구성	① 국민투표적 성격으로 변질 ② 당의 정책에 대한 국민투표적 성격 ③ 정부선책을 위한 국민투표적 성격
국가권력 변화	국가권력의 분할	정당을 통한 국가권력의 통합
민주주의의 성격	대의정적 민주주의이어서 다수결로서 형성되고 있는 국민의 의사는 대표의 원리에 의하여 국민의 의사로 간주	직접민주주의에로의 전환 다수결로서 형성되고 있는 국민의 의사는 자동성의 원리에 의하여 국민의 의사로 간주

⑷ 우리나라의 정당조항의 발전

우리나라에서 정당조항의 발전을 보면, 초기에 정당조항이 나타난 것은 군정청 시기인 1946.2.23에 군정법령 제55호로 지하불법단체를 제거할 목적으로 시행한 등록제가 최초였다. 이는 합법화단계의 전단계로서 이후 제1공화국헌법에서는 명문의 규정은 없었지만, 정당법상의 법률로 규정하였다. 즉 헌법은 묵시적 내지 무시적 태도를 취하고 있었으므로 묵시적 단계라고 할 수 있겠다. 이후 제2공화국헌법 제3차개정에서 처음으로 정당조항이 신설되었으며(1960년헌법 헌법편입단계), 제3공화국헌법 제5차개정에서는 정당의 일반 조항과 정당의 특별조항을 두어 국회의원과 대통령에 입후보하기 위해서는 정당추천이 필요하였으며, 당적을 이탈하면 의원직도 상실되도록 하였다(강력한 정당국가화 경향). 제4공화국헌법은 정당의 일반조항은 두고 특별조항을 삭제하였으며(정당국가화 경향의 조화), 특히 통일주체국민회의대의원선거에 정당원의 출마를 금지시킴으로써 다소 정당제도를 억제하는 경향을 띠었다. 제5공화국헌법은 국가의 정당에 대한 자금보조규정신설, 정당추천으로 대통령 입후보 가능, 대통령선거인의 정당가입가능 등을 내용으로 개정하였다. 제6공화국헌법인 제9차개정에서는 정당의 국가보호규정을 추가하였다.

3) 정당의 헌법상 지위와 법적 형태

⑴ 정당의 헌법상 지위

정당의 헌법상 지위에 관한 견해로는 헌법상 국가기관에 해당한다는 입장인 헌법기관설(라이프홀쯔 Leibholz, 페리 Ferri, 김철수), 국민의 의사와 국가의 의사를 중개하는 중개체로서의 지위를 갖는 다는 입장인 중개적 권력체설(다수설)과 사법상의 사단으로 보는 사법적 결사설(옐리네크 Jellinek, 포르스토프 Forsthoff, 크뤼거 Krüger, 박일경, 서울민사지방법원) 등이 있다. 정당은 국민의 자발적 결사체이기에 정당의 의사는 국가의사가 아니며, 또한 정당원은 국가기관의 구성원이 아닐 뿐 아니라, 설립도 국가기관과 달리 어렵지 않다. 그리고 정당은 국민의사를 대의기관에 전달하는 매개체의 역할을 한다는 측면에서 보면 중개적 권력(기관)설(제도적 보장설)이 타당한 견해다.

⑵ 법적 형태

정당존재의 법적 형태에 관한 견해로는, 정당법에서 정당에 대한 법인격을 부여하지 않으므로 정당은 사적·정치적 결사체라고 주장하는 입장(사적·정치적 결사체설)과 민법상의 법인격이 없는 사단이라는 견해, 헌법제도와 결사의 혼성체로 보는 견해 등이 있다.

4) 우리 헌법상의 정당제도

(1) 헌법규정

우리헌법은 제8조에서 정당에 관한 일반원칙을 규정하고 있으며, 제111조 제1항 제3호에서 위헌정당해산심판을 두고 있다. 특히 제8조는 헌법 제21조의 결사의 자유에 대한 특별규정이다. 규정을 보면, ① 정당의 설립은 자유이며, 복수정당제는 보장된다. ② 정당은 그 목적·조직과 활동이 민주적이어야 하며, 국민의 정치적 의사형성에 참여하는데 필요한 조직을 가져야 한다. ③ 정당은 법률이 정하는 바에 의하여 국가의 보호를 받으며, 국가는 법률이 정하는 바에 의하여 정당운영에 필요한 자금을 보조할 수 있다. ④ 정당의 목적이나 활동이 민주적 기본질서에 위배될 때에는 정부는 헌법재판소에 그 해산을 제소할 수 있고, 정당은 헌법재판소의 심판에 의하여 해산된다.

(2) 정당조항(제8조)의 규범적 의미

제8조 정당조항은 제21조 집회·결사의 자유의 특별규정으로서 정당에 관하여 우선적으로 적용된다. 그리고 복수정당제를 보장하는 조항으로서 정당제의 전면적 폐지나 단일정당제는 허용되지 않으며, 정당설립의 자유와 함께 간접적으로 국민의 자유로운 정당결성권과 정당가입·탈퇴의 자유를 보장하고 있다. 따라서 이는 헌법개정의 한계조항이다.

2. 선거제도

1) 선거의 의의와 기능

(1) 의의

선거란 유권자집단인 선거인단이 국민을 대표하는 국가기관을 선임하는 집합적 합성행위이다. 여기서 선거인단이라함은 국가의 합의체기관이 국가의 다른 기관을 선임하는 합성행위를 할 수 있는 기관을 의미한다. 이는 선거인의 개별적인 의사표시인 투표행위와 구별된다. 현대의 정당제민주주의에서는 정부선택적 국민표결의 성격도 아울러 갖고 있다. 선거는 아래로부터 일종의 합성행위인 다수의견의 표명이므로 '위에서'의 기관선임행위인 '공무원의 임명'과 구별되며, 선거는 단순한 지명행위라는 점에서 위임행위와도 구별된다.

(2) 선거권의 법적 성질

선거권의 법적 성질에 관해서는 개인적 권리설, 공의무설, 권한·자격설, 이원설 등이 있다. 개인적 권리설은 선거권을 개인을 위한 주관적 공권으로 보는 견해이며, 공의무설은 선거권을 국가목적을 위하여 국가가 부과한 공무의 수행으로 보는 견해이며, 권한·자격설은 선거권을 선거인의 권한 또는 자격으로 보는 견해이다. 그리고 이원설은 선거권을 선거에서 참가할 수 있는 자격 또는 지위로서 참정의 권리를 가지는 동시에 공무집행의 의무로 보는 견해이다(다수설).

(3) 선거의 기능

선거는 치자와 피치자의 자동성을 보장하여 국민주권을 확립하고, 대의기관을 구성하는 기능을 하며, 국가권력의 민주적 정당성의 기초가 되어, 통치의 정당성을 보장하는 기능을 한다. 그 외에도 복수정당제의 확립, 소수자 보호와 기회균등의 보장, 권력통합적 기능, 정부와 의회의 쇄신, 평화적 정권교체 기능 등을 갖는다.

(4) 선거의 유형과 의미

정치체제에 따라 선거제도는 다양하게 나타나며, 정치제제와 선거의 의미와 기능은 상관관계를 가진다. 선거제도를 '선택의 가능성'과 '선거의 자유'의 보장여부를 기준으로 분류할 수 있다. '선택의 가능성'과 '선거의 자유'가 완전히 보장되는 선거로서 민주체제의 선거제도를 '권능적 선거'라고 하며, 이는 통치권의 기초, 정당화의 근거가 되며, 국민의 민주적인 정치참여의 본질적인 수단으로서 의미를 가지며, 통치권행사를 민주적으로 정당화시켜주는 기능을 한다. '선택의 가능성'과 '선거의 자유'가 전혀 보장되지 않는 전체체제의 선거를 '비권능적 선거'라고 하며, 그 의미는 통치권행사의 수단 내지 도구에 불과하다. 따라서 모든 사회세력을 사회주의실현에 동원하고 공산주의정책의 기준을 분명하게 밝히고, 사회주의이념에 의한 국민의 정치적·도덕적 통일성을 굳혀주며, 최대의 선거참여와 최대의 다수투표를 통한 공산당의 단결과 단합을 입증하는 기능을 한다. '선택의 가능성'과 '선거의 자유'에 여러가지 제한이 따르는 권주의체제의 선거를 '반권능적 선거'라고 한다. 이는 현존 정치세력의 정당성을 과시하는 수단으로서의 의미를 가지며, 현존 정치세력의 정당성을 확보하고 국내 정치적 긴장을 완화하며, 국제적 평판과 지위를 확보하고 양당의 가시적 표출 및 체제안정적 현실적응을 모색하는 기능을 한다.

2) 선거제도의 기본원칙

(1) 보통선거

보통선거(普通選擧)란 사회적 신분, 재산, 교양 등에 의한 자격요건을 정함이 없이 원칙적으로 모든 성년자에게 선거권을 인정하는 원칙으로서 '제한선거'와 대립되는 개념이다. 그러나 국적, 연령, 주거지, 정신적 판단능력, 법률상 행위능력, 시민으로서의 완전한 자격능력(예 : 자격정지여부) 등을 기준으로 하는 제한은 가능하다. 헌법재판소는 선거직 입후보에 있어서 과도한 기탁금제도는 위헌이라고 판시한 바 있다.

(2) 평등선거

평등선거(平等選擧)는 모든 선거 참여자가 모든 절차에서 균등하게 기회를 가져야 한다는 원칙으로서 차등선거(差等選擧)와 반대되는 개념이다. 평등선거는 선거 참여자의 기회균등은 물론 선거를 통한 정치적 의사과정에서 모든 국민은 절대적으로 평등한 영향력을 행사하여야 한다는 원칙으로, 투표의 표면가치의 평등 뿐만 아니라 투표의 결과가치의 평등도 요구한다. 헌법재판소는 평등선거의 원칙은 평등의 원칙이 선거제도에 적용된 것으로서 투표의 수적(數的) 평등, 즉 복수투표제 등을 부인하고 모든 선거인에게 1인 1표(one man, one vote)를 인정함을 의미할 뿐만 아니라, 투표의 성과가치(成果價値)의 평등, 즉 1표의 투표가치가 대표자 선정이라는 선거의 결과에 대하여 기여한 정도에 있어서도 평등하여야 함(one vote, one value)을 의미한다고 하였다. 헌법이 요구하는 투표가치(投票價値)의 평등은 선거제도의 결정에 있어서 유일, 절대의 기준이라고는 할 수 없으며, 국회는 구체적인 선거제도를 정함에 있어서 합리적인 다른 정책적 목표도 고려할 수 있는 것이지만, 적어도 선거구의 획정에 있어서는 인구비례의 원칙을 "가장 중요하고 기본적인 기준"으로 삼아야 한다고 판시한 바 있다(헌재 1995. 12. 27, 95헌마224). 미국의 Baker v. Carr Case (1962)에 따르면 인구비율이 3:1의 편차는 불공평한 인구비례선거구획정으로 헌법 제14조의 평등조항에 위배된다고 하였으며, 일본의 최고재판소 판결(1976. 4. 14.)에 따르면 인구비율이 약 5:1의 편차는 위헌이라고 하였다. 우리 헌법재판소는 1995년 판례에서 국회의원선거구 인구편차가 4:1을 넘으면 위헌이라고 판시하였다가(헌재 1995. 12. 27. 95헌마224등), 2007년 판례에서는 3:1을 기준으로 제시하면서, 향후 2:1을 기준으로 판단하여야 한다고 하였다(헌재 2007. 3. 29. 2005헌마985). 그러나 자치구·시·군의회와 시·도의회의 선거구 인구편차는 4:1이 합헌이라고 판시하였다(헌재 2007. 3. 29. 2005헌마985; 헌재 2009. 3. 26. 2006헌마14).

(3) 직접선거

직접선거(直接選擧) 원칙이란 일반유권자가 직접 공무원을 선거하는 제도이다. 이에 반하여 간접선거(間接選擧)란 원선거인이 아닌 선거위원(electers)을 선거하여 대표자의 선출을 이 중간선거인에게 위임하는 방식이다. 우리나라에서는 제5공화국헌법 하에서의 대통령선출방식에서 채택된 바가 있으며, 전국구국회의원선출도 직접선거방식이기는 하나 정당의 중간선거인의 기능 때문에 위헌성이 있으며, 그러한 위헌성을 최소화하기 위하여 전국구국회의원후보자순위와 명부를 게시하고 선거인이 직접 정당을 택하여 투표하도록 하는 정당투표제를 두고 있다.

(4) 비밀선거

비밀선거(秘密選擧)는 선거인이 누구에게 투표하였는가를 비밀로 하는 투표로서 공개된 투표용지는 무효화된다. 비밀선거와 상반되는 개념은 공개선거(公開選擧)이다.

(5) 자유선거

자유선거(自由選擧)는 직접 또는 간접적인 압력 없이 자유롭게 하는 투표로서, 강제선거(强制選擧)와 반대되는 개념이다. 선거권의 행사는 국민의 의무이지만, 자유선거의 원칙에 의하여 선거권을 포기하더라도 처벌의 대상이 될 수 없으며, 나아가 선거권을 포기하는 것도 하나의 정치적 의사표시라고 볼 수 있다. 미국과 프랑스는 자유선거에 관한 규정을 두고 있으나, 우리나라는 명문 규정은 없다. 그리고 보통·평등·직접·비밀선거의 원칙은 결국 자유선거를 위한 전제에 불과하다고 보고 있다.

3) 선거구제와 대표제

(1) 선거구제

선거구(選擧區)란 의원을 선출하는 단위지역을 말하며, 선거구의 인위적인 조작방법인 게리멘더링(Gerrymandering, 선거구유리의 조작방법)을 방지하기 위하여 선거구법정주의(選擧區法定主義)를 택하고 있다. 게리멘더링은 1812년 게리(Gerry, 매사츄세츠 주지사)의 도마뱀(Salamander)식 조작에서 유래한 용어로서, 우리나라도 이를 예방하기 위하여 국회 내와 시·도에 선거구획정위원회제도를 두어 1994년부터 시행하고 있다(공직선거법 제24조).

선거구제에는 소선거구제·중선거구제·대선거구제가 있다. 소선거구제는 1선거구에서 1인을 선출하는 방식이며, 중선거구제는 1선거구에서 2인 내지 5인을 선출하는 방식이며, 대선거구제는 5인이상을 선출하는 방식이다. 각 선거구제는 장단점이 있어서 어떠한 선거구제를 택할 것인가는 시대적 상황에 맞게 적절히 채택할 수 있다. 현재 우리나라는 국회의원선거는 소선거구제를(공직선거법 제21조), 시·도의원은 1선거구의 의원정수를 2인으로 하는 중선거구제를 택하고 있으며(공직선거법 제22조), 자치구·시·군의원은 자치구·시·군의원선거구획정위원회가 자치구·시·군의 인구와 지역대표성을 고려하여 중앙선거관리위원회규칙이 정하는 기준에 따라 정하도록 하고 있다(공직선거법 제23조).

표 84 대선구제와 소선거구제의 장단점 비교

구분	대 선 거 구	소 선 거 구
장점	① 소수파의 의회진출 기회부여 ② 사표가 적다 ③ 전국적 유능인물 선출가능 ④ 선거공영제에 의한 공정한 선거 ⑤ Gerrymander의 방지가 용이	① 양대정당제 확립, 정국안정 ② 선구운동관리의 용이 ③ 시간경비의 절약 ④ 인물파악이 쉽고 투표율 높다 ⑤ 다수파가 유리
단점	① 군소정당의 난립시 정국불안 ② 선거운동관리의 곤란 ③ 시간·경비의 과다 ④ 인물파악이 곤란,투표율이 낮다	① 소수당 불리 ② 민주적 정당성의 결여:사표많고 선거가치가 불평등하며, Gerrymander의 우려가 있다. ③ 관권·금권의 개입에 의한 부정선거우려 ④ 지방적 소인물 당선 가능성

(2) 대표제

① 다수대표제

다수대표제란 선거인으로부터 다수표를 얻은 사람을 당선자로 결정하는 제도로서 다수당에게 유리한 대표제라고 할 수 있다. 다수대표제에는 상대적 다수대표제와 절대적 다수대표제가 있다. 상대적 다수대표제는 한 선거구에서 상대적으로 다수득표자를 당선자로 하는 제도로서 영국, 미국, 우리나라가 택하고 있으며, 절대적 다수대표제는 투표자의 과반수이상의 득표를 얻는 자를 당선자로 하는 제도로서 프랑스가 택하고 있으며, 절대적 다수대표제 하에서는 1차투표에서 절대다수 대표가 선출되지 않았을 때 재투표를 하는 결선투표제가 함께 도입되게 된다.

② 소수대표제

소수대표제란 선거인으로부터 소수를 득표한 자도 대표가 될 수 있는 방식으로 소수자보호의 취지에서 소수파도 어느 정도 대표를 낼 수 있는 제도로서 소수당에게도 기회가 제공되나 절차가 복잡하다. 소수대표제를 택하게 되면 2위 내지 3위 등도 당선되어야 하므로 중선거구제 내지는 대선거구제가 필수적으로 동반된다.

소수대표제에서의 투표방법에는 한 선거구내의 의원정수와 동수의 성명을 투표용지에 기재하는 투표방법(누적투표법), 한 선거구에 3명 이상의 정원을 가진 선거구를 전제하여 각 선거인이 연기(連記) 할 수 있는 후보자의 수를 정원수보다 적게 하는 제도(제한연기투표법), 선거인이 연기한 순서에 따라 그 가치를 체감하여 계산하는방법(순서체감법), 한 선거구에서 수인을 선출할 수 있는 대선거구에서 선거인이 한 후보자에게 단기투표하고 당선에 필요한 그 이상의 득표수를 자기당의 다른 후보에게 양도할 수 없는 방법(대선거구 단기비위양식투표법) 등이 있다.

③ 비례대표제

비례대표제란 각 정당의 득표율에 비례하여 대표자수를 각 정당에 배분하는 제도이다. 일반적으로 비례대표제의 공통의 기준은 먼저 당선에 필요한 최저한도의 득표수(quota)를 산정하고, 이 기수를 넘는 표를 다른 후보자에게 이양하는 방법으로서 단기이양식과 명부식이 있으며, 계산법으로는 동트식(일본)과 헤어니마이어식(독일, 우리나라)이 있다. 단기이양식은 투표수가 제1후보자에게 충분한 경우에는 그것을 다른 후보(제2, 제3후보)에게 이용케 할 수 있는 방식으로서 영국식이며, 명부식 비례대표제는 유럽에서 선호하는 방식으로서, 선거인이 정당이 제출한 후보자 명부에 투표하는 것으로 당선자가 명부의 순서에 구속되는 구속명부식과 1

개의 명부에 구속되지 않고 다른 명부의 후보자에게도 투표할 수 있는 자유명부식이 있다.

표 85 비례대표제의 장단점 비교

장　　　　　점	단　　　　　점
ⓐ 선거권의 실질적 평등 보장 ⓑ 사표방지 ⓒ 소수파의 의회진출 기회부여 ⓓ 선거비용 절감 ⓔ 정당정치에 적합 ⓕ 선거민과 의원간의 결탁방지 ⓖ 정당간부의 당선 확보 ⓗ 선거민의 의사의 정확한 반영(대표제에 충실)	ⓐ 소수파 의회 진출 　→다당제와 군소정당의 난립 초래 　→정국불안 야기 우려 ⓑ 투표방법, 당선자결정의 복잡 ⓒ 선거가 간접화됨 　→선거민과 의원간의 인적결합 불충분 ⓓ 정당간부의 횡포우려

④ 직능대표제

　직능대표제(職能代表制)는 선거인을 각 직능별로 나누고 그 직능을 단위로 하여 대표를 선출하는 제도로서 복지국가화와 입법의 전문화로 인한 의회기능의 약화를 보완할 수 있는 제도로서 주로 상원에서 직능상원제로 활용하는 제도이기도 하며, 경제평의회 등에서도 활용될 수 있다.

⑤ 할증제

　할증제(割增制)는 유효투표총수의 25%이상이라든가 30%이상이라든가 하는 일정한 퍼센트(%) 이상의 투표를 획득한 정당에 대하여 득표수에 비례한 의석이 아니라 할애 또는 증감을 하여 총의원수의 과반수라든가 3분의 2에 해당하는 의석을 배분하는 제도이다.

⑥ 병용제

　병용제는 현재의 한국 및 독일과 같이 비례대표제와 소선거구제 또는 할증제 등을 병용하는 제도를 말한다.

▶ 헌재판례 1. 게리멘드링 판례: 선거구의 획정은 사회적·지리적·역사적·경제적·행정적 연관성 및 생활권 등을 고려하여 특단의 불가피한 사정이 없는 한 인접지역이 1개의 선거구를 구성하도록 함이 상당하며, 이 또한 선거구획정에 관한 국회의 재량권의 한계라고 할 것이다. 그런데 이 사건 선거구구역표는 위와 같은 원칙을 무시한 채, 특단의 불가피한 사정이 있다고 볼만한 사유를 찾아볼 수 없는 데도, 충북 옥천군을 사이에 두고 접경지역없이 완전히 분리되어 있는 충북 보은군

과 영동군을 "충북 보은군·영동군 선거구"라는 1개의 선거구로 획정하였는바, 이는 재량의 범위를 일탈한 자의적인 선거구획정이라고 하지 아니할 수 없고(1995.6.30. 현재의 인구수를 보아도 보은군은 49,077명, 영동군은 63,623명, 옥천군은 64,958명으로서 이를 모두 합쳐도 177,658명이고, 이는 위에서 본 인구편차의 허용한계내세 있을 뿐만 아니라 같은 충청북도내의 "제천시·단양군 선거구"의 인구수 190,660명에도 못미친다) 이로써 충북 보은군에 거주하는 청구인 이관모의 정당한 선거권을 침해하였다고 할 것이다(헌재 1995. 12. 27, 95헌마224·239·285·373, 공직선거및선거부정방지법 [별표1]의 「국회의원지역선거구구역표」 위헌확인).

▣ 헌재판례 2. 상대다수대표제를 합헌으로 판단한 헌재판례: 헌법 제41조 제1항에 의한 선거원칙은 보통·평등·직접·비밀·자유 선거인데 공선법 제188조의 규정처럼 유효투표의 다수를 얻은 자를 당선인으로 결정하도록 하는 것이 헌법에서 선언된 위와 같은 선거원칙에 위반된다고 할 근거는 찾아볼 수 없다. 선거의 대표성 확보는 모든 선거권자들에게 차등 없이 투표참여의 기회를 부여하고, 그 투표에 참여한 선거권자들의 표를 동등한 가치로 평가하여 유효투표 중 다수의 득표를 얻은 자를 당선인으로 결정하는 현행 방식에 의해 충분히 구현된다고 해야 하는 것이다. 그리고 차등 없이 투표참여의 기회를 부여했음에도 불구하고 자발적으로 투표에 참가하지 않은 선거권자들의 의사도 존중해야 할 필요가 있다. 따라서 유효투표의 다수를 얻은 후보자를 당선인으로 결정하게 한 공선법 규정도 선거의 대표성의 본질이나 국민주권 원리를 침해하는 것이 아니다(헌재 2003. 11. 27. 2003헌마259·250, 공직선거및선거부정방지법 제35조 제2항 제1호 등 위헌확인, 공직선거및선거부정방지법 제155조 제1항 위헌확인 헌법소원).

4) 우리나라 선거제도

⑴ 선거권과 피선거권

① 선거권

선거권은 19세 이상의 국민이면, 대통령과 국회의원의 선거권이 있으며, 19세 이상으로서 해당 지방자치단체의 관할 구역에 주민등록이 되어 있는 사람이거나, 「재외동포의 출입국과 법적 지위에 관한 법률」 제6조제1항에 따라 해당 지방자치단체의 국내거소신고인명부에 올라 있는 국민 또는 출입국관리법 제10조에 따른 영주(永住)의 체류자격 취득일 후 3년이 경과한 외국인으로서 동법 제34조에 따라 해당 지방자치단체의 외국인등록대장에 올라 있는 사람은 해당 지방자치단체의 의회의원 및 장의 선거권이 있다(공직선거법 제15조). 그러나, 금치산선고를 받은 자, 금고 이상의 형의 선고를 받고 그 집행이 종료되지 아니하거나 그 집행을 받지 아니하기로 확정되지 아니한 자, 선거범, 「정치자금법」 제45조(정치자금 부정수수죄) 및 제49조(선거비용관련 위반행위에 관한 벌칙)에 규정된 죄를 범한 자 또는 대통령·국회의원·지방의회의원·지방자치단체의 장으로서 그 재임중의 직무와 관련하여 「형법」(「특정범죄가중처벌 등에 관한 법률」 제2조에 의하여 가중처벌되는 경우를 포함한다) 제129조(수뢰, 사전수뢰) 내지 제132조(알선수뢰)·「특정범죄가중처벌 등에 관한 법률」 제3조(알선수재)에 규정된 죄를 범한 자로서, 100만원이상의 벌금형의 선고를 받고 그 형이 확정된 후 5년 또는 형의 집행유예의 선고를 받고 그 형이 확정된 후 10년을 경과하지 아니하거나 징역형의 선고를 받고 그 집행을 받지 아니하기로 확정된 후 또는 그 형의 집행이 종료되거나 면제된 후 10년을 경과하지 아니한 자(형이 실효된 자도 포함한다), 법원의 판결 또는 다른 법률에 의하여 선거권이 정지 또는 상실된 자는 선거권이 제한된다(동법 제18조).

② 피선거권

선거일 현재 5년 이상 국내에 거주하고 있는 40세 이상의 국민은 대통령의 피선거권이 있으며, 이 경우 공무로 외국에 파견된 기간과 국내에 주소를 두고 일정기간 외국에 체류한 기간은 국내거주기간으로 본다. 또한 25세 이상의 국민은 국회의원의 피선거권이 있다. 그리고 선거일 현재 계속하여 60일 이상(공무로 외국에 파견되어 선거일전 60일후에 귀국한 자는 선거인명부작성기준일부터 계속하여 선거일까지) 당해 지방자치단체의 관할구역안에 주민등록(국내거소신고인명부에 올라 있는 경우를 포함한다.)이 되어 있는 주민으로서 25세 이상의 국민은 그 지방의회의원 및 지방자치단체의 장의 피선거권이 있다(동법 제16조). 그러나 금치산자, 금고 이상의 형의 선고를 받고 그 형이 실효되지 아니한 자, 선거사범이나, 공직선거법상 선거권이 제한되는 범죄자, 법원의 판결 또는 다른 법률에 의하여 피선거권이 정지되거나 상실된 자는 피선거권이 없다(동법 제19조). 선거권자와 피선거권자의 연령은 선거일 현재로 산정한다(공직선거법 제17조).

(2) **선거제도**

① 원인에 따른 선거의 종류

우리 법제에서의 선거의 종류는 임기만료에 의한 선거인 총선거와 궐원 또는 궐위가 발생한 때에 실시하는 보궐선거, 그리고 재선거가 있다. 재선거는 당해 선거구의 후보자가 없는 때, 당선인이 없거나 지역구자치구·시·군의원선거에 있어 당선인이 당해 선거구에서 선거할 지방의회의원정수에 달하지 아니한 때, 선거의 전부무효의 판결 또는 결정이 있는 때, 당선인이 임기개시전에 사퇴하거나 사망한 때, 당선인이 임기개시 전에 당선의 효력이 상실되거나 당선이 무효로 된 때에 시행한다(공직선거법 제195조).

② 직위에 따른 선거제도의 종류

우리나라 선거는 직위에 따라 대통령선거, 국회의원선거 그리고 지방선거(지방의회의원선거와 지방자치단체장선거)가 있다.

대통령은 국민의 보통·평등·직접·비밀선거에 의하여 선출하며, 최고득표를 얻은 자를 당선자로 하는 상대다수대표제를 채택하고 있다. 최고득표자가 2인 이상인 때에는 국회의 재적의원 과반수가 출석한 공개회의에서 다수표를 얻은 자를 당선자로 하고, 대통령후보자가 1인일 때에는 그 득표수가 선거권자 총수의 3분의 1 이상이 아니면 대통령으로 당선될 수 없다(헌법 제66조).

또한 국회의원도 국민의 보통·평등·직접·비밀선거에 의하여 선출되나, 선거구의 범위에 따라 지역구국회의원과 비례대표제에 의하여 선출된 비례대표국회의원선거가 있다. 국회의원의 수는 헌법에서는 200인 이상으로 정하고 구체적인 숫자는 법률에 유보하였는 바, 공직선거법은 300인으로 하고 있다(헌법 제41조, 공직선거법 제21조).

그리고 지방의회의원과 지방자치단체의 장은 주민의 보통·평등·직접·비밀선거에 의하여 선출된다. 자치단체장은 유효투표의 다수표를 얻은 자를 당선자로 하며, 최고득표자가 2인 이상일 때는 연장자순으로 한다.

(3) 선거운동에 관한 원칙

① 공영선거원칙

헌법은 제116조에서 '① 선거운동은 각급 선거관리위원회의 관리하에 법률이 정하는 범위안에서 하되, 균등한 기회가 보장되어야 한다. ② 선거에 관한 경비는 법률이 정하는 경우를 제외하고는 정당 또는 후보자에게 부담시킬 수 없다'라고 규정하고 기회균등의 원칙과 선거경비국고부담원칙이라는 공영선거(公營選擧)의 원칙을 선언하고 있다.

② 선거운동자유의 원칙

선거운동이란 당선되거나 되게 하거나 되지 못하게 하기 위한 행위를 말하며, 누구든지 공직선거법 등에서 금지 또는 제한되는 경우를 제외하고는 자유(自由)롭게 선거운동을 할 수 있도록 규정하고 있다(공직선거법 제58조). 즉 원칙은 자유선거운동이며, 예외적으로 금지사항을 열거하고 있다. 그러나 대한민국의 국민이 아닌 자, 미성년자(만 19세 미만자), 선거권이 없는 자, 공무원, 향토예비군 소대장급 이상의 간부, 주민자치위원회 위원, 바르게살기운동협의회·새마을운동협의회·한국자유총연맹의 상근 임·직원 및 이들 단체 등(시·도조직 및 구·시·군조직 포함)의 대표자 등은 선거운동을 할 수 없도록 규정하고 있다. 다만, 공무원 등이 후보자의 배우자인 경우에는 선거운동이 가능하다(공직선거법 제60조).

선거운동은 후보자등록마감일의 다음날부터 선거일전일까지에 한하여 이를 할 수 있으며(공직선거법 제59조), 예비후보자의 경우에는 예비후보로서 제한적이지만 예비후보등록 후 선거운동을 할 수 있다(공직선거법 제60조의3).

③ 선거비용 국고부담의 원칙

공직선거법의 규정에 의한 선거비용(選擧費用)을 일정 범위 안에서 대통령선거 및 국회의원선거에 있어서는 국가(國家)의 부담(負擔)으로, 지방자치단체의 의회의원 및 장의 선거에 있어서는 당해 지방자치단체의 부담으로 선거일후 보전한다(공직선거법 제122조의2).

④ 당선무효사유와 공무담임권제한 등

선거범죄(선거비용제한액의 200분의 1이상을 초과지출하거나 정치자금법위반)로 인하여로 선거사무장, 선거사무소의 회계책임자가 징역형 또는 300만원 이상의 벌금형의 선고를 받은 때에는 그 후보자의 당선은 무효로 되며(공직선거법 제263조), 당선인이 공직선거법위반이나 정치자금법위반으로 죄를 범하여 징역 또는 100만원 이상의 벌금형의 선고를 받은 때에도 당선이 무효된다(공직선거법 제264조). 뿐만 아니라 직계존·비속 및 배우자의 선거범죄에 대해서도 당선(當選)이 무효(無效)되도록 정하고 있다(공직선법 제265조).

또한 선거사범으로 징역형의 선고를 받은 자는 그 집행을 받지 아니하기로 확정된 후 또는 그 형의 집행이 종료되거나 면제된 후 10년간, 형의 집행유예의 선고를 받은 자는 그 형이 확정된 후 10년간, 100만원이상의 벌금형의 선고를 받은 자는 그 형이 확정된 후 5년간 일정한 공직에 취임하거나 임용될 수 없다(공직선거법 제266조).

그리고 공직선거법상의 죄의 공소시효(公訴時效)는 당해 선거일 6월을 경과함으로써 완성한다(공직선거법 제268조).

(4) 선거에 관한 소송

① 의의

선거에 관한 소송(訴訟)은 선거인이 선거(選擧)의 효력(效力)에 관하여 다툴 수 있으므로 민중소송(民衆訴訟)의 성격을 가지며, 그리고 지방선거에 있어서는 법원에 제소하기 전에 전심절차(前審節次)로서 소청제도를 두고 있다.

선거에 관한 소청(所請)은 소송제기 전에 선거의 전담기관인 선거관리위원회에 제기하여 결정을 받는 제도로서 공직선거법의 규정과 행정심판법의 규정에 따라 절차가 진행되며, 지방의회의원선거와 지방자치단체장의 선거에만 인정하고 있다.

선거에 관한 소송은 대통령선거, 국회의원선거, 시·도지사선거 그리고 비례대표시·도의원선거는 대법원의 전속관할로서 단심제(單審制)를 도입하고 있으며, 그 외의 선거에 관한 소송의 제1심법원을 고등법원으로 하여 2심제 내지 복심제(複審制)를 택하고 있다.

② 선거에 관한 소청

지방의회의원 및 지방자치단체의 장의 선거에 있어서 선거(選擧)의 효력에 관하여 이의가 있는 선거인·정당 또는 후보자는 선거일부터 14일 이내에 당해 선거구선거관리위원회위원장을 피소청인으로 하여 지역구시·도의원선거, 자치구·시·군의원선거 및 자치구·시·군의 장 선거에 있어서는 시·도선거관리위원회에, 비례대표시·도의원선거 및 시·도지사선거에 있어서는 중앙선거관리위원회에 소청(訴請)할 수 있다. 지방의회의원 및 지방자치단체의 장의 선거에 있어서 당선(當選)의 효력에 관하여 이의가 있는 정당 또는 후보자는 당선인결정일부터 14일 이내에 '등록무효' 내지 '피선거권상실로 인한 당선무효 등'의 사유에 해당함을 이유로 하는 때에는 당선인을, '지역구지방의회의원당선인의 결정·공고·통지' 내지 '지방자치단체의 장의 당선인의 결정·공고·통지'의 결정의 위법을 이유로 하는 때에는 당해 선거구선거관리위원회위원장을 각각 피소청인으로 하여 지역구시·도의원선거, 자치구·시·군의원선거 및 자치구·시·군의 장 선거에 있어서는 시·도선거관리위원회에, 비례대표시·도의원선거와 시·도지사선거에 있어서는 중앙선거관리위원회에 소청(訴請)할 수 있다(공직선거법 제219조).

③ 선거에 관한 소송

선거에 관한 소송절차는 선거(選擧)의 효력에 대한 다툼인 '선거소송'과 당선(當選)의 효력을 다투는 '당선소송'(當選訴訟)이 있다.

대통령선거 및 국회의원선거에 있어서 선거의 효력에 관하여 이의가 있는 선거인·정당 또는 후보자는 선거일부터 30일 이내에 당해 선거구선거관리위원회위원장을 피고로 하여 대법원에 소를 제기할 수 있으며, 지방의회의원 및 지방자치단체의 장의 선거에 있어서 선거의 효력에 관한 결정에 불복이 있는 소청인(당선인을 포함)은 당해 선거구선거관리위원회위원장을 피고로 하여 그 결정서를 받은 날부터 10일 이내에, 소청기간인 60일 내에 결정하지 아니한 때에는 그 기간이 종료된 날부터 10일 이내에 비례대표시·도의원선거 및 시·도지사선거에 있어서는 대법원에, 지역구시·도의원선거, 자치구·시·군의원선거 및 자치구·시·군의 장 선거에 있어서는 그 선거구를 관할하는 고등법원에 소를 제기할 수 있다.

대통령선거 및 국회의원선거에 있어서 당선의 효력에 이의가 있는 정당 또는 후보자는 당선인결정일부터 30일이내에 등록무효 또는 '피선거권상실로 인한 당선무효 등'의 사유에 해당함을 이유로 하는 때에는 당선인을, 당선인의 결정·공고·통지 또는 당선인의 재결정과 비례대표의원의석의 재배분 결정의 위법을 이유로 하는 때에는 대통령선거에 있어서는 그 당선인을 결정한 중앙선거관리위원회위원장 또는 국회의장을, 국회의원선거에 있어서는 당해 선거구선거관리위원회위원장을 각각 피고로 하여 대법원에 소를 제기할 수 있다. 지방의회의원 및 지방자치단체의 장의 선거에 있어서 당선의 효력에 관한 소청의 결정에 불복이 있는 소청인 또는 당선인인 피소청인은 당선인 등을 피고로 하여 그 결정서를 받은 날부터 10일 이내에, 소청의 기간 내에 결정하지 아니한 때에는 그 기간이 종료된 날부터 10일 이내에 비례대표시·도의원선거 및 시·도지사선거에 있어서는 대법원에, 지역구시·도의원선거, 자치구·시·군의원선거 및 자치구·시·군의 장 선거에 있어서는 그 선거구를 관할하는 고등법원에 소를 제기할 수 있다.

④ 재정신청

선거운동자유방해죄 내지 부정선운동제 등 공직선거법에서 정한 선거범죄에 대하여 고소 또는 고발을 한 후보자와 정당(중앙당에 한한다) 및 당해 선거관리위원회는, 검사가 당해 선거범죄의 공소시효만료일전 10일까지 공소를 제기하지 아니한 때에는 그 때, 선거관리위원회가 고발한 선거범죄에 대하여 고발을 한 날부터 3월까지 검사가 공소를 제기하지 아니한 때에는 그 3월이 경과한 때 각각 검사로부터 공소를 제기하지 아니한다는 통지가 있는 것으로 보고, 그 검사소속의 고등검찰청에 대응하는 고등법원에 그 당부에 관한 재정(裁定)을 신청할 수 있다(공직선거법 제273조).

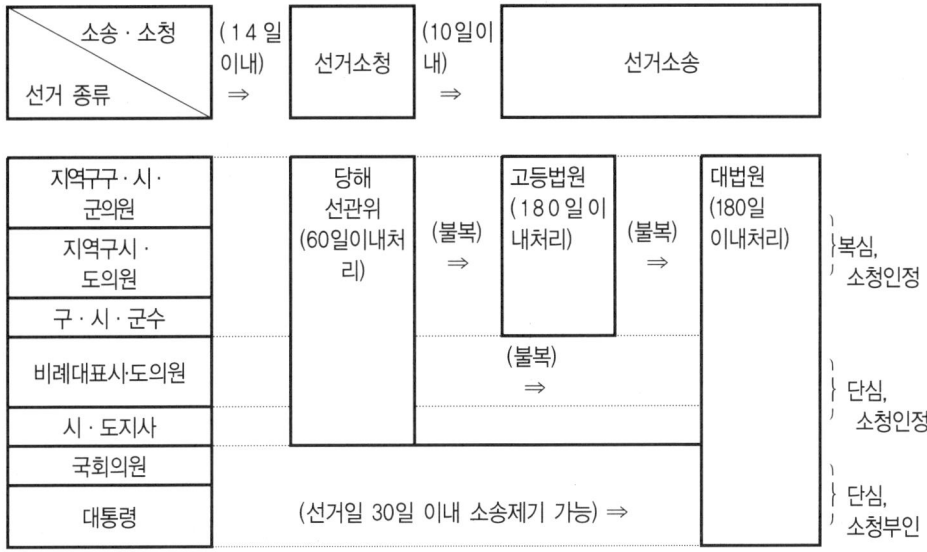

그림 23 선거소송의 개요

3. 공무원제도

1) 공무원의 의의

(1) 공무원의 개념

협의(狹義)의 공무원개념은 '국가와 공법상의 근무관계를 맺고 공무를 담당하는 자'를 의미하며, 광의(廣義)의 공무원은 협의의 공무원외에 선거직 공무원과 헌법기관구성원을 포함하며, 최광의(最廣義)의 공무원은 국가의 공무에 종사하는 일체의 사람을 포괄하는 개념으로서, 국·공립학교의 강사 등을 포함한다.

(2) 공무원의 실정법상의 구분

공무원은 국가공무원법의 적용을 받는 국가공무원(國家公務員)과 지방공무원법의 적용을 받는 지방공무원(地方公務員)으로 나눌 수 있으며, 이들은 실적과 자격에 따라 임용되고 그 신분이 보장되는 '경력직(經歷職) 공무원'과 그 외의 공무원인 '특수경력직(特殊經歷職) 공무원'으로 구분된다. 경력직공무원은 다시 일반직공무원, 특정직공무원으로 나뉘어지고, 특수경력직공무원은 정무직공무원, 별정직공무원으로 구분된다. 일반직공무원은 기술·연구 또는 행정 일반에 대한 업무를 담당하며, 직군(職群)·직렬(職列)별로 분류되는 공무원이며, 특정직공무원은 법관, 검사, 외무공무원, 경찰공무원, 소방공무원, 교육공무원, 군인, 군무원, 헌법재판소 헌법연구관, 국가정보원의 직원과 특수 분야의 업무를 담당하는 공무원으로서 관련법률에서 특정직공무원으로 지정하는 공무원이다. 그리고 정무직공무원은 선거로 취임하거나 임명할 때 국회의 동의가 필요한 공무원과 고도의 정책결정 업무를 담당하거나 이러한 업무를 보조하는 공무원으로서 법률이나 대통령령(대통령실의 조직에 관한 대통령령만 해당한다)에서 정무직으로 지정하는 공무원을 말하며, 별정직공무원은 비서관·비서 등 보좌업무 등을 수행하거나 특정한 업무 수행을 위하여 법령에서 별정직으로 지정하는 공무원을 말한다(국가공무원법 제2조 제2항).

그리고 국가의 고위공무원을 범정부적 차원에서 효율적으로 인사관리하여 정부의 경쟁력을 높이기 위하여 '고위공무원단'을 구성하며, '고위공무원단'은 직무의 곤란성과 책임도가 높은 '고위공무원단 직위'에 임용되어 재직 중이거나 파견·휴직 등으로 인사관리되고 있는 일반직공무원·별정직공무원·계약직공무원 및 특정직공무원의 군(群)을 말한다. 국가공무원법에 의하면, 중앙행정기관, 행정부, 각급 기관(감사원은 제외) 그리고 지방자치단체 및 지방교육행정기관의 직위 중 실장·국장 및 이에 상응하는 보좌기관 그리고 법령에서 고위공무원단직위로 정한 직위가 '고위공무원단직위'에 해당한다(국가공무원법 제2조의2).

2) 공무원의 헌법상 지위

(1) 헌법규정

우리 헌법은 공무원에 관한 일반적·원칙적 규정으로 제7조를 두고 있는 바, 제1항은 '공무원은 국민전체에 대한 봉사자이며, 국민에 대하여 책임을 진다' 제2항은 '공무원의 신분과 정치적 중립성은 법률이 정하는 바에 의하여 보장된다'고 규정하여 민주적 공무원제도를 두고, 공무원의 신분을 보장하도록 정하고 있다. 이 외에도 군인에 관한 규정(제5조 제2항, 국군은 국가의 안전보장과 국토방위의 신성한 의무를 수행함을 사명으로 하며, 그 정치적 중립성은 준수된다), 공무원의 노동3권제한 규정(제33조 제2항, 공무원인 근로자는 법률이 정하는 자에 한하여 단결권·단체교섭권 및 단체행동권을 가진다), 공무원의 손해배상책임(제29조 제1항,

공무원의 직무상 불법행위로 손해를 받은 국민은 법률이 정하는 바에 의하여 국가 또는 공공단체에 정당한 배상을 청구할 수 있다. 이 경우 공무원 자신의 책임은 면제되지 아니한다)에 관한 규정을 두고 있다.

(2) 공무원의 헌법상 지위

① 국민전체의 봉사자(奉仕者)로서의 공무원

헌법 제7조 제1항의 국민은 주권자로서의 국민을 의미하고 또한 국민전체를 의미하므로 개개의 국민의사에 반해도 위헌은 아니지만, 공무원은 어느 한 정당이나 당파의 이익을 위해서 봉사하여서는 안된다. 이때의 공무원의 범위는 최광의의 공무원을 의미하며 국민과 공무원의 법적 관계에 대해서는 '법적 대표 내지는 법적 수임자'로 보는 법적 대표설이 있으나, 이념상 국민전체의 수임자이므로 충성·성실을 내용으로 하는 정신적·윤리적 봉사관계를 의미한다는 윤리적 대표설이 다수설이다.

② 국민에 대한 책임

헌법 제7조 제1항에서 '국민에 대하여 책임을 진다'고 할 때, 책임의 법적 성격이 무엇인가에 대하여 견해가 갈려있다. 주권자인 국민의 수임자이고 또한 공무수행에 관하여 비판과 제재를 받으므로 국민과 공무에 대한 법적 책임이라고 보는 입장(법적 책임설)과 국민과 공무원 간에는 법률상 위임관계가 존재하지 않고 국민의 공무원파면권도 인정되지 않으므로 단지 정치적·이념적 책임이라고 보는 입장(정치적·이념적 책임설)이 있으나, 후자가 다수설이다. 그리고 공무원이 지는 책임의 유형에 대해서 헌법상 직접규정한 명문규정(국민소환제)은 없지만, 간접적으로 선거, 탄핵, 해임건의, 국가배상, 공무원의 파면청원, 임명권자에 의한 징계·해임, 변상·형사책임 등을 규정하고 있다.

3) 직업공무원제도

① 의의

직업공무원제도(職業公務員制度)란 엽관제도(獵官制度, Spoils system), 정실인사 등을 배제하고 정권교체에 따른 국가행정의 중단과 혼란을 방지하기 위하여 공무원의 정치활동을 금지하고 헌법 또는 법률에서 신분을 보장하기 위한 제도로서, 직업공무원제가 확립되기 위해서는 직무의 종류와 책임의 정도에 상응하는 과학적 계급제의 확립, 공무원의 임면·승진·전임제등의 민주적 운영, 공무원의 독립성 보장과 능력본위의 실적주의 확립, 공정한 인사행정을 위한 인사행정기구의 설치 등이 기본원칙으로 수반되어야 한다.

② 직업공무원제도의 법적 성격과 기능

우리 헌법에서는 제2공화국헌법(제3차개정)에서 정치적 중립성을 규정한 것이 직업공무원제에 대한 최초의 규정이며, 바이마르헌법에서 제도로 정착되고, 칼 쉬미트에 의하여 제도적 보장이론으로 체계화되었다. 즉 직업공무원제도는 입법자의 입법재량권의 문제로서, '최소한의 보장'원칙의 한계 안에서 폭넓은 입법형성의 자유를 가진다(헌재의 입장). 그리고 직업공무원제도는 민주주의와 법치제도의 실현, 통치권 행사와 정당성 확보와 기능적 권력통제에 기여, 공직취임에 기회균등 보장 등의 기능을 담당하고 있다.

③ 내용

직업공무원제도는 크게 공무원의 정치적 중립성 보장과 신분보장으로 구성되며, 이때의 공무원의 범위는 협의의 공무원(경력직 공무원)을 의미하며 국군장병도 포함(제5조)된다. 그리고 공무원의 정치적 중립성의 보장은 정권교체에도 불구하고 국가행정의 중단과 혼란을 방지하고자 하는 취지이며, 또한 공무원의 정치적 활동의 금지 즉 정당가입이나 정당활동을 금지하는 것을 의미한다. 그리고 공무원의 신분보장이란 공무원은 형의 선고·징계처분 또는 법에 정하는 사유에 의하지 아니하고는 그 의사에 반하여 휴직, 강임, 면직을 당하지 아니한다는 것을 의미한다(국가공무원법 제68조).

(4) 공무원의 권리의무와 인권제한

① 공무원의 권리와 의무

공무원은 정치적(政治的) 중립성(中立性)과 신분보장(身分保障)의 원칙에 의거하여 사기업에 근무하는 일반근로자들과 다른 권리와 의무를 가진다. 권리를 구체적으로 나열하면, 신분보장을 받을 권리, 직무수행권, 직명사용권 및 제복착용권, 행정쟁송권, 국가에 대한 보수청구권 등을 가지며, 의무사항은 헌법에서 직접 명시한 국민전체에 대한 봉사의무(제7조)와 국가공무원법상 명시된 성실의무(제56조), 복종의무(제57조), 직장이탈금지(직무전념의무, 제58조) 친절공정의무(제59조), 종교중립의 의무(제59조의2), 비밀준수의무(제60조), 청렴의무(제61조), 품위유지의무(제63조), 영리업무 및 겸직 금지(제64조), 정치활동금지(제65조), 집단행위의 금지(제

66조) 등이 있다.

② 공무원의 인권 제한

공무원의 인권제한의 근거가 단지 국민전체의 봉사자이므로 인권제한이 가능하다는 견해와 직무의 성질 및 근무관계의 특수성 등을 근거로 보는 견해가 있다. 헌법재판소는 공무원의 인권제한의 근거로 '특수신분관계'를 들었다. 헌법재판소는 직위의 특수성(국민 전체에 대한 봉사하고 책임지는 지위), 직무상의 공공성·공정성·성실성 및 중립성, 합리적인 공무원제도 보장, 주권자인 국민의 공공복리를 위하여 공무원의 특수신분관계를 인정하면서 이러한 특수신분관계를 근거로 인권을 제한할 수 있다고 하였다(헌제 1992. 4. 28.90헌바27내지34, 36내지42, 44내지46, 92헌바15[병합]국가공무원법 제66조에 대한 헌법소원).

공무원의 인권에 대한 제한으로서 헌법상 명문으로 규정한 것은 노동3권(제33조 제2항)과 군인·군무원·경찰공무원의 이중배상제한(제29조 제2항)이 있으며, 법률상 제한되는 인권으로는 정당가입 및 정치활동 금지(국가공무원법 제65조, 공선법 제85·86조)와 거주이전의 자유 제한이 있으며, 특수신분관계로 말미암아 직업선택의 자유가 제한되는 바, 구체적으로 계약의 자유, 영리기업경영의 제한 등으로 나타난다.

4. 지방자치제도

1) 지방자치제도의 의의

(1) 개념

지방자치제도(地方自治制度)란 일정한 지역을 기초로 하는 단체 또는 일정한 지역의 주민이 그 지방적 사무를 자신의 책임 하에서 자신이 선출한 기관을 통해서 처리하는 제도이다. 지방자치는 풀뿌리 민주주의이며, 현대 정당제국가의 폐해를 방지할 수 있으며, 중앙정부와 지방정부 간의 권력분립 내지는 권력통제를 실현할 수 있다. 브라이스(Bryce)는 지방자치를 '국민주권실현 원천인 동시에 그 교실'이라고 하였으며, 토크빌(Tocqueville)은 '지방자치는 민주주의의 국민 학교'라고 하였다.

(2) 본질 및 법적 성격

지방자치권(地方自治權)의 본질(本質)에 대해서는 자치고유권설과 자치위임설이 있는 바, 고유권설(固有權說)은 지방자치권을 지방주민이 국가성립 이전부터 가지는 고유(固有)한 권리라고 보고 있으며, 자치위임설(自治委任說)은 지방자치권을 국가가 위임(委任)한 것으로서 국가가 승인하는 범위 내에서만 행사 할 수 있는 권리라고 보는 견해로서 오늘날의 다수설이다.

그리고 지방자치제도의 법적성격에 대해서는 칼 쉬미트(C. Schmitt)의 견해에 따라 제도보장으로 보고 있다. 한편 자치권을 자연적 창조물로서 천부적 자연권과 인권의 일종으로 주장하는 견해가 있기도 하다.

(3) 특성과 기능

지방자치권은 일반성, 분배성 그리고 독립성을 가진다. 지방자치권은 지방자치단체의 구역에 들어오는 모든 주민에 대하여 일반적으로 지역적 지배권을 가지며(일반성), 지방자치단체가 처리할 수 있는 지방공공사무의 범위에 관해서 국가와 지방자치단체간에 분배하는 특성이 있으며(분배성), 또한 지방자치권은 자치입법권 그리고 자치적인 기관의 선임(의원의 선거 등) 및 재정의 독립적 운영(독립성) 등의 특성을 갖는다.

이러한 특성을 갖는 지방자치권은 지방행정에 지방주민의 자발적 참여를 유발하므로 민주주의 발전의 초석이 되며(민주정치적 기능), 중앙정부에 의한 중앙집권에 대한 권력통제적 기능을 하며(기능적 통제), 나아가 지방 실정에 맞는 지방적 특수이익을 도모할 수 있으므로 지방발전의 중추적 기능을 수행할 수 있다(지역발전 기능). 그리고 제도보장적 법적 성격을 주장하는 견해와 다소 조화가 되지 않으나, 지역주민의 선거권과 공무담임권은 지방단위에서도 이루어지며, 또한 지방자치행정에 관련된 각종 인권의 일차적 보장의무를 지는 기관이 지방자치단체이므로 지방자치는 인권보장기능도 함께 갖는다(인권실현기능).

(4) 지방자치의 요소

지방자치는 19세기 초 이래 주민자치(정치적 의미)와 단체자치(법적 의미)로 발전되어 왔으나, 오늘날 보편화되어가고 있는 지방자치제도는 대체로 주민자치적 요소와 단체자치적 요소라는 두가지요소가 융합·보완적 기능을 하며 발전되어 가고 있다.

주민자치는 영미제도 유래한 것으로서 민주주의 원리에 따라 지방적인 국가행정사무를 그 지방주민으로 하여금 의결·처리하게 하는 제도이다. 주민자치는 민주주의를 기본원칙으로 하며 자치권을 자연권으로서 주민의 고유한 권리로 보고 주민참여에 가장 중점을 두고 있다. 따라서 기관통합주의의 정부형태를 취하며 고유사무와 위임사무의 구별이 없다고 하겠다.

한편 단체자치는 독일·프랑스 등에서 유래한 것으로서, 국가내의 일정지역을 기초로 한 독립된 단체를 전제로 하여 그 단체의 의사와 기관으로 하여금 단체사무를 처리시키는 제도이다. 주민자치는 지방분권주의를 기본원칙으로 하며, 자치권을 실정권으로서 단체에 전래(傳來)된 권리 내지 제도보장으로 보고 있다. 단체자치에서의 지방자치단체는 법인격(法人格)을 가지면 기관대립주의적 지방정부형태를 취하므로 고유사무와 위임사무의 구별이 뚜렷하다. 우리나라의 지방자치는 주민자치적 요소가 가미된 단체자치에 속한다고 하겠다.

표 86 주민자치와 단체자치의 비교

구 분	주 민 자 치	단 체 자 치
발전·유래	영국, 미국	독일·프랑스·우리나라
개 념	민주주의 원리에 따라 지방적 인 국가행정사무를 그 지방주 민으로 하여금 처리하게 하는 제도(주민의 의결과 처리)	국가내의 일정지역을 기초로 한 독립된 단체를 전제로 하여 그 단체의 의사와 기관으로 하여금 단체사무를 처리시키 는 제도
기본원칙	민주주의	지방분권주의
자 치 권	자연권으로 주민의 권리 (고유권)	실정권으로 단체의 권리(전래권), 제도보장
자치기관	국가의 지방행정청	독립기관으로서의 자치기관
자치중점	주민참여	국가로부터의 독립
독 립 성	법인격 없음, 국가조직의 일부 (정치적 의미의 자치)	법인격 있음(법적의미의 자치로 지방분 권)
지방정부형태	기관통합주의	기관대립주의
감 독	약함·입법적(의회) 감독과 사 법적 감독	강함·행정적(정부) 감독이 주
수권행위	개별적 수권주의(개별적 법률 에 근거)	포괄적 수권주의
지방세제도	독립세주의(지방자치단체가 지방세의 부과징수권을 가진다	부가세주의(국세에 대한 부가세를 인정)
사 무	고유·위임사무 구별 무	고유·위임사무 구별 유

2) 우리 헌법상 지방자치제

① 의의

실절법상의 지방자치단체의 개념을 보면, 먼저 지방자치법은 지방자치단체를 '법인(法人)'으로 규정하고 있으며(지방자치법 제3조 제1항), 지방자치단체의 구성요소로는 자치권, 주민(동법 제12조), 구역(동법 제4조)을 들고 있다. 한편 헌법에서는 지방자치단체의 권한에 대하여 '지방자치단체는 주민의 복리에 관한 사무를 처리하고 재산을 관리하며, 법령의 범위 안에서 자치에 관한 규정을 제정할 수 있다(헌법 제117조 제11항)'라고 명시하고, 지방자치단체의 종류는 법률에 위임하였으며(헌법 제117조 제2항), 반드시 지방의회(地方議會)를 두도록 하고 있다(헌법 제118조 제1항). 그리고 지방의회의 조직·권한·의원선거와 지방자치단체의 장의 선임방법 기타 지방자치단체의 조직과 운영에 관한 사항은 법률로 정하도록 위임하고 있다(헌법 제118조 제2항). 우리나라 헌정사에 있어서 가장 철저한 규정은 '시, 읍, 면의 장은 그 주민이 직접 이를 선거한다(제97조 제2항)'고 하여 직선제를 규정하고 지방의회를 필수적 설치사항으로 규정한 제3차개헌(제2공화국헌법)이었다고 하겠다.

② 지방자치단체의 종류

"지방자치단체의 종류는 특별시, 광역시, 특별자치시, 도, 특별자치도와 시, 군, 구의 두가지 종류로 하며, 지방자치단체인 자치구는 특별시와 광역시의 관할 구역 안의 구만을 말하며, 자치구의 자치권의 범위는 법령으로 정하는 바에 따라 시·군과 다르게 할 수 있다. 이외에 지방자치단체 외에 특정한 목적을 수행하기 위하여 필요하면 따로 특별지방자치단체를 설치할 수 있다(지방자치법 제2조). 그리고 특별시, 광역시, 특별자치시, 도, 특별자치도는 정부의 직할(直轄)로 두고, 시는 도의 관할 구역 안에, 군은 광역시, 특별자치시나 도의 관할 구역 안에 두며, 자치구는 특별시와 광역시, 특별자치시의 관할 구역 안에 둔다. 특별시·광역시 및 특별자치시가 아닌 인구 50만 이상의 시에는 자치구가 아닌 구를 둘 수 있고, 군에는 읍·면을 두며, 시와 구(자치구를 포함한다)에는 동을, 읍·면에는 리를 둔다. 도농복합형태의 시에는 도시의 형태를 갖춘 지역에는 동을, 그 밖의 지역에는 읍·면을 두되, 자치구가 아닌 구를 둘 경우에는 그 구에 읍·면·동을 둘 수 있다(지방자치법 제3조).”

3) 지방자치단체의 구성요소

① 구역

지방자치단체의 구성요소는 구역(區域)과 주민 그리고 자치권이다. 구역은 법정주의(法定主義)에 따라 종전(從前)과 같이 하는 것이 원칙이며, 명칭과 구역을 바꾸거나 지방자치단체를 폐지하거나 설치하거나 나누거나 합칠 때에는 법률로 정한다. 다만, 지방자치단체의 관할 구역 경계변경과 한자 명칭의 변경은 대통령령으로 정한다. 이때에 주민투표를 거치지 않은 때에는 관계지방의회의 의견을 들어야 한다(지방자치법 제4조).

② 주민

지방자치단체의 구역 내에 주소를 가진 자는 누구나 주민(住民)이 되며(지방자치법 제12조), 주민은 일정한 권리와 의무를 진다.

주민은 소속 지방자치단체의 재산과 공공시설을 이용할 권리와 그 지방자치단체로부터 균등하게 행정의 혜택을 받을 권리를 가지며, 국민인 주민은 지방선거에 참여할 권리(선거권과 피선권)를 가진다(동법 제13조). 그 밖에 주요한 권리로는 주민투표권(동법 제14조 '지방자치단체의 장은 주민에게 과도한 부담을 주거나 중대한 영향을 미치는 지방자치단체의 주요 결정사항 등에 대하여 주민투표에 부칠 수 있다'), 조례의 제정과 개폐 청구권(동법 제15조, 19세 이상의 주민으로서 선거권이 있는 자에게 인정), 주민감사청구권(동법 제16조, 19세 이상의 주민에게 인정)과 주민감사와 관련된 주민소송제기권(동법 제17조, 감사청구한 주민이 감사청구 사항과 관련된 소송제기권), 주민소환권(동법 제20조 '주민은 그 지방자치단체의 장 및 지역구지방의회의원을 소환할 권리를 가진다'), 청원권(동법 제73조 '지방의회에 청원을 하려는 자는 지방의회의원의 소개를 받아 청원서를 제출하여야 한다') 등이 있다.

또한 주민은 세금과 분담금 그리고 사용료와 수수료 등의 비용분담의 의무(동법 제21조)와 노역 및 물품제공의무(도로법 제49조 등), 이용강제의무 등을 부담하여야 한다.

③ 자치권

지방자치단체는 자치조직권, 자치입법권, 자치행정권 그리고 자치재정권을 가진다. 자치조직권(自治組織權)은 지방자치단체가 자기 단체의 조직을 스스로 결정할 수 있는 권한을 말하며, 지방자치법은 광범위한 자치조직권을 인정하고 있다. 자치입법권(自治立法權)은 지방자치단체가 법령의 범위 안에서 자치에 관한 규정을 제정할 수 있는 권한이며, 자치입법에는 지방자치법상의 조례(條例)와 규칙(規則) 그리고 교육법상의 교육규칙이 있다. 조례는 법령의 범위 내에서 지방의회의 의결로 제정하며, 규칙은 법령 및 조례의 범위 내에서 지방자치단체의 장이 제정한다. 자치행정권(自治行政權)은 지방자치단체가 주민의 복리증진을 위하여 공공시설의 설치·관리와 같은 비권력적 관리행정을 행하는 권한을 말한다. 지방자치단체의 사무는 주민의 복리증진을 위한 고유사무(固有事務)와 국가사무를 위임받아 하는 위임사무(委任事務)가 있다. 자치재정권(自治財政權)은 지방자치단체가 자치단체의 경비를 지불하기 위한 필요한 세입을 확보하고, 지출을 관리하는 권한을 말한다.

4) 지방자치단체의 기관

① 지방의회

지방의회의원(地方議會議員)은 주민의 보통·평등·직접·비밀선거에 의하여 선출된다(지방자치법 제31조). 시·도의회의 의원은 지역구의원과 비례대표의원으로 구성된다.

지방의회는 조례(條例)의 제정·개정 및 폐지, 예산의 심의·확정, 결산의 승인, 법령에 규정된 것을 제외한 사용료·수수료·분담금·지방세 또는 가입금의 부과와 징수, 기금의 설치·운용, 대통령령으로 정하는 중요 재산의 취득·처분, 대통령령으로 정하는 공공시설의 설치·처분, 법령과 조례에 규정된 것을 제외한 예산외의 의무부담이나 권리의 포기, 청원의 수리와 처리, 외국 지방자치단체와의 교류협력에 관한 사항, 그 밖에 법령에 따라 그 권한에 속하는 사항에 대하여 의결권을 가지며(동법 제39조 지방의회의결사항), 지방자치단체장에 대하여 서류제출요구권을 가지며(동법 제40조), 매년 1회 지방자치단체의 사무에 대한 감사권과 조사권을 가지며(동법 제41조), 행정사무처리상황을 보고받을 권한과 질문권 및 출석답변요구권을 가진다(동법 제42조). 이외에도 내부조직·의원의 신분·회의 및 징계에 관한 규칙 등에 대하여 자율권을 가진다.

② 지방자치단체의 장

지방자치단체장은 특별시에 특별시장, 광역시에 광역시장, 도와 특별자치도에 도지사를 두고, 시에 시장, 군에 군수, 자치구에 구청장이 있다(동법 제93조). 지방자치단체의 장은 주민이 보통·평등·직접·비밀선거에 따라 선출되며(동법 제94조), 선거일 현재 계속하여 60일 이상 관할구역안에 주민등록이 되어 있는 주민으로서 25세 이상의 국민은 그 지방의회의원 및 지방자치단체의 장의 피선거권이 있으며(공직선거법 제16조 제3항). 임기는 4년이며, 계속 재임(在任)은 3기에 한한다(동법 제95조). 그리고 지방자치단체장은 대통령, 국회의원 기타 법령이 정하는 직을 겸임할 수 없다(동법 제96조).

지방자치단체장은 지방자치단체를 대표하고, 그 사무를 총괄하며(동법 제101조, 통할대표권), 그 지방자치단체의 사무와 위임사무를 관리하고 집행한다(동법 제103조, 국가사무와 위임사무 집행권). 지방자치단체의 장은 조례나 규칙으로 정하는 바에 따라 그 권한에 속하는 사무의 일부를 보조기관, 소속 행정기관 또는 하부행정기관에 위임할 수 있으며(동법 제104조, 사무위임권), 소속 직원을 지휘·감독하고 법령과 조례·규칙이 정하는 바에 의하여 그 임면·교육훈련·복무·징계 등에 관한 처리권을 가진다(동법 제105조, 직원에 대한 임면권). 또한 법령이나 조례가 위임한 범위에서 그 권한에 속하는 사무에 관하여 규칙(規則)을 제정할 수 있으며(동법 제23조, 규칙제정권), 주민에게 과도한 부담을 주거나 중대한 영향을 미치는 지방자치단체의 주요 결정사항 등에 대하여 주민투표에 부칠 수 있다(동법 제14조, 주민투표부의권). 이외에도 지방의회와의 관계에 있어서, 지방의회의결에 대한 재의요구권과 대법원제소권(동법 제107조와 제108조) 및 선결처분권(동법 제109조)를 가진다.

5) 지방자치단체에 대한 감독 내지 통제

① 입법적 감독(국회 감독)

국회(國會)는 입법권(立法權)을 통하여 지방자치단체의 조직과 운영에 관하여 법률을 제정 또는 개정함으로써 국민주권주의를 실현하면서 아울러 지방자치단체에 대하여 통제·감독이 가능하다(법률제정권에 의한 통제). 그리고 국회의 국정감사는 국정전반에 걸친 감사로서, '국정감사 및 조사에 관한 법률'에 의하면, 지방자치단체의 감사에 있어서는 직할시·광역시·도를 필수적 감사대상기관으로 정하고 있으며(법 제7조 제2호 여기서 고유업무는 감사대상에서 제외), 시·도 및 자치구는 선택적 감사대상기관으로서 국회 본회의의 의결을 거쳐 국정감사를 가능하도록 하고 있다(동조 제4호, 감사원법 제22조제2호와 제24조 제1항 제2호). 또한 국회는 재적의원 3분의 1이상의 요구에 의하여 국정의 특정사안에 관하여 조사를 시행할 수 있으므로 지방자치단체의 사무 등에 대하여 필요한 경우 국정조사를 할 수 있다(국정감사·국정조사권의 행사). 지방자치단체에 대한 감사는 2이상의 위원회가 합동으로 반을 구성하여 감사할 수 있다(법 제7조외2).

② 행정적 감독

중앙행정기관(대통령, 국무총리, 내무부장관, 감사원 등)이나 상급지방자치단체는 각종 명령이나 승인 등을 통하여 지방자치단체에 대한 행정적(行政的) 감독을 행할 수 있다.

지방자치단체가 처리하는 국가사무와 시·도사무에 관하여 주무부장관 혹은 시·도지사가 지휘·감독을 할 수 있으며(지방자치법 제167조, 국가사무 또는 시·도사무처리의 지도·감독), 지방자치단체의 사무에 관한 그 장의 명령이나 처분이 법령에 위반되거나 현저히 부당하여 공익을 해친다고 인정되면 시·도에 대하여는 주무부장관이, 시·군 및 자치구에 대하여는 시·도지사가 기간을 정하여 서면으로 시정할 것을 명하고, 그 기간에 이행하지 아니하면 이를 취소하거나 정지할 수 있으며, 다만, 자치사무에 관한 명령이나 처분에 대하여는 법령을 위반하는 것에 한한다(동법 제169조, 위법·부당한 명령·처분의 시정명령 혹은 취소·정지). 그리고 지방자치단체의 장이 법령의 규정에 따라 그 의무에 속하는 국가위임사무나 시·도위임사무의 관리와 집행을 명백히 게을리하고 있다고 인정되면 시·도에 대하여는 주무부장관이, 시·군 및 자치구에 대하여는 시·도지사가 기간을 정하여 서면으로 이행할 사항을 명령할 수 있다(동법 제170조, 상급기관장의 직무이행명령). 행정안전부장관이나 시·도지사는 지방자치단체의 자치사무에 관하여 보고를 받거나 법령위반사항에 대하여 서류·장부 또는 회계를 감사할 수 있다(동법 제171조, 법령위반한 자치사무에 대한 감사). 그리고 지방의회의결이 법령에 위반되거나 공익을 현저히 해한다고 판단될 때에는 시·도에 대하여는 주무부장관이, 시·군 및 자치구에 대하여는 시·도지사가 재의를 요구하게 할 수 있고, 재의요구를 받은 지방자치단체장은 지방의회에 이유를 붙여 재의를 요구하여야 한다(재의요구는 의무사항). 의회가 재적의원 과반수의 출석과 출석의원 3분의 2이상의 찬성으로 전과 같은 의결을 하면 그 의결사항은 확정된다. 그러나 재의결에 대하여 당해 지방자치단체장이 불법이라고 판단될 때에는 재의결된 날로부터 20일 이내에 대법원에 소를 제기할수 있으며, 이 때 집행정지결정을 신청할 수 있다. 주무부장관 또는 시·도지사는 재의결된 사항이 법령에 위반된다고 판단됨에도 당해 지방자치단체장이 제소하지 아니한 때에는 당해 지방자치 단차장에게 20일의 기간이 경과한 날로 부터 7일 이내에 제소를 지시할 수 있으며, 당해 지방자치단체장은 제소지시를 받고 7일 이내에 제소하여야 하며, 이 기간이 경과한 날로부터 7일 이내에 상급관할기관장은 직접 제소 및 집행정지결정을 신청할 수 있다(동법 제172조, 지방의회의결에 대한 재의요구, 소 제기, 직무집행정지결정신청).

③ 사법적 감독

헌법 제107조 제2항은 '명령·규칙·처분이 헌법이나 법률에 위반되는 여부가 재판의 전제가 된 경우에는 대법원은 이를 최종적으로 심사할 권한을 가진다'고 규정하고 있으며, 제2항과 별도로 제3항에서는 행정사건의 특수성을 고려하여 재판의 전심절차로써 행정심판을 할 수 있도록 규정하고 있어서 행정소송(行政訴訟)과 행정심판(行政審判)에 의한 법원의 감독이 가능하도록 규정하고 있으며, 또한 대법원은 지방자치법상의 기관소송이 제기된 경우 판결로써 지방자치단체에 대한 감독 내지는 통제가 가능하다.

- 헌법재판소의 권한쟁의심판과 대법원의 지방자치법상의 기관소송 -

1. 헌법재판소의 권한쟁의심판: 국가기관과 지방자치단체 상호간의 권한의 존부와 범위에 관한 다툼이 있을 때(헌법 제111조 1항 4호, 헌법재판소법 제61조 1항), 헌법재판소의 권한쟁의 심판의 청구가 가능하다.

2. 대법원의 지방자치법상의 기관소송: 지방자치법에서 보았듯이 ① 지방의회와 지방자치단체의 장간의 재의요구와 관련된 장의 제소에 의한 기관소송(동법 제107조 내지 제108조) ② 주무장관이나 상급지방자치단체의 장의 시정명령에 대한 불복시에 당해지방자치단체의 장이 제소하는 기관소송(동법 제169조) ③ 직무이행명령에 관련하여 이행명령과 대집행에 대한 불복시 당해 지방자치단체의 장에 의하여 제소되는 기관소송(제170) ④ 지방의회의 의결에 대한 주무부장관 혹은 상급지방자치단체에 의한 재의요구에 따른 결과에 대한 하급지방자치단체의 장의 제소와 상급지방자치단체의 장의 직접제소에 의한 기관소송(제172조) 등의 4가지는 대법원의 관할에 속한다.

3. 헌법재판소와 대법원의 관할에 있어서 차이점: 헌법재판소는 기관 상호간의 소송(예: 서울시와 경기도간의 기관소송이 여기에 해당)이므로 대법원에 속하는 지방자치법상의 기관소송과는 소송물이 상호 다르다. 대법원의 관할은 관할에 속하는 기관소송은 중앙정부(혹은 내무부장관)와 서울특별시·광역시·도간에 시정명령·직무이행명령과 재의요구지시에 따른 소송과 서울특별시·광역시·도와 자치구·시·군간에 시정명령·직무이행명령과 재의요구지시에 따른 소송이 있다.

제5장
지방자치단체와 민주시민교육*

Ⅰ. 민주시민교육의 개념 및 가치

1. 민주시민교육의 개념

1) 용어의 확정

특정 개념을 일의적으로 정의하기란 쉽지 않다. 개념의 표상인 용어가 다양하게 사용되는 경우에는 더욱 그러한데, 일반적으로 민주시민교육(democratic civic education, education for democratic citizenship)을 국내외에서 시민교육(civic education), 시민성교육(citizenship education), 시민권교육(education a la citoyenete), 사회교육, 공민교육(公民敎育), 그리고 정치교육(politische Bildung, political education) 등과 혼용하는 경향이 있다.[1] 즉, 민주시민교육의 개념을 정의하기 위해서는 그 대상 용어를 확정해야 할 것인바, 우리나라의 역사적 전통과 정치적 상황, 그리고 용어가 가진 구체성과 언어 관용 등을 고려하고, 교육의 목표 내지 지향점을 보다 선명히 한다는 측면에서는 민주시민교육이라는 용어가 가장 적절하다고 본다.[2]

2) 개념의 정의

(1) 실무적 정의

민주시민교육에 대한 실무적 개념 정의를 살펴보면 다음과 같다. 우선, 교육부는 2018년 '민주시민교육 활성화를 위한 종합계획'에서 민주시민교육을 "비판적 사고력을 가진 주체적인 시민이 민주주의의 가치를 존중하고 서로 상생할 수 있도록 민주시민으로서의 역량을 향상시키는 교육"이라고 한다.[3]

---

* 본 장의 내용은 최성환, 지방자치단체 민주시민교육의 의의 및 법정책적 제언, 법과 정책연구, 제20집 제4호(2020.12.), 309-334면; 소성규 등, 통일교육과 통일법제를 이해하는 열두 개의 시선, 동방문화사, 2020, 345-368면을 수정·보완한 것임.
[1] 민주시민교육과 시민교육, 정치교육과의 의미 구분은, 김성수 등, 학교 내 민주시민교육 활성화 방안, 교육부 정책연구 보고서, 2015, 8-9면 참조.
[2] 음선필, 한국 민주시민교육의 제도화 시론, 제도와 경제, 제7권 제3호(2013. 11.), 70-71면.
[3] 교육부, 민주시민교육 활성화를 위한 종합계획, 2018. 11., 8면.

민주시민교육 활성화 및 지원을 위한 다수의 법률안들도 1997년 이후부터 국회에 제안되었다. 그중 지난 20대 국회에서 남인순 의원이 대표발의한 「민주시민교육지원법안」에서 민주시민교육의 개념을 살펴보면, "모든 국민이 민주주의 사회의 구성원으로서 가지는 권리와 의무에 기초하여 일상생활의 각 영역에서 민주주의를 실현하는데 필요한 자질과 역량을 기를 수 있도록 하는 모든 형태의 교육" 정도로 정의하고 있다.[4]

지방자치단체의 민주시민교육에 관한 조례에도 민주시민교육의 개념에 관한 규정들이 존재하며 저마다 동 개념에 대해 나름의 정의를 내리고 있다.[5] 대체로 지방자치단체의 조례에서는 민주시민교육에 대해 "민주사회의 지속 가능한 발전을 위해 필요한 지식, 기능, 가치 및 태도 등의 시민성을 함양하여 실천으로 이어질 수 있도록 하는 교육"으로 정의하고 있다.[6]

<표> 민주시민교육의 정의에 관한 광역지방자치단체 조례 규정

조례명	시행일자	조례 규정
서울특별시 민주시민교육에 관한 조례	2020.3.26.	제2조(정의) 이 조례에서 "민주시민교육"이란 민주사회의 지속 발전을 위한 지식·가치·태도 등 민주시민으로서 요구되는 자질과 소양을 함양하고 행동으로 이어지도록 하는 교육을 말한다.
부산광역시 민주시민교육 조례	2019.1.1.	제2조(정의) 이 조례에서 "민주시민교육"이란 「대한민국헌법」에서 보장하는 민주사회를 지속적으로 발전시키기 위하여 시민이 갖추어야 할 지식·가치·태도 등의 자질과 소양을 함양하여 행동으로 이어지도록 하는 교육을 말한다.
세종특별자치시 민주시민교육 조례	2018.4.10.	제2조(정의) "민주시민교육"이란 세종특별자치시민이 민주사회의 지속 발전을 위한 지식·가치·태도 등 민주시민으로서 요구되는 자질과 소양을 함양하고 행동으로 이어지도록 하는 교육을 말한다.

---

4) 남인순의원이 대표발의한 민주시민교육지원법안(의안번호: 2333, 발의일자: 2016. 9. 19.) 제2조 제1호.
5) 각 시·도의 정의 규정은 대체로 유사한 편이지만, 그 세부내용을 나누어 살펴보면 다음과 같다. 민주시민교육의 목적을 '민주사회(혹은 민주국가와 시민사회)의 지속 발전'에 두고 있으며, 그 교육 내용과 방법은 '지식·기능·가치·태도 등 민주시민으로서 요구되는 자질과 소양을 함양하는 것'으로 보는 점은 대체로 유사하다. 다만, 민주사회와 이에 요구되는 자질과 소양이라는 중립적 개념을 넘어 '(참여적) 행동으로 이어지는 것', '건강한 시민'(예: 경기도, 전라남도, 전라북도), '성숙된 삶'(예: 경기도, 전라남도, 전라북도), '참여적 행동'(예: 대전광역시, 충청남도), '정치생활 영위'(예: 경기도) 등을 강조하거나 규정한 경우도 있다. 시민의 구체적인 모습으로서 '세계시민(예: 경기도)'이나 '주권자'(예: 경기도, 전략북도, 전라남도)를 명시한 경우도 있다. 정상우, 강은영, 학교 민주시민교육의 현황 및 활성화 방안: 교육법적 관점에서, 교육법학연구, 제31권 3호(2019. 12.), 101면.
6) 정상우, 강은영, 인권교육과 민주시민교육의 관계 및 조화 방안 고찰, 법교육연구, 제14권 3호(2019. 12.), 126면.

경기도 민주시민교육 조례	2020.5.19.	제2조(정의) 이 조례에서 "민주시민교육"이란 모든 경기도민이 민주주의 사회의 구성원으로서 가지는 권리와 의무에 기초하여 일상생활의 각 영역에서 민주주의를 실현하는데 필요한 자질과 역량을 기를 수 있도록 하는 모든 형태의 교육을 말한다.
전라북도 민주시민교육 활성화와 지원에 관한 조례	2016.3.25.	제2조(정의) "민주시민교육"이란 전라북도민이 민주사회의 주권자로서 민주 국가와 시민사회의 지속 발전을 위한 지식·기능·가치·태도 등 민주시민의 자질과 소양을 함양하고 건강한 시민으로 성숙된 삶과 행동으로 이어지도록 하는 교육을 말한다.

(2) 학문적 정의

민주시민교육의 개념 정의는 강학상으로도 다양하게 내릴 수 있다. 가장 넓게 보면 "시민 또는 장차 시민이 될 자의 신념, 헌신, 능력과 행위에 영향을 미치는 모든 과정"을 민주시민교육으로 볼 수 있다.[7]

하지만, 민주시민교육은 민주주의 정치체제가 그 필수 전제가 되므로, 민주절차에 참여하는 시민으로서의 능력을 갖추도록 각종 정보와 지식을 가르치는 행위로 그 개념을 제한적으로 파악할 필요도 있다. 그러한 점에서 민주시민교육은 "국민이 국가의 주권자로서 국가와 지역사회에서 일어나고 있는 정치현상에 관한 객관적 지식을 갖추고, 정치적 상황을 올바로 판단하고, 비판의식을 갖고 정치과정에 참여하여 책임지는 정치행위가 될 수 있도록 가정, 학교, 사회에서 습득하는 모든 과정"이라고도 할 수 있다.[8]

그 밖에도, 민주시민교육을 "사회·정치적 질서의 구성원인 모든 사람들에게 여러 다른 집단·조직·제도 및 매체를 통해 정치적으로 영향을 주는 모든 과정"[9]이라든가, "시민의 자존감과 민주적 역량을 키워주어 주체적으로 판단하고 참여하며 자신의 권리와 의무를 실천할 수 있도록 도와주는 교육"[10]이라고 그 개념을 정의하기도 한다.

이러한 민주시민교육의 개념에 관한 실무적·학문적인 논의들을 종합적으로 고려하여, 민주시민교육이란 "세계시민 또는 주권자로서 민주국가와 시민사회의 지속 발전을 위한 자질과 소양을 함양하여 건강한 시민행동으로 이어질 수 있도록 생애 전 과정에 걸쳐 실시되는 교육"이라고 정의할 수 있다.[11]

---

[7] "In its broadest definition, "civic education" means all the processes that affect people's beliefs, commitments, capabilities, and actions as members or prospective members of communities." https://plato.stanford.edu/entries/civic-education/ (검색일자: 2021. 11. 25.)
[8] 음선필, 한국 민주시민교육의 제도화 시론, 제도와 경제, 제7권 제3호(2013. 11.), 71면.
[9] 김성수 등, 학교 내 민주시민교육 활성화 방안, 교육부 정책연구 보고서, 2015, 6면.
[10] 강석, 민주시민교육 걸림돌과 교사의 역량에 관한 고찰: 교사 집단면담을 중심으로, 한국교원교육연구, 제36권 제2호(2019), 133면.

2. 민주시민교육의 가치

1) 민주시민교육의 목표

(1) 시민성의 함양

민주시민교육이 추구하는 가장 중요한 목표는 무엇보다 민주주의를 실현하고 지속 가능하게 하기 위한 시민성의 함양에 있다고 할 수 있다.[12] 여기서 말하는 시민성(Citizenship)이란 독립된 개인으로서가 아닌 공동체 구성원으로서의 지위에서 요구되는 자질로서, 시민으로서 갖추어야 할 자율성과 사회의 공공성을 유지하는 데 필요한 덕목 등을 의미한다. 이러한 시민성을 보다 세부적으로 살펴보면 시민이 갖추어야 할 의식과 신념, 민주주의적 역량, 덕성, 권리와 의무에 대한 인식, 그리고 참여의식과 책임감 등을 의미한다고 하겠다.[13]

(2) 공동체 문제의 해결

민주시민교육의 목표를 공동체 구성원의 시민성 함양에 있다고 보면, 민주시민교육은 교육 실시 국가의 정치 조직 및 작동원리를 지식으로 획득하고 정당 및 선거제도를 이해하는 데에 한정되는 것이 아니라, 세계시민 또는 주권자로서 공동체의 문제를 비판적으로 성찰하고, 그 결과를 행동으로 옮기기 위한 자질 등의 함양을 목표로 함을 알 수 있다. 공동체의 문제에 대하여 적절하게 판단하고 그 판단에 따라 역시 적절하게 행동할 수 있는 능력을 갖춘 시민이 되도록 도와주는 데에 그 목표가 있는 것이다.[14] 민주시민교육의 목표에 대한 이러한 이해는 본고가 취

---

11) 최성환, 미래사회를 대비하는 경기도 민주시민교육의 길, 경기연구원, 2018, 3면.
12) 정상우, 강은영, 인권교육과 민주시민교육의 관계 및 조화 방안 고찰, 법교육연구, 제14권 3호(2019. 12.), 127면.
13) 그 밖에도 시민성의 구체적인 내용에 대한 다양한 논의들이 존재한다. 시민의 덕목을 정의, 평등, 자유, 다양성, 인권, 재산, 사생활 존중, 권위, 참여, 진실, 애국심, 절차 이행 등의 12개 항목으로 제시하는 견해가 있는가 하면, 국제사회의 구성원으로서 각종 문제를 바라볼 수 있는 역량, 타인과 협동하고 사회적 역할과 의무를 수행할 수 있는 역량, 다른 문화를 이해하고 수용할 수 있는 역량, 비판적으로 사고할 수 있는 역량, 비폭력적 방식으로 갈등을 해결할 수 있는 역량, 환경보호를 위해 소비습관이나 생활방식을 바꿀 수 있는 역량, 약자의 권리를 보호할 수 있는 역량, 지역사회 및 국내외 정치에 참여할 수 있는 역량 등을 시민의 덕목 내지 소양으로 제시하는 견해도 있다. 또한, 시민성의 개념을 인권을 중심으로 바라보는 견해도 있다. 시민성의 구체적인 내용에 대한 기존 논의들의 자세한 소개는, 정상우, 강은영, 인권교육과 민주시민교육의 관계 및 조화 방안 고찰, 법교육연구, 제14권 3호(2019. 12.), 127-128면 참조.

하는 교육 실시 주체의 다양화의 관점과도 맞닿아 있다고 본다.

2) 민주시민교육의 필요성

(1) 갈등과 대립 사회의 통합·발전

다원화·고도화된 오늘날의 사회에서 개인 간, 개인과 집단 간, 그리고 집단 간의 갈등은 끊임없이 발생하고 있다. 이념, 지역, 세대, 소득계층 등의 차이로 인한 사회적·정치적 갈등과 대립이 지속되고 있는 상황적 배경 속에서 민주시민교육의 필요성을 확인할 수 있다. 갈등과 대립이 심할수록 본능적으로 기존의 질서를 흔들고 갈등을 유발한다고 생각되는 상대를 적으로 간주하는 경향이 있으나, 사회의 생산적 발전을 이끌며 긍정적인 효과를 발휘하는 갈등도 있으므로, 민주시민교육을 통해 사회에서 건전하고 활발한 논의가 생산될 수 있다면 그러한 갈등을 오히려 사회를 통합시키고 발전시키는 적극적인 원동력으로 만들 수 있기 때문이다.[15]

(2) 심의적 참여의 제도화

건국 이후 근대화의 고속 성장기를 거쳐 오면서 우리 사회는 공공갈등을 합리적이고 민주적으로 해결하는 시스템을 제대로 구비하지 못하였다. 즉 공익의 테두리 내에서 사익을 조정하는 '심의적 참여(deliberative participation)'가 제도화되지 못하였는바, 이는 오랜 기간 동안 권위주의적 정치체제로 인해 시민들이 주체적인 참여 의식을 형성하지 못하였고, 민주적 의사결정에 대한 참여를 봉쇄당함으로써 정치적 참여 학습의 경험을 제대로 축적하지 못하였기 때문으로 볼 수 있다.[16] 결국, 심의적 참여의 제도화인 민주시민교육을 통해 공공갈등의 민주적 해결과 사회통합 강화를 위해 필요한 민주시민의식을 내면화함으로써, 공공갈등의 해결을 위한 사회적 비용 감소뿐만 아니라 대의민주주의 체제의 정상적 작동이 가능하게 될 것이다.[17]

(3) 민주공화국 주권자로서의 주체성 회복

민주시민교육의 필요성은 인권, 민주주의, 입헌주의 등 현행 헌법의 기본 정신

---

14) 김선택 등, 시민교육의 기초로서의 헌법, 푸블리우스, 2020, 4면.
15) 심성보 등, 보이텔스바흐 합의와 민주시민교육, 북멘토, 2018, 167-168면.
16) 음선필, 한국 민주시민교육의 제도화 시론, 제도와 경제, 제7권 제3호(2013. 11.), 71면.
17) 음선필, 한국 민주시민교육의 제도화 시론, 제도와 경제, 제7권 제3호(2013. 11.), 71-72면.

의 충실한 이해를 통한 대한민국 주권자의 지위 회복의 측면에서도 이해될 수 있다. 그간 우리 사회는 입헌주의의 위기 상황 때마다 그 해결에 있어 주권자로서의 책임과 지위를 그 중심에 두지 않았다. 현대사의 몇몇 주요 사건들을 제외하고는 주권자들의 명확한 자각 내지 적극적인 참여로써 헌법정신의 위기 상황을 해결했던 경험에 익숙해져 있다고 보기는 어려운 것이다. 하지만, 민주시민교육을 통해 현행 헌법의 기본 정신 내지 입헌주의 등에 대한 깊이 있는 이해가 가능해진다면 이는 곧 민주공화국의 주권자로서의 주체성 회복으로 이어질 것인바, 주권자적 지위와 책임을 강화시킬 수 있는 구체적인 방안으로서 민주시민교육의 필요성을 인정할 수 있는 것이다.[18]

(4) 다문화사회와 통일의 대비

그 밖에도, 다문화사회의 현실과 한반도의 통일이라는 미래 모습을 대비하기 위해서도 민주시민교육은 그 필요성을 가진다. 빠르게 진행되어 가는 다문화사회의 안정적 정착과 향후 민족적 과제인 통일을 대비하기 위해 정치통합 내지 사회통합은 현실적인 과제가 되고 있는바, 국가와 사회의 지속 가능한 발전을 위해 민주시민교육을 다문화가족 및 북한이탈주민을 포함한 전체 국민을 대상으로 체계적으로 실시하는 것이 필요하다고 할 것이다.[19]

3. 민주시민교육의 논의 연혁

1) 1990년대 이후의 논의 개관

우리나라에서는 민주화 이후 시민사회의 번영에 따라 환경, 소비자, 민주주의, 경제교육 등의 영역에서 민주시민교육의 다양한 논의가 본격화되었다. 1990년대부터 학계와 시민사회를 중심으로 민주시민교육의 제도화에 관한 논의가 개시되었는데, 1995년 국무총리 소속 세계화추진위원회는 '시민정치의식 세계화'라는 국정과제의 세부과제로 민주시민교육의 제도화에 관한 최초의 정부 차원의 논의를 시작하였다.[20] 그 후 교육과학기술부가 제정한 제7차 교육과정(1997-2007)에는 '민주

---

18) 김선택 등, 시민교육의 기초로서의 헌법, 푸블리우스, 2020, 121-122면.
19) 음선필, 한국 민주시민교육의 제도화 시론, 제도와 경제, 제7권 제3호(2013. 11.), 72면.
20) 권찬호, 정부차원 민주시민교육의 제도화 추진에 관한 사례연구: 문민정부 세계화추진위원회의 시민정치의식의 세계화 과제 처리과정을 중심으로, 한국시민윤리학회보, 제22집 2호(2009), 124면.

시민의식을 기초로 공동체의 발전에 공헌하는 사람'이 5가지 인간상 중 하나로 포함되었고, 1998년 최초 시행된 교육기본법에는 교육이념의 내용으로 '민주시민으로서 필요한 자질'이라는 표현이 명시되었다.21)

2) 2000년대 이후의 논의 개관

2000년대에 들어서서는, 2004년 국회의 여야 대표가 합의한 정치개혁 과제에 민주시민교육의 제도화가 포함되었고, 2010년 이명박 정부는 '체험과 실천 중심의 민주시민교육 활성화 방안'을 발표한 바 있다. 2012년 국무총리실 시민사회발전위원회는 시민사회 발전을 위한 10대 과제 중 하나로 '시민교육 활성화'를 제시하였으며, 2017년 출범한 현 정부는 100대 국정과제에 '민주시민교육 확대'를 주요 내용으로 명시하고 대통령 자문 정책기획위원회와 관련 부처를 통해 민주시민교육의 활성화 방안을 추진 중에 있다. 2018년 교육부는 민주시민교육의 본격적인 추진을 위해 민주시민교육과를 신설하고 관련 사무를 담당하고 있으며, 2019년 6·10 민주항쟁기념식 대통령 기념사에서 민주시민교육 기구 설립의 필요성이 천명되기도 하였다. 오늘날에는 통일교육원, 한국양성평등교육진흥원, 선거연수원, 민주화운동기념사업회 등 다양한 공공기관들이 민주시민교육 내지 유관 주제별 교육 사업을 추진해 오고 있다.22)

3) 관련 입법 동향

민주시민교육 제도화에 관한 정부 및 사회적 논의에 부응해 국회에서도 관련 입법을 위한 노력을 지속해 왔지만, 관련 법률 제정은 오늘날까지 이뤄지지 못하고 있다. 법률제정이 지연되는 사이 통일교육지원법(1999), 문화예술교육 지원법(2005), 법교육지원법(2008), 환경교육진흥법(2008), 경제교육지원법(2009), 인성교육진흥법(2015) 등 민주시민교육과 관련 있는 주제들을 다루는 개별 법령들이 제정되었고, 이에 더해 2007년 전부개정이 이루어진 평생교육법은 6가지의 평생교육 중 하나로 '시민참여교육'을 포함23)하게 되었다.24)

---

21) 교육기본법(1997. 12. 13. 제정, 1998. 3. 1. 시행, 법률 제5437호) 제2조 (교육이념) 교육은 홍익인간의 이념아래 모든 국민으로 하여금 인격을 도야하고 자주적 생활능력과 민주시민으로서 필요한 자질을 갖추게 하여 인간다운 삶을 영위하게 하고 민주국가의 발전과 인류공영의 이상을 실현하는데 이바지하게 함을 목적으로 한다.
22) 조철민 등, 경기도 민주시민교육 종합계획 수립 연구, 경기도평생교육진흥원, 2019, 14-15면.
23) 평생교육법(2007. 12. 14. 전부개정, 2008. 2. 15. 시행, 법률 제8676호) 제2조 (정의) 이 법에서 사용하는 용어의 정의는 다음과 같다.

<표> 「민주시민교육지원법률안」 제안 연혁[25]

법안명	제안 일자	제안자	처리 결과
시민교육의 실시 및 지원에 관한 법률안	2021-04-16	민형배 의원 등 13인	소관위 심사 (행안위 계류 중)
학교민주시민교육촉진법안	2021-03-24	민형배 의원 등 14인	소관위 심사 (교육위 계류 중)
민주시민교육지원법안	2020-11-27	한병도 의원 등 12인	소관위 접수 (행안위 계류 중)
학교민주시민교육법안	2020-07-16	박찬대 의원 등 12인	소관위 심사 (교육위 계류 중)
민주시민교육지원법안	2020-06-01	남인순 의원 등 18인	소관위 심사 (행안위 계류 중)
학교민주시민교육법안	2019-11-12	이철희 의원 등 12인	임기만료 폐기
민주시민교육 지원에 관한 법률안	2019-03-07	소병훈 의원 등 10인	임기만료 폐기
민주시민교육지원법안	2016-09-19	남인순 의원 등 12인	임기만료 폐기
민주시민교육지원법안	2015-02-05	남인순 의원 등 13인	임기만료 폐기
민주시민교육지원법안	2015-01-22	이언주 의원 등 12인	임기만료 폐기
민주시민교육지원법안	2007-06-05	이은영 의원 등 15인	임기만료 폐기
시민교육진흥법안	2000-01-03	김찬진 의원 등 5인 외 29인	임기만료 폐기
민주시민교육지원법안	1997-10-31	박명환 의원 등 11인 외 50인	임기만료 폐기

II. 국내 민주시민교육 정책사례

1. 교육부의 민주시민교육

1) 민주시민교육 종합계획

학교 민주시민교육에 한정되어 있기는 하나 중앙정부의 민주시민교육 활성화 노력을 살펴보기로 한다. 교육부는 민주시민교육의 개념을 앞서 언급한 바와 같이

---

1. "평생교육"이란 학교의 정규교육과정을 제외한 학력보완교육, 성인 기초·문자해득교육, 직업능력 향상교육, 인문교양교육, 문화예술교육, 시민참여교육 등을 포함하는 모든 형태의 조직적인 교육활동을 말한다.
24) 물론 이를 두고 평생교육법이 민주시민교육을 평생교육의 하나로 명시적으로 규정하였다고 단정지을 수는 없을 것이다. 오정록, 한국의 학교 외의 시민교육 제도화를 위한 민주시민교육지원법안의 한계와 개선방안, 헌법연구, 제4권 제1호(2017. 3.), 168면.
25) 국회 의안정보시스템, http://likms.assembly.go.kr/bill/main.do (검색일자: 2021. 11. 25.)

"비판적 사고력을 가진 주체적인 시민이 민주주의의 가치를 존중하고 서로 상생할 수 있도록 민주시민으로서의 역량을 향상시키는 교육"으로 정의하는바, 여기서 말하는 민주시민의 역량이란 ① 민주주의의 기본원리와 핵심가치에 대한 지식과 이해, ② 타인의 권리와 존엄성을 존중하고 다원성을 인정하는 시민적 관용, ③ 공공생활에 적극적으로 참여하고 실천하는 시민적 효능감, ④ 사회·정치적 문제를 객관적으로 파악하는 비판적 사고력, ⑤ 대화와 토론으로 문제를 해결할 수 있는 능력과 기술, ⑥ 약자를 보호하고 정의와 상생의 원칙에 따른 협력과 연대 등이라고 한다.26) 나아가 교육부는 민주시민교육의 비전을 '자율·존중·연대를 실천하는 민주시민 양성'으로 설정하고, '민주적 교육 생태계 조성을 통한 민주시민 역량 강화'라는 목표 하에 ① 학교 민주시민교육 강화, ② 교원 전문성 신장 및 교육활동 지원, ③ 민주적 학교문화 조성, ④ 학생자치 활성화, ⑤ 민주시민교육 지원체계 구축 등 5가지의 추진 과제를 제시하였다.27)

<표> 교육부 민주시민교육정책의 세부 추진과제28)

비전	자율·존중·연대를 실천하는 민주시민 양성	
목표	민주적 교육 생태계 조성을 통한 민주시민 역량 강화	
추진 과제	학교 민주시민교육 강화	① 민주시민교육의 공통기준 마련 ② 안정적·체계적 민주시민교육을 위한 교육과정 개정 ③ 참여와 실천 중심의 교수학습방법 개선 ④ 민주시민교육을 위한 평가 개선
	교원 전문성 신장 및 교육활동 지원	① 교원의 민주시민교육 역량 강화 지원 ② 예비교원의 민주시민교육 역량 강화 지원 ③ 자율적 교원 학습공동체와 현장지원단 지원 ④ 다양한 교육 콘텐츠 개발 지원
	민주적 학교문화 조성	① 학교 내 민주적 의사결정체계 구축 지원 ② 학생들이 주도하는 학교 공간 민주주의 지원 ③ 학교 구성원의 민주시민역량 강화 지원 ④ (가칭)민주시민학교 운영
	학생자치 활성화	① 학생자치 활성화 지원 ② 학교운영에 학생 참여 확대 ③ 학생의 학습활동 참여 확대 ④ 학생자치 인식개선 및 우수사례 확산

---

26) 교육부, 민주시민교육 활성화를 위한 종합계획, 2018. 11., 8면.
27) 교육부, 민주시민교육 활성화를 위한 종합계획, 2018. 11., 10면. 2017년 5월 '민주시민교육 활성화'가 국정과제로 선정됨에 따라 교육부는 2018년 1월 「교육부 직제 시행규칙」 개정을 통해 '민주시민교육과'를 신설했으며, 민주시민교육 및 학생자치 담당 시·도교육청 협의회, 전문가 정책협의회, 민주시민교육 자문위원회 등의 다양한 전문가 의견 수렴 과정을 거쳐 2018년 11월 '민주시민교육 활성화를 위한 종합계획'을 발표했다.
28) 교육부, 민주시민교육 활성화를 위한 종합계획, 2018. 11., 10면.

민주시민교육 지원체계 구축	① 민주시민교육 거버넌스 구축 ② 정책의 안정적 추진을 위한 제도적 기반 마련 ③ 민주시민교육 추진을 위한 사회적 공감대 확산

2) 민주시민교육 시행계획

교육부는 2019년 3월 '민주시민교육 활성화를 위한 종합계획'에 따른 시행계획을 발표하였다. 동 계획에서 제시한 3가지의 정책 추진 방향을 살펴보면, 첫째, 민주시민교육에 대한 사회적 합의를 조성하고자 민주시민교육의 목표, 기본원칙, 내용 요소 등에 대한 학문적 논의와 사회적 공론화를 통해 민주시민교육의 공통기준 마련, 둘째, 초·중·고교 교육과정을 통해 민주시민교육을 활성화하고자 교육과정을 통한 민주시민교육 내실화 방안을 모색하며, 이를 위해 학습자가 주체적으로 표현하고 협력하여 문제를 해결하는 수업에 적합한 평가방식 개발, 교원 대상 연수 기회 확대 및 다양한 교육 콘텐츠 제공 등의 교육 활동 지원 강화, 셋째, 민주적 학교 환경 조성 및 민주시민교육 경험 확대를 위해 학교 내 민주적 의사결정 과정을 속에서 구성원이 서로 연대하고 소통하는 민주적 학교문화를 조성하고, 그 밖에 학생들의 다양한 참여 촉진을 통한 시민적 효능감의 제고가 그것이다.

현재 교육부는 이와 같은 3가지의 정책 추진 방향 아래 학교 민주시민교육 강화, 교원 전문성 신장 및 교육 활동 지원, 민주적 학교문화 조성, 학생자치 활성화, 민주시민교육 지원체계 구축이라는 5가지의 세부 추진과제를 시행하고 있다.[29]

2. 선거연수원의 민주시민교육

1) 연혁

중앙선거관리위원회는 선거관리위원회 소속 공무원, 정당 및 선거사무 관계자에 대한 교육과 연수를 목적으로 1996년에 설립된 선거연수원과 연계하여 민주시민교육과 직간접적으로 관련된 대국민 교육업무를 실시하고 있다.[30] 중앙선관위 소속

---

[29] 정상우, 강은영, 학교 민주시민교육의 현황 및 활성화 방안: 교육법적 관점에서, 법교육연구, 제31권 3호(2019. 12.), 107-108면에서 재인용.
[30] 선거연수원 설립 초기에는 민주시민교육이 연수원 업무에 포함되지 않았었다. 유권자에 대한 교육훈련이 가능할 수 있겠느냐는 당시 중앙선거관리위원회 내부의 부정적 시각 때문인 것으로 보인다. 하지만, 공정한 선거의 기반조성과 추진, 이의 정착을 위해서는 유권자에 대한 교육연수가 반드시 필요하다는 인식이 자리를 잡으면서 민주시민교육을 선거연수원에서

기관인 선거연수원은 1997년 10월 처음으로 당시 12개 정당의 중앙당 및 시·도지부의 정당·선거 사무관계자 63명을 대상으로 정당간부연수를 실시하였으며, 그 후 프로그램을 다양화하여 후보자, 시민단체 회원, 교원, 공무원, 학생 등으로 교육 대상을 확대하였다.

2000년대 이후부터 선거연수원은 점차적으로 관련 부서를 신설하고 보다 다양한 프로그램을 마련하는 등 민주시민교육에 본격적으로 뛰어들고 있다. 2000년 정치교육과를 신설하였고, 2006년 시민교육과를 거쳐 2013년에는 동 부서를 시민교육부로 개편하여 오늘에 이르고 있다.[31] 선거연수원이 민주시민교육을 바라보는 시각은 기관의 영문명에서도 알 수 있는데, 2007년 기존의 'National Election Training Institute'에서 'Korean Civic Education Institute for Democracy'(KOCEI)로 변경함으로써 민주시민교육에 초점을 맞추고자 하는 기관의 의지를 선명히 드러내었다.

2) 교육계획

선거연수원의 2020년도 민주시민교육 분야 중점 추진내용을 보면, 선거연수원은 '국민과 함께하는 민주시민교육'이라는 기치 아래 교육기관·단체 등과 협업 프로그램 운영 및 교육 우수사례 발굴·공유, 우수교수법을 도입하고 여성·다문화 단체 등과 협력을 통한 전문강사 양성, 그리고 교육 대상자의 특성을 반영한 다양한 콘텐츠 개발·보급을 내용으로 하는 '민주시민교육 역량 강화를 위한 협업 확대 및 인프라 확충'을 계획하고 있다. 또한, 18세 유권자 중점 선거교육 및 일반유권자 생애주기 프로그램 운영, 다문화·장애인 유권자 등을 위한 선거참여 도움과정 확대, 그리고 정치환경 및 정당별 특성을 반영한 당원 연수 프로그램 다변화 등 '선거·정치 참여 활성화를 위한 새내기 유권자 등 맞춤형 교육 강화'도 중점 추진내용으로 설정하고 있다. 마지막으로, 유권자와 정치인이 함께 만드는 '2020 유권자정치페스티벌' 개최, 정책제안 중심의 강연콘테스트 등 국민참여 경연프로그램 추진, 그리고 이미 치러진 제21대 국회의원선거 참여활성화를 위한 국민소통 선거강연 실시를 중심으로 한 '성숙한 선거·정치문화 정착을 위한 국민참여 프로그램 확대'도 2020년도 민주시민교육 분야 중점 추진내용 중 하나로 설정하고 있다.[32]

실시하게 되었다. 박상철 등, 수요자별 특성에 맞는 민주시민교육 방안, 중앙선거관리위원회 연구용역보고서, 2016, 13면.
31) 선거연수원은 작년인 2019년에는 기존 3부(교수기획부, 시민교육부, 제도연구부)의 기구체제를 4부(연수기획부, 직무교육부, 시민교육부, 제도연구부)로 확대 개편하였다.
32) 선거연수원, 2020년도 교육·연수계획, 2020. 1., 2-3면.

<표> 2020년 선거연수원 교육계획[33]

구 분		과정수	횟 수	인 원
합 계		75	11,506	656,332
직무교육	소 계	32	55	2,302
	기 본 과 정	4	4	230
	전 문 과 정	28	51	2,072
민주시민 교육	소 계	17	4,631	594,030
	선거·정당관계자과정	2	215	21,500
	유 권 자 과 정	4	583	19,650
	청소년선거체험과정	4	3,500	537,000
	선거참여도움과정	3	320	6,000
	선거·정치 참여·소통과정	2	3	9,500
	민 주 시 민 교 육 전 문 강 사 과 정	2	10	380
사이버 교육	소 계	26	6,820	60,000
	직 원 교 육	22	6,768	37,000
	민 주 시 민 교 육	4	52	23,000

　이에 따른 선거연수원의 2020년 민주시민교육 분야 교육계획은 17개 교육과정에서 총 594,030명을 대상으로 구성된다. 4개 과정, 52과목, 23,000명을 대상으로 하는 사이버교육에서의 민주시민교육까지 포함하면, 선거연수원은 2020년에 총 21개 과정에서 약 61만 7천명을 대상으로 민주시민교육을 실시할 계획이다.[34]

<표> 2020년 선거연수원 민주시민교육 계획[35]

구 분	과정명	대 상	기간	일정	운 영		비고
					횟수	인원	
합 계	17개 과정				4,631	594,030	
선거·정당 관계자 과 정	정당사무처간부연수	정당사무처 간부·직원 등	2일	연 중	55	5,500	집합
	당 원 연 수	일반당원 등	1~2일	연 중	160	16,000	집합
유권자 과 정	민주시민정치아카데미	오피니언리더 등	15주	5~10월	1	50	집합
	여성정치참여연수	여성유권자·단체회원·정치지망생	1~5일	연 중	40	2,000	집합
	시민사회단체등협업연수(국민소통선거강연 포함)	기관·단체 회원 등	1~3일	연 중	500	16,000	집합, 출강

---

33) 위의 자료, 4면.
34) 위의 자료, 7-8면.
35) 위의 자료, 7면.

	교원선거전문교육연수	초·중·고교원	5일	연중	12	400	집합
	대학생등정치참여연수 (학점인정과정 등 포함)	대학생·청년유권자 등	1~2일 (15주)	연중	30	1,200	집합
청소년 선거체험 과정	민주주의선거교실 (미래지도자 열림캠프 포함)	초·중·고 학생	1일 (3일)	연중	700	28,000	집합, 출강
	새내기유권자연수	고등학교 학생	1일	연중	2,500	500,000	출강
	기관·단체협업선거교실	청소년	1일	연중	300	9,000	집합, 출강
선거참여 도움과정	다문화가족연수	다문화가족	1일	연중	200	3,000	출강
	북한이탈주민연수	북한이탈 주민	1~2일	연중	20	1,000	집합, 출강
	장애인유권자연수	장애인유권자	1일	연중	100	2,000	집합, 출강
선거·정치 참여·소통 과정	유권자정치페스티벌	유권자	3일	10월	1	9,000	집합
	강연콘테스트	유권자청소년다문화 구성원 등	2일	4~10월	2	500	집합
민주시민 교육 전문강사 과정	민주시민교육강사 양성과정 (역량 심화과정 포함)	전임직원·일반인 (내·외부 강사)	1~5일	2~11월	8	320	집합
	정당연수강사양성과정	전임직원	2일	5~11월	2	60	집합

<표> 2020년 선거연수원 사이버교육 중 민주시민교육 계획[36]

구분		과정명	대상	기간	차시	운영		비고
						과목	인원	
합계		4개 과정				52	23,000	
민주시민교육	유관기관 선거관계자	유관기관선거과정	국가·지자체 공무원	2~12월	4~10	4	1,000	선택
	공정선거 지원단	공정선거지원단과정	공정선거 지원단	2~12월	3~10	8	12,000	〃
	열린학습	시민열린학습과정	일반인	1~12월	1~10	38	4,000	〃
	협력기관	시민평생학습협력과정	일반인	연중	-	2	6,000	〃

---

36) 위의 자료, 8면.

3. 시·도교육청의 민주시민교육: 경기도교육청을 중심으로

1) 연혁

2009년 9월 학교 전체의 문화 즉 수업, 학교생활, 학교공간 등에 대한 민주적 변화를 시도하기 위해 경기도의 13개 학교를 혁신학교로 지정하면서 경기도교육청의 민주시민교육은 시작되었다고 볼 수 있다.

2010년 10월 5일 경기도교육청은 차별받지 않을 권리, 폭력 및 위험으로부터의 자유로울 권리, 학습에 관한 권리(현장실습에서 학생의 안전과 학습권이 보장될 권리 등), 정규교과 이외의 교육활동의 자유 보장, 휴식을 취할 권리, 개성을 실현할 권리, 사생활의 자유, 정보에 관한 권리, 양심·종교의 자유, 자치활동 및 참여에 관한 권리 등을 명문으로 규정한 「경기도 학생인권 조례」를 제정·시행하였고, 2011년 9월 15일에는 ① 존중, 협력의 평화로운 교실 학교 만들기, ② 모든 형태의 폭력 근절 및 일상에서 민주적인 평화공동체 이상 실현, ③ 인간과 자연이 공존하는 생태평화적 삶의 생활화, ④ 한반도와 동아시아 평화를 위한 책임 있는 역사적 태도 육성, ⑤ 적극적인 평화능력 신장, ⑥ 인류 평화와 인간 존엄성의 가치를 실현하는 세계시민으로서의 자질 육성 등의 6개의 역점 사항으로 구성된 경기평화교육헌장이 인권, 평화, 민주의 관점에서 보다 발전적인 학교혁신을 추구하기 위해 제정·선포되었다.

2013년 경기도교육청은 민주시민교육 기본계획을 수립하고, 교원 역량 강화 및 학교자치활동을 지원하며, 인성교육, 다문화교육, 평화통일교육도 담당하는 '민주시민교육과'를 신설하였고, 2014년에는 '더불어 사는 민주시민', '평화시대를 여는 통일시민', '지구촌과 함께 하는 세계시민'이라는 제목의 민주시민교육 관련 3종 총 10권의 교과서를 개발하여 협약을 체결한 전국의 시·도교육청과 공동으로 활용하였다. 또한, 경기도교육청은 2015년 3월 3일 ① 헌법의 기본 가치와 이념 및 기본권, 민주주의를 비롯한 제도의 이해와 참여방식에 관한 지식, ② 논쟁 문제를 해결하기 위한 합리적 의사소통방식, 비폭력 갈등 해소 방안, 설득과 경청 등에 관한 기능과 태도, ③ 단위 학교의 민주적 의사결정구조와 절차 및 참여방식, ④ 평화·세계시민으로서의 정체성 확립 등 그밖에 교육감이 필요하다고 인정하는 내용 등을 초·중등 학교의 학생, 학부모, 교사, 직원에게 교육하기 위해 「경기도교육청 학교민주시민교육 진흥 조례」를 제정·시행하였다.[37]

---

37) 학교민주시민교육의 내용에 관해 현행 조례는 다음과 같이 그 내용이 개정·보완되었다.
경기도교육청 학교민주시민교육 진흥 조례(2020. 5. 19. 시행, 경기도조례 제6522호) 제5조

2015년에는 민주적 학교문화의 실태 및 학생들의 민주시민 자질 함양 정도 등을 진단할 척도를 마련하기 위해 '학교 민주주의 지수 조사'를 실시하였는데, 2016년 경기도 2,406개 학교 중 2,292개교를 지수진단 포털사이트를 통해 온라인으로 조사하는 등 총 432,802명의 교직원, 학생, 학부모가 본 조사에 참여하였다. 2019년과 2020년에는 학교 교육과정에서 민주시민교육을 강화하고 민주적인 학교문화 조성을 통해 학생들이 삶 속에서 민주주의를 직접 실천하는 학교인 '민주시민교육 실천학교'를 초·중·고 36개교(초등 20개, 중등 11개, 고등 5개)를 대상으로 1년간 운영하고 있다.[38]

2) 주요 사업

최근 2019년 기준 경기도교육청의 민주시민교육 관련 주요 사업으로는, 보이텔스바흐 협의의 3가지 원칙(교화금지, 논쟁성 재현, 학습자 이해관계 고려)을 적용하고, 사회적 현안에 대한 수업을 진행하며, 학생토론교실동아리 및 학생사회참여동아리를 지원하는 '참여·협력형 수업과 논쟁이 있는 교실수업 사업', 만 10-18살 청소년들이 직접 교육관련 정책을 제안하는 청소년 민주주의 기구로 2018년 만들어진 '경기청소년교육의회' 및 도내 12개 지역 7개의 민주누리 길을 탐방하는 '민주야, 탐방가자' 등 학생들이 민주주의를 직접 체험할 수 있는 프로그램을 개발하고 사회참여 프로그램의 확산을 도모하는 '학생 참여프로그램 확산 사업', 그리고 교원을 대상으로 시민교육 역량강화 아카데미를 운영하는 등의 '교원 역량강화 연수 확대 사업' 등이 있다.[39]

(교육의 내용) 학교민주시민교육의 내용은 다음 각 호와 같다.
1. 헌법의 기본 가치와 이념 및 기본권, 민주주의를 비롯한 제도의 이해와 참여방식에 관한 지식
2. 학생의 올바른 정치적 권리 행사를 위한 정당, 선거, 투표 등 참정권 교육
3. 논쟁 문제를 해결하기 위한 합리적 의사소통방식, 비폭력 갈등 해소 방안, 설득과 경청 등에 관한 기능과 태도
4. 미디어 정보의 비판적 사고·해석 및 사회적 참여 능력을 함양하기 위한 '미디어 리터러시(media literacy)' 교육
5. 단위 학교의 민주적 의사결정구조와 절차 및 참여방식
6. 평화·세계시민으로서의 정체성 확립 등 교육감이 학교민주시민교육에 필요하다고 인정하는 내용

[38] 이상 경기도교육청 민주시민교육의 연혁에 관해 보다 상세한 내용은, 조철민 등, 경기도 민주시민교육 종합계획 수립 연구, 경기도평생교육진흥원, 2019, 41-43면 참조.
[39] 경기도교육청의 민주시민교육 정책사례 및 주요사업에 관해 보다 상세한 내용은, 위의 보고서, 44-46면 참조.

Ⅲ. 지방자치단체의 민주시민교육

1. 민주시민교육의 주체성 논의

1) 교육 주체에 관한 활발한 논의

현재, 법무부, 법제처, 통일부, 국방부, 여성가족부 등 각 정부 부처들은 경제연구, 학생자치법정, 통일 및 안보 학습, 양성평등 교육과 같은 자체 민주시민교육 과정을 운영 중에 있다. 또한, 앞서 본 바와 같이 선거연수원(중앙선거관리위원회)과 시·도교육청(교육부)은 다양한 민주시민교육 사업을 활발히 추진 중에 있다. 뿐만 아니라 민주화운동기념사업회, 한국자유총연맹, 흥사단, 새마을운동 중앙연수원, 경제정의실천시민연합 등 민간영역에서의 여러 시민단체들 역시 시민교육 활동을 활발히 전개하고 있다.

이러한 상황 하에서 각기 다른 이해관계를 지닌 행정부, 입법부, 중앙선거관리위원회, 시민사회단체, 학계 등이 민주시민교육의 제도화 논의 과정에 참여하면서 민주시민교육의 주체에 대한 논의가 더욱 복잡해졌다. 또한 지금까지 민주시민교육 지원 법률안을 통해 제안된 바 있는 민주시민교육위원회와 민주시민교육원을 국회 소속으로 할 것인지, 국무총리실 소속로 할 것인지, 국무총리실 소속 독립된 재단법인으로 할 것인지, 중앙선거관리위원회 소속으로 할 것인지, 독립된 국가기관으로 할 것인지 등 그 설립 및 운영에 대한 의견도 다양하게 존재하였다.[40]

2) 기존 논의의 문제점

다양한 민주시민교육 추진 주체들과 그 소속에 대한 논쟁은 오히려 민주시민교육의 활성화를 가로막는 요인으로 작용하였다고도 볼 수 있다. 즉, 현재 한국의 민주시민교육은 다양한 영역에서 이미 개별적으로 추진되고 있는바, 이를 어느 하나로 통합하는 것이 과연 체계적이고 효율적인 것인지 의문이다. 민주시민교육에 내재되어 있는 다원성의 관점에서 본다면 그 교육의 실시 주체가 다양하게 존재하는 것이 오히려 교육실시의 효율성 등의 측면에서 바람직한 점도 있다. 또한 아래의 표에서도 알 수 있듯이 민주시민교육의 실시 주체별 장단점이 뚜렷하게 존재하는 상황에서 민주시민교육의 추진을 어느 특정의 기관이나 단체에게 전담시

---

[40] 정하윤, 한국 민주시민교육의 제도화 과정과 쟁점: 법제화를 둘러싼 주체들의 이해관계를 중심으로, 미래정치연구, 제4권 제1호(2014), 45면.

키는 것은 더욱 큰 문제를 발생시킬 수 있다. 즉, 민주시민교육의 주체성과 관련된 논의는 배제, 독점, 통합의 관점이 아닌 병립, 보완, 다원화의 관점에서 접근할 필요가 있다고 본다. 앞서 본 바와 같이 현재 선거연수원과 시·도교육청이 민주시민교육을 활발히 전개하고 있는 상황에서 그들의 민주시민교육정책과는 별개로서 지방자치단체의 민주시민교육을 바라본다면 지방자치단체가 실시 주체가 되는 민주시민교육은 나름의 의의를 충분히 가질 수 있는 것이다.

<표> 민주시민교육 실시 주체별 장단점[41]

구분	행정부 주체형	입법부 주체형	중앙선관위 주체형	민간주도형
장점	• 행정지원 용이 • 재정지원 (예산확보) 용이 • 교육대상 선별 및 동원 용이 • 교육센터의 기타 사업 추진 용이	• 정부 관료주의 영향력 배제 • 예산확보 용이 • 관련입법 용이 • 여야 합의 용이	• 조직운영의 자율성과 민주성 확보 • 정치적 중립 • 전국적 규모 교육체제 확립 • 재정확보 용이 • 기존 인프라 활용 • 헌법기관	• 조직운영의 자율성과 민주성 확보 • 정치적 중립 • 시민의 자발적 참여 유도 • 교육내용의 다양성
단점	• 정치적 중립성 문제 • 국민의 지지획득문제 • 관료주의와 행정 편의주의 가능성	• 국회와 행정부 간 갈등 표출 가능성 • 행정부의 국회의사 반영시 문제점 • 정치논리에 따른 운영의 문제점	• 관주도시 관료화에 대한 폐단 • 민주시 비전문성과 비효율성 • 조직 이원화 시 책임소재 불분명 • 교육 전담인력의부족	• 재정확보 어려움 • 센터설립에 참여하는 이해관계의 입장조정 어려움 • 조직운영의 일관성과 효율성 제고 문제 • 전국 규모의 조직가동의 어려움

2. 지방자치단체의 민주시민교육 현황

1) 조례 제정 현황

지방자치단체 중 광역지방자치단체에서 시행되고 있는 민주시민교육 조례 현황을 살펴보면, 서울특별시가 2014년에 최초로 민주시민교육에 관한 조례를 제정한 이래 현재에 이르기까지 대구광역시, 울산광역시, 그리고 경상남도를 제외한 총 14개의 광역지방자치단체에서 민주시민교육 내지 학교민주시민교육에 관한 조례를 제정·시행하고 있다.[42]

---

41) 정창화, 민주시민교육의 제도적 착근방안 -민주시민교육기관의 체제구축 및 조직설계를 중심으로-, 한국민주시민교육학회보, 제10권(2005), 71면.
42) 기초지방자치단체의 민주시민교육에 관한 조례의 경우, 2020. 8. 30. 기준 국가법령정보센터를 통해 총 33건이 검색된다. (검색어: '민주시민교육')

강원도, 경상북도, 제주특별자치도는 도교육청 소관의 학교민주시민교육에 관한 조례만 두고 있으며, 대전광역시는 지방자치단체 소관의 민주시민교육에 관한 조례만 시행하고 있다.

<표> 광역지방자치단체 및 시·도교육청 민주시민교육 조례 제정 현황[43])

	지방자치단체		교육청	
	조례명	제정일자	조례명	제정일자
서울특별시	서울특별시 민주시민교육에 관한 조례	2014.1.9.	서울특별시교육청 학교민주시민교육 진흥 조례	2018.1.4.
부산광역시	부산광역시 민주시민교육 조례	2019.1.1.	부산광역시교육청 학교민주시민교육 활성화 조례	2019.4.17.
대구광역시	-	-	-	-
광주광역시	광주광역시 민주시민교육 조례	2020.4.1.	광주광역시교육청 학교민주시민교육 진흥 조례	2018.3.1.
대전광역시	대전광역시 민주시민교육 조례	2019.2.15.	-	-
울산광역시	-	-	-	-
인천광역시	인천광역시 민주시민교육에 관한 조례	2019.2.20.	인천광역시교육청 학교민주시민교육 진흥 조례	2019.9.23.
세종특별자치시	세종특별자치시 민주시민교육 조례	2018.4.10.	세종특별자치시교육청 학교민주시민교육 활성화에 관한 조례	2019.11.11.
경기도	경기도 민주시민교육 조례	2015.10.13.	경기도교육청 학교민주시민교육 진흥 조례	2015.3.3.
강원도	-	-	강원도교육청 학교민주시민교육 진흥 조례	2019.3.8.
경상남도	-	-	-	-
경상북도	-	-	경상북도교육청 학교민주시민교육 활성화에 관한 조례	2019.7.11.
전라남도	전라남도 민주시민교육 활성화와 지원에 관한 조례	2017.9.28.	전라남도교육청 학교민주시민교육 진흥 조례	2016.12.29.
전라북도	전라북도 민주시민교육 활성화와 지원에 관한 조례	2016.3.25.	전라북도 학교민주시민교육 조례	2016.3.18.
충청남도	충청남도 민주시민교육 조례	2019.8.7.	충청남도교육청 학교민주시민교육 진흥 조례	2017.10.10.
충청북도	충청북도 민주시민교육 조례	2019.11.14.	충청북도교육청 학교민주시민교육 진흥 조례	2016.5.20.
제주특별자치도	-	-	제주특별자치도교육청 학교민주시민교육 진흥 조례	2019.10.10.

---

43) 국가법령정보센터, http://www.law.go.kr (검색어: '민주시민교육', 검색일자: 2020. 8. 30.)

2) 민주시민교육정책의 연혁 및 현황: 경기도를 중심으로

(1) 정책 연혁

정책 분야에서도 지방자치단체는 민주시민교육의 활성화를 위해 다종다양한 노력들을 전개하고 있다. 대표적으로 경기도 민주시민교육정책의 연혁 및 현황을 살펴보면, 경기도는 2015년 조례 제정 이후 민주시민교육 관련 사업을 활발히 진행하고 있다. 2015년 10월 13일 「경기도 민주시민교육 조례」를 제정·시행한 이후 경기도 교육정책과는 2016년 9월 민주시민교육종합계획 수립을 위한 기초연구로 '민주시민교육 종합계획 수립을 위한 연구 용역'을 추진하고, 2016년 12월에는 도와 도의원, 시·군관계자, 민관학계 전문가 등 80여 명이 참석한 '경기도 민주시민교육 추진방향 토론회' 개최하는 등 민주시민교육 관련 사업을 본격적으로 시작하였다.

<표> 경기도 민주시민교육 추진 연혁[44]

연도	내용
2015	- 경기도 민주시민교육 조례 제정['15.10.13.]
2016	- 경기도 민주시민교육 종합계획 수립 연구 추진
2017	- 경기도 민주시민교육 본예산 반영[민주시민교육 프로그램 공모 사업, 역량강화 연수, 토론회 개최 등] - 경기도 민주시민교육 조례 개정['17.04.12.]
2018	- 평진원 내 민주시민교육지원센터 설립 - 경기도 민주시민교육 사업 수행[공모 사업, 네트워크 구축 시범사업, 청소년 노동인권 교육 사업 등] - 경기도 민주시민교육 운영위원회 구성 및 운영
2019	- 경기도 민주시민교육 사업 수행[공모 사업, 온(on)프로젝트, 청소년 노동인권교육 강사파견, 박람회 개최 등] - 경기도 민주시민교육 조례 개정['19.10.01.]
2020	- 경기도 내 5개 시·군 민주시민교육센터 설립 시범사업[용인, 화성, 파주, 광명, 군포] - 경기도 민주시민교육 사업 수행[청소년 노동인권 도민강사 양성/파견, 민주주의(시민주권)체험, 민주시민교육·청소년 노동인권 인식개선 등] - 경기도 민주시민교육 종합계획 수립(2020년~2022년)
2021	- 경기도 민주시민교육 사업 수행[경기도 마을민주주의 교육, 관계자 역량강화, 민주주의(시민주권)체험, 온라인 콘텐츠 개발, 실태조사 등] - 청소년 노동인권교육 사업 수행[청소년 노동인권 도민강사 양성/파견, 교재·교안 보완, 청소년 노동인권 인식개선 등]

---

44) 경기도 평생교육진흥원 홈페이지, https://www.gill.or.kr/ (검색일자: 2021. 11. 25.)

(2) 정책 현황

경기도 민주시민교육 사업은 「평생교육법」 제20조[45] 및 「경기도 평생교육진흥 조례」 제17조[46]에 따라 평생교육진흥과 관련된 업무를 효율적으로 수행함으로써 도민의 평생교육 활성화에 기여함을 목적으로 2011년 12월에 설립된 경기도평생교육진흥원을 통해서 주로 수행된다. 경기도평생교육진흥원은 2017년도부터 경기도 민주시민교육 사업을 본격적으로 추진하고 있는바, 2020년도에는 '제2기 경기도 민주시민교육 종합계획'에 따라 특화 콘텐츠, 활성화 및 기반구축, 청소년 노동인권교육 등의 분야에서 다양한 세부 사업을 매우 적극적으로 실시하고 있다.[47]

<표> 제2기 경기도 민주시민교육 비전 및 과제(2020-2022)[48]

비전	모두의 민주시민교육 깨어 있는 시민, 포용적인 지역사회		
전략목표	도민의 삶의 현장과 공동체에 기반한 민주시민교육	기초지자체 및 지역사회 기반 실천역량 강화	민주시민교육 협력체계 및 성장환경 조성
실행과제	① 도민(개인) 생애주기별 시민교육 체계 마련 ② 다양한 사회집단 및 대상별 특화 시민교육 ③ 민주사회 공동체를 위한 다양한 시대적 가치 공유 (시민주권, 노동인권, 역사, 환경, 평화, 성인지, 세계시민 등)	① 시군 민주시민교육 활성화 기반조성 ② 시군 민주시민교육 주체(인력) 양성 ③ 지역사회 기반 실천연계 시민공동체 교육 확산	① 민주시민교육 활성화를 위한 민관, 기관간 협력체계 구축 ② 도 민주시민교육 홍보 및 사회적 인식개선 ③ 도 및 시·군 민주시민교육 운영 조직체계 강화

---

[45] 평생교육법 제20조(시·도평생교육진흥원의 운영) ① 시·도지사는 대통령령으로 정하는 바에 따라 시·도평생교육진흥원을 설치 또는 지정·운영할 수 있다.
  ② 시·도평생교육진흥원은 다음 각 호의 업무를 수행한다.
   1. 해당 지역의 평생교육기회 및 정보의 제공
   2. 평생교육 상담
   3. 평생교육프로그램 운영
   3의2. 장애인 대상 평생교육프로그램 운영
   4. 해당 지역의 평생교육기관간 연계체제 구축
   5. 그 밖에 평생교육진흥을 위하여 시·도지사가 필요하다고 인정하는 사항
[46] 경기도 평생교육진흥 조례 제17조(설립) ① 도지사는 평생교육진흥의 효율적인 수행을 위하여 경기도평생교육진흥원(이하 "진흥원"이라 한다)을 설립한다.
  ② 진흥원은 「민법」 제32조에 따른 재단법인으로 한다.
[47] 2021년 경기도평생교육진흥원의 민주시민교육 세부사업에 대해서는, 기관 홈페이지 내 '민주시민교육 안내'(https://www.gill.or.kr/bbs/board.php?bo_table=dcedu_info, 검색일자: 2021. 11. 25.) 참조.
[48] 경기도 평생교육진흥원 홈페이지, https://www.gill.or.kr/ (검색일자: 2021. 11. 25.)

<표> 2021년 경기도 민주시민교육 세부 사업[49]

분야	사업
Ⅰ. 특화 콘텐츠	1. 민주주의 역사현장 체험 2. 찾아가는 참정권 교실 3. 환경분야 프로그램 개발·운영 4. 경기도 마을 민주주의 교육 5. 경기도 여성정치지도자 과정 6. 이주민(다문화) 시민교육
Ⅱ. 기반구축 및 활성화	1. 온라인 콘텐츠 개발 2. 민주시민교육 강연회 및 토론회 3. 활동가 및 담당자 역량강화 연수 4. 경기도 민주시민교육 도민 인식 실태조사 5. 경기도 민주주의 지수 개발 연구 6. 활동가 연수 프로그램 개발 7. 민주시민교육 지역순회 간담회 8. 민주시민교육 홍보
Ⅲ. 청소년 노동인권교육	1. 찾아가는 청소년 노동인권 교육 운영 2. 신규 도민강사 양성 및 기존강사 보수교육 3. 청소년 노동인권 교재·교안 보완 4. 대상별 특화 온라인 콘텐츠 제작 5. 청소년 노동인권 실태조사 및 보호방안 연구 6. 인식개선 캠페인 및 홍보

3. 지방자치단체 민주시민교육 주체성의 법적 근거

다음과 같은 몇 가지 점에서 지방자치단체의 민주시민교육의 실정법적·법이론적 근거를 도출해 볼 수 있다.

1) 교육기본법 및 평생교육법

첫째, 지방자치단체에게는 주민들을 대상으로 민주시민교육을 실시할 법적인 책무가 있다. 앞서 본 바와 같이 민주시민교육을 명시적인 대상으로 하여 그것의 행정적·재정적 지원을 위한 직접적인 근거 법률은 존재하지 아니하나, 교육기본법 및 평생교육법에서는 민주시민교육의 필요성을 여러 규정을 통해 간접적으로 밝히고 있으며, 그러한 규정들과의 체계적·조화적 해석을 통한다면 평생교육법 제1조, 제5조, 제20조 및 제21조 등 다수의 규정에서 지방자치단체의 민주시민교육에 관한 책무가 무리 없이 도출된다고 할 것이다.[50] 즉, 평생학습의 기회를 보다 확

---

[49] 경기도 평생교육진흥원 홈페이지, https://www.gill.or.kr/ (검색일자: 2021. 11. 25.)
[50] 평생교육의 개념에 민주시민교육도 포함될 수 있다는 견해는, 오정록, 한국 민주시민교육 법제의 발전방향에 관한 연구, 헌법연구, 제2권 제1호(2015. 3.), 132면 참조.

대함으로써 주민들의 헌법상 평생학습권을 실질적으로 보장해야 할 지방자치단체의 책무성이 현행법상 도출될 수 있는 것이다.

2) 민주시민교육사무의 성격

둘째, 현행 헌법의 해석을 통해 지방자치단체가 수행하는 민주시민교육사무는 지방자치단체의 자치사무로 이해할 수 있다. 즉, 헌법 제31조와 제117조와의 조화로운 해석을 통해 지방자치단체 내에서 실시하는 교육사무에 교육자치가 아닌 독자적인 지방자치의 개념이 성립될 수 있으며,[51] 여기에서도 지방자치단체의 민주시민교육 주체성의 근거가 도출될 수 있다고 본다. 교육자치는 교육 분야에서의 특유한 자치개념이므로 그 이해는 역시 지방자치의 개념에서 시작된다고 볼 수 있으며, 지방자치단체의 민주시민교육은 관할 구역 내 일반 주민들을 대상으로 실시되고 특정 계층이 아닌 공동체 구성원 전체의 참여를 통해 완성되는 것인 만큼, 지방자치단체가 수행하는 민주시민교육사무은 주민의 복리 향상 등을 위해 실시되는 자치사무로 이해함이 바람직하다고 할 것이다.

3) 관할 사무의 전권한성 원칙

셋째, 지방자치단체 사무의 전권한성 원칙에 의해서도 지방자치단체는 민주시민교육에 관한 사무를 포괄적으로 수행할 수 있다고 보아야 할 것이다. 현행 헌법은 주민 복리에 관한 사무, 재산의 관리, 법령의 범위 안에서의 자치법규 제정 등을 지방자치단체의 사무로 보장하고 있는바, 이처럼 헌법에서 규정하고 있는 지방자치단체의 사무는 포괄적이다. 즉, 이러한 포괄성으로 인해 현행 헌법은 지방자치단체의 관할 사무의 전권한성 원칙을 채택하고 있다고 볼 수 있으며, 일반적으로 지방자치단체는 개별 법령상 특별한 규정이 없더라도 헌법 제117조 제1항에 의해 주민의 복리에 관한 포괄적인 사무를 수행할 수 있다고 이해된다.[52] 결국, 전권한성의 원칙은 지방자치단체가 법령의 명시적인 규정이 없더라도 관할 구역 내 주민들을 대상으로 하는 민주시민교육을 독자적이고 광범위하게 실시할 수가 있게 하는 법이론적 근거가 될 수 있다고 할 것이다.

---

51) 한국헌법학회(편), 헌법주석[Ⅰ], 박영사, 2013, 1044면.
52) 홍정선, 신지방자치법(제4판), 박영사, 2018, 50면.

4. 지방자치단체 민주시민교육의 기능

1) 국내 민주시민교육의 한계 보완 기능

우선, 지방자치단체의 민주시민교육은 기존의 국내 민주시민교육의 한계를 보완하는 기능을 가진다. 선거연수원의 민주시민교육의 경우 선거제도 및 정당·정치 관련 내용 등 국민의 정치적 의사 형성 및 관련 법령 교육 등에 집중할 수밖에 없는바, 기관의 특성상 민주시민교육의 의의를 종합적으로 충분히 구현해 내기 어려운 구조적 한계가 있다고 평가할 수 있다. 마찬가지로, 시·도교육청 역시 민주시민교육 관련 구체적이고 명확한 기본계획의 수립·시행 등 교육내용의 다양화 및 제도적 기반 마련을 위해 노력하고 있으나, 교육의 주요 대상이 관내 초·중·고교에 재학 중인 학생으로 한정되거나 그 대상을 확대하더라도 학부모, 교사, 교육행정공무원 등으로 제한될 수밖에 없다는 한계가 존재한다. 즉, 선거기관과 시·도 교육청에 의한 민주시민교육은 특정의 영역이나 일부의 대상에 한정될 수밖에 없다는 본질적 한계를 가지고 있는 것이다.

이에 비해, 지방자치단체의 민주시민교육은 교육의 대상이나 그 내용에 있어 선거연수원 및 시·도교육청의 민주시민교육에서와 같은 각각의 제한이 본질적으로 존재하지 아니한다. 교육 대상을 지역 내 전체 주민으로 넓히고, 교육의 내용 역시 세계시민 또는 주권자로서의 자질과 소양의 함양에 관한 전반에 관한 것으로 확대하는 것이 충분히 가능한 것이다. 즉, 지방자치단체의 민주시민교육은 전체 주민을 대상으로 종합적 내용의 교육 실시가 가능한바, 선거연수원 및 시도교육청의 민주시민교육이 나타내는 기관 특성에 따른 본질적 한계를 보완하는 기능을 가진다.

2) 민주시민교육정책의 효율적 실현 기능

다음으로, 지방자치단체의 민주시민교육은 행정적·재정적 측면에서 별도로 추가되는 비용이 크지 않다는 점도 중요하다. 현재 각 지방자치단체별로 평생교육진흥원 내지 평생학습원 등의 형태로 관할 구역 내 주민들을 대상으로 하는 평생교육시설이 설치되어 있어 별도의 조직을 신설할 필요가 없다. 또한, 지방자치단체는 하위 행정기구 등을 통해 주민의 의사와 수요를 수시로 분석하여 민주시민교육에 관한 지역사회의 모든 역량을 주도적으로 집중시키기에도 용이하다. 즉, 지방자치단체의 경우 민간기관은 물론이고 오늘날 민주시민교육을 활발하게 실시하고 있는 선거연수원 및 시·도교육청에 비해서도 상대적으로 많은 예산, 인력, 조직을 가지고 있는바, 종합행정의 수행자로서 현재의 민주시민교육 실시하는 여러 주체들에 비해 보다 수월하게 교육을 실시하고 관련 정책들을 추진하는 것이 가능하다고 할 것이다.

Ⅳ. 지방자치단체 민주시민교육의 정책 가치와 정책 방향

1. 지방자치단체 민주시민교육의 정책 가치

1) 정치적 중립성

지방자치단체 민주시민교육정책에서 가장 중요한 가치는 무엇보다 정치적 중립성이라 할 것이다. 민주시민교육은 그 내용적인 면에서 특정의 이념이나 견해를 일방적으로 제시하지 않아야 하며, 민주시민교육을 담당하는 실무기관 역시 정치적 중립성과 독립성을 철저하게 확보해야 할 것이다. 민주시민교육의 정치적 이념 지향성에 대한 우려는 불필요한 사회적 논쟁을 불러일으킬 수 있으며 민주시민교육의 전반적인 위축을 가져올 수 있다. 지역사회의 심층적 논의를 통해 지방자치단체 민주시민교육의 개념에 정치적 중립성을 포함시켜 명확히 정립함으로써 개념의 추상성과 부적절함을 해소하고, 그와 함께 제도가 독립적으로 운영될 수 있도록 설계함으로써 정치적 이해관계에 따른 방해 요소가 개입되지 못하도록 함이 중요하다. 나아가, 정치권의 개입뿐만 아니라 시민사회단체로부터의 부당한 간섭도 경계해야 할 것이며, 지방자치단체 주민의 다양한 의견과 수요에만 집중하여 특정의 이념으로부터 독립적인 지방자치단체 민주시민교육을 확립해야 할 것이다.

이를 위해서는, 앞서 살펴본 지방자치단체별 조례에서 제시하는 민주시민교육의 개념을 정치적 중립성이 명시적으로 포함된 개념으로 재정립하고, 민주시민교육 관련 지방자치단체 차원의 정책 및 사업의 심의기준으로서 아래에서 제시하는 가치들과 함께 정치적 중립성을 각 지방자치단체의 조례상 명문으로 규정하는 등의 제도적 방안 마련이 필요하다고 본다.

2) 전문성 및 다양성

다음으로, 전문성과 다양성도 지방자치단체 민주시민교육에서 중요한 정책 가치로 고려해야 한다. 이를 위해서는 이해관계자들이 모두 참여하는 민주시민교육 정책 네트워크의 실질적 구축과 함께 각 지방자치단체의 조례에 근거를 두고 있는 민주시민교육 관련 위원회의 위원 자격을 다양하게 세분화하고 위원회의 총 정원도 대폭 상향 조정하여 위원회 내 세부 분과위원회까지도 적극적으로 구성·운영하는 것을 계획할 필요가 있다. 또한, 이와는 별개로 지방자치단체가 실시하는 민주시민교육의 경우 선거연수원 및 시·도교육청의 민주시민교육에 비해 보다 더 활발한 논의가 필요한 정책실시의 초기 단계임을 감안하여 민주시민교육의 다양한 이해관계자들이 참여하는 각종의 실무위원회의 조직도 고려할 필요가 있으며, 이를 통해 전문적이고 다양한 의견의 체계적인 수렴이 필요하다고 본다.

3) 개방성

마지막으로 온라인과 오프라인을 통한 지방자치단체와 주민 간 상시적인 소통구조를 마련하는 등 지방자치단체 민주시민교육 정책은 개방성을 지향해야 한다. 민주시민교육은 타인과의 관계에서의 소통과 관용 등을 중시하는 교육인바, 개방성은 민주시민교육의 본질에서부터도 도출 가능한 중요 정책가치이다. 사업 주체 및 교육수요자들이 쉽고 편하게 의견을 개진할 수 있는 개방적 통로를 사전에 다양하게 마련함으로써, 교육내용과 방법, 그리고 정책의 수립에서부터 최종 평가에 이르기까지 민주시민교육의 모든 영역과 전 과정에 걸쳐 관련자들의 능동적·자발적 참여가 가능해지고 교육의 효과성과 만족도가 극대화될 수 있다. 결국, 지방자치단체가 실시하는 민주시민교육은 다양한 사업 주체들의 상시적인 의견 개진은 물론 사회적 약자를 비롯한 당해 지방자치단체의 지역별·계층별 교육수요자 모두가 자유롭게 참여하는 개방성을 핵심가치로 채택해야 하는바, 이를 위해서는 일시적인 주민 의견조사에서 벗어나 온라인과 오프라인을 통한 상시적인 의견 수렴 및 반영 시스템을 마련하는 것이 중요하고, 개개의 교육사업 시작, 중간, 종료의 각 단계마다 관련자들의 의견수렴 및 피드백이 필요하다고 할 것이다.

2. 지방자치단체 민주시민교육의 정책 방향

1) 법령·조례·계획 등 제도적 기반 마련

첫째, 일관되고 지속적인 정책추진을 위해 민주시민교육 지원 법령의 제정을 촉구하고 관련 조례를 마련하는 등 법제화 작업에 대한 정책이 가장 우선적으로 추진되어야 한다. 현재와 같은 국가 법령의 부재 상태가 지속되는 것은 지방자치단체 민주시민교육 제도화에 탄력을 가하지 못하는 주요 요인 중 하나인 만큼 지원 법령의 조속한 입법 촉구가 필요하다. 지방분권 시대의 민주시민교육의 중요성 등을 감안하면 이에 대한 지방자치단체 차원의 선도적이고 주도적인 의견제시가 필요하며, 입법안을 자체 마련하여 중앙정부에 건의하는 방안도 고려해 볼 필요가 있다. 이와 함께 각 지방자치단체는 민주시민교육 관련 자치법규를 조속히 마련 또는 정비해야 한다. 앞서 본 바와 같이 광역지방자치단체를 기준으로 현재 민주시민교육에 관한 조례가 제정되지 못한 곳은 17개 시도 중 6곳에 달하는 실정이다. 나아가 조례를 기반으로 각 지방자치단체는 자기 지역의 실정에 맞는 민주시민교육에 관한 종합계획을 수립하는 등 안정적인 정책추진을 위한 행정적 기반 마련도 필요하다.

2) 광역 및 기초지방자치단체의 민주시민교육정책 구분

둘째, 광역지방자치단체의 민주시민교육의 경우, 기초지방자치단체와 구별되는 광역만의 사무를 정책적으로 명확히 설정하고, 각 지방자치단체는 자신만의 교육모델의 개발을 통해 타 지방자치단체와의 차별화 정책을 추구해야 한다. 광역지방자치단체의 경우에는 관할 구역 내 기초지방자치단체와는 구별되는 광역의 임무를 명확히 정립해야 하는바, 관내 기초자치단체 민주시민교육의 정책적 지원, 지방분권 시대에 부합하는 지방자치단체 민주시민교육 제도 전반에 대한 연구, 전문인력 양성 및 전문기관 인증, 지방자치단체 민주시민교육 핵심가치의 지속적 탐구 등이 민주시민교육에서의 광역지방자치단체의 임무가 될 수 있을 것이다. 또한, 각 지역의 특수성을 반영하고 시대 변화에 부합하는 교육 콘텐츠를 도입하여야 하는바, 예컨대 경기도의 경우에는 접경지역을 보유하고 있는 지리적 특성에 따라 평화와 통일 관련 교육이나 도내 북한이탈주민 또는 다문화 인구 증가 상황을 반영하여 보편적 인권 내지 세계시민 교육을 타 지방자치단체에 비해 강조할 필요가 있는 것이다. 이를 위해서는, 민간과 학계 등 관련 전문가들의 참여를 대폭 개방하고, 국민 중심 민주주의의 이념 가치에 부합할 수 있도록 관 주도의 교육 콘텐츠 구성은 최소화해야 한다. 무엇보다 민주시민교육이 추구하는 개방성 가치의 실현을 통해 주민들의 의견을 정기적으로 폭넓게 수렴함으로써, 그들을 교육의 객체가 아닌 교육과정에 직접 참여하는 주체로 바라보는 인식의 전환이 필요할 것이다.

3) 전담 법인 신설 등 관련 인프라의 구축

셋째, 전문기관 인증제 및 전문인력 양성시스템 마련, 그리고 별도의 전담 법인

신설 등 관련 인프라 구축방안을 정책적으로 모색해야 한다. 지방자치단체 민주시민교육정책이 활성화될수록 관련 민간단체들이 난립될 우려가 있는바, 지방자치단체에 의한 전문기관 인증을 통해 주민들의 혼란과 피해 발생을 사전에 예방함은 물론 개별 민간단체 교육에의 신뢰도 담보될 수 있다. 아울러 전문인력 양성 시스템을 선거연수원 및 지역 대학 등 외부 전문기관에 위탁하여 구축하고 이를 기반으로 주민들에 대한 수준 높은 교육을 실시함으로써 교육의 효과성을 극대화해야 할 것이다. 궁극적으로는 지방분권 시대의 민주시민교육의 필요성 및 중요성 등을 감안하고 체계적·종합적·지속적인 사업 수행을 위해 각 광역지방자치단체별로 별도의 전담 기관을 설립하는 방안도 검토되어야 할 것이다. 현재 각 지방자치단체 평생교육진흥원으로부터 관련 업무를 분리·독립시켜 지방자치단체 민주시민교육정책 전반을 독자적으로 관리하고 운영하는 조직의 신설도 장기적 관점에서 검토할 필요가 있다고 본다.

4) 수요자 맞춤형 정책의 수립·시행

넷째, 주민 인식조사의 대대적인 실시를 통한 수요자 맞춤형 교육정책을 수립·시행하여 지방자치단체 민주시민교육 만족도를 극대화해야 한다. 민주시민교육 학습수요자들의 지역별, 계층별 수요분석 실시 등 전반적인 주민의 인식조사를 통해 수요자 맞춤형 민주시민교육을 실시함으로써 교육의 만족도를 지속적으로 제고해야 한다. 학습수요자들이 무엇을 원하고, 교육을 통해 어떠한 내용을 학습하고자 하는지 파악하는 등 'Bottom-Up 방식'에 의한 교육프로그램을 개발하고 시행해야 하는 것이다. 뿐만 아니라, 조사 및 분석 결과를 주민들에게 공개하고, 지역 내 기초지방자치단체 및 민주시민교육 관련 단체 등 여러 실행 주체들과 공유함으로써 그 결과를 다방면으로 활용해야 할 것이다.

부 록

부록 목차

1. 1997년 민주시민교육지원법안(박명환의원 등 11인외 50인 발의) ·················· 273
2. 2007년 민주시민교육지원법안(이은영의원 등 15인) ································· 276
3. 2015년 민주시민교육지원법안(이언주의원 등 12인 발의) ························· 279
4. 2015년 민주시민교육지원법안(남인순의원 등 13인 발의) ························· 285
5. 2016년 민주시민교육지원법안(남인순의원 등 12인 발의) ························· 290
6. 2019년 민주시민교육 지원에 관한 법률안(소병훈의원 등 10인 발의) ············ 295
7. 2019년 학교민주시민교육법안(이철희의원 등 12인 발의) ························· 300
8. 2020년 민주시민교육지원법안(남인순의원 등 18인 발의) ························· 303
9. 2020년 학교민주시민교육법안(박찬대의원 등 12인 발의) ························· 309
10. 2020년 민주시민교육지원법안(한병도의원 등 12인 발의) ························ 312
11. 2021년 학교민주시민교육촉진법안(민형배의원 등 14인 발의) ··················· 317

1. 1997년 민주시민교육지원법안(박명환의원 등 11인외 50인 발의)

議 案 番 號	150785

民主市民教育支援法

第1章　總　則

第1條(目的)　이 法은 國民의 民主市民教育을 지원하여 民主政治文化를 함양하고 自由民主主義의 발전과 定着, 그리고 民族統一을 도모하고 人類共榮의 理想을 實現하는데 기여함을 目的으로 한다.

第2條(教育對象)　이 法의 教育對象은 家庭, 學校, 教育團體 그리고 社會團體 및 政黨 등의 構成員을 포함한 大韓民國 國籍을 가진 모든 國民으로 한다.

第3條(教育內容 및 방법)　①民主市民教育의 내용은 다음 各號와 같다.
 1. 개인의 民主的 價値觀
 2. 民主主義의 基本原理와 民主的 政治制度
 3. 民主的 傳統思想의 繼承·발전
 4. 經濟倫理와 産業民主主義에 대한 이해
 5. 環境, 女性, 文化에 대한 이해
 6. 情報化, 地方化 및 國際化에 대한 이해
 7. 安保問題와 南北關係 및 統一問題
 8. 國際關係에 대한 이해
 9. 기타 民主市民教育과 관련된 사항
②民主市民教育은 自發的 참여를 통한 多樣性 속의 統合을 이루는 教育方法으로 실시한다.

第4條(教育擔當者)　民間, 政府 및 政黨이 공동으로 참여하는 가운데 民主市民教育 專門家가 教育을 담당한다.

第2章　民主市民教育院

第5條(設置)　①民主市民教育을 지원하기 위하여 超黨的인 民主市民教育院(이하 "教育院"이라 한다)을 둔다.

②教育院은 國會 소속으로 한다.

第6條(設立)　①教育院은 그 主된 事務所의 所在地에서 設立登記를 함으로써 成立한다.
②第1項의 規定에 의한 設立登記事項은 다음과 같다.
 1. 目的
 2. 名稱
 3. 事務所
 4. 任員의 姓名과 住所
 5. 公告의 方法
③設立登記외의 登記事項에 관하여는 民法중 財團法人의 登記에 관한 規定을 準用한다.

第7條(定款)　敎育院의 定款에는 다음 各號의 사항을 기재하여야 한다.

1. 目的
2. 名稱
3. 事務所의 所在地
4. 附設機構에 관한 사항
5. 理事會에 관한 사항
6. 任員 및 職員에 관한 사항
7. 內部組織에 관한 사항
8. 業務에 관한 사항
9. 財産 및 會計에 관한 사항
10. 公告에 관한 사항
11. 學術諮問委員會에 관한 사항
12. 定款의 변경에 관한 사항
13. 解散에 관한 사항

第8條(敎育院의 業務)　敎育院은 第1條의 目的을 달성하기 위하여 다음 各號의 業務를 수행한다.

1. 民主市民敎育의 기본정책 수립
2. 民主市民敎育의 실시 및 지원육성
3. 民主市民敎育을 담당하는 모든 분야 從事者에 대한 敎育·訓練
4. 民主市民敎育과 관련된 문제에 관한 調査·硏究
5. 民主市民敎育과 관련된 敎育機關과의 協力·調整
6. 民主市民敎育에 관한 硏究結果 出版 및 발표
7. 民主市民敎育에 관한 國際協力事業
8. 기타 民主市民敎育과 관련하여 필요한 사업

第9條(任員)　①敎育院은 院長과 副院長을 포함한 11人이내의 理事와 若干名의 監事를 둔다.

②第1項의 任員중 院長과 副院長을 제외한 任員은 非常任으로 한다.

③院長과 副院長은 黨籍을 보유할 수 없다.

第10條(任員의 任命)　①院長과 副院長은 理事會에서 選任한다.

②國會議員인 理事와 監事는 交涉團體의 議席比率에 따라 選任하며, 理事會에는 若干名의 學識과 德望이 있는 人士가 포함되도록 한다.

③院長과 副院長을 제외한 理事와 監事의 選任에 관하여는 定款으로 정한다.

第11條(任員의 任期)　任員의 任期는 3年으로 하고 각각 連任할 수 있다.

第12條(院長·副院長)　①院長은 敎育院을 代表하고 그 業務를 統轄하며, 所屬職員을 指揮·監督한다.

②副院長은 院長을 보좌하며 院長의 有故時 그 職務를 代行한다.

第13條(理事會)　①敎育院의 業務에 관한 주요사항을 議決하기 위하여 理事會를 둔다.

②理事長은 定款으로 정하는 바에 따라 理事중에서 選任한다.

③理事長은 理事會를 召集하고 그 議長이 된다.

④監事는 理事會에 出席하여 發言할 수 있다.

⑤理事會의 운영에 관하여 필요한 사항은 定款으로 정한다.

第14條(學術諮問委員會)　①敎育院에 民主市民敎育의 기본정책을 수립하기 위하여 7人의 專門家

로 구성된 學術諮問委員會를 둔다.

　②學術諮問委員會의 구성과 운영에 관하여 필요한 사항은 定款으로 정한다.

第15條(事業計劃의 승인)　敎育院은 3年마다 事業計劃을 수립하여 理事會의 승인을 얻어야 한다.

第16條(出捐金)　①國會는 敎育院의 設立 및 運營에 소요되는 經費에 충당하기 위하여 필요한 出捐金을 豫算의 범위안에서 지급한다.

　②第1項의 규정에 의한 出捐金의 교부 등에 관하여 필요한 사항은 國會規則으로 정한다.

第17條(經費의 지원)　國會는 豫算의 범위안에서 敎育院의 사업에 소요되는 經費의 전부 또는 일부를 지원한다.

第18條(유사명칭의 사용금지)　敎育院이 아닌 者는 民主市民敎育院 또는 이와 유사한 명칭을 사용하지 못한다.

第19條(民法의 準用)　敎育院에 관하여 이 法에 규정한 것을 제외하고는 民法중 財團法人에 관한 규정을 準用한다.

第20條(過怠料)　第18條의 규정을 위반한 者는 50萬원이하의 過怠料에 處한다.

第21條(規則)　이 法의 施行에 관하여 필요한 사항은 國會規則으로 정한다.

附　　則

第1條(施行日)　이 法은 公布후 30日이 경과한 날부터 施行한다.

第2條(設立準備)　①國會는 이 法 施行후 60日내에 國會法 第33條의 규정에 의한 交涉團體 所屬 議員 3名과 民主市民敎育 關聯專門家 若干名등 9名의 設立委員을 위촉하여 敎育院의 設立에 관한 事務를 담당하게 한다.

　②設立委員은 위촉받은 後 60日내에 定款을 작성하여 國會議長의 승인을 받아야 한다.

　③設立委員은 第2項의 규정에 의한 승인을 받은 後 최초의 出捐金이 지급된 때에는 지체없이 敎育院의 設立登記를 하여야 한다.

　④設立委員은 敎育院의 院長과 副院長의 選任된 때에는 지체없이 院長에게 事務를 引繼하여야 한다.

　⑤設立委員은 第4項의 규정에 의한 事務의 引繼가 끝난 때에는 解觸된 것으로 본다.

2. 2007년 민주시민교육지원법안(이은영의원 등 15인)

| 의 안 번 호 | 176774 |

민주시민교육지원법안

제1장 총칙

제1조(목적) 이 법은 국민의 민주시민교육을 지원하여 민주정치문화를 함양하고 자유민주주의의 발전과 정착 및 민족통일을 도모하고 인류공영의 이상을 실현하는데 기여함을 목적으로 한다.

제2조(교육대상) 이 법의 교육대상은 가정·학교·교육단체·시민단체 및 정당 등의 구성원을 포함한 대한민국 국적을 가진 모든 국민으로 한다.

제3조(교육내용 및 방법) ① 민주시민교육의 내용은 다음 각 호와 같다.
 1. 개인의 민주적 가치관과 정치참여기술의 습득
 2. 민주주의의 기본원리와 민주적 정치제도
 3. 민주적 전통사상의 계승 발전
 4. 시장경제체제와 사회복지에 대한 이해
 5. 환경·여성·문화에 대한 이해
 6. 정보화·지방화 및 세계화에 대한 이해
 7. 안보문제·남북관계 및 통일문제
 8. 국제관계에 대한 이해
 9. 기타 민주시민교육과 관련한 사항
 ② 민주시민교육은 자발적 참여를 통한 다양성 속의 통합을 이루는 교육의 원칙에 의거하여 실시한다.

제4조(교육담당자) 민간·정부 및 정당이 공동으로 참여하는 가운데 민주시민교육 전문가가 교육을 담당한다.

제2장 민주시민교육원

제5조(설치) ① 민주시민교육을 지원하기 위하여 초당적인 민주시민교육원(이하 "교육원"이라 한다)을 둔다.
 ② 교육원은 국회 소속으로 한다.

제6조(설립) ① 교육원은 그 주된 사무소의 소재지에서 설립등기를 함으로써 설립된다.
 ② 제1항의 규정에 의한 설립등기사항은 다음과 같다.
 1. 목적
 2. 명칭
 3. 사무소
 4. 임원의 성명과 주소

5. 공고의 방법

　③ 설립등기 외의 설립사항에 관하여는 「민법」 중 재단법인의 등기에 관한 규정을 준용한다.

제7조(정관) 교육원의 정관에는 다음 각 호의 사항을 기재하여야 한다.

　1. 목적
　2. 명칭
　3. 사무소의 소재지
　4. 부설기구에 관한 사항
　5. 이사회에 관한 사항
　6. 임원 및 직원에 관한 사항
　7. 내부조직에 관한 사항
　8. 업무에 관한 사항
　9. 재산 및 회계에 관한 사항
　10. 공고에 관한 사항
　11. 학술자문위원회에 관한 사항
　12. 정관의 변경에 관한 사항
　13. 해산에 관한 사항

제8조(교육원의 업무) 교육원은 제1조의 목적을 달성하기 위하여 다음 각 호의 업무를 수행한다.

　1. 민주시민교육의 기본정책 수립
　2. 민주시민교육의 실시
　3. 민주시민교육을 담당하는 모든 분야 종사자에 대한 교육 훈련
　4. 민주시민교육과 관련된 문제에 관한 조사 연구
　5. 정당·사회단체·학교 등을 포함한 민주시민교육과 관련된 교육기관에 대한 지원육성
　6. 해당 교육기관과의 협력과 조정
　7. 민주시민교육에 관한 연구결과 출판 및 발표
　8. 민주시민교육에 관한 국제협력사업
　9. 기타 민주시민교육과 관련하여 필요한 사업

제9조(임원) ① 교육원은 원장과 부원장을 포함한 11인 이내의 이사와 약간 명의 감사를 둔다.

　② 제1항의 임원 중 원장과 부원장을 제외한 임원은 비상임으로 한다.

　③ 원장과 부원장은 당적을 보유할 수 없다.

제10조(임원의 임명) ① 원장과 부원장은 이사회에서 선임한다.

　② 이사는 민주시민교육과 관련하여 학식과 덕망이 있는 인사로 구성하고 감사는 국회의원으로 한다.

　③ 원장과 부원장을 제외한 이사와 감사의 선임에 관하여는 정관에서 정한다.

제11조(임원의 임기) 임원의 임기는 3년으로 하고 각각 연임할 수 있다.

제12조(원장 및 부원장) ① 원장은 교육원을 대표하고 그 업무를 통괄하며, 소속직원을 지휘·감독한다.

　② 부원장은 원장을 보좌하며 원장의 유고시 그 직무를 대행한다.

제13조(이사회) ① 교육원의 업무에 관한 주요사항을 의결하기 위하여 이사회를 둔다.

　② 이사장은 정관으로 정한 바에 따라 이사 중에서 선임한다.

③ 이사장은 이사회를 소집하고 그 의장이 된다.
④ 감사는 이사회에 출석하여 발언을 할 수 있다.
⑤ 이사회의 운영에 관하여 필요한 사항은 정관으로 정한다.

제14조(학술자문위원회) ① 교육원에 민주시민교육의 기본정책을 수립하기 위하여 7인의 전문가로 구성된 학술자문위원회를 둔다.
② 학술자문위원회의 구성과 운영에 관하여 필요한 사항은 정관으로 정한다.

제15조(사업계획의 승인) 교육원은 3년마다 사업계획을 수립하여 이사회의 승인을 얻어야 한다.

제16조(출연금) ① 국회는 교육원의 설립 및 운영에 소요되는 경비를 충당하기 위하여 필요한 지원금을 예산의 범위 안에서 지급한다.
② 제1항에 따른 출연금의 교부 등에 관하여 필요한 사항은 국회 규칙으로 정한다.

제17조(경비의 지원) 중앙선거관리위원회는 예산의 범위 안에서 교육원의 사업에 소요되는 경비 전액 또는 일부를 지원한다.

제18조(유사명칭의 사용금지) 교육원이 아닌 자는 한국민주 시민교육원 또는 이와 유사한 명칭을 사용하지 못한다.

제19조(민법의 준용) 교육원에 관하여 이 법에 규정한 것을 제외하고는 「민법」의 규정을 준용한다.

제20조(과태료) 제18조를 위반한 자는 50만원 이하의 과태료에 처한다.

제21조(규칙) 이 법의 시행에 관하여 필요한 사항은 국회 규칙으로 정한다.

부 칙

제1조(시행일) 이 법은 공포 후 30일이 경과한 날부터 시행한다.

제2조(설립준비) ① 국회는 이 법 시행 후 60일 이내에 「국회법」제33조에 따른 교섭단체 소속 의원 3명과 민주시민교육관련 전문가 약간 명 등 9명의 설립위원을 위촉하여 교육원의 설립에 관한 사업을 담당하게 한다.
② 설립위원은 위촉받은 후 60일 이내에 정관을 작성하여 국회의장의 승인을 받아야 한다.
③ 설립위원은 제2장에 따른 승인을 받은 후 최초의 출연금이 지급된 때에는 지체 없이 연구원 설립등기를 하여야 한다.
④ 설립위원은 교육원의 원장과 부원장의 선임된 때에는 지체 없이 원장에게 사업을 인계하여야 한다.
⑤ 설립위원은 제4항에 따른 사업의 인계가 끝난 때에는 해촉 된 것으로 본다.

3. 2015년 민주시민교육지원법안(이언주의원 등 12인 발의)

의 안 번 호	1913768

민주시민교육지원법안

제1장 총칙

제1조(목적) 이 법은 민주주의 발전을 위하여 민주시민교육을 실시하고 지원하는 데 필요한 사항을 규정함을 목적으로 한다.

제2조(정의) 이 법에서 사용하는 용어의 뜻은 다음과 같다.

1. "민주시민교육"이란 시민이 민주주의의 가치를 존중하고 그 기본원리와 제도를 이해하며 민주역량을 높여 공동체 삶의 향상을 위해 보다 적극적으로 참여할 수 있게 하려는 교육 및 제반활동을 말한다.

2. "민주시민교육 관련 시설 및 기관(이하 "관련기관"이라 한다)"이라 함은 국가 또는 지방자치단체가 설립한 기관으로서 주된 사업의 내용이 민주시민교육을 실시 또는 지원하는 곳을 말한다.

3. "시민단체"라 함은 「비영리민간단체지원법」 제2조의 비영리민간단체와 이 법에 따라 설립된 민주시민교육위원회가 지정한 단체를 말한다.

제3조(기본원칙) ① 민주시민교육은 「대한민국헌법」이 정하는 민주적 기본 질서를 지향하여야 한다.

② 민주시민교육은 민주적 사회의 구성원이 지녀야 할 권리 및 책임의식의 함양을 지향하여야 한다.

③ 민주시민교육은 시민의 자발적인 참여와 실천을 바탕으로 건전한 비판의식과 창의성을 고취시키기 위하여 자율성과 다원성을 지향하여야 한다.

④ 민주시민교육은 시민이 주도하여야 하며

교육수요자의 자발적인 참여와 다양성 존중을 바탕으로 이루어져야 한다.

⑤ 민주시민교육은 정치적 중립성을 유지하여야 하며, 국가와 지방자치단체는 관련기관 운영의 독립성과 자율성을 보장하여야 한다.

제4조(민주시민교육의 내용) 민주시민교육은 다음 각 호의 사항을 포함하여야 한다.

1. 민주주의의 기본원리와 민주적 정치제도
2. 시민의 권리와 의무 이해
3. 민주적 토론 방식 및 합리적 의사 결정 절차
4. 그 밖에 민주시민의식 함양 및 정치참여 제고에 관한 사항

제5조(민주시민교육위원회의 설립과 독립성) ① 민주시민교육에 관한 중요 정책을 심의·의결하고 관련 업무를 수행하기 위하여 민주시민교육위원회(이하 "위원회"라 한다)를 둔다.

② 위원회는 그 권한에 속하는 업무를 독립하여 수행한다.

제6조(적용범위) 이 법은 대한민국 국민과 대한민국의 영역에 있는 외국인에게 적용한다.

제7조(국가 등의 책무) ① 국가와 지방자치단체는 공동체의 모든 구성원에게 민주시민교육의 기회를 제공하기 위하여 필요한 법적·제도적 장치를 마련하고 이에 수반되는 재원을 마련하여야 한다.

② 국가와 지방자치단체는 「초·중등교육법」 제2조에 따른 학교에서 민주시민교육이 촉진될 수 있도록 필요한 조치를 하여야 한다.

③ 국가와 지방자치단체는 「평생교육법」 제2조제3호에 따른 평생교육시설과 사업장 등에 대하여 민주시민교육의 필요성을 홍보하고 그 시행을 적극 권장하여야 한다.

제8조(다른 법률과의 관계) 민주시민교육의 실시 및 지원에 대하여 다른 법률에 특별한 규정이 있는 경우를 제외하고는 이 법이 정하는 바에 따른다.

제2장 위원회의 구성과 운영

제9조(위원회의 구성) ① 위원회는 위원장 1명과 상임위원 1명을 포함한 11명의 민주시민교육위원(이하 "위원"이라 한다)으로 구성한다.

② 위원은 민주시민교육에 관하여 전문적인 지식과 경험이 있고 민주시민교육의 보장과 향상을 위한 업무를 공정하고 독립적으로 수행할 수 있다고 인정되는 사람 중에서 다음 각 호의 사람을 대통령이 임명한다.

1. 국회가 선출하는 3명(상임위원 1명을 포함한다)
2. 대통령이 지명하는 3명
3. 대법원장이 지명하는 3명
4. 위원회가 추천하는 2명. 단, 위원회 설립 시에는 설립위원이 추천한다.

③ 위원장과 상임위원은 위원 가운데서 호선한다.
④ 위원장과 상임위원은 정무직 공무원으로 보한다.
⑤ 위원 중 4명 이상은 여성으로 임명한다.
⑥ 위원장과 상임위원은 활동의 독립성을 보장하며 본인의 의사에 반하여 면직되지 아니한다.
⑦ 위원회의 구성·운영 및 자격조건에 관하여 필요한 사항은 대통령령으로 정한다.

제10조(위원장의 직무) ① 위원장은 위원회를 대표하며 위원회의 업무를 총괄한다.

② 위원장이 부득이한 사유로 직무를 수행할 수 없을 때에는 상임위원이 그 직무를 대행한다.

③ 위원장은 국회에 출석하여 위원회의 소관 사무에 관하여 의견을 진술할 수 있으며, 국회에서 요구하면 출석하여 보고하거나 답변하여야 한다.

④ 위원장은 국무회의에 출석하여 발언할 수 있으며, 소관 사무에 관하여 국무총리에게 의안(이 법의 시행에 관한 대통령령안을 포함한다) 제출을 건의할 수 있다.

⑤ 위원장은 위원회의 예산 관련 업무를 수행할 때 「국가재정법」 제6조제3항에 따른 중앙관서의 장으로 본다.

제11조(위원장 및 위원의 임기) ① 위원장과 위원의 임기는 3년으로 하고, 한 번만 연임할 수 있다.

② 위원 중 결원이 생기면 위원회에서 추천한 자 중에서 대통령이 30일 이내에 후임자를 임명하여야 한다.

③ 결원이 된 위원의 후임으로 임명된 위원의 임기는 새로 시작된다.

제12조(위원의 신분 보장) 위원은 금고 이상의 형의 선고에 의하지 아니하고는 본인의 의사에 반하여 면직되지 아니한다. 다만, 위원이 신체상 또는 정신상의 장애로 직무수행이 극히 곤란하게 되거나 불가능하게 된 경우에는 전체 위원 3분의 2 이상의 찬성에 의한 의결로 퇴직하게 할 수 있다.

제13조(위원의 결격사유) ① 다음 각 호의 어느 하나에 해당하는 사람은 위원이 될 수 없다.
  1. 대한민국 국민이 아닌 사람
  2. 「국가공무원법」 제33조 각 호의 어느 하나에 해당하는 사람
  3. 정당의 당원
  4. 「공직선거법」에 따라 실시하는 선거에 후보자로 등록한 사람
  ② 위원이 제1항 각 호의 어느 하나에 해당하게 되면 당연히 퇴직한다.
제14조(위원의 겸직금지) ① 위원은 재직 중 다음 각 호의 직을 겸하거나 업무를 할 수 없다.
  1. 국회 또는 지방의회의 의원의 직
  2. 다른 국가기관 또는 지방자치단체의 공무원(교육공무원은 제외한다)의 직
  3. 그 밖에 위원회 규칙으로 정하는 직 또는 업무
  ② 위원은 정당에 가입하거나 정치운동에 관여할 수 없다.
제15조(회의 의사 및 의결정족수) 위원회의 회의는 위원장이 주재하며, 이 법에 특별한 규정이 없으면 재적위원 과반수의 찬성으로 의결한다.
제16조(의사의 공개) 위원회의 의사는 공개한다. 다만, 위원회가 필요하다고 인정하면 공개하지 아니할 수 있다.
제17조(민주시민교육원) ① 위원회의 사무를 처리하고, 공공·민간의 민주시민교육을 지원하고 민주시민교육을 연구·개발하기 위하여 위원회에 민주시민교육원(이하 "교육원"이라 한다)을 둔다.
  ② 교육원에는 원장 기타 필요한 직원을 둔다. 원장은 상임위원이 겸직하고 대통령령이 정한 요건을 갖춘 민주시민교육 전문가를 직원으로 특별 채용할 수 있다.
  ③ 원장은 위원장의 지휘를 받아 위원회 및 교육원 사무를 처리하고 소속 직원을 지휘·감독한다.
  ④ 소속 직원 중 5급 이상 공무원 또는 고위공무원단에 속하는 일반직공무원은 위원장의 제청으로 대통령이 임명하며, 6급 이하 공무원은 위원장이 임명한다.
  ⑤ 기타 교육원의 설치운영 등에 관하여 필요한 사항은 위원회 규칙으로 정한다.
제18조(지역민주시민교육원) ① 위원회는 특별시·광역시·도 또는 특별자치도에 지역의 민주시민교육을 지원하고 활성화하기 위하여 지역민주시민교육원(이하 "지역교육원"이라 한다)을 둘 수 있다.
  ② 지역교육원의 구성·운영 등 필요한 사항은 위원회 규칙으로 정한다.
제19조(자문기구) ① 위원회는 그 업무 수행에 필요한 사항을 자문하기 위하여 자문기구를 둘 수 있다.
  ② 자문기구의 조직과 운영에 필요한 사항은 위원회 규칙으로 정한다.
제20조(징계위원회의 설치) ① 위원회에 위원회 직원의 징계처분을 의결할 징계위원회를 둔다.
  ② 징계위원회의 구성, 권한, 심의 절차, 징계의 종류 및 효력, 그 밖에 징계에 필요한 사항은 위원회 규칙으로 정한다.
제21조(위원회의 조직과 운영) 이 법에 규정된 사항 외에 위원회의 조직에 관하여 필요한 사항은 대통령령으로 정하고, 위원회의 운영에 필요한 사항은 위원회 규칙으로 정한다.

제3장 위원회의 업무와 권한

제22조(업무) 위원회는 다음 각 호의 업무를 수행한다.
  1. 민주시민교육 기본계획 수립
  2. 민주시민교육 지원 사업 제안 및 심의

3. 국가·지방자치단체·「공공기관의 운영에 관한 법률」에 따른 공공기관(이하 "공공기관"이라 한다) 및 관련기관의 민주시민교육 활동에 대한 실태조사·평가·권고·조정 및 촉진
4. 관련기관 설치 및 지원
5. 민주시민교육에 대한 행정적·재정적 지원
6. 그 밖에 민주시민교육의 발전 및 지원에 관한 사항

제23조(민주시민교육 기본계획 수립) ① 위원회는 민주시민교육의 지원과 활성화를 효율적으로 추진하기 위하여 민주시민교육 기본계획(이하 "기본계획"이라 한다)을 3년마다 수립하여야 한다.
② 기본계획에는 다음 각 호의 사항이 포함되어야 한다.
1. 민주시민교육의 중·장기 정책목표 및 기본방향에 관한 사항
2. 민주시민교육의 활성화에 관한 사항
3. 관련기관의 설치에 관한 사항
4. 민주시민교육 전문인력의 양성·훈련 및 지원에 관한 사항
5. 민주시민교육의 분석 및 평가에 관한 사항
6. 민주시민교육 활성화를 위한 소요재원에 관한 사항
7. 그 밖에 민주시민교육 활성화를 위하여 필요한 사항
③ 기본계획의 수립절차 등에 필요한 사항은 대통령령으로 정한다.

제24조(연도별 시행계획의 수립 등) ① 관계 중앙행정기관의 장과 특별시장·광역시장·특별자치시장·도지사 및 특별자치도지사(이하 "시·도지사"라 한다)는 매년 기본계획에 따라 민주시민교육 시행계획(이하 "시행계획"이라 한다)을 수립·시행하여야 한다.
② 관계 중앙행정기관의 장 및 시·도지사는 제1항에 따른 다음 해의 시행계획 및 지난해의 추진실적을 대통령령으로 정하는 바에 따라 위원회에 제출하고, 위원회는 매년 시행계획에 따른 추진실적을 평가하여야 한다.
③ 시행계획의 수립·시행 및 그 추진실적의 평가 등에 필요한 사항은 대통령령으로 정한다.

제25조(계획 수립 등의 협조) ① 위원회는 기본계획의 수립·시행 및 시행계획의 평가를 위하여 관계 중앙행정기관의 장, 지방자치단체의 장, 공공기관의 장 또는 관련기관의 장에게 필요한 자료의 제출 등 협조를 요청할 수 있다.
② 관계 중앙행정기관의 장 및 시·도지사는 시행계획을 수립·시행하기 위하여 필요한 경우 다른 중앙행정기관의 장, 지방자치단체의 장, 공공기관의 장 또는 관련기관의 장에게 필요한 자료의 제출 등 협조를 요청할 수 있다.
③ 제1항 및 제2항에 따라 협조 요청을 받은 자는 특별한 사유가 없는 한 이에 응하여야 한다.

제26조(공청회의 개최) ① 위원회는 기본계획을 수립하려는 경우에 공청회를 열어 국민 및 관계 민주시민교육전문가 등으로부터 의견을 들을 수 있으며, 공청회에서 제시된 의견이 타당하다고 인정하면 그 의견을 기본계획에 반영하여야 한다.
② 제1항에 따른 공청회의 개최에 필요한 사항은 대통령령으로 정한다.

제27조(실태조사) ① 위원회는 기본계획의 수립·시행을 위하여 민주시민교육의 현황 등에 대한 실태조사를 실시하여야 한다.
② 위원장은 제1항에 따른 실태조사를 위하여 필요한 경우 관계 중앙행정기관의 장, 지방자치단체의 장, 공공기관의 장, 관련기관의 장 그 밖의 관련 법인 또는 단체에 대하여 필요한 자료의 제출 또는 의견의 진술을 요청할 수 있다. 이 경우 자료의 제출이나 의견을 진술을 요청받은 관계 중앙행정기관의 장 등은 특별한 사유가 없는 한 이에 협조하여야 한다.

③ 제1항에 따른 실태조사의 방법 등 필요한 사항은 위원회 규칙으로 정한다.

제28조(제도개선의 권고) ① 위원회는 민주시민교육의 지원 및 촉진을 위하여 필요하다고 인정하는 경우 국가 또는 지방자치단체에게 관련 제도의 개선을 권고할 수 있다.

② 제1항에 따라 제도 개선 권고를 받은 국가 또는 지방자치단체는 그 권고사항을 존중하고 이행하기 위하여 노력하여야 하며, 권고를 받은 날로부터 90일 이내에 그 권고사항의 이행계획을 위원회에 통지하여야 한다.

제29조(국가 등의 지원) ① 국가와 지방자치단체는 관련기관·시민단체 또는 개인에 대하여 민주시민교육에 필요한 비용의 전부 또는 일부를 보조하거나 그 업무 수행에 필요한 행정적인 지원을 할 수 있다.

② 국가와 지방자치단체는 시민단체가 민주시민교육을 위하여 국·공유의 시설·물품 기타 재산의 임대를 요청하는 경우 「국유재산법」 또는 「지방재정법」의 규정에도 불구하고 행정목적을 달성하는 데 지장을 받지 않는 범위 안에서 이를 무상 또는 저렴한 임대료로 대여할 수 있다.

③ 개인 또는 법인은 민주시민교육 시설 및 운영을 위하여 민주시민교육시설에 금전 또는 기타의 재산을 출연할 수 있고 이 경우 증여·상속세 등의 세액을 감면할 수 있다. 그 감면의 대상 및 범위는 대통령령으로 정한다.

제30조(공공기관장 및 민간사업장 사업주의 의무 등) ① 공공기관장 또는 민간사업장 사업주는 소속 임직원이 민주시민교육을 받기 위하여 연차 유급휴가를 청구하는 경우 청구한 시기에 휴가를 주는 것이 사업 운영에 막대한 지장을 주는 경우를 제외하고는 이를 허용하여야 하며, 이를 이유로 해고나 그 밖의 불리한 처우를 하여서는 아니 된다.

② 공공기관장 또는 민간사업장 사업주는 민주시민교육 기회를 확대하기 위하여 기관 또는 사업장의 실정을 감안하여 소속 임직원에게 소정 기간 유급 교육휴가를 부여하거나 도서비·교육비 등의 소요 비용을 지원할 수 있다.

제31조(민주시민교육을 받을 권리) ① 모든 국민은 이 법에서 정하는 바에 따라 민주시민교육을 받을 권리를 가진다.

② 대통령령으로 정하는 수 이상의 국민이 민주시민교육을 받고자 할 경우에는 교육원 또는 지역교육원에 민주시민교육 기회의 제공을 요구할 수 있다.

③ 제2항의 요구를 받은 교육원 또는 지역교육원은 해당 국민에게 민주시민교육을 실시하거나 관련기관 또는 시민단체에서 민주시민교육을 받게 할 수 있으며, 중앙선거관리위원회 등 국가공공기관에 대하여 필요한 인적·물적·행정적 인프라 지원을 요청할 수 있다.

④ 민주시민교육의 요구·실시 절차 및 운영 등에 필요한 사항은 대통령령으로 정한다.

제4장 보칙

제32조(민주시민교육에 관한 연차보고서의 제출) ① 위원회는 매년 민주시민교육에 관한 연차보고서를 작성하여 대통령에게 보고하고 이를 정기국회 개회 전까지 국회에 제출하여야 한다.

② 연차보고서에는 다음 각 호의 사항이 포함되어야 한다.
1. 기본계획 및 시행계획의 수립과 관리
2. 민주시민교육의 활성화를 위하여 앞으로 추진할 시책
3. 제2호의 시책의 추진에 필요한 재원의 규모와 조달방안
4. 관련기관의 설치에 관한 사항

  5. 민주시민교육 전문인력의 양성·훈련 및 지원에 관한 사항
  6. 민주시민교육의 분석 및 평가에 관한 사항
  7. 그 밖에 민주시민교육 활성화를 위하여 필요한 사항
 ③ 위원회는 연차보고서를 공개하여야 한다.
 ④ 연차보고서의 작성·대통령 보고·국회 제출 및 공개에 관하여 필요한 사항은 대통령령으로 정한다.

제33조(자격 사칭의 금지) 누구든지 위원회의 위원 또는 직원의 자격을 사칭하여 위원회의 권한을 행사하여서는 아니 된다.

제34조(공무원 등의 파견) ① 위원회는 그 업무 수행을 위하여 필요하다고 인정하면 관계기관등의 장에게 그 소속 공무원 또는 직원의 파견을 요청할 수 있다.
 ② 제1항에 따른 요청을 받은 관계기관등의 장은 위원회와 협의하여 소속 공무원 또는 직원을 위원회에 파견할 수 있다.
 ③ 제2항에 따라 위원회에 파견된 공무원 또는 직원은 그 소속 기관으로부터 독립하여 위원회의 업무를 수행한다.
 ④ 제2항에 따라 위원회에 공무원 또는 직원을 파견한 관계기관등의 장은 위원회에 파견된 공무원 또는 직원에 대하여 인사 및 처우 등에서 불리한 조치를 하여서는 아니 된다.

제35조(자격 사칭) 제33조를 위반하여 위원회의 위원 또는 직원의 자격을 사칭하여 위원회의 권한을 행사한 사람은 2년 이하의 징역 또는 700만원 이하의 벌금에 처한다.

제36조(벌칙 적용 시의 공무원 의제) 위원회의 위원 중 공무원이 아닌 사람은 「형법」과 그 밖의 법률에 따른 벌칙을 적용할 때에는 공무원으로 본다.

부   칙

제1조(시행일) 이 법은 공포 후 6개월이 경과한 날부터 시행한다. 다만, 민주시민교육위원 및 소속 직원의 임명, 이 법의 시행에 관한 위원회 규칙의 제정·공포, 위원회의 설립 준비는 이 법 시행일 이전에 할 수 있다.

제2조(민주시민교육위원의 임기개시에 관한 적용례) 이 법에 의하여 최초로 임명된 민주시민교육위원의 임기는 이 법의 시행일로부터 시작하는 것으로 본다.

제3조(민주시민교육위원회 및 교육원의 설립준비) 국무총리는 이 법의 공포 후 민주시민교육 관련 시민단체 및 학계 전문가 등 9명의 설립위원을 위촉하여 위원회 및 교육원 설립에 관한 사무를 담당하게 한다.

제4조(대통령령의 제정) 설립위원은 위촉받은 후 60일 이내에 국무총리에게 이 법의 시행에 관한 대통령령안의 제출을 건의할 수 있다.

제5조(설립위원 해촉) 설립위원은 민주시민교육위원회 및 민주시민교육원의 설립이 완료될 때에 해촉된 것으로 본다.

제6조(경비) 위원회 및 교육원의 설립을 위하여 지출한 경비는 국가 예산으로 충당한다.

4. 2015년 민주시민교육지원법안(남인순의원 등 13인 발의)

| 의 안 번 호 | 1913924 |

민주시민교육지원법안

제1장 총칙

제1조(목적) 이 법은 민주시민교육을 체계적으로 실시하고 지원·촉진하는 데 필요한 사항을 정함으로써 국민이 민주시민으로서의 자질과 역량을 함양할 수 있도록 하고, 나아가 진정한 민주주의 사회 구현에 기여함을 목적으로 한다.

제2조(정의) 이 법에서 사용하는 용어의 뜻은 다음과 같다.
 1. "민주시민교육"이란 모든 국민이 민주주의 사회의 구성원으로서 가지는 권리와 의무에 기초하여 일상생활의 각 영역에서 민주주의를 실현하는데 필요한 자질과 역량을 기를 수 있도록 하는 모든 형태의 교육을 말한다.
 2. "민주시민교육기관"이란 민주시민교육을 실시하거나 민주시민교육을 실시할 지식과 능력을 갖춘 법인·단체 또는 시설을 말한다.

제3조(민주시민교육의 기본원칙) ① 민주시민교육은 민주시민이 지녀야 할 권리와 책임의식을 함양하는 데 기여하여야 한다.
 ② 민주시민교육은 정치적 중립성을 바탕으로 국민의 자유로운 참여와 자율성을 기초로 이루어져야 한다.
 ③ 민주시민교육기관의 조직 및 활동의 독립성은 최대한 보장되어야 한다.
 ④ 민주시민교육은 학교와 사회 각 영역에서 모든 사람에게 평생 동안 장려되어야 한다.

제4조(민주시민교육의 내용) 민주시민교육의 내용은 다음 각 호와 같다.
 1. 민주주의의 기본원리·가치·역사 및 민주주의 정치제도에 대한 이해
 2. 시민의 권리와 의무, 정치참여 및 책임에

대한 이해와 실천
 3. 민주적 토론방식 및 합리적 의사결정 절차에 대한 이해와 훈련
 4. 그 밖에 민주시민의식의 함양과 실천을 위한 모든 교육

제5조(국가 및 지방자치단체의 책무) ① 국가 및 지방자치단체는 민주시민교육의 활성화를 위하여 학교와 사회 각 영역에서 민주시민교육의 기회가 충분히 제공될 수 있도록 노력하여야 한다.
 ② 국가 및 지방자치단체는 전문성 있는 민주시민교육 인력이 체계적으로 양성될 수 있도록 노력하여야 한다.
 ③ 국가 및 지방자치단체는 민주시민교육의 활성화를 위하여 필요한 행정적 지원과 재정적 지원을 하여야 한다.

제6조(다른 법률과의 관계) 민주시민교육의 실시 및 지원에 관하여 다른 법률에 특별한 규정이

있는 경우를 제외하고는 이 법에서 정하는 바에 따른다.

제2장 민주시민교육 기본계획 등

제7조(민주시민교육 기본계획의 수립) ① 행정자치부장관은 민주시민교육의 실시 및 지원을 체계적이고 종합적으로 추진하기 위하여 민주시민교육 기본계획(이하 "기본계획"이라 한다)을 5년 단위로 수립하여야 한다.

② 기본계획에는 다음 각 호의 사항이 포함되어야 한다.
1. 민주시민교육의 중장기목표 및 기본방향
2. 민주시민교육의 활성화를 위한 행정지원 및 재정지원 계획
3. 민주시민교육의 수행을 위한 전문인력의 양성 및 역량강화를 위한 계획
4. 제13조에 따른 지역민주시민교육센터의 지정에 관한 사항
5. 민주시민교육에 필요한 시설의 설치 및 운영에 관한 사항
6. 민주시민교육을 위한 교재 및 매체활용에 관한 사항
7. 민주시민교육의 조사·평가 및 시정에 관한 사항
8. 민주시민교육과 관련한 각 부처·기관 및 시민단체와의 협력체계 구축에 관한 사항
9. 그 밖에 민주시민교육의 수행을 위하여 필요한 사항

③ 행정자치부장관은 기본계획을 수립하는 때에는 제9조에 따른 민주시민교육위원회의 심의를 거쳐야 한다. 기본계획을 변경하는 경우에도 또한 같다.

④ 그 밖에 기본계획의 수립에 필요한 사항은 대통령령으로 정한다.

제8조(연도별 민주시민교육계획의 수립·시행 등) ① 특별시장·광역시장·특별자치시장·도지사·특별자치도지사(이하 "시·도지사"라 한다)는 기본계획을 기초로 그 관할구역에 있는 시장·군수·구청장(자치구의 구청장을 말한다. 이하 같다)의 의견을 들어 연도별 민주시민교육계획(이하 "연도별계획"이라 한다)을 수립하여 이를 시행하고, 그 시행결과보고서를 다음 해 2월 말일 까지 행정자치부장관에게 제출하여야 한다.

② 연도별계획의 수립 및 시행결과의 보고에 관한 세부사항은 대통령령으로 정한다.

제9조(민주시민교육위원회의 설치 및 구성) ① 민주시민교육의 기본방향과 실시 및 지원에 관한 주요사항을 심의·의결하기 위하여 행정자치부장관 소속으로 민주시민교육위원회(이하 "위원회"라 한다)를 둔다.

② 위원회는 위원장 1명을 포함하여 11명의 민주시민교육위원(이하 "위원"이라 한다)으로 구성하되, 위원장은 위원 중에서 호선한다.

③ 위원은 다음 각 호의 어느 하나에 해당하는 사람 중에서 제12조에 따른 민주시민교육원의 장의 추천을 받아 행정자치부장관이 임명 또는 위촉한다.
1. 민주시민교육기관에서 민주시민교육활동에 5년 이상 종사한 사람
2. 「비영리민간단체지원법」 제4조에 따라 등록한 비영리민간단체에서 그 임·직원으로 5년 이상 활동하고 있는 사람
3. 대학이나 공공연구기관에서 민주시민교육 관련분야 연구업적이 있는 사람
4. 그 밖에 민주시민교육에 관한 전문지식과 경험이 풍부한 사람

④ 위원장과 위원의 임기는 2년으로 하며, 임기가 끝난 위원은 후임자가 임명될 때까지 그 직무를 수행한다.

⑤ 그 밖에 위원회의 구성 및 운영에 관하여 필요한 사항은 대통령령으로 정한다.

제10조(위원회의 기능) 위원회는 다음 각 호의 사항을 심의·의결한다.
1. 기본계획 수립에 관한 사항
2. 민주시민교육정책에 관한 평가 및 제도개선에 관한 사항
3. 민주시민교육 지원업무의 협력과 조정에 관한 사항
4. 그 밖에 민주시민교육 지원을 위하여 대통령령으로 정하는 사항

제11조(공공기관 등에 대한 협조요청) ① 행정자치부장관과 시·도지사는 기본계획 또는 연도별계획을 수립·추진하기 위하여 필요한 때에는 관계 중앙행정기관, 지방자치단체 또는 공공기관 등의 장에게 협조를 요청할 수 있다.

② 제1항에 따른 협조를 요청받은 자는 특별한 사정이 없으면 이에 따라야 한다.

제3장 민주시민교육원 등

제12조(민주시민교육원) ① 국가는 민주시민교육과 관련된 업무를 지원하기 위하여 민주시민교육원(이하 "교육원"이라 한다)을 설립한다.

② 교육원은 법인으로 한다.

③ 교육원은 주된 사무소의 소재지에서 설립등기를 함으로써 성립한다.

④ 교육원은 그 활동과 운영에 있어서 독립성과 자율성이 보장된다.

⑤ 교육원은 다음 각 호의 업무를 수행한다.
1. 기본계획 수립의 지원
2. 민주시민교육 프로그램 개발을 위한 연구 및 지원
3. 민주시민교육을 위한 전문 인력의 양성 및 지원
4. 민주시민교육기관에 대한 지원
5. 민주시민교육기관 간의 연계체제 구축
6. 민주시민교육기관의 운영현황에 관한 조사
7. 제13조에 따른 지역민주시민교육센터에 대한 지원
8. 제14조에 따른 민주시민교육 학습관에 대한 지원
9. 민주시민교육 종합정보시스템의 구축·운영
10. 그 밖에 교육원의 목적수행을 위하여 필요한 사업

⑥ 교육원의 정관에는 다음 각 호의 사항을 기재하여야 한다.
1. 목적
2. 명칭
3. 주된 사무소의 소재지
4. 사업에 관한 사항
5. 임원 및 직원에 관한 주요사항
6. 이사회에 관한 사항
7. 재산 및 회계에 관한 사항
8. 정관의 변경에 관한 사항

⑦ 제6항에 따른 정관의 내용을 변경하려는 때에는 행정자치부장관의 인가를 받아야 한다.

⑧ 국가는 예산의 범위에서 교육원의 설립·운영에 필요한 경비를 출연할 수 있다.

⑨ 교육원에 관하여 이 법에서 정하는 것을 제외하고는 「민법」 중 재단법인에 관한 규정을 준용한다.

제13조(지역민주시민교육센터의 지정·운영) ① 행정자치부장관은 지역의 민주시민교육을 활성화하기 위하여 시·도지사 및 시장·군수·구청장과의 협의를 거쳐 특별시·광역시·특별자치시·도·특별자치도와 시·군·구(자치구를 말한다. 이하 같다)에 지역민주시민교육센터를 지정·운영할 수 있다.

② 지역민주시민교육센터는 다음 각 호의 업무를 수행한다.
1. 해당 지역의 연도별계획 수립의 지원
2. 해당 지역에 있는 민주시민교육기관에 대한 지원
3. 해당 지역에 있는 민주시민교육기관 간의 연계체제 구축
4. 해당 지역 민주시민교육 종합정보시스템의 구축·운영
5. 그 밖에 지역의 민주시민교육을 위하여 필요한 업무

③ 국가 및 지방자치단체는 예산의 범위에서 지역민주시민교육센터의 운영 및 사업에 필요한 경비의 전부 또는 일부를 지원할 수 있다.

④ 지역민주시민교육센터의 지정요건, 지원내용과 그 밖에 지정·운영에 필요한 사항은 대통령령으로 정한다.

제14조(시·군·구 민주시민교육 학습관의 설치 또는 지정 등) ① 시장·군수·구청장은 관할 구역의 주민을 대상으로 민주시민교육 프로그램 운영과 민주시민교육 기회를 제공하기 위하여 민주시민교육 학습관을 설치 또는 지정·운영할 수 있다.

② 시장·군수·구청장은 민주시민교육 학습관에 대한 재정적 지원 등 해당 지방자치단체의 민주시민교육을 진흥하기 위하여 필요한 사업을 실시할 수 있다.

③ 제1항 및 제2항에 따른 민주시민교육 학습관의 설치 및 지정·운영과 지원 등에 필요한 사항은 해당 지방자치단체의 조례로 정한다.

제15조(지정취소 등) ① 행정자치부장관은 제13조제1항에 따라 지정된 지역민주시민교육센터가 다음 각 호의 어느 하나에 해당하면 그 지정을 취소하거나 6개월 이내의 범위에서 기간을 정하여 업무정지를 명할 수 있다. 다만, 제1호에 해당하는 경우에는 지정을 취소하여야 한다.
1. 거짓이나 그 밖의 부정한 방법으로 지정을 받은 경우
2. 지정요건을 갖추지 못하게 된 경우
3. 업무수행능력이 현저히 부족하다고 인정되는 경우
4. 제3조에 규정된 민주시민교육의 기본원칙을 현저히 훼손하는 행위를 한 경우
5. 그 밖에 이 법이나 이 법에 따른 명령을 위반한 경우

② 시장·군수·구청장은 제14조제1항에 따라 지정된 민주시민교육 학습관이 제1항 각 호에 해당하면 그 지정을 취소하거나 6개월 이내의 범위에서 기간을 정하여 업무정지를 명할 수 있다. 다만, 제1항제1호에 해당하는 경우에는 지정을 취소하여야 한다.

③ 제1항 및 제2항에 따른 지정취소와 업무정지 처분의 구체적 기준은 대통령령으로 정한다.

제16조(민주시민교육기관에 대한 경비지원 등) ① 국가 및 지방자치단체는 민주시민교육기관에 대하여 예산의 범위에서 대통령령으로 정하는 바에 따라 그 활동에 필요한 경비의 전부 또는 일부를 지원할 수 있다.

② 개인 또는 법인은 민주시민교육의 시설 및 운영을 지원하기 위하여 민주시민교육기관에 금전이나 그 밖의 재산을 출연할 수 있다.

제17조(국·공유재산의 대부 등) 국가와 지방자치단체는 민주시민교육기관이 민주시민교육에 필요하여 요청하면 「국유재산법」 또는 「공유재산 및 물품 관리법」에도 불구하고 행정목적을 달성하는 데 지장을 받지 않는 범위에서 국공유의 시설·물품이나 그 밖의 재산을 무상이나 저렴한 대부료 또는 사용료로 대부하거나 사용·수익하게 할 수 있다.

제18조(국가·지방자치단체와 사업장 운영자 등의 의무) ① 이 법에 따른 민주시민교육의 기회를 보장하기 위하여 국가·지방자치단체·공공기관의 장과 기업 등의 사업장 운영자는 그 소속 직원에 대하여 1년 중 일정 시간 이상의 민주시민교육을 받을 수 있도록 유급휴가를 실시하거나 도서비·교육비 등을 지원하여야 한다.

② 제1항에 따라 유급휴가를 실시하거나 도서비·교육비 등을 지원하여야 할 기업 등 사업장의 범위와 세부적 사항은 대통령령으로 정한다.

제4장 보칙

제19조(청문) 행정자치부장관과 시장·군수·구청장은 제15조에 따라 지역민주시민교육센터 또는 민주시민교육 학습관의 지정을 취소하려면 청문을 하여야 한다.

제20조(지원된 경비의 반환) 국가 및 지방자치단체는 지역민주시민교육센터, 민주시민교육 학습관 또는 민주시민교육기관이 이 법에 따라 지원받은 경비를 다른 용도에 사용하거나 허위의 신청 또는 그 밖의 부정한 방법으로 경비를 지원받은 때에는 이미 지원받은 경비의 전부 또는 일부의 반환을 명할 수 있다. 이 경우 경비의 반환과 관련된 절차는 「보조금 관리에 관한 법률」을 준용한다.

제21조(유사명칭의 사용금지) 이 법에 따른 민주시민교육위원회·민주시민교육원·지역민주시민교육센터 및 민주시민교육 학습관이 아니면 이와 비슷한 명칭을 사용하지 못한다.

제22조(권한의 위임·위탁) 행정자치부장관은 이 법에 따른 권한 또는 업무의 일부를 대통령령으로 정하는 바에 따라 시·도지사 또는 시장·군수·구청장에게 위임하거나 교육원에 위탁할 수 있다.

제23조(과태료) ① 제21조를 위반하여 유사명칭을 사용한 자에게는 20만원 이하의 과태료를 부과한다.

② 제2항에 따른 과태료는 행정자치부장관이 부과·징수한다.

부   칙

제1조(시행일) 이 법은 공포 후 1년이 경과한 날부터 시행한다.

제2조(이 법의 시행을 위한 준비행위) 이 법에 따라 민주시민교육원을 설립하기 위하여 하는 준비행위는 이 법 시행 전에 할 수 있다.

제3조(민주시민교육원의 설립준비) ① 행정자치부장관은 이 법 시행 전에 7인 이내의 설립위원을 위촉하여 민주시민교육원의 설립에 관한 사무를 처리하게 하여야 한다.

② 설립위원은 민주시민교육원의 정관을 작성하여 행정자치부장관의 인가를 받아야 한다.

③ 설립위원은 제2항에 따른 인가를 받은 때에는 지체 없이 연명으로 민주시민교육원의 설립등기를 한 후 민주시민교육원의 장에게 사무를 인계하여야 한다.

④ 설립위원은 제3항에 따른 사무인계가 끝난 때에 해촉된 것으로 본다.

5. 2016년 민주시민교육지원법안(남인순의원 등 12인 발의)

| 의 안 번 호 | 2002333 |

민주시민교육지원법안

제1장 총칙

제1조(목적) 이 법은 민주시민교육을 체계적으로 실시하고 지원·촉진하는 데 필요한 사항을 정함으로써 국민이 민주시민으로서의 자질과 역량을 함양할 수 있도록 하고, 나아가 진정한 민주주의 사회 구현에 기여함을 목적으로 한다.

제2조(정의) 이 법에서 사용하는 용어의 뜻은 다음과 같다.
 1. "민주시민교육"이란 모든 국민이 민주주의 사회의 구성원으로서 가지는 권리와 의무에 기초하여 일상생활의 각 영역에서 민주주의를 실현하는데 필요한 자질과 역량을 기를 수 있도록 하는 모든 형태의 교육을 말한다.
 2. "민주시민교육기관"이란 민주시민교육을 실시하거나 민주시민교육을 실시할 지식과 능력을 갖춘 법인·단체 또는 시설을 말한다.

제3조(민주시민교육의 기본원칙) ① 민주시민교육은 민주시민이 지녀야 할 권리와 책임의식을 함양하는데 기여하여야 한다.
 ② 민주시민교육은 정치적 중립성을 바탕으로 국민의 자유로운 참여와 자율성을 기초로 이루어져야 한다.
 ③ 민주시민교육기관의 조직 및 활동의 독립성은 최대한 보장되어야 한다.
 ④ 민주시민교육은 학교와 사회 각 영역에서 모든 사람에게 평생 동안 장려되어야 한다.

제4조(민주시민교육의 내용) 민주시민교육의 내용은 다음 각 호와 같다.
 1. 민주주의의 기본원리·가치·역사 및 민주주의 정치제도에 대한 이해
 2. 시민의 권리와 의무, 정치참여 및 책임에 대한 이해와 실천
 3. 민주적 토론방식 및 합리적 의사결정 절차에 대한 이해와 훈련
 4. 그 밖에 민주시민의식의 함양과 실천을 위한 모든 교육

제5조(국가 및 지방자치단체의 책무) ① 국가 및 지방자치단체는 민주시민교육의 활성화를 위하여 학교와 사회 각 영역에서 민주시민교육의 기회가 충분히 제공될 수 있도록 노력하여야 한다.
 ② 국가 및 지방자치단체는 전문성 있는 민주시민교육 인력이 체계적으로 양성될 수 있도록 노력하여야 한다.
 ③ 국가 및 지방자치단체는 민주시민교육의 활성화를 위하여 필요한 행정적 지원과 재정적 지원을 하여야 한다.

제6조(다른 법률과의 관계) 민주시민교육의 실시 및 지원에 관하여 다른 법률에 특별한 규정이 있는 경우를 제외하고는 이 법에서 정하는 바에 따른다.

제2장 민주시민교육 기본계획 등

제7조(민주시민교육 기본계획의 수립) ① 행정자치부장관은 민주시민교육의 실시 및 지원을 체계적이고 종합적으로 추진하기 위하여 민주시민교육 기본계획(이하 "기본계획"이라 한다)을 5년 단위로 수립하여야 한다.

② 기본계획에는 다음 각 호의 사항이 포함되어야 한다.
1. 민주시민교육의 중장기목표 및 기본방향
2. 민주시민교육의 활성화를 위한 행정지원 및 재정지원 계획
3. 민주시민교육의 수행을 위한 전문인력의 양성 및 역량강화를 위한 계획
4. 제13조에 따른 지역민주시민교육센터의 지정에 관한 사항
5. 민주시민교육에 필요한 시설의 설치 및 운영에 관한 사항
6. 민주시민교육을 위한 교재 및 매체활용에 관한 사항
7. 민주시민교육의 조사·평가 및 시정에 관한 사항
8. 민주시민교육과 관련한 각 부처·기관 및 시민단체와의 협력체계 구축에 관한 사항
9. 그 밖에 민주시민교육의 수행을 위하여 필요한 사항

③ 행정자치부장관은 기본계획을 수립하는 때에는 제9조에 따른 민주시민교육위원회의 심의를 거쳐야 한다. 기본계획을 변경하는 경우에도 또한 같다.

④ 그 밖에 기본계획의 수립에 필요한 사항은 대통령령으로 정한다.

제8조(연도별 민주시민교육계획의 수립·시행 등) ① 특별시장·광역시장·특별자치시장·도지사·특별자치도지사(이하 "시·도지사"라 한다)는 기본계획을 기초로 그 관할구역에 있는 시장·군수·구청장(자치구의 구청장을 말한다. 이하 같다)의 의견을 들어 연도별 민주시민교육계획(이하 "연도별계획"이라 한다)을 수립하여 이를 시행하고, 그 시행결과보고서를 다음 해 2월 말일 까지 행정자치부장관에게 제출하여야 한다.

② 연도별계획의 수립 및 시행결과의 보고에 관한 세부사항은 대통령령으로 정한다.

제9조(민주시민교육위원회의 설치 및 구성) ① 민주시민교육의 기본방향과 실시 및 지원에 관한 주요사항을 심의·의결하기 위하여 행정자치부장관 소속으로 민주시민교육위원회(이하 "위원회"라 한다)를 둔다.

② 위원회는 위원장 1명을 포함하여 11명의 민주시민교육위원(이하 "위원"이라 한다)으로 구성하되, 위원장은 위원 중에서 호선한다.

③ 위원은 다음 각 호의 어느 하나에 해당하는 사람 중에서 제12조에 따른 민주시민교육원의 장의 추천을 받아 행정자치부장관이 임명 또는 위촉한다.
1. 민주시민교육기관에서 민주시민교육활동에 5년 이상 종사한 사람
2. 「비영리민간단체지원법」 제4조에 따라 등록한 비영리민간단체에서 그 임·직원으로 5년 이상 활동하고 있는 사람
3. 대학이나 공공연구기관에서 민주시민교육 관련분야 연구업적이 있는 사람
4. 그 밖에 민주시민교육에 관한 전문지식과 경험이 풍부한 사람

④ 위원장과 위원의 임기는 2년으로 하며, 임기가 끝난 위원은 후임자가 임명될 때까지 그 직무를 수행한다.

⑤ 그 밖에 위원회의 구성 및 운영에 관하여 필요한 사항은 대통령령으로 정한다.

제10조(위원회의 기능) 위원회는 다음 각 호의 사항을 심의·의결한다.

1. 기본계획 수립에 관한 사항
2. 민주시민교육정책에 관한 평가 및 제도개선에 관한 사항
3. 민주시민교육 지원업무의 협력과 조정에 관한 사항
4. 그 밖에 민주시민교육 지원을 위하여 대통령령으로 정하는 사항

제11조(공공기관 등에 대한 협조요청) ① 행정자치부장관과 시·도지사는 기본계획 또는 연도별계획을 수립·추진하기 위하여 필요한 때에는 관계 중앙행정기관, 지방자치단체 또는 공공기관 등의 장에게 협조를 요청할 수 있다.

② 제1항에 따른 협조를 요청받은 자는 특별한 사정이 없으면 이에 따라야 한다.

제3장 민주시민교육원 등

제12조(민주시민교육원) ① 국가는 민주시민교육과 관련된 업무를 지원하기 위하여 민주시민교육원(이하 "교육원"이라 한다)을 설립한다.

② 교육원은 법인으로 한다.
③ 교육원은 주된 사무소의 소재지에서 설립등기를 함으로써 성립한다.
④ 교육원은 그 활동과 운영에 있어서 독립성과 자율성이 보장된다.
⑤ 교육원은 다음 각 호의 업무를 수행한다.
1. 기본계획 수립의 지원
2. 민주시민교육 프로그램 개발을 위한 연구 및 지원
3. 민주시민교육을 위한 전문 인력의 양성 및 지원
4. 민주시민교육기관에 대한 지원
5. 민주시민교육기관 간의 연계체제 구축
6. 민주시민교육기관의 운영현황에 관한 조사
7. 제13조에 따른 지역민주시민교육센터에 대한 지원
8. 제14조에 따른 민주시민교육 학습관에 대한 지원
9. 민주시민교육 종합정보시스템의 구축·운영
10. 그 밖에 교육원의 목적수행을 위하여 필요한 사업
⑥ 교육원의 정관에는 다음 각 호의 사항을 기재하여야 한다.
1. 목적
2. 명칭
3. 주된 사무소의 소재지
4. 사업에 관한 사항
5. 임원 및 직원에 관한 주요사항
6. 이사회에 관한 사항
7. 재산 및 회계에 관한 사항
8. 정관의 변경에 관한 사항
⑦ 제6항에 따른 정관의 내용을 변경하려는 때에는 행정자치부장관의 인가를 받아야 한다.
⑧ 국가는 예산의 범위에서 교육원의 설립·운영에 필요한 경비를 출연할 수 있다.
⑨ 교육원에 관하여 이 법에서 정하는 것을 제외하고는 「민법」 중 재단법인에 관한 규정을 준용한다.

제13조(지역민주시민교육센터의 지정·운영) ① 행정자치부장관은 지역의 민주시민교육을 활성화하기 위하여 시·도지사 및 시장·군수·구청장과의 협의를 거쳐 특별시·광역시·특별자치시·도·특별자치도와 시·군·구(자치구를 말한다. 이하 같다)에 지역민주시민교육센터를 지정·운영할 수 있다.
② 지역민주시민교육센터는 다음 각 호의 업무를 수행한다.
 1. 해당 지역의 연도별계획 수립의 지원
 2. 해당 지역에 있는 민주시민교육기관에 대한 지원
 3. 해당 지역에 있는 민주시민교육기관 간의 연계체제 구축
 4. 해당 지역 민주시민교육 종합정보시스템의 구축·운영
 5. 그 밖에 지역의 민주시민교육을 위하여 필요한 업무
③ 국가 및 지방자치단체는 예산의 범위에서 지역민주시민교육센터의 운영 및 사업에 필요한 경비의 전부 또는 일부를 지원할 수 있다.
④ 지역민주시민교육센터의 지정요건, 지원내용과 그 밖에 지정·운영에 필요한 사항은 대통령령으로 정한다.

제14조(시·군·구 민주시민교육 학습관의 설치 또는 지정 등) ① 시장·군수·구청장은 관할 구역의 주민을 대상으로 민주시민교육 프로그램 운영과 민주시민교육 기회를 제공하기 위하여 민주시민교육 학습관을 설치 또는 지정·운영할 수 있다.
② 시장·군수·구청장은 민주시민교육 학습관에 대한 재정적 지원 등 해당 지방자치단체의 민주시민교육을 진흥하기 위하여 필요한 사업을 실시할 수 있다.
③ 제1항 및 제2항에 따른 민주시민교육 학습관의 설치 및 지정·운영과 지원 등에 필요한 사항은 해당 지방자치단체의 조례로 정한다.

제15조(지정취소 등) ① 행정자치부장관은 제13조제1항에 따라 지정된 지역민주시민교육센터가 다음 각 호의 어느 하나에 해당하면 그 지정을 취소하거나 6개월 이내의 범위에서 기간을 정하여 업무정지를 명할 수 있다. 다만, 제1호에 해당하는 경우에는 지정을 취소하여야 한다.
 1. 거짓이나 그 밖의 부정한 방법으로 지정을 받은 경우
 2. 지정요건을 갖추지 못하게 된 경우
 3. 업무수행능력이 현저히 부족하다고 인정되는 경우
 4. 제3조에 규정된 민주시민교육의 기본원칙을 현저히 훼손하는 행위를 한 경우
 5. 그 밖에 이 법이나 이 법에 따른 명령을 위반한 경우
② 시장·군수·구청장은 제14조제1항에 따라 지정된 민주시민교육 학습관이 제1항 각 호에 해당하면 그 지정을 취소하거나 6개월 이내의 범위에서 기간을 정하여 업무정지를 명할 수 있다. 다만 제1항제1호에 해당하는 경우에는 지정을 취소하여야 한다.
③ 제1항 및 제2항에 따른 지정취소와 업무정지 처분의 구체적 기준은 대통령령으로 정한다.

제16조(민주시민교육기관에 대한 경비지원 등) ① 국가 및 지방자치단체는 민주시민교육기관에 대하여 예산의 범위에서 대통령령으로 정하는 바에 따라 그 활동에 필요한 경비의 전부 또는 일부를 지원할 수 있다.
② 개인 또는 법인은 민주시민교육의 시설 및 운영을 지원하기 위하여 민주시민교육기관에 금전이나 그 밖의 재산을 출연할 수 있다.

제17조(국·공유재산의 대부 등) 국가와 지방자치단체는 민주시민교육기관이 민주시민교육에 필요하여 요청하면 「국유재산법」 또는 「공유재산 및 물품 관리법」에도 불구하고 행정목적을 달성

하는데 지장을 받지 않는 범위에서 국공유의 시설·물품이나 그 밖의 재산을 무상이나 저렴한 대부료 또는 사용료로 대부하거나 사용·수익하게 할 수 있다.

제18조(국가·지방자치단체와 사업장 운영자 등의 의무) ① 이 법에 따른 민주시민교육의 기회를 보장하기 위하여 국가·지방자치단체·공공기관의 장과 기업 등의 사업장 운영자는 그 소속 직원에 대하여 1년 중 일정 시간 이상의 민주시민교육을 받을 수 있도록 유급휴가를 실시하거나 도서비·교육비 등을 지원하여야 한다.

② 제1항에 따라 유급휴가를 실시하거나 도서비·교육비 등을 지원하여야 할 기업 등 사업장의 범위와 세부적 사항은 대통령령으로 정한다.

제4장 보칙

제19조(청문) 행정자치부장관과 시장·군수·구청장은 제15조에 따라 지역민주시민교육센터 또는 민주시민교육 학습관의 지정을 취소하려면 청문을 하여야 한다.

제20조(지원된 경비의 반환) 국가 및 지방자치단체는 지역민주시민교육센터, 민주시민교육 학습관 또는 민주시민교육기관이 이 법에 따라 지원받은 경비를 다른 용도에 사용하거나 허위의 신청 또는 그 밖의 부정한 방법으로 경비를 지원받은 때에는 이미 지원받은 경비의 전부 또는 일부의 반환을 명할 수 있다. 이 경우 경비의 반환과 관련된 절차는 「보조금 관리에 관한 법률」을 준용한다.

제21조(유사명칭의 사용금지) 이 법에 따른 민주시민교육위원회·민주시민교육원·지역민주시민교육센터 및 민주시민교육 학습관이 아니면 이와 비슷한 명칭을 사용하지 못한다.

제22조(권한의 위임·위탁) 행정자치부장관은 이 법에 따른 권한 또는 업무의 일부를 대통령령으로 정하는 바에 따라 시·도지사 또는 시장·군수·구청장에게 위임하거나 교육원에 위탁할 수 있다.

제23조(과태료) ① 제21조를 위반하여 유사명칭을 사용한 자에게는 20만원 이하의 과태료를 부과한다.

② 제2항에 따른 과태료는 행정자치부장관이 부과·징수한다.

부 칙

제1조(시행일) 이 법은 공포 후 1년이 경과한 날부터 시행한다.

제2조(이 법의 시행을 위한 준비행위) 이 법에 따라 민주시민교육원을 설립하기 위하여 하는 준비행위는 이 법 시행 전에 할 수 있다.

제3조(민주시민교육원의 설립준비) ① 행정자치부장관은 이 법 시행 전에 7인 이내의 설립위원을 위촉하여 민주시민교육원의 설립에 관한 사무를 처리하게 하여야 한다.

② 설립위원은 민주시민교육원의 정관을 작성하여 행정자치부장관의 인가를 받아야 한다.

③ 설립위원은 제2항에 따른 인가를 받은 때에는 지체 없이 연명으로 민주시민교육원의 설립등기를 한 후 민주시민교육원의 장에게 사무를 인계하여야 한다.

④ 설립위원은 제3항에 따른 사무인계가 끝난 때에 해촉된 것으로 본다.

6. 2019년 민주시민교육 지원에 관한 법률안(소병훈의원 등 10인 발의)

| 의 안 번 호 | 2019019 |

민주시민교육 지원에 관한 법률안

제1조(목적) 이 법은 민주시민교육을 체계적으로 실시하고 지원·촉진하는 데 필요한 사항을 정함으로써 국민이 민주시민으로서의 자질과 역량을 함양할 수 있도록 하고, 나아가 진정한 민주주의 사회 구현에 기여함을 목적으로 한다.

제2조(정의) 이 법에서 사용하는 용어의 뜻은 다음과 같다.

  1. "민주시민교육"이란 모든 국민이 민주주의 사회의 구성원으로서 가지는 권리와 의무에 기초하여 일상생활의 각 영역에서 민주주의를 실현하는 데 필요한 자질과 역량을 기를 수 있도록 하는 모든 형태의 교육을 말한다.

  2. "민주시민교육기관"이란 민주시민교육을 실시하거나 민주시민교육을 실시할 지식과 능력을 갖춘 법인·단체 또는 시설을 말한다.

제3조(민주시민교육의 기본원칙) ① 민주시민교육은 주권자인 국민이 지녀야 할 민주주의적 권리와 책임의식을 함양하는 데 기여하여야 한다.

  ② 민주시민교육은 정치적 중립성을 바탕으로 하여야 하며 특정 개인, 정당 또는 정치적 세력의 이익을 옹호하는 방향으로 실시되어서는 아니 된다.

  ③ 민주시민교육은 국민의 자유로운 참여를 기초로 자율성과 다양성을 존중하여야 한다.

제4조(민주시민교육의 내용) 민주시민교육의 내용은 다음 각 호와 같다.

  1. 민주주의의 기본원리와 민주주의 정치제도에 대한 이해

  2. 시민의 권리와 의무, 책임에 대한 이해와 실천

  3. 민주적 토론방식 및 합리적 의사결정 절차에 대한 교육

  4. 그 밖에 민주시민의식의 함양과 실천을 위한 모든 교육

제5조(국가 및 지방자치단체의 책무) ① 국가 및 지방자치단체는 민주시민교육의 활성화를 위하여 학교와 사회 각 영역에서 민주시민교육의 기회가 충분히 제공될 수 있도록 노력하여야 한다.

  ② 국가 및 지방자치단체는 전문성 있는 민주시민교육 인력이 체계적으로 양성될 수 있도록 노력하여야 한다.

  ③ 국가 및 지방자치단체는 민주시민교육의 활성화를 위하여 필요한 행정적 지원과 재정적 지원을 하여야 한다.

제6조(다른 법률과의 관계) 민주시민교육의 실시 및 지원에 관하여 다른 법률에 특별한 규정이 있는 경우를 제외하고는 이 법에서 정하는 바에 따른다.

제7조(민주시민교육위원회의 설치 및 구성) ① 민주시민교육의 기본방향과 실시 및 지원에 관한 주요사항을 심의하기 위하여 국무총리 소속으로 민주시민교육위원회(이하 "위원회"라 한다)를 둔다.

  ② 위원회는 위원장 1명을 포함하여 15명 이내의 민주시민교육위원(이하 "위원"이라 한다)으로 구성하되, 위원장은 위원 중에서 호선한다.

③ 위원은 다음 각 호의 어느 하나에 해당하는 사람 중에서 국회가 추천하는 3명, 제9조에 따른 민주시민교육원의 원장이 추천하는 3명을 포함하여 국무총리가 위촉한다.
1. 민주시민교육기관에서 민주시민교육활동에 5년 이상 종사한 사람
2. 「비영리민간단체지원법」 제4조에 따라 등록한 비영리민간단체에서 그 임·직원으로 5년 이상 활동하고 있는 사람
3. 대학이나 공공연구기관에서 민주시민교육 관련분야 연구업적이 있는 사람
4. 그 밖에 민주시민교육에 관한 전문지식과 경험이 풍부한 사람
④ 위원장과 위원의 임기는 3년으로 하며, 임기가 끝난 위원은 후임자가 임명될 때까지 그 직무를 수행한다.
⑤ 다음 각 호의 어느 하나에 해당하는 사람은 위원이 될 수 없으며, 위원이 다음 각 호의 어느 하나에 해당하게 된 때에는 당연히 퇴직한다.
1. 「국가공무원법」 제33조 각 호의 어느 하나에 해당하는 사람
2. 정당의 당원
3. 「공직선거법」 에 따라 실시하는 선거에 후보자(예비후보자를 포함한다)로 등록한 사람
⑥ 그 밖에 위원회의 구성 및 운영에 필요한 사항은 대통령령으로 정한다.

제8조(위원회의 기능) 위원회는 다음 각 호의 사항을 심의한다.
1. 제11조에 따른 기본계획 수립에 관한 사항
2. 민주시민교육정책에 관한 평가 및 제도개선에 관한 사항
3. 민주시민교육 지원업무의 협력과 조정에 관한 사항
4. 민주시민교육기관 간의 협력과 운영지원에 관한 사항
5. 그 밖에 민주시민교육 지원을 위하여 대통령령으로 정하는 사항

제9조(민주시민교육원의 설립) ① 민주시민교육과 관련된 업무를 지원하고 민주시민교육을 실시하기 위하여 민주시민교육원(이하 "교육원"이라 한다)을 설립한다.
② 교육원은 법인으로 한다.
③ 교육원은 주된 사무소의 소재지에서 설립등기를 함으로써 성립한다.
④ 교육원은 그 활동과 운영에 있어서 독립성과 자율성이 보장된다.
⑤ 교육원에는 원장(이하 "민주시민교육원장"이라 한다) 1명을 둔다.
⑥ 교육원의 정관에는 다음 각 호의 사항을 기재하여야 한다.
1. 목적
2. 명칭
3. 주된 사무소의 소재지
4. 사업에 관한 사항
5. 임원 및 직원에 관한 사항
6. 이사회에 관한 사항
7. 재산 및 회계에 관한 사항
8. 정관의 변경에 관한 사항
⑦ 제6항에 따른 정관 중 대통령령으로 정하는 중요 사항에 대한 변경은 이사회의 의결을 거쳐 국무총리의 인가를 받아야 한다.
⑧ 국가는 예산의 범위에서 교육원의 설립·운영에 필요한 경비를 출연할 수 있다.

⑨ 교육원에 관하여 이 법에서 정하는 것을 제외하고는 「민법」 중 재단법인에 관한 규정을 준용한다. 이 경우 「민법」의 규정 중 "주무관청"은 "국무총리"로 본다.

제10조(교육원의 업무) 교육원은 다음 각 호의 업무를 수행한다.
 1. 제11조에 따른 기본계획 수립의 지원
 2. 민주시민교육 프로그램 개발을 위한 연구 및 지원
 3. 민주시민교육을 위한 전문 인력의 양성 및 지원
 4. 민주시민교육기관에 대한 지원
 5. 민주시민교육기관 간의 연계체제 구축
 6. 민주시민교육기관의 운영현황에 관한 조사
 7. 제13조에 따른 지역민주시민교육센터에 대한 지원
 8. 제14조에 따른 민주시민교육 학습관에 대한 지원
 9. 민주시민교육 종합정보시스템의 구축·운영
 10. 민주시민교육의 실시
 11. 그 밖에 교육원의 목적수행을 위하여 필요한 사업

제11조(민주시민교육 기본계획의 수립) ① 국무총리는 민주시민교육의 실시 및 지원을 체계적이고 종합적으로 추진하기 위하여 민주시민교육 기본계획(이하 "기본계획"이라 한다)을 3년 단위로 수립하여야 한다.
 ② 기본계획에는 다음 각 호의 사항이 포함되어야 한다.
 1. 민주시민교육의 중장기목표 및 기본방향
 2. 민주시민교육의 활성화를 위한 행정지원 및 재정지원 계획
 3. 민주시민교육의 수행을 위한 전문인력의 양성 및 역량강화를 위한 계획
 4. 제13조에 따른 지역민주시민교육센터의 지정에 관한 사항
 5. 민주시민교육에 필요한 시설의 설치 및 운영에 관한 사항
 6. 민주시민교육을 위한 교재 및 매체활용에 관한 사항
 7. 민주시민교육의 조사·평가 및 시정에 관한 사항
 8. 민주시민교육과 관련한 각 부처·기관 및 시민단체와의 협력체계 구축에 관한 사항
 9. 그 밖에 민주시민교육의 수행을 위하여 필요한 사항
 ③ 국무총리는 기본계획을 수립하는 때에는 민주시민교육위원회의 심의를 거칠 수 있다. 기본계획을 변경하는 경우에도 또한 같다.
 ④ 그 밖에 기본계획의 수립에 필요한 사항은 대통령령으로 정한다.

제12조(연도별 민주시민교육시행계획의 수립·실행 등) ① 특별시장·광역시장·특별자치시장·도지사·특별자치도지사(이하 "시·도지사"라 한다)는 기본계획을 기초로 그 관할구역에 있는 시장·군수·구청장(자치구의 구청장을 말한다. 이하 같다)의 의견을 들어 연도별 민주시민교육계획(이하 "연도별계획"이라 한다)을 수립하여 이를 시행하고, 그 시행결과보고서를 다음 해 2월 말일까지 국무총리에게 제출하여야 한다.
 ② 연도별계획의 수립 및 시행결과의 보고에 관한 세부사항은 대통령령으로 정한다.

제13조(지역민주시민교육센터의 지정·운영) ① 시·도지사는 지역의 민주시민교육을 활성화하기 위하여 특별시·광역시·특별자치시·도·특별자치도에 지역민주시민교육센터를 지정·운영할 수 있으며, 시장·군수·구청장과의 협의를 거쳐 시·군·구(자치구를 말한다. 이하 같다)에 지역민주시민교육센터

를 지정·운영할 수 있다.

　② 지역민주시민교육센터는 다음 각 호의 업무를 수행한다.

　1. 해당 지역의 연도별계획 수립의 지원
　2. 해당 지역에 있는 민주시민교육기관에 대한 지원
　3. 해당 지역에 있는 민주시민교육기관 간의 연계체제 구축
　4. 해당 지역 민주시민교육 종합정보시스템의 구축·운영
　5. 그 밖에 지역의 민주시민교육을 위하여 필요한 업무

　③ 지방자치단체는 예산의 범위에서 지역민주시민교육센터의 운영 및 사업에 필요한 경비의 일부를 지원할 수 있다.

　④ 지역민주시민교육센터의 지정요건, 지원내용과 그 밖에 지정·운영에 필요한 사항은 조례로 정한다.

제14조(시·군·구 민주시민교육 학습관의 설치 또는 지정 등) ① 시장·군수·구청장은 관할 구역의 주민을 대상으로 민주시민교육 프로그램 운영과 민주시민교육 기회를 제공하기 위하여 민주시민교육 학습관을 설치 또는 지정·운영할 수 있다.

　② 시장·군수·구청장은 민주시민교육 학습관에 대한 재정적 지원 등 해당 지방자치단체의 민주시민교육을 진흥하기 위하여 필요한 사업을 실시할 수 있다.

　③ 제1항 및 제2항에 따른 민주시민교육 학습관의 설치 및 지정·운영과 지원 등에 필요한 사항은 해당 지방자치단체의 조례로 정한다.

제15조(지정취소 등) ① 시·도지사는 제13조제1항에 따라 지정된 지역민주시민교육센터가 다음 각 호의 어느 하나에 해당하면 그 지정을 취소하거나 6개월 이내의 범위에서 기간을 정하여 업무정지를 명할 수 있다. 다만, 제1호에 해당하는 경우에는 지정을 취소하여야 한다.

　1. 거짓이나 그 밖의 부정한 방법으로 지정을 받은 경우
　2. 지정요건을 갖추지 못하게 된 경우
　3. 업무수행능력이 현저히 부족하다고 인정되는 경우
　4. 제3조에 규정된 민주시민교육의 기본원칙을 현저히 훼손하는 행위를 한 경우
　5. 그 밖에 이 법이나 이 법에 따른 명령을 위반한 경우

　② 시장·군수·구청장은 제14조제1항에 따라 지정된 민주시민교육 학습관이 제1항 각 호의 어느 하나에 해당하면 그 지정을 취소하거나 6개월 이내의 범위에서 기간을 정하여 업무정지를 명할 수 있다. 다만, 제1항제1호에 해당하는 경우에는 지정을 취소하여야 한다.

　③ 제1항 및 제2항에 따른 지정취소와 업무정지 처분의 구체적 기준은 조례로 정한다.

제16조(민주시민교육기관에 대한 경비지원 등) ① 국가 및 지방자치단체는 민주시민교육기관에 대하여 예산의 범위에서 대통령령으로 정하는 바에 따라 그 활동에 필요한 경비의 전부 또는 일부를 지원할 수 있다.

　② 개인 또는 법인은 민주시민교육의 시설 및 운영을 지원하기 위하여 민주시민교육기관에 금전이나 그 밖의 재산을 출연할 수 있다.

제17조(학교 등에서의 민주시민교육 지원) ① 국가 또는 지방자치단체는 「초·중등교육법」 제2조 및 「고등교육법」 제2조에 따른 학교와 「평생교육법」 제2조제2호에 따른 평생교육기관 등에 대하여 민주시민교육 교재 보급, 교원 연수 등 민주시민교육에 필요한 사항을 지원할 수 있다.

　② 제1항에 따른 지원대상, 지원내용, 지원절차, 그 밖에 필요한 사항은 대통령령으로 정한다.

제18조(민주시민교육인력의 양성) ① 국가 또는 지방자치단체는 민주시민교육을 하거나 민주시민교육에 관한 연구를 수행할 수 있는 지식과 능력을 갖춘 민주시민교육인력을 양성하고 민주시민교육인력의 교습 능력을 향상시키기 위하여 연수와 재교육의 기회를 제공하도록 노력하여야 한다.
② 제1항에 따른 민주시민교육인력의 양성, 연수 및 재교육, 그 밖에 필요한 사항은 대통령령으로 정한다.

제19조(국제교류·협력 증진) 민주시민교육원은 민주시민교육의 지속적인 발전과 활성화를 위하여 외국의 관계기관·단체 및 국제기구 등과 민주시민교육에 관한 국제교류 및 협력을 할 수 있다.

제20조(공공기관 등에 대한 협조요청) ① 국무총리 및 시·도지사는 기본계획 또는 연도별시행계획을 수립·추진하기 위하여 필요한 때에는 관계 중앙행정기관, 지방자치단체 또는 공공기관 등의 장에게 협조를 요청할 수 있다.
② 제1항에 따른 협조을 요청받은 자는 특별한 사정이 없으면 이에 따라야 한다.

제21조(민주시민교육에 관한 연차보고) ① 국무총리는 기본계획을 수립하거나 변경한 때에는 지체 없이 이를 국회에 보고하여야 한다.
② 국무총리는 제12조제1항에 따라 제출된 각 시·도의 연도별 시행결과보고서를 종합한 연도별 민주시민교육보고서를 작성하여 이를 매년 3월 말일까지 국회에 제출하여야 한다.

제22조(청문) 시·도지사와 시장·군수·구청장은 제15조에 따라 지역민주시민교육센터 또는 민주시민교육 학습관의 지정을 취소하려면 청문을 하여야 한다.

제23조(지원된 경비의 반환) 국가 및 지방자치단체는 지역민주시민교육센터, 민주시민교육 학습관 또는 민주시민교육기관이 이 법에 따라 지원받은 경비를 다른 용도에 사용하거나 허위의 신청 또는 그 밖의 부정한 방법으로 경비를 지원받은 때에는 이미 지원받은 경비의 전부 또는 일부의 반환을 명할 수 있다. 이 경우 경비의 반환과 관련된 절차는 「보조금 관리에 관한 법률」 제5장을 준용한다.

제24조(같은 명칭의 사용금지) 이 법에 따른 민주시민교육위원회·민주시민교육원·지역민주시민교육센터 및 민주시민교육 학습관이 아니면 민주시민교육위원회·민주시민교육원·지역민주시민교육센터 및 민주시민교육 학습관이라는 명칭을 사용하지 못한다.

제25조(과태료) 제24조를 위반하여 같은 명칭을 사용한 자에게는 대통령령으로 정하는 바에 따라 100만원 이하의 과태료를 부과한다.

부　　칙

제1조(시행일) 이 법은 공포 후 1년이 경과한 날부터 시행한다.

제2조(이 법의 시행을 위한 준비행위) 이 법에 따라 민주시민교육원을 설립하기 위하여 하는 준비행위는 이 법 시행 전에 할 수 있다.

제3조(민주시민교육원의 설립준비) ① 국무총리는 이 법 시행 전에 7명 이내의 설립위원을 위촉하여 민주시민교육원의 설립에 관한 사무를 처리하게 하여야 한다.
② 설립위원은 민주시민교육원의 정관을 작성하여 국무총리의 인가를 받아야 한다.
③ 설립위원은 제2항에 따른 인가를 받은 때에는 지체 없이 연명으로 민주시민교육원의 설립등기를 한 후 민주시민교육원의 장에게 사무를 인계하여야 한다.
④ 설립위원은 제3항에 따른 사무인계가 끝난 때에 해촉된 것으로 본다.

7. 2019년 학교민주시민교육법안(이철희의원 등 12인 발의)

| 의 안 번 호 | 2023728 |

학교민주시민교육법안

제1조(목적) 이 법은 학교에서 민주시민교육을 체계적으로 수행하는 데 필요한 사항을 정함으로써 민주시민으로서 자질을 갖춘 국민을 육성하여 국가와 사회의 민주적 발전에 이바지함을 목적으로 한다.

제2조(정의) 이 법에서 사용하는 용어의 뜻은 다음과 같다.
  1. "민주시민교육"이란 민주주의의 기본원리와 제도를 이해하고 그 가치를 존중하며 자신의 권리와 의무에 대하여 충분히 인식하고 타인을 이해하고 배려하는 등 민주시민의식을 높여 공동체적 삶의 질 향상을 위하여 비판적으로 사고하고, 적극적으로 사회에 참여할 수 있도록 하는 것을 목적으로 하는 교육을 말한다.
  2. "학교"란 다음 각 목의 어느 하나에 해당하는 기관을 말한다.
    가. 「유아교육법」 제2조제2호에 따른 학교
    나. 「초·중등교육법」 제2조에 따른 학교
    다. 「고등교육법」 제2조에 따른 학교
    라. 「재외국민의 교육지원 등에 관한 법률」 제2조제3호에 따른 한국학교
  3. "학교민주시민교육"이란 학교에서 이루어지는 민주시민교육을 말한다.

제3조(다른 법률과의 관계) 학교민주시민교육에 관하여 다른 법률에 특별한 규정이 있는 경우를 제외하고는 이 법에서 정하는 바에 따른다.

제4조(국가 및 지방자치단체의 책무) ① 국가와 지방자치단체는 민주시민을 육성하기 위하여 학교민주시민교육의 기회를 충분히 제공하
여야 한다.

② 국가와 지방자치단체는 학생의 발달 단계 및 단위 학교의 상황과 여건에 적합한 학교민주시민교육에 필요한 시책을 마련하여야 한다.
③ 국가와 지방자치단체는 학교민주시민교육의 활성화를 위하여 필요한 행정적·재정적 지원을 하여야 한다.

제5조(학교민주시민교육의 기본원칙) ① 학생은 개인의 능력이나 사회적 배경에 상관없이 학교민주시민교육을 받을 권리를 가진다.
② 학교민주시민교육은 장기적 차원에서 계획되고 실시되어야 하며, 학교의 모든 교육과정에 포함되어 지속적으로 실시되어야 한다.
③ 학교민주시민교육은 우리 사회에서 서로 다른 입장이나 관점을 학교 교육과정에서 객관적으로 제공하고 다루어야 하며, 주입이나 교화는 금지한다.
④ 학교민주시민교육은 학생들이 사회문제 해결에 능동적이고 적극적으로 참여할 수 있도록 실

시되어야 한다.

제6조(학교민주시민교육의 내용) 학교민주시민교육의 내용은 다음 각 호의 사항을 포함한다.
  1. 민주주의의 기본원리 및 민주주의에서 추구하는 가치
  2. 우리나라 민주주의 역사와 제도
  3. 민주시민으로서의 자유와 의무, 권리와 책임
  4. 「대한민국헌법」의 내용과 가치
  5. 민주적인 생활원리
  6. 의회, 정부, 법원, 정당, 언론, 이익집단, 각종 시민단체의 성격 및 기능과 역할
  7. 공공재정의 기능 및 운영원리
  8. 민주적 토론 및 합리적 의사결정 절차에 대한 이해와 실천
  9. 비판적 사고를 통한 사회참여 및 사회적 책임에 대한 이해와 실천
  10. 그 밖에 민주시민의식의 함양과 실천을 위한 내용

제7조(종합계획의 수립) ① 교육부장관은 학교민주시민교육의 효율적인 실시를 위하여 제11조에 따른 학교민주시민교육위원회의 심의를 거쳐 학교민주시민교육 종합계획(이하 "종합계획"이라 한다)을 4년마다 수립하여야 한다.

  ② 종합계획에는 다음 각 호의 사항이 포함되어야 한다.
  1. 추진 목표 및 실시 계획
  2. 교원의 전문성 강화 방안
  3. 교육과정 및 교육내용의 연구·개발 및 보급
  4. 재원조달 및 관리방안

  ③ 교육부장관은 종합계획의 중요사항을 변경하는 경우 제11조에 따른 학교민주시민교육위원회의 심의를 거쳐야 한다.

제8조(연도별 시행계획의 수립·시행 등) 교육감은 종합계획에 따라 해당 지방자치단체의 연도별 실시계획을 수립·실시하여야 한다. 이 경우 교육감은 민주적인 의견 수렴 절차를 마련하여 의견을 들어야 한다.

제9조(계획수립 등의 협조) ① 교육부장관과 교육감은 종합계획 또는 실시계획의 수립·실시를 위하여 필요한 경우 지방자치단체의 장 및 관계기관의 장에게 협조를 요청할 수 있다.

  ② 제1항에 따른 협조를 요청받은 자는 특별한 사유가 없으면 이에 따라야 한다.

제10조(공청회) 교육부장관과 교육감은 종합계획 또는 실시계획을 수립할 때에는 공청회를 열어 국민 및 관계 전문가 등으로부터 의견을 들어야 하며, 공청회에서 제시된 의견이 타당하다고 인정되는 때에는 이를 종합계획 및 실시계획 수립에 반영하여야 한다.

제11조(학교민주시민교육위원회) ① 학교민주시민교육에 관한 다음 각 호의 사항을 심의하기 위하여 교육부장관 소속으로 학교민주시민교육위원회(이하 "위원회"라 한다)를 둔다.
  1. 종합계획 수립에 관한 사항
  2. 정책 및 제도개선에 관한 사항
  3. 추진실적 점검 및 평가에 관한 사항

  ② 위원회는 위원장 1명을 포함하여 15명의 위원으로 구성하되, 위원장은 위원 중에서 호선한다.

  ③ 위원은 다음 각 호의 어느 하나에 해당하는 사람 중에서 교육부장관이 임명 또는 위촉한다.

1. 학교에서 10년 이상 민주시민교육 활동에 종사한 경력이 있는 사람
2. 민주시민교육기관에서 10년 이상 종사한 경력이 있는 사람
3. 대학이나 연구기관에서 민주시민교육 연구를 10년 이상 수행한 사람
4. 그 밖에 학교민주시민교육에 관한 학식과 경험이 풍부한 사람

④ 위원장과 위원의 임기는 2년으로 하되, 연임할 수 있으며 임기가 끝난 위원은 후임자가 임명 또는 위촉될 때까지 그 직무를 수행한다.

제12조(학교민주시민교육의 운영) ① 교육부장관은 학교 교육과정에 매 학년 민주시민교육 과목을 필수과목으로 편성·운영하여야 한다.

② 학교의 장은 시행계획 및 교육대상의 연령 등을 고려하여 매년 학교민주시민교육에 관한 교육계획을 수립하여 실시하여야 한다.

③ 학교의 장은 일관적, 체계적인 교육을 위하여 교직원 중 학교시민교육 책임자를 지정하여야 한다.

④ 고등교육 기관의 장은 학교의 민주적 의사결정절차에 따라 민주시민교육 관련 과목을 개설할 수 있다.

⑤ 「고등교육법」 제41조에 따른 교육대학·사범대학(교육과 및 교직과정을 포함한다) 등 이에 준하는 기관으로서 교육부령으로 정하는 교원 양성기관은 예비교원의 학교민주시민교육 지도 역량을 강화하기 위하여 관련 과목을 필수로 개설하여 운영하여야 한다.

제13조(교원의 연수 등) 교육부장관과 교육감은 학교의 교원이 일정시간 이상 학교민주시민교육 관련 연수를 이수하도록 하여야 한다.

부　　　칙

이 법은 2021년 1월 1일부터 시행한다.

8. 2020년 민주시민교육지원법안(남인순의원 등 18인 발의)

| 의 안 번 호 | 2100054 |

민주시민교육지원법안

제1장 총칙

제1조(목적) 이 법은 민주시민교육을 체계적으로 실시하고 지원·촉진하는 데 필요한 사항을 정함으로써 국민이 민주시민으로서의 자질과 역량을 함양할 수 있도록 하고, 나아가 진정한 민주주의 사회 구현에 기여함을 목적으로 한다.

제2조(정의) 이 법에서 사용하는 용어의 뜻은 다음과 같다.
  1. "민주시민교육"이란 모든 국민이 민주주의 사회의 구성원으로서 가지는 권리와 의무에 기초하여 일상생활의 각 영역에서 민주주의를 실현하는데 필요한 자질과 역량을 기를 수 있도록 하는 모든 형태의 교육을 말한다.
  2. "민주시민교육기관"이란 민주시민교육을 실시하거나 민주시민교육을 실시할 지식과 능력을 갖춘 법인·단체 또는 시설을 말한다.

제3조(민주시민교육의 기본원칙) ① 민주시민교육은 민주시민이 지녀야 할 권리와 책임의식을 함양하는데 기여하여야 한다.
  ② 민주시민교육은 정치적 중립성을 바탕으로 하여야 하며, 특정 개인, 정당 또는 정치적 세력의 이익을 옹호하는 방향으로 실시되어서는 아니 된다.
  ③ 민주시민교육기관의 조직 및 활동의 독립성은 최대한 보장되어야 한다.
  ④ 민주시민교육은 학교와 사회 각 영역에서 모든 사람에게 평생 동안 장려되어야 한다.

제4조(민주시민교육의 내용) 민주시민교육의 내용은 다음 각 호와 같다.
  1. 민주주의의 기본원리·가치·역사 및 민주주의 정치제도에 대한 이해
  2. 시민의 권리와 의무, 정치참여 및 책임에 대한 이해와 실천
  3. 민주적 토론방식 및 합리적 의사결정 절차에 대한 이해와 훈련
  4. 그 밖에 민주시민의식의 함양과 실천을 위한 모든 교육

제5조(국가 및 지방자치단체의 책무) ① 국가 및 지방자치단체는 민주시민교육의 활성화를 위하여 학교와 사회 각 영역에서 민주시민교육의 기회가 충분히 제공될 수 있도록 노력하여야 한다.
  ② 국가 및 지방자치단체는 전문성 있는 민주시민교육 인력이 체계적으로 양성될 수 있도록 노력하여야 한다.
  ③ 국가 및 지방자치단체는 민주시민교육의 활성화를 위하여 필요한 행정적 지원과 재정적 지원을 하여야 한다.

제6조(다른 법률과의 관계) 민주시민교육의 실시 및 지원에 관하여 다른 법률에 특별한 규정이 있는 경우를 제외하고는 이 법에서 정하는 바에 따른다.

제2장 민주시민교육 기본계획 등

제7조(민주시민교육 기본계획의 수립) ① 행정안전부장관은 민주시민교육의 실시 및 지원을 체계적이고 종합적으로 추진하기 위하여 민주시민교육 기본계획(이하 "기본계획"이라 한다)을 5년 단위로 수립하여야 한다.
　② 기본계획에는 다음 각 호의 사항이 포함되어야 한다.
　1. 민주시민교육의 중장기목표 및 기본방향
　2. 민주시민교육의 활성화를 위한 행정지원 및 재정지원 계획
　3. 민주시민교육의 수행을 위한 전문인력의 양성 및 역량강화를 위한 계획
　4. 제13조에 따른 지역민주시민교육센터의 설치·지정에 관한 사항
　5. 민주시민교육에 필요한 시설의 설치 및 운영에 관한 사항
　6. 민주시민교육을 위한 교재 및 매체활용에 관한 사항
　7. 민주시민교육의 조사·평가 및 시정에 관한 사항
　8. 민주시민교육과 관련한 각 부처·기관 및 시민단체와의 협력체계 구축에 관한 사항
　9. 그 밖에 민주시민교육의 수행을 위하여 필요한 사항
　③ 행정안전부장관은 기본계획을 수립하는 때에는 제9조에 따른 민주시민교육위원회의 심의를 거쳐야 한다. 기본계획을 변경하는 경우에도 또한 같다.
　④ 그 밖에 기본계획의 수립에 필요한 사항은 대통령령으로 정한다.
제8조(연도별 민주시민교육계획의 수립·시행 등) ① 특별시장·광역시장·특별자치시장·도지사·특별자치도지사(이하 "시·도지사"라 한다)는 기본계획을 기초로 그 관할구역에 있는 시장·군수·구청장(자치구의 구청장을 말한다. 이하 같다)의 의견을 들어 연도별 민주시민교육계획(이하 "연도별계획"이라 한다)을 수립하여 이를 시행하고, 그 시행결과보고서를 다음 해 2월 말일 까지 행정안전부장관에게 제출하여야 한다.
　② 연도별계획의 수립 및 시행결과의 보고에 관한 세부사항은 대통령령으로 정한다.
제9조(민주시민교육위원회의 설치 및 구성) ① 민주시민교육의 기본방향과 실시 및 지원에 관한 주요사항을 심의·의결하기 위하여 행정안전부장관 소속으로 민주시민교육위원회(이하 "위원회"라 한다)를 둔다.
　② 위원회는 위원장 1명을 포함하여 11명의 민주시민교육위원(이하 "위원"이라 한다)으로 구성하되, 위원장은 위원 중에서 호선한다.
　③ 위원은 다음 각 호의 어느 하나에 해당하는 사람 중에서 행정안전부장관이 임명 또는 위촉한다.
　1. 민주시민교육기관에서 민주시민교육활동에 5년 이상 종사한 사람
　2. 「비영리민간단체 지원법」 제4조에 따라 등록한 비영리민간단체에서 그 임·직원으로 5년 이상 활동하고 있는 사람
　3. 대학이나 공공연구기관에서 민주시민교육 관련분야 연구업적이 있는 사람
　4. 그 밖에 민주시민교육에 관한 전문지식과 경험이 풍부한 사람
　④ 위원장과 위원의 임기는 2년으로 하며, 임기가 끝난 위원은 후임자가 임명될 때까지 그 직무를 수행한다.

⑤ 그 밖에 위원회의 구성 및 운영에 관하여 필요한 사항은 대통령령으로 정한다.

제10조(위원회의 기능) 위원회는 다음 각 호의 사항을 심의·의결한다.
 1. 기본계획 수립에 관한 사항
 2. 민주시민교육정책에 관한 평가 및 제도개선에 관한 사항
 3. 민주시민교육 지원업무의 협력과 조정에 관한 사항
 4. 민주시민교육기관 간의 협력과 운영지원에 관한 사항
 5. 민주시민교육원 원장 추천에 관한 사항
 6. 그 밖에 민주시민교육 지원을 위하여 대통령령으로 정하는 사항

제11조(공공기관 등에 대한 협조요청) ① 행정안전부장관과 시·도지사는 기본계획 또는 연도별계획을 수립·추진하기 위하여 필요한 때에는 관계 중앙행정기관, 지방자치단체 또는 공공기관 등의 장에게 협조를 요청할 수 있다.

② 제1항에 따른 협조를 요청받은 자는 특별한 사정이 없으면 이에 따라야 한다.

제3장 민주시민교육원 등

제12조(민주시민교육원) ① 국가는 민주시민교육과 관련된 업무를 지원하기 위하여 민주시민교육원(이하 "교육원"이라 한다)을 설립한다.

② 교육원은 법인으로 한다.

③ 교육원은 주된 사무소의 소재지에서 설립등기를 함으로써 성립한다.

④ 교육원은 그 활동과 운영에 있어서 독립성과 자율성이 보장된다.

⑤ 교육원에는 원장(이하 "민주시민교육원장"이라 한다) 1명을 둔다. 민주시민교육원장은 민주시민교육위원회에서 추천하고 행정안전부장관이 임명한다.

⑥ 교육원은 다음 각 호의 업무를 수행한다.
 1. 기본계획 수립의 지원
 2. 민주시민교육 프로그램 개발을 위한 연구 및 지원
 3. 민주시민교육을 위한 전문 인력의 양성 및 지원
 4. 민주시민교육기관에 대한 지원
 5. 민주시민교육기관 간의 협력체제 구축
 6. 민주시민교육기관의 운영현황에 관한 조사
 7. 제13조에 따른 지역민주시민교육센터에 대한 지원
 8. 제14조에 따른 민주시민교육 학습기관에 대한 지원
 9. 민주시민교육 종합정보시스템의 구축·운영
 10. 민주시민교육 사업의 지원
 11. 그 밖에 교육원의 목적수행을 위하여 필요한 사업

⑥ 교육원의 정관에는 다음 각 호의 사항을 기재하여야 한다.
 1. 목적
 2. 명칭
 3. 주된 사무소의 소재지
 4. 사업에 관한 사항
 5. 임원 및 직원에 관한 주요사항

6. 이사회에 관한 사항
7. 재산 및 회계에 관한 사항
8. 정관의 변경에 관한 사항

⑦ 제6항에 따른 정관의 내용을 변경하려는 때에는 행정안전부장관의 인가를 받아야 한다.
⑧ 국가는 예산의 범위에서 교육원의 설립·운영에 필요한 경비를 출연할 수 있다.
⑨ 교육원에 관하여 이 법에서 정하는 것을 제외하고는 「민법」 중 재단법인에 관한 규정을 준용한다.

제13조(지역민주시민교육센터의 설치 또는 지정) ① 시·도지사는 지역의 민주시민교육을 활성화하기 위하여 특별시·광역시·특별자치시·도·특별자치도에 지역민주시민교육센터를 설치 또는 지정할 수 있으며, 시장·군수·구청장과의 협의를 거쳐 시·군·구(자치구를 말한다. 이하 같다)에 지역민주시민교육센터를 설치 또는 지정할 수 있다.
② 지역민주시민교육센터는 다음 각 호의 업무를 수행한다.
1. 해당 지역의 연도별계획 수립의 지원
2. 해당 지역에 있는 민주시민교육기관에 대한 지원
3. 해당 지역에 있는 민주시민교육기관 간의 연계체제 구축
4. 해당 지역 민주시민교육 종합정보시스템의 구축·운영
5. 그 밖에 지역의 민주시민교육을 위하여 필요한 업무

③ 국가 및 지방자치단체는 예산의 범위에서 지역민주시민교육센터의 운영 및 사업에 필요한 경비의 전부 또는 일부를 지원할 수 있다.
④ 지역민주시민교육센터의 지정요건, 지원내용과 그 밖에 지정·운영에 필요한 사항은 대통령령으로 정한다.

제14조(시·군·구 민주시민교육 학습기관 지정) ① 시장·군수·구청장은 관할 구역의 주민을 대상으로 민주시민교육 프로그램 운영과 민주시민교육 기회를 제공하기 위하여 민주시민교육 학습기관을 설치 또는 지정·운영할 수 있다.
② 시장·군수·구청장은 민주시민교육 학습기관에 대한 재정적 지원 등 해당 지방자치단체의 민주시민교육을 진흥하기 위하여 필요한 사업을 실시할 수 있다.
③ 제1항 및 제2항에 따른 민주시민교육 학습기관의 설치 및 지정·운영과 지원 등에 필요한 사항은 해당 지방자치단체의 조례로 정한다.

제15조(지정취소 등) ① 행정안전부장관은 제13조제1항에 따라 지정된 지역민주시민교육센터가 다음 각 호의 어느 하나에 해당하면 그 지정을 취소하거나 6개월 이내의 범위에서 기간을 정하여 업무정지를 명할 수 있다. 다만, 제1호에 해당하는 경우에는 지정을 취소하여야 한다.
1. 거짓이나 그 밖의 부정한 방법으로 지정을 받은 경우
2. 지정요건을 갖추지 못하게 된 경우
3. 업무수행능력이 현저히 부족하다고 인정되는 경우
4. 제3조에 규정된 민주시민교육의 기본원칙을 현저히 훼손하는 행위를 한 경우
5. 그 밖에 이 법이나 이 법에 따른 명령을 위반한 경우

② 시장·군수·구청장은 제14조제1항에 따라 지정된 민주시민교육 학습기관이 제1항 각 호에 해당하면 그 지정을 취소하거나 6개월 이내의 범위에서 기간을 정하여 업무정지를 명할 수 있다. 다만 제1항 1호에 해당하는 경우에는 지정을 취소하여야 한다.

③ 제1항 및 제2항에 따른 지정취소와 업무정지 처분의 구체적 기준은 대통령령으로 정한다.

제16조(민주시민교육기관에 대한 경비지원 등) ① 국가 및 지방자치단체는 민주시민교육기관에 대하여 예산의 범위에서 대통령령으로 정하는 바에 따라 그 활동에 필요한 경비의 전부 또는 일부를 지원할 수 있다.

② 개인 또는 법인은 민주시민교육의 시설 및 운영을 지원하기 위하여 민주시민교육기관에 금전이나 그 밖의 재산을 출연할 수 있다.

제17조(학교 등에서의 민주시민교육 지원) ① 국가 또는 지방자치단체는 「초·중등교육법」 제2조 및 「고등교육법」 제2조에 따른 학교와 「평생교육법」 제2조제2호에 따른 평생교육기관 등에 대하여 민주시민교육 교재 보급, 교원 연수 등 민주시민교육에 필요한 사항을 지원할 수 있다.

② 제1항에 따른 지원대상, 지원내용, 지원절차, 그 밖에 필요한 사항은 대통령령으로 정한다.

제18조(민주시민교육인력의 양성) ① 국가 또는 지방자치단체는 민주시민교육을 하거나 민주시민교육에 관한 연구를 수행할 수 있는 지식과 능력을 갖춘 민주시민교육인력을 양성하고 민주시민교육인력의 교습 능력을 향상시키기 위하여 연수와 재교육의 기회를 제공하도록 노력하여야 한다.

② 제1항에 따른 민주시민교육인력의 양성, 연수 및 재교육, 그 밖에 필요한 사항은 대통령령으로 정한다.

제19조(공공기관 등에 대한 협조요청) ① 행정안전부장관 및 시·도지사는 기본계획 또는 연도별시행계획을 수립·추진하기 위하여 필요한 때에는 관계 중앙행정기관, 지방자치단체 또는 공공기관 등의 장에게 협조를 요청할 수 있다.

② 제1항에 따른 협조를 요청받은 자는 특별한 사정이 없으면 이에 따라야 한다.

제20조(민주시민교육에 관한 연차보고) ① 행정안전부장관은 기본계획을 수립하거나 변경한 때에는 지체 없이 이를 국회에 보고하여야 한다.

② 행정안부장관은 제12조제1항에 따라 제출된 각 시·도의 연도별 시행결과보고서를 종합한 연도별 민주시민교육보고서를 작성하여 이를 매년 3월 말일까지 국회에 제출하여야 한다.

제21조(국·공유재산의 대부 등) 국가와 지방자치단체는 민주시민교육기관이 민주시민교육에 필요하여 요청하면 「국유재산법」 또는 「공유재산 및 물품 관리법」에도 불구하고 행정목적을 달성하는데 지장을 받지 않는 범위에서 국·공유의 시설·물품이나 그 밖의 재산을 무상이나 저렴한 대부료 또는 사용료로 대부하거나 사용·수익하게 할 수 있다.

제4장 보칙

제22조(청문) 행정안전부장관과 시장·군수·구청장은 제15조에 따라 지역민주시민교육센터 또는 민주시민교육 학습기관의 지정을 취소하려면 청문을 하여야 한다.

제23조(지원된 경비의 반환) 국가 및 지방자치단체는 지역민주시민교육센터, 민주시민교육 학습기관 또는 민주시민교육기관이 이 법에 따라 지원받은 경비를 다른 용도에 사용하거나 허위의 신청 또는 그 밖의 부정한 방법으로 경비를 지원받은 때에는 이미 지원받은 경비의 전부 또는 일부의 반환을 명할 수 있다. 이 경우 경비의 반환과 관련된 절차는 「보조금 관리에 관한 법률」을 준용한다.

제24조(유사명칭의 사용금지) 이 법에 따른 민주시민교육위원회·민주시민교육원·지역민주시민교육센터 및 민주시민교육 학습기관이 아니면 이와 비슷한 명칭을 사용하지 못한다.

제25조(권한의 위임·위탁) 행정안전부장관은 이 법에 따른 권한 또는 업무의 일부를 대통령령으로 정하는 바에 따라 시·도지사 또는 시장·군수·구청장에게 위임하거나 교육원에 위탁할 수 있다.

제26조(과태료) ① 제24조를 위반하여 유사명칭을 사용한 자에게는 대통령령이 정하는 바에 따라 100만원 이하의 과태료를 부과한다.

② 제2항에 따른 과태료는 행정안전부장관이 부과·징수한다.

부 칙

제1조(시행일) 이 법은 공포 후 1년이 경과한 날부터 시행한다.

제2조(이 법의 시행을 위한 준비행위) 이 법에 따라 민주시민교육원을 설립하기 위하여 하는 준비행위는 이 법 시행 전에 할 수 있다.

제3조(민주시민교육원의 설립준비) ① 행정안전부장관은 이 법 시행 전에 7인 이내의 설립위원을 위촉하여 민주시민교육원의 설립에 관한 사무를 처리하게 하여야 한다.

② 설립위원은 민주시민교육원의 정관을 작성하여 행정안전부장관의 인가를 받아야 한다.

③ 설립위원은 제2항에 따른 인가를 받은 때에는 지체 없이 연명으로 민주시민교육원의 설립등기를 한 후 민주시민교육원의 장에게 사무를 인계하여야 한다.

④ 설립위원은 제3항에 따른 사무인계가 끝난 때에 해촉된 것으로 본다.

9. 2020년 학교민주시민교육법안(박찬대의원 등 12인 발의)

| 의 안 번 호 | 2102063 |

학교민주시민교육법안

제1조(목적) 이 법은 학교에서 민주시민교육을 체계적으로 수행하는 데 필요한 사항을 정함으로써 민주시민으로서 자질을 갖춘 국민을 육성하여 국가와 사회의 민주적 발전에 이바지함을 목적으로 한다.

제2조(정의) 이 법에서 사용하는 용어의 뜻은 다음과 같다.
 1. "민주시민교육"이란 민주주의의 기본원리와 제도를 이해하고 그 가치를 존중하며 자신의 권리와 의무에 대하여 충분히 인식하고 타인을 이해하고 배려하는 등 민주시민의식을 높여 공동체적 삶의 질 향상을 위하여 비판적으로 사고하고, 적극적으로 사회에 참여할 수 있도록 하는 것을 목적으로 하는 교육을 말한다.
 2. "학교"란 다음 각 목의 어느 하나에 해당하는 기관을 말한다.
  가. 「유아교육법」 제2조제2호에 따른 학교
  나. 「초·중등교육법」 제2조에 따른 학교
  다. 「고등교육법」 제2조에 따른 학교
  라. 「재외국민의 교육지원 등에 관한 법률」 제2조제3호에 따른 한국학교
 3. "학교민주시민교육"이란 학교에서 이루어지는 민주시민교육을 말한다.

제3조(다른 법률과의 관계) 학교민주시민교육에 관하여 다른 법률에 특별한 규정이 있는 경우를 제외하고는 이 법에서 정하는 바에 따른다.

제4조(국가 및 지방자치단체의 책무) ① 국가와 지방자치단체는 민주시민을 육성하기 위하여 학교민주시민교육의 기회를 충분히 제공하여야 한다.
 ② 국가와 지방자치단체는 학생의 발달 단계 및 단위 학교의 상황과 여건에 적합한 학교민주시민교육에 필요한 시책을 마련하여야 한다.
 ③ 국가와 지방자치단체는 학교민주시민교육의 활성화를 위하여 필요한 행정적·재정적 지원을 하여야 한다.

제5조(학교민주시민교육의 기본원칙) ① 학생은 개인의 능력이나 사회적 배경에 상관없이 학교민주시민교육을 받을 권리를 가진다.
 ② 학교민주시민교육은 장기적 차원에서 계획되고 실시되어야 하며, 학교의 모든 교육과정에 포함되어 지속적으로 실시되어야 한다.
 ③ 학교민주시민교육은 우리 사회에서 서로 다른 입장이나 관점을 학교 교육과정에서 객관적으로 제공하고 다루어야 하며, 주입이나 교화는 금지한다.
 ④ 학교민주시민교육은 학생들이 사회문제 해결에 능동적이고 적극적으로 참여할 수 있도록 실시되어야 한다.

제6조(학교민주시민교육의 내용) 학교민주시민교육의 내용은 다음 각 호의 사항을 포함한다.
  1. 민주주의의 기본원리 및 민주주의에서 추구하는 가치
  2. 우리나라 민주주의 역사와 제도
  3. 민주시민으로서의 자유와 의무, 권리와 책임
  4. 「대한민국헌법」의 내용과 가치
  5. 민주적인 생활원리
  6. 의회, 정부, 법원, 정당, 언론, 이익집단, 각종 시민단체의 성격 및 기능과 역할
  7. 공공재정의 기능 및 운영원리
  8. 민주적 토론 및 합리적 의사결정 절차에 대한 이해와 실천
  9. 비판적 사고를 통한 사회참여 및 사회적 책임에 대한 이해와 실천
  10. 그 밖에 민주시민의식의 함양과 실천을 위한 내용
제7조(종합계획의 수립) ① 교육부장관은 학교민주시민교육의 효율적인 실시를 위하여 제11조에 따른 학교민주시민교육위원회의 심의를 거쳐 학교민주시민교육 종합계획(이하 "종합계획"이라 한다)을 4년마다 수립하여야 한다.
  ② 종합계획에는 다음 각 호의 사항이 포함되어야 한다.
  1. 추진 목표 및 실시 계획
  2. 교원의 전문성 강화 방안
  3. 교육과정 및 교육내용의 연구·개발 및 보급
  4. 재원조달 및 관리방안
  ③ 교육부장관은 종합계획의 중요사항을 변경하는 경우 제11조에 따른 학교민주시민교육위원회의 심의를 거쳐야 한다.
제8조(연도별 시행계획의 수립·시행 등) 교육감은 종합계획에 따라 해당 지방자치단체의 연도별 실시계획을 수립·실시하여야 한다. 이 경우 교육감은 민주적인 의견 수렴 절차를 마련하여 의견을 들어야 한다.
제9조(계획수립 등의 협조) ① 교육부장관과 교육감은 종합계획 또는 실시계획의 수립·실시를 위하여 필요한 경우 지방자치단체의 장 및 관계기관의 장에게 협조를 요청할 수 있다.
  ② 제1항에 따른 협조를 요청받은 자는 특별한 사유가 없으면 이에 따라야 한다.
제10조(공청회) 교육부장관과 교육감은 종합계획 또는 실시계획을 수립할 때에는 공청회를 열어 국민 및 관계 전문가 등으로부터 의견을 들어야 하며, 공청회에서 제시된 의견이 타당하다고 인정되는 때에는 이를 종합계획 및 실시계획 수립에 반영하여야 한다.
제11조(학교민주시민교육위원회) ① 학교민주시민교육에 관한 다음 각 호의 사항을 심의하기 위하여 교육부장관 소속으로 학교민주시민교육위원회(이하 "위원회"라 한다)를 둔다.
  1. 종합계획 수립에 관한 사항
  2. 정책 및 제도개선에 관한 사항
  3. 추진실적 점검 및 평가에 관한 사항
  ② 위원회는 위원장 1명을 포함하여 15명의 위원으로 구성하되, 위원장은 위원 중에서 호선한다.
  ③ 위원은 다음 각 호의 어느 하나에 해당하는 사람 중에서 교육부장관이 임명 또는 위촉한다.
  1. 학교에서 10년 이상 민주시민교육 활동에 종사한 경력이 있는 사람

2. 대학이나 연구기관에서 민주시민교육 연구를 10년 이상 수행한 사람
3. 시민단체(「비영리민간단체 지원법」 제2조에 따른 비영리민간단체를 말한다)가 추천하는 사람
4. 그 밖에 학교민주시민교육에 관한 학식과 경험이 풍부한 사람

④ 위원장과 위원의 임기는 2년으로 하되, 연임할 수 있으며 임기가 끝난 위원은 후임자가 임명 또는 위촉될 때까지 그 직무를 수행한다.

제12조(학교민주시민교육의 운영) ① 교육부장관은 학교 교육과정에 매 학년 민주시민교육 과목을 필수과목으로 편성·운영하여야 한다.

② 학교의 장은 시행계획 및 교육대상의 연령 등을 고려하여 매년 학교민주시민교육에 관한 교육계획을 수립하여 실시하여야 한다.

③ 학교의 장은 일관적, 체계적인 교육을 위하여 교직원 중 학교시민교육 책임자를 지정하여야 한다.

④ 고등교육 기관의 장은 학교의 민주적 의사결정절차에 따라 민주시민교육 관련 과목을 개설할 수 있다.

⑤ 「고등교육법」 제41조에 따른 교육대학·사범대학(교육과 및 교직과정을 포함한다) 등 이에 준하는 기관으로서 교육부령으로 정하는 교원 양성기관은 예비교원의 학교민주시민교육 지도역량을 강화하기 위하여 관련 과목을 필수로 개설하여 운영하여야 한다.

제13조(교원의 연수 등) 교육부장관과 교육감은 학교의 교원이 일정시간 이상 학교민주시민교육 관련 연수를 이수하도록 하여야 한다.

부　　칙

이 법은 2021년 1월 1일부터 시행한다.

10. 2020년 민주시민교육지원법안(한병도의원 등 12인 발의)

| 의 안 번 호 | 2015818 |

민주시민교육지원법안

제1장 총칙

제1조(목적) 이 법은 민주시민으로서 필요한 자질과 역량을 국민이 갖출 수 있도록 민주시민교육을 활성화하고, 사회통합에 기여함을 목적으로 한다.

제2조(정의) 이 법에서 사용하는 용어의 뜻은 다음과 같다.
 1. "민주시민교육"이란 모든 국민이 헌법적 가치에 기초하여 일상생활의 각 영역에서 민주주의를 실현하는 데 필요한 자질과 역량을 기를 수 있도록 하는 모든 형태의 교육을 말한다.
 2. "민주시민교육기관"이란 민주시민교육을 실시하고 있거나 민주시민교육을 실시할 수 있는 능력을 갖춘 법인·단체 및 시설로서 제15조에 따라 등록된 기관을 말한다.

제3조(민주시민교육의 기본원칙) ① 민주시민교육은 대한민국 헌법의 가치에 기반하여 민주시민이 지녀야 할 권리와 책임의식을 함양하는데 기여하여야 한다.
 ② 민주시민교육은 국민의 자발적인 참여를 기초로 이루어져야 한다.
 ③ 민주시민교육은 공정성과 중립성을 담보하여야 하며, 특정 정파의 의견 관철을 위한 방편으로 사용되어서는 아니 된다.
 ④ 민주시민교육은 사회 각 영역에서 모든 사람에게 평생 동안 장려되어야 한다.
 ⑤ 민주시민교육기관의 조직 및 활동의 독립성과 자율성은 보장되어야 한다.

제4조(국가 및 지방자치단체의 책무) ① 국가 및 지방자치단체는 민주시민교육의 활성화를 위하여 사회 각 영역에서 민주시민교육의 기회가 충분히 제공될 수 있도록 노력하여야 한다.
 ② 국가 및 지방자치단체는 전문성 있는 민주시민교육 전문인력이 체계적으로 양성될 수 있도록 노력하여야 한다.
 ③ 국가 및 지방자치단체는 민주시민교육의 활성화를 위하여 필요한 행정 및 재정적 지원을 하여야 한다.

제5조(다른 법률과의 관계) 민주시민교육의 실시 및 지원에 관하여 다른 법률에 특별한 규정이 있는 경우를 제외하고는 이 법에서 정하는 바에 따른다.

제2장 민주시민교육 기본계획 등

제6조(민주시민교육 기본계획) ① 행정안전부장관은 민주시민교육의 실시 및 지원을 체계적이고 종합적으로 지원하기 위하여 민주시민교육 기본계획(이하 "기본계획"이라 한다)을 3년 단위로 수립하여야 한다.
 ② 기본계획에는 다음 각 호의 사항이 포함되어야 한다.
 1. 민주시민교육의 기본목표 및 추진방향
 2. 민주시민교육의 수행을 위한 전문인력의 양성 및 역량강화를 위한 계획
 3. 민주시민교육을 위한 교재 및 매체활용에 관한 사항

4. 민주시민교육기관 지정 및 운영에 관한 사항
5. 제11조에 따른 지역민주시민교육센터의 설치·지정 및 운영에 관한 사항
6. 민주시민교육의 활성화를 위한 행정 및 재정지원 계획
7. 민주시민교육과 관련한 민·관협력체계 및 협업연결망 구축·강화에 관한 사항
8. 민주시민교육의 시행·평가·활용·홍보에 관한 사항
9. 그 밖에 민주시민교육의 수행을 위하여 필요한 사항

③ 행정안전부장관은 기본계획을 수립하는 때에는 제8조에 따른 민주시민교육위원회의 심의를 거쳐야 한다. 기본계획을 변경하는 경우에도 또한 같다.

④ 그 밖에 기본계획의 수립에 필요한 사항은 대통령령으로 정한다.

제7조(민주시민교육 시행계획) ① 행정안전부장관 및 특별시장·광역시장·도지사·특별자치도지사(이하 "시·도지사"라 한다)는 기본계획을 기초로 민주시민교육 시행계획(이하 "시행계획"이라 한다)을 연도별로 수립·시행하여야 한다. 다만, 시·도지사는 관할구역에 있는 시장·군수·구청장(자치구의 구청장을 말한다. 이하 같다)의 의견을 들어 수립·시행하여야 한다.

② 시행계획의 수립·시행에 관한 세부사항은 대통령령으로 정한다.

제8조(민주시민교육위원회) ① 민주시민교육의 기본방향과 실시 및 지원에 관한 주요사항을 심의·의결하기 위하여 행정안전부장관 소속으로 민주시민교육위원회(이하 "위원회"라 한다)를 둔다.

② 위원회는 다음 각 호의 사항을 심의·의결한다.
1. 기본계획 수립에 관한 사항
2. 민주시민교육정책에 관한 평가 및 제도개선에 관한 사항
3. 민주시민교육 지원업무의 협력과 조정에 관한 사항
4. 민주시민교육기관 간의 협력과 운영지원에 관한 사항
5. 민주시민교육원 원장 추천에 관한 사항
6. 그 밖에 민주시민교육 지원을 위하여 대통령령으로 정하는 사항

제9조(민주시민교육위원회의 구성 및 운영) ① 위원회는 위원장 1명을 포함하여 20명 이내의 위원으로 구성한다.

② 위원장은 공무원이 아닌 위원 중에서 호선하며, 위원은 다음 각호의 사람을 행정안전부장관이 임명 또는 위촉한다.
1. 대통령령으로 정하는 관계 부처 차관
2. 국회에서 추천하는 10명(대통령이 소속되거나 소속되었던 정당의 교섭단체가 추천하는 5명, 그 외 교섭단체가 추천하는 5명)
3. 민주시민교육에 대한 학식과 경험이 풍부한 사람

③ 그 밖에 위원회의 구성 및 운영에 관하여 필요한 사항은 대통령령으로 정한다.

제10조(분과위원회) ① 위원회는 위원회의 업무를 효율적으로 수행하기 위하여 필요한 경우 분과위원회를 둘 수 있다.

② 분과위원회의 구성 및 운영에 관하여 필요한 사항은 대통령령으로 정한다.

제11조(지역민주시민교육위원회의 설치 및 구성) ① 시행계획의 수립·시행에 필요한 사항을 심의하고 지역 민주시민교육의 실시와 관련되는 사업 간 조정 및 유관기관 간 협력 증진을 위하여 시·도지사 소속으로 시·도민주시민교육위원회(이하 "시·도위원회"라 한다)를 두어야 하며, 시장·군수·구청장(자치구의 구청장을 말한다) 소속으로 시·군·구민주시민교육위원회(이하 "시·군·구위원회"라 한다)를 둘 수 있다.

② 시·도위원회 및 시·군·구위원회의 구성·운영에 필요한 사항은 해당 지방자치단체의 조례로 정한다.

제12조(공공기관 등에 대한 협조 요청) ① 행정안전부장관과 지방자치단체의 장은 기본계획 또는 시행계획을 수립·추진하기 위하여 필요한 때에는 관계 중앙행정기관, 지방자치단체 또는 「공공기관의 운영에 관한 법률」 제4조에 따른 공공기관 등의 장에게 협조를 요청할 수 있다.
② 제1항에 따른 협조를 요청받은 자는 특별한 사정이 없으면 이에 따라야 한다.

제3장 민주시민교육원 등

제13조(민주시민교육원) ① 국가는 민주시민교육과 관련된 업무를 지원하기 위하여 민주시민교육원(이하 "교육원"이라 한다)을 설립한다.
② 교육원은 법인으로 한다.
③ 교육원은 주된 사무소의 소재지에서 설립등기를 함으로써 성립한다.
④ 교육원은 그 활동과 운영에 있어서 독립성과 자율성이 보장된다.
⑤ 교육원에는 원장(이하 "민주시민교육원장"이라 한다) 1명을 두며, 민주시민교육원장은 위원회에서 추천하고 행정안전부장관이 임명한다.
⑥ 교육원은 다음 각 호의 업무를 수행한다.
1. 기본계획 및 시행계획 수립의 지원
2. 민주시민교육 프로그램 개발을 위한 연구 및 지원
3. 민주시민교육을 위한 전문인력의 양성 및 지원
4. 민주시민교육기관 및 사업에 대한 지원
5. 민주시민교육기관 간의 협력체제 구축
6. 민주시민교육기관의 운영현황에 관한 조사
7. 제14조에 따른 지역민주시민교육센터에 대한 지원
8. 민주시민교육 종합정보시스템의 구축·운영
9. 민주시민교육 관련 국제협력 지원
10. 그 밖에 교육원의 목적수행을 위하여 필요한 사업
⑥ 교육원의 정관에는 다음 각 호의 사항을 기재하여야 한다.
1. 목적
2. 명칭
3. 주된 사무소의 소재지
4. 사업에 관한 사항
5. 임원 및 직원에 관한 주요사항
6. 이사회에 관한 사항
7. 재산 및 회계에 관한 사항
8. 정관의 변경에 관한 사항
⑦ 제6항에 따른 정관의 내용을 변경하려는 때에는 행정안전부장관의 인가를 받아야 한다.
⑧ 국가는 예산의 범위에서 교육원의 설립·운영에 필요한 경비를 보조할 수 있다.
⑨ 교육원에 관하여 이 법에서 정하는 것을 제외하고는 「민법」 중 재단법인에 관한 규정을 준용한다.

제14조(지역민주시민교육센터의 설치 또는 지정) ① 시·도지사는 지역의 민주시민교육을 지원하

기 위하여 특별시·광역시·특별자치시·도·특별자치도에 지역민주시민교육센터를 설치 또는 지정·운영하여야 하며, 시장·군수·구청장은 시·군·구(자치구를 말한다. 이하 같다)에 지역민주시민교육센터를 설치 또는 지정·운영할 수 있다.
　② 지역민주시민교육센터는 다음 각 호의 업무를 수행한다.
　1. 해당 지역의 시행계획 수립의 지원
　2. 해당 지역에 있는 민주시민교육기관에 대한 지원
　3. 해당 지역에 있는 민주시민교육기관 간의 협력체제 구축
　4. 해당 지역 민주시민교육 종합정보시스템의 구축·운영
　5. 교육 운영 등 그 밖에 지역의 민주시민교육을 위하여 필요한 업무
　③ 국가 및 지방자치단체는 예산의 범위에서 지역민주시민교육센터의 설치 및 지정·운영 등에 필요한 경비의 전부 또는 일부를 지원할 수 있다.
　④ 지역민주시민교육센터의 설치 및 지정 요건, 지원내용과 그 밖에 지정·운영에 필요한 사항은 대통령령으로 정한다.
제15조(민주시민교육기관 등록) ① 민주시민교육기관을 운영하려는 자는 교육운영에 필요한 등록요건을 갖추어 시·도지사에게 등록할 수 있다.
　② 제1항에 따른 등록요건, 등록절차 등에 필요한 사항은 대통령령으로 정한다.
제16조(지정취소 등) ① 지방자치단체장은 제14조제1항에 따라 지정된 지역민주시민교육센터가 다음 각 호의 어느 하나에 해당하면 그 지정을 취소하거나 6개월 이내의 범위에서 기간을 정하여 업무정지를 명할 수 있다. 다만, 제1호에 해당하는 경우에는 지정을 취소하여야 한다.
　1. 거짓이나 그 밖의 부정한 방법으로 지정을 받은 경우
　2. 지정요건을 갖추지 못하게 된 경우
　3. 업무수행능력이 현저히 부족하다고 인정되는 경우
　4. 제3조에 규정된 민주시민교육의 기본원칙을 현저히 훼손하는 행위를 한 경우
　5. 그 밖에 이 법이나 이 법에 따른 명령을 위반한 경우
　② 시·도지사는 제15조에 따라 등록된 민주시민교육기관이 다음 각 호의 어느 하나에 해당하면 그 등록을 취소하거나 6개월 이내의 범위에서 기간을 정하여 업무정지를 명할 수 있다. 다만, 제1호에 해당하는 경우에는 등록을 취소하여야 한다.
　1. 거짓이나 그 밖의 부정한 방법으로 등록을 받은 경우
　2. 등록요건을 갖추지 못하게 된 경우
　3. 업무수행능력이 현저히 부족하다고 인정되는 경우
　4. 제3조에 규정된 민주시민교육의 기본원칙을 현저히 훼손하는 행위를 한 경우
　5. 그 밖에 이 법이나 이 법에 따른 명령을 위반한 경우
　③ 제1항 및 제2항에 따른 지정·등록취소와 업무정지 처분의 구체적 기준은 대통령령으로 정한다.
제17조(민주시민교육기관 경비지원 등) 국가 및 지방자치단체는 민주시민교육기관에 대하여 예산의 범위에서 대통령령으로 정하는 바에 따라 그 활동에 필요한 경비의 전부 또는 일부를 지원할 수 있다.
제18조(학교민주시민교육 지원 협력) ① 행정안전부장관은 「초·중등교육법」 제2조 및 「고등교육법」 제2조에 따른 학교에서의 민주시민교육과 관련하여 교육부장관과 협의하여 협력하고 지원할 수 있다.

② 제1항에 따른 협력 및 지원 등과 관련된 사항은 대통령령으로 정한다.
제19조(지방자치단체 협의회) ① 지방자치단체는 민주시민교육과 관련한 사항을 협의·조정하기 위하여 지방자치단체 협의회(이하 "협의회"라 한다)를 구성하여 운영할 수 있다.
② 협의회의 구성 및 운영에 필요한 사항은 대통령령으로 정한다.
제20조(민주시민교육 전문인력의 양성) ① 국가 또는 지방자치단체는 민주시민교육을 하거나 민주시민교육에 관한 연구를 수행할 수 있는 지식과 능력을 갖춘 민주시민교육 전문인력을 양성하고 교습 능력을 향상시키기 위하여 연수와 재교육의 기회를 제공하도록 노력하여야 한다.
② 제1항에 따른 민주시민교육 전문인력의 양성, 연수 및 재교육, 그 밖에 필요한 사항은 대통령령으로 정한다.
제21조(민주시민교육 지원 관련 보고 등) ① 행정안전부장관은 기본계획을 수립하거나 변경한 때에는 이를 국회에 보고하여야 한다.
② 행정안전부장관 및 지방자치단체장은 시행계획을 수립·시행한 때에는 그 결과 보고서를 홈페이지 등에 공개하여야 한다.

제4장 보칙

제22조(청문) 지방자치단체장은 제16조에 따라 지역민주시민교육센터의 지정과 민주시민교육기관의 등록을 취소하려면 청문을 하여야 한다.
제23조(지원된 경비의 반환) 국가 및 지방자치단체는 지역민주시민교육센터, 민주시민교육기관이 이 법에 따라 지원받은 경비를 다른 용도에 사용하거나 허위의 신청 또는 그 밖의 부정한 방법으로 경비를 지원받은 때에는 이미 지원받은 경비의 전부 또는 일부의 반환을 명할 수 있다. 이 경우 경비의 반환과 관련된 절차는 「보조금 관리에 관한 법률」을 준용한다.
제24조(유사명칭의 사용금지) 이 법에 따른 위원회·교육원·지역민주시민교육위원회·지역민주시민교육센터 및 민주시민교육기관이 아니면 이와 비슷한 명칭을 사용하지 못한다.
제25조(권한의 위임·위탁) 행정안전부장관은 이 법에 따른 권한 또는 업무의 일부를 대통령령으로 정하는 바에 따라 시·도지사에게 위임하거나 교육원에 위탁할 수 있다.
제26조(과태료) ① 제24조를 위반하여 유사명칭을 사용한 자에게는 대통령령이 정하는 바에 따라 100만원 이하의 과태료를 부과한다.
② 제1항에 따른 과태료는 대통령령으로 정하는 바에 따라 관할청이 부과·징수한다.

부 칙

제1조(시행일) 이 법은 공포 후 1년이 경과한 날부터 시행한다.
제2조(이 법의 시행을 위한 준비행위) 이 법에 따라 교육원을 설립하기 위하여 하는 준비행위는 이 법 시행 전에 할 수 있다.
제3조(교육원의 설립준비) ① 행정안전부장관은 이 법 시행 전에 7인 이내의 설립위원을 위촉하여 교육원의 설립에 관한 사무를 처리하게 하여야 한다.
② 설립위원은 교육원의 정관을 작성하여 행정안전부장관의 인가를 받아야 한다.
③ 설립위원은 제2항에 따른 인가를 받은 때에는 지체 없이 연명으로 교육원의 설립등기를 한 후 교육원의 장에게 사무를 인계하여야 한다.
④ 설립위원은 제3항에 따른 사무인계가 끝난 때에 해촉된 것으로 본다.

11. 2021년 학교민주시민교육촉진법안(민형배의원 등 14인 발의)

| 의 안 번 호 | 2019084 |

학교민주시민교육촉진법안

제1조(목적) 이 법은 학교에서 이루어지는 민주시민교육에 필요한 사항을 규정하여 학교민주시민교육을 촉진함으로써「교육기본법」의 교육 이념인 민주시민으로서의 기본적인 자질을 육성하고 학생들이 인간으로서의 존엄과 가치를 가지며 행복을 추구할 권리를 보장받게 하여 스스로 주권자로서 국가사회의 발전에 이바지하게 함을 목적으로 한다.

제2조(정의) 이 법에서 사용하는 용어의 뜻은 다음과 같다.
  1. "학교"란 다음 각 목의 어느 하나에 해당하는 기관을 말한다.
    가. 「유아교육법」 제2조제2호에 따른 유치원
    나. 「초·중등교육법」 제2조에 따른 학교
    다. 「고등교육법」 제2조에 따른 학교
    라. 「재외국민의 교육지원 등에 관한 법률」 제2조제3호에 따른 한국학교
  2. "민주시민교육"이란 사회 구성원들이 민주주의의 가치를 존중하고 그 기본원리와 제도를 이해하며 민주적 시민역량을 높여 공동체적 삶의 향상을 위하여 보다 적극적으로 참여할 수 있게 하려는 교육 활동을 말한다.
  3. "학교민주시민교육"이란 학교에서 이루어지는 민주시민교육을 말한다.
  4. "핵심 가치"란 학교민주시민교육의 목표가 되는 것으로 정의, 자유, 평등, 평화, 관용, 존중, 연대 등 민주공화국 운영과정에서 일반적으로 추구하는 목적적 가치와 수단적 가치를 말한다.
  5. "핵심 능력"이란 핵심 가치를 적극적이고 능동적으로 실천하기 위하여 필요한 비판적 사고능력, 합리적 판단능력, 갈등조정능력, 적극적 사회참여 능력, 타협할 수 있는 능력, 소수 의견을 존중하는 능력, 변혁적 능력 등을 말한다.

제3조(국가 및 지방자치단체의 책무) ① 국가 및 지방자치단체는 학교에서 민주시민교육의 기회가 충분히 제공될 수 있도록 노력하여야 한다.
  ② 국가 및 지방자치단체는 학교민주시민교육의 활성화를 위하여 필요한 행정적·재정적 지원을 하여야 한다.
  ③ 국가 및 지방자치단체는 학교민주시민교육이 지역사회와 밀접하게 관련을 가질 수 있도록 학생들에게 경험의 장을 제공하여야 한다.

제4조(다른 법률과의 관계) 학교민주시민교육에 관하여 다른 법률에 특별한 규정이 있는 경우를 제외하고는 이 법에서 정하는 바에 따른다.

제5조(학교민주시민교육의 기본원칙) ① 학교는 학생이 민주시민으로서 알아야 할 기본적인 지식과 정보를 제공하며 핵심 가치와 핵심 능력을 체계적이고 능동적으로 함양하는데 기여하여야 한다.
  ② 학교민주시민교육은 정치적 공정성(학생들이 비판적 사고력에 기초하여 정치적인 사안에 대하여 자립적으로 자신의 견해를 가질 수 있도록 공정한 입장에서 안내하는 것을 말한다)을 바탕

으로 이루어져야 한다.

　③ 학교민주시민교육의 자율성은 최대한 보장되어야 하며, 국가나 지방자치단체 또는 사회단체나 개인 등이 편협한 교육내용을 강제하여서는 아니 된다.

　④ 학생은 개인의 능력이나 사회적 배경에 관계없이 학교민주시민교육을 받을 권리를 가진다.

　⑤ 학교민주시민교육은 매 학년 정규 교육과정에 따라 지속적으로 진행하여야 한다.

　⑥ 학교민주시민교육은 모든 교과 학습 주제들을 포괄하여야 한다.

제6조(학교민주시민교육의 내용) 학교민주시민교육의 내용은 다음 각 호의 사항을 포함한다.
 1. 핵심 가치 및 핵심 능력
 2. 헌법의 이념 및 기본권, 민주주의를 비롯한 제도의 이해와 참여방식
 3. 인권, 환경보호, 노동권, 평화 및 통일 지향, 양성 평등, 미디어문화 등 시대적 삶의 가치
 4. 학교 안에서의 민주적 의사결정구조와 절차 및 참여방식
 5. 올바른 정치적 권리 행사를 위한 정당, 선거, 투표 등 참정권
 6. 미디어 정보의 비판적 사고·해석 및 사회적 참여 능력을 함양하기 위한 미디어 문해능력
 7. 지방자치분권의 기본원리와 이해, 주민의 권리 및 참여를 위한 의사소통과 합리적 의사결정, 갈등 조정과 문제해결 등의 역량과 자질 함양
 8. 자본주의 원리, 시장, 경제민주주의, 재정 및 조세의 기능 및 운영원리
 9. 비판적 분석과 판단능력, 사회적 현안 파악 및 참여 방법
 10. 시민의 사회에 대한 도덕적 책임 및 사회문제에 대한 윤리적 철학적 사고
 11. 우리나라 민주주의의 역사와 제도 및 시민으로서의 자유와 책임
 12. 그 밖에 학교민주시민교육을 위하여 필요한 사항

제7조(촉진기본계획의 수립·시행 등) ① 교육부장관은 학교민주시민교육의 효율적인 촉진을 위하여 제10조에 따른 학교민주시민교육촉진위원회의 심의·의결을 거쳐 학교민주시민교육 촉진기본계획(이하 "촉진기본계획"이라 한다)을 3년마다 수립하여야 한다. 촉진기본계획을 변경하는 경우에도 또한 같다.

　② 촉진기본계획에는 다음 각 호의 사항이 포함되어야 한다.
 1. 학교민주시민교육의 촉진 목표 및 계획
 2. 학교민주시민교육 촉진을 위한 홍보
 3. 학교민주시민교육을 위한 재원조달 등 지원 방안
 4. 핵심 가치 및 핵심 능력 선정에 관한 사항
 5. 그 밖에 학교민주시민교육에 관하여 필요한 사항

　③ 특별시·광역시·특별자치시·도 및 특별자치도의 교육감(이하 "교육감"이라 한다)은 촉진기본계획에 따라 해당 지방자치단체의 연도별 학교민주시민교육 촉진시행계획(이하 "촉진시행계획"이라 한다)을 수립·시행하여야 한다.

　④ 교육감은 제3항에 따라 촉진시행계획을 수립하거나 변경하였을 때에는 지체 없이 교육부장관에게 통보하여야 한다.

　⑤ 촉진기본계획 및 촉진시행계획의 수립·시행 등에 필요한 사항은 대통령령으로 정한다.

제8조(계획수립 등의 협조) ① 교육부장관과 교육감은 촉진기본계획 또는 촉진시행계획의 수립·시행 및 평가를 위하여 필요한 경우 지방자치단체의 장 및 관계기관 또는 단체의 장에게 협조를 요청할 수 있다.

② 제1항에 따른 협조를 요청받은 자는 특별한 사유가 없으면 이에 따라야 한다.

제9조(공청회의 개최) 촉진기본계획 또는 촉진시행계획을 수립하려는 때에는 공청회를 열어 국민 및 관계 전문가 등으로부터 의견을 청취하여야 하며, 공청회에 제시된 의견이 타당하다고 인정되는 때에는 이를 촉진기본계획 또는 촉진시행계획의 수립에 반영하여야 한다.

제10조(학교민주시민교육촉진위원회의 구성 등) ① 학교민주시민교육 촉진의 기본방향, 실시 및 지원에 관한 주요사항을 심의·의결하기 위하여 교육부장관 소속으로 학교민주시민교육촉진위원회(이하 "촉진위원회"라 한다)를 둔다.

② 촉진위원회는 위원장 1명을 포함하여 15명의 위원으로 구성하되, 위원장은 매년 위원 중에서 호선한다.

③ 위원은 다음 각 호의 어느 하나에 해당하는 사람 중에서 국회와 법원, 교육감, 고등교육기관의 장, 민주시민교육 관련 시민단체 등의 추천을 받아 교육부장관이 임명 또는 위촉하되, 다음 각 호에 해당하는 사람이 각각 2명 미만이 되어서는 아니 된다.

1. 중·고등학교와 대학교에 재학 중이거나 3년 이내에 졸업한 학생 중 학교민주시민교육에 관심과 열정이 있는 사람
2. 유치원·초·중·고등학교에 재학 중인 학생의 학부모 중 학교민주시민교육에 관심과 열정이 있는 사람
3. 유치원·초·중·고등학교에서 학교민주시민교육에 대하여 5년 이상 직접 강의한 경험이 있는 교원
4. 대학이나 공공 연구기관에서 학교민주시민교육 관련분야의 연구업적이 있는 사람
5. 민주시민교육 관련 시민단체에서 2년 이상 활동 경력을 가지고 전문지식과 경험이 풍부한 사람
6. 국회, 법원 등 국가기관에서 학교민주시민교육 관련 업무에 종사하는 사람

④ 위원의 임기는 3년으로 하되, 최초로 임명되는 위원에 한하여 그 임기를 전체 위원의 3분의 1은 1년, 전체 위원의 3분의 1은 2년, 나머지 위원은 3년으로 한다. 이 경우 추첨으로 정한다.

⑤ 그 밖에 촉진위원회의 구성 및 운영에 관하여 필요한 사항은 교육부령으로 정한다.

제11조(촉진위원회의 기능) 촉진위원회는 다음 각 호의 사항을 심의·의결한다.

1. 촉진기본계획의 수립 및 변경에 관한 사항
2. 학교민주시민교육의 목표와 성취 기준에 관한 사항
3. 학교민주시민교육 정책에 관한 평가 및 제도개선에 관한 사항
4. 학교민주시민교육 지원업무의 협력과 조정에 관한 사항
5. 학교민주시민교육 과정 중에 발생한 분쟁에 관한 사항
6. 그 밖에 학교민주시민교육 촉진을 위한 지원 사항

제12조(교육과정 편성과 운영) ① 교육부장관은 촉진위원회의 심의·의결을 거쳐 학교민주시민교육의 목표와 성취 기준을 정하고 학교의 장에게 이를 준수하도록 하여야 한다.

② 교육부장관은 교육과정에 학교민주시민교육 과목을 편성하고 유치원·초·중·고등학교에서 매 학년 교수·학습할 수 있도록 해야 한다.

③ 학교의 장은 제1항에 따른 학교민주시민교육의 목표와 성취 기준, 교육대상의 연령 등을 고려하여 매년 학교민주시민교육에 관한 교육계획을 수립하여 교육을 실시하여야 한다.

④ 학교의 장은 핵심 가치를 중심으로 학생의 핵심 능력을 함양하는 교육과정을 편성·운영하여

야 한다.
　⑤ 학교의 장은 학교민주시민교육 관련 프로그램들을 통합적이고 일관성 있게 운영하여 학생들이 학교민주시민교육 학습을 하고 있다는 사실을 명확하게 인식하도록 하여야 한다.
　⑥ 학교의 장은 제5항에 따른 학교민주시민교육 프로그램을 운영하기 위하여 학교 전체의 민주시민교육을 조정·협의하고 촉진하는 책임을 담당할 교원을 지정하여야 한다.
　⑦ 고등교육 기관의 장은 학교의 민주적 의사결정절차에 따라 학교민주시민교육 관련 과목을 개설할 수 있다.
　⑧ 「고등교육법」 제41조에 따른 교육대학·사범대학(교육과 및 교직과정을 포함한다) 등 이에 준하는 기관으로서 교육부령으로 정하는 교원 양성기관은 예비교원의 학교민주시민교육 교수역량을 강화하기 위하여 관련 과목을 필수로 개설하여 운영하여야 한다.
제13조(교원의 연수) 교원은 교육부령으로 정하는 바에 따라 학교민주시민교육 관련 연수를 연간 일정시간 이상 이수하여야 하고, 교육감은 이를 감독하여야 한다.
제14조(학교의 민주적 환경 조성) 학교의 장은 효과적인 학교민주시민교육을 위하여 민주적인 환경을 조성하여야 하며 그 내용은 다음 각 호와 같다.
　1. 학생들의 의견은 자유롭게 표현될 수 있어야 한다.
　2. 학생들의 자치활동은 최대한 허용되고 보장되어야 한다.
　3. 예산 편성·인사·교육과정 운영 등 모든 학교 의사결정과정에 학생, 교원 등 학교 구성원의 의견을 최대한 반영하여야 한다.
　4. 학교 구성원의 의견이 학교 운영에 적극적으로 반영될 수 있는 제도와 절차를 마련하여야 한다.
제15조(촉진성과의 평가 등) ① 교육부장관은 3년마다 대통령령으로 정하는 바에 따라 학교민주시민교육의 촉진성과에 관하여 평가하여야 한다.
　② 교육감은 관할 학교에서 실시된 학교민주시민교육 활동에 관한 평가를 매년 실시하여야 한다.
　③ 학교의 장은 해당 학교가 실시한 학교민주시민교육에 대하여 학생들의 평가를 받아 다음 학년도 학교운영계획에 반영하여야 한다.
　④ 교원은 학생의 학교민주시민교육 발달 정도를 종합 평가하여 학교생활기록부에 반영하여야 한다.
제16조(벌칙) ① 제5조제2항에 따른 정치적 공정성을 위반한 사람은 1년 이하의 징역 또는 1천만원 이하의 벌금에 처할 수 있다.
　② 제1항에 해당하는 사항은 제11조제5호에 따라 촉진위원회의 심의·의결을 거쳐야 한다.

부　칙

이 법은 공포 후 6개월이 경과한 날부터 시행한다.

저자소개

  소성규는 한양대학교에서 법학 학사, 석사, 박사학위를 받았다. 대진대학교 공공정책대학원장, 공공인재대학장, 글로벌산업통상대학장과 입학홍보처장을 역임했으며, 현재 같은 대학 공공인재법학과 교수로 재직하면서 한국인터넷법학회장, 한국부동산법학회장, 한국법정책학회장을 역임했다. 개성포럼 회장, 대진평화통일교육연구원장, 경기북부발전정책연구소장, 대진대학교 통일교육선도대학사업단장을 맡고 있다. 주요 관심분야는 부동산법제, 통일법제 등이며, 주요 저서로는 민법총칙, 물권법, 채권법, 가족정책법, 법여성학강의, 부동산중개계약론, 통일교육과 통일법제를 이해하는 열두 개의 시선 등이 있다. 2016년 5월 23일 통일교육 기여 공로로 국민훈장 석류장을 수상하였다.

  최용전은 단국대학교에서 법학 학사, 석사 및 박사학위를 받았다. 단국대학교 학술연구교수, 한국스마트도시협회 표준연구센터 연구위원, 한국법제발전연구소 연구실장 등을 지냈으며, 현재 대진대학교 공공인재법학과에서 행정법을 강의하고 있다. 학회활동으로는 한국환경법학회, 한국지방자치법학회, 한국비교공법학회, 한국국가법학회, 한국부동산법학회, 한국토지공법학회, 한국헌법학회, 한국공법학회, 유럽헌법학회, 한국부패방지법학회, 한국행정법학회 등에서 부회장을, 한국입법정책학회 회장 등을 역임하거나 현재 직을 수행하고 있으며, 사회봉사활동으로는 경북북부제1교도소 교정행정자문위원 위원장, 영주시 인사위원회 위원, 포천시 정보공개심의위원회 위원 등 다수의 국가기관과 지방자치단체에서 각종 위원회 위원을 역임하거나 현재 활동하고 있으며, 각종 공무원시험 출제위원으로도 활동하고 있다. 저서로는 공법학개론(세진사, 1997년, 공저), 헌법강의(동방문화사, 2012년, 공저), U-City 인증 법제도 연구(한국스마트도시협회, 2013년, 공저) 등이 있으며, 논문으로는 "팬데믹 전후 원격의료제도 연구", "북한 헌법상의 사회복지국가이념의 대한민국헌법으로의 수용가능성", "유럽의 인체유래물 연구에 있어서의 동의 및 면제제도" 등 다수가 있다.

  최성환은 한양대학교에서 법학박사학위를 받았다. 경기도교육청 변호사, 행정안전부 행정사무관, 그리고 경기연구원 연구위원을 역임했으며, 현재 한밭대학교 공공행정학과 조교수로 재직 중이다. 주요 관심분야는 헌법, 지방자치법(자치법규, 지방분권, 지방의회), 교육법(학교폭력, 민주시민교육) 등이다.

법학자가 바라보는 통일교육과 민주시민교육

지은이 / 소성규·최용전·최성환	인쇄 / 2021. 12. 20
펴낸이 / 조 형 근	발행 / 2021. 12. 20
펴낸곳 / 도서출판 동방문화사	

주 소 / 서울시 서초구 방배로 16길 13. 지층
전 화 / 02)3473-7294   팩 스 / (02)587-7294
메 일 / 34737294@hanmail.net   등 록 / 서울 제22-1433호

저자와의
합의
인지생략

파본은 바꿔 드립니다.   본서의 무단복제행위를 금합니다.
정 가 / 28,000원   ISBN 979-11-89979-45-4 93360